守望者
The Catcher

阅读　你的生活

GERMANIA
A PERSONAL HISTORY OF
GERMANS ANCIENT AND MODERN

漫步中欧历史
三部曲
II

日耳曼尼亚
德意志的千年之旅

[英] 西蒙·温德尔 著
（Simon Winder）
方宇 译

中国人民大学出版社
·北京·

地 图[*]

---

[*] 书中地图系原文插附地图。

德国

波罗的海

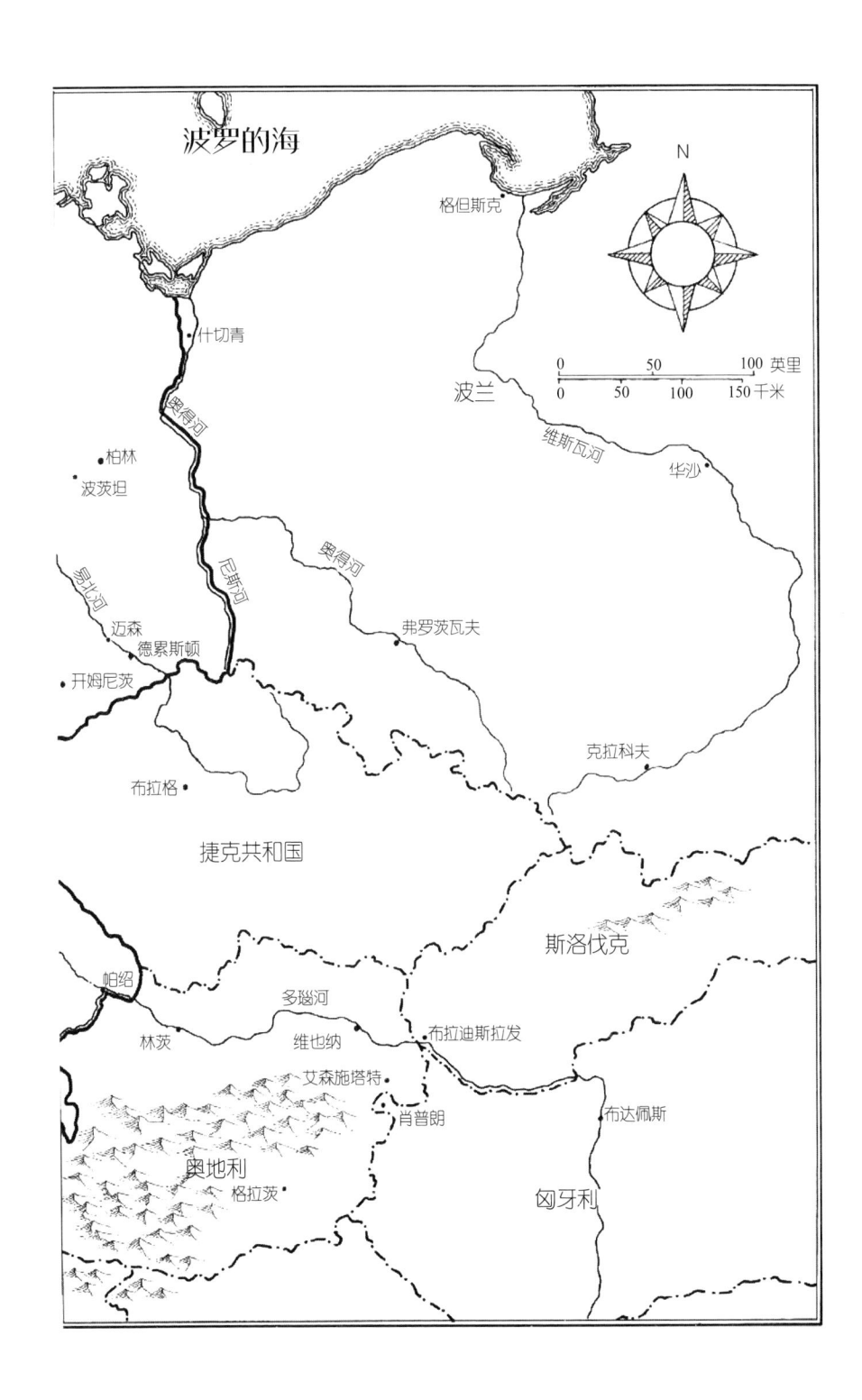

N

格但斯克

波兰

0　　50　　100 英里
0　50　100　150 千米

什切青

奥得河

维斯瓦河

华沙

柏林
波茨坦

易北河

尼斯河

奥得河

迈森
德累斯顿

弗罗茨瓦夫

开姆尼茨

布拉格

克拉科夫

捷克共和国

斯洛伐克

帕绍

多瑙河

林茨　　维也纳　　布拉迪斯发

艾森施塔特
肖普朗　　　布达佩斯

奥地利
格拉茨

匈牙利

德国16个州及其首府地图

- 北海
- 丹麦
- 波罗的海
- 基尔
- 石勒苏益格-荷尔斯泰因州
- 梅克伦堡-前波美拉尼亚州
- 什末林
- 汉堡州
- 不来梅州
- 下萨克森州
- 汉诺威
- 勃兰登堡州
- 柏林州
- 波茨坦
- 马格德堡
- 萨克森-安哈尔特州
- 北莱茵-威斯特法伦州
- 杜塞尔多夫
- 爱尔福特
- 萨克森州
- 德累斯顿
- 黑森州
- 图林根州
- 莱茵兰-普法尔茨州
- 威斯巴登
- 美因茨
- 捷克共和国
- 萨尔州
- 萨尔布吕肯
- 斯图加特
- 巴登-符腾堡州
- 巴伐利亚州
- 慕尼黑
- 法国
- 瑞士
- 奥地利
- 荷兰
- 波兰
- 北
- 0 50 100 英里
- 0 50 100 150 千米

德国16个州及其首府

序言

"我的爱情用花环束缚了我"

我曾花多年时间研读德国历史,本书是我的思考结晶。我曾数十次探访德国和奥地利,这些经历构成了这本《日耳曼尼亚》的核心。我将尝试讲述德国人的故事,从他们传说中的起源之地——一片居住着矮人和英雄的森林开始,一直到希特勒上台为止。我将分享我的所见所闻、所读所感和我认为有趣的东西。当然,人们旅行的目的各不相同,我眼中的迷人之物在其他人看来可能无聊至极。

一些人去德国的理由是去欣赏反宗教改革时期的教堂祭坛背壁装饰画，另一些人则是为了朝多特蒙德的变性人扔石头，他们自然不会对本书的内容感兴趣（不过我们可能都会对一些乏人问津的地方博物馆着迷）。一些读者或许会觉得我的书无聊或不同意我的观点，我只希望多数读者会喜欢这本书。我的初衷是写一本休闲读物，不过我希望本书的部分内容能引起读者的思考。

今天的德国在某种程度上像一个"死亡禁区"，讲英语的游客多是士兵、历史学家、建筑工人等专业人士，他们出于工作的需要前往德国。在法兰克福机场，看着刚从英国毕业的晚辈们穿着特殊的黑色西装，一脸迷茫的表情，聚在一起等飞机，是一件颇有意思的事。德国的银行之所以给他们提供工作，完全是因为他们属于一个背景极其单一的群体——在大学期间碰巧学习了德语。他们得到工作的原因是语言优势，而不是计算、取悦客户或做出明智决定的能力。

人们不愿意去德国的理由很充分，因为它在 20 世纪犯下了不可饶恕的罪行。但这样的隔离是否对欧洲文化造成了过于严重的破坏，而且在事实上证明希特勒的德国例外论（德国与其他欧洲国家不同）是有道理的？本书当然不会回避德意志第三帝国引发的灾难，但我更想绕开希特勒，从古老的森林讲起，讲到 1933 年他夺取政权为止。我将尝试将德国放在欧洲的大背景下，它在许多方面可以被看作英国奇怪的孪生兄弟，在历史上的绝大部分时间里，它的吸引力既不比其他许多国家差，也不比其他国家更令人羡慕。没有德国，欧洲文化就失去了部分意义。60 多年来，德国人一直致

序　言

力于重建这种文化。他们在承认德意志第三帝国遗留的问题的同时，也努力使更早的历史重新变得光彩照人。

本书将按时间顺序展开叙述，不过在讲述罗马帝国和中世纪的部分会有不连贯之处，而且花了很长的篇幅来解释为什么后来的德国人如此痴迷这段历史。我竭力避免把本书写成一部只是简单罗列各个时期发生的重大事件的流水账。为此，我没有严格按照时间顺序叙事，而是会穿插着谈论音乐、童话和酒等话题。但我为什么会对这些感兴趣呢？

一些家庭热衷运动和冒险，另一些家庭可能没有那么积极。在成长过程中，我像所有孩子一样，认为我的家庭和其他家庭没有什么不同。我们通常以自己为基准，评论其他家庭比我们更吵闹、更势利，或者更忧郁。成年后再回顾童年往事，我觉得我的家庭（包括我在内）出奇地缺乏活力。我们家可能一连几个月没有任何活动。我们会做一些家务，但除此之外，我、我的父母和我的妹妹们只是平静地生活在肯特郡西部。我母亲对运动毫无兴趣，所以我们连自行车都没有。虽然我们家有一个大花园，但我完全不想去花园玩，因为那里没有舒适的椅子和台灯。我父亲偶尔会费力修剪长满苔藓的草坪，我从来不会主动帮忙，而且最后赢的总是花园。每年夏天，我们都会去户外吃一次午餐，但我和我的妹妹们会轮流被黄蜂骚扰，总会发生食物洒出的意外，这些使我们的野餐变得非常不愉快。我讨厌各种形式的运动（原因是不擅长），这使我失去了最后的机会。虽然学校开学以后，我们通常都很忙，但到了周末和假期，我们似乎又变得无所事事。要理解我第一次接触德国文化时感受到的戏剧性和兴奋,知道这些背景是必要的。那次意外的接触改变了我人生的方向。

现在回想起来,我觉得我们全家人的缺乏活力,多少让我父亲感到沮丧。他喜欢做手工活儿,还会到学校跑步和击剑。最让我们感到意外的是,他居然是皇家海军预备役人员。这发生在他认识我母亲之前不久,而我母亲对此耿耿于怀,因为这意味着他每年会消失两个星期,留下她独自一人来应付几个需要照顾又打不起精神的孩子。但是我非常喜欢他每年的旅行。他会登上核潜艇、扫雷舰、航空母舰("皇家方舟"号!),还能坐上"幻影"轰炸机。这整件事显然只是一个笑话,因为"冷战"并未发展成真正的战争,这个项目只是在浪费国家经费,预备役人员能够大吃高脂肪的早餐,穿着帅气的制服,喝很多酒,还会进行实弹射击。他最终获得了中校军衔(与詹姆斯·邦德[①]同级),戴着威严的大檐帽,穿着袖口有金线的制服,这些几乎使上战场变成一件值得做的事。他偶尔会给我寄一些神秘兮兮的明信片,上面只有简短的文字,再配上喷气式飞机或导弹的图片,这帮助我在寄宿学校赢得了一些我本不应有的名声。

因此不难想象,我们家一直有一种所谓的"创造性的紧张关系",这种紧张关系体现在我们平淡而愉快的日常生活和我父亲秘密享受的为期两周的活动与冒险之间。我们全家每年会去度一次假,几乎都是去法国(非常快乐),偶尔会去苏格兰或威尔士(但

[①] 詹姆斯·邦德(James Bond)是《007》系列小说、电影的主角。——译者注

不那么快乐），这取决于手头有多少钱。在法国，我们通常会理智地去海边租一个小房子。虽然乘坐渡轮时，要忍受晕船的痛苦，但布列塔尼或诺曼底之旅是真正的田园般的旅行，那里有阳光、深受孩子喜爱的食物、恰到好处的参观游览和还算有趣的小型博物馆——还有冰激凌！

但在我14岁的那一年，一切都改变了。我一直没有鼓起勇气问父亲，他为什么会做出那样的决定（我多少能够理解他的想法，但这表明他对身边人的缺点一无所知，这让我感到困惑）。无论如何，他认为我们应该去阿尔萨斯和洛林，在船上过一个假期，用一个星期的时间沿运河抵达斯特拉斯堡。到了斯特拉斯堡之后，他就会叫一辆出租车，送我们回到我们的车上，然后我们会去阿尔萨斯乡间的一个度假屋。

家人纷纷反对这个决定。假期完全没有海，这让人无法理解——毫无疑问，假期就要在海边过，而阿尔萨斯和洛林跟海完全不沾边。如今，我也当了父亲，我可以理解当时我父亲的想法完全是合理的。每次都在沙滩上，周围是一群无聊的成年人，这确实让人生厌。我经常幻想着带全家人去乍得或密苏里度假，梦想着去内陆，去一个远离海边的地方。但在当时，我们完全无法理解我父亲到底在想什么。

更糟糕的是，我当时一直闷闷不乐，多愁善感（我童年时期缺乏活力的状况一直延续到了青春期）。一切都太麻烦了，十分无聊，缺乏吸引力，在智识上也不令人向往。现在想来，我父母很可能兴高采烈地秘密筹划了一次严重伤害我脆弱自尊心的度假。我们全家人乘着一艘小船,顺着发臭的运河航行,忍受着法国东部平平无奇的风景,我觉得这可能是一个我永远无法理解的玩笑。

如预料的一样,这次旅行是一场灾难。我父亲大步走过船桥,就像一个见习生版的头发花白的麦克惠尔(McWhirr)船长[康拉德的小说《台风》(*Typhoon*)中的主人公]或康拉德笔下其他坚定而沉着的人物,能够在逆境中应对各种挑战。他把这个角色演绎得惟妙惟肖,但可惜的是,他手下远不是他想象中的那群身手敏捷的南亚水手,而是我和我的妹妹们。我几乎帮不上忙,因为水面上的晨雾使我的偏头痛发作,我只能躺在船舱里,忍受着眼前无数五颜六色的小虫子(偏头痛的症状之一),无精打采地阅读安妮塔·布鲁克纳(Anita Brookner)早年的小说。我的妹妹们多少能帮上些忙,但她们不想弄脏漂亮的休闲长裤。每经过一个船闸,我们都围着船闸的拴船桩跳来跳去,肮脏的河水让我们觉得恶心,我们不得不一边拉扯湿漉漉的绳子,一边尖叫。直到现在我还记得,在经过一个船闸时,由于我们操作失当,船撞上混凝土墙壁,漂在水中的一只死老鼠突然爆裂。我们总是松错绳子,或将绳子绑在错误的拴船桩上。我父亲有一次不得不采取紧急行动,完成了一次康拉德式的不容有失的生命考验。由于我们没有及时解开绳子,当水位迅速下降时,船开始倾斜,面临倾覆的危险。好在绳子很快因为船身的重量而断裂,我们安然无恙,只是布鲁克纳的《人生的起点》(*A Start in Life*)被水浸透了。

像往常一样,在这个过程中,真正的受害者是我的母亲,因为每次出行,她都要负责做饭和打扫卫生,而这些比在家里的时候麻烦得多。我们经常只能用电热锅来庆祝家庭聚会，而且很可能没有洗衣机。每年夏天，许多人会在房中、船上或车里用小小的煤气炉和破旧的锅做饭，这使他们无法在烹饪过程中发挥创造力。因此，假期未必会使家庭生活变得丰富多彩，相反，它可能使人们只能靠罐头汤、意大利面和火腿充饥。这正是我们在那艘船上的遭遇。我的母亲是一个热情洋溢、技艺高超的厨师，但在船上，她无法展示自己的手艺。就像一些无聊的扑克游戏一样，我们每顿饭吃得几乎一样，只有些许变化。这使我的母亲一路上闷闷不乐，她从来没有想过要乘坐一艘肮脏的、散发着刺鼻气味的小船，驶过毫无生气的乡村。

荒凉、陷入停滞的乡村自然少不了大大小小的蚊虫，它们可以通过船身上的缝隙钻进船舱。晚上尤其让人难以忍受。当我们冷漠地吃着火腿和意大利面时，屋子里有大群飞虫，空气中弥漫着蚊香的气味，我的妹妹们则不断发出绝望的尖叫声。当结束一天的劳动，恰好路过那里的阿尔萨斯人看到一艘摇摇晃晃的小船发出吸引飞虫的亮光，闻到船上散发的意大利面的奇怪味道，听到嗡嗡声、尖叫声和呻吟声时，他想必会觉得这一切非常有趣。

当我们驾船继续东行时，我几乎没有意识到，我离德国的土地越来越近。到今天为止，我已经把超过四分之一个世纪的时间花在了这个国家身上。为了那些当时让我们觉得枯燥乏味的地方，法国人和德国人反复争夺了几个世纪，那里曾经发生过一些可怕的战争，从路易十四到巴顿将军的许多军事统帅都在那里留下过足迹。但无知并非全是坏事。当我们转过运河的一个弯道，期待着第二天早上经过一处隧道到达斯特拉斯堡时，我们遭遇了这次旅行最大的挫折——隧道被一些旧木板封住了，一块巨大的告示牌告诉人们，运河已经关闭，而且肯定已经关闭好些年了。直到现在，我仍然没有弄清楚这件事的原委，但无论如何，我们回到最近的船闸，放弃了那艘愚蠢的船。我父亲让隧道管理员帮忙叫了一辆出租车，把他带回我们停车的地方（离得非常近），然后我们舒舒服服地乘车离去。我永远不可能知道那艘船后来怎么样了，或许我们是最后一批乘坐它的倒霉蛋。我们在一家酒店住了一晚，决心再也不做这么鲁莽的事，而是要安安静静地享受阿尔萨斯乡村的宁静和美丽。这才是我期待的假期。

阿尔萨斯与其说给了我某种启示，倒不如说让我产生了更多的疑问。我们从未想过要在一个具有重大历史意义的断层线上度假，我们只想像其他英国家庭一样，在法国的度假屋过一个快乐的假期。在阿尔萨斯的第一天早上，我们按照惯例去买牛角面包，却只找到了一种硬皮面包卷。那里的房子看起来也很古怪。如果说英国的城镇是我习以为常的基准，法国的城镇是一种具有异国情调的变体，那么这些房子既不符合英国城镇的标准，也不具有法国城镇一样的异国情调。村庄的名字也多少让人感到疑惑（Wolfskirchen 显然源自德语）。第一天早上，当我父亲与房子的主人——一位穿着厚睡衣、满脸皱纹的老太太交谈时，我们发现了更多奇怪的事。我们几乎听不懂她的法语，而她在和店里的其他人说话时，使用的显然是其他语言。她给我父亲倒了一杯杜松子酒（当时是早上8点左右），这似乎不太合适。我父亲出于礼貌接连喝了三杯，那天，他一直处于一种恍恍惚惚的状态。

就像几乎所有重要的事件一样，这次经历的意义只有在回顾时才变得清晰。但我确实记得我把布鲁克纳丢到一边，立即对周边产生了好奇心。漫步在马其诺防线上凄凉的隧道里，那里有空荡荡的炮台，还有一个废弃已久的地下食堂（20世纪30年代，无聊的法国士兵给那间地下食堂画上了精致的米老鼠壁画），这些足以激发任何人对历史事件的兴趣。马其诺防线的数百万吨混凝土似乎象征着阿尔萨斯永远（即便事实并非如此）属于法国。在附近的德国城市巴登-巴登度过的一个下午则是另一番景象。我父母此前从未去过德国，他们明显非常排斥这个想法（我和我的妹妹们在街上大喊"笨蛋"和"立正"，并用口哨吹着《大逃亡》的主题曲，这可能不利于战后英德关系的恢复）。

真正的惊喜是斯特拉斯堡。它是我们此行的最后一站，我们明智地决定乘车去那里。对我来说，斯特拉斯堡的的确确给我带来了新鲜感。我还处于无知的年龄，但斯特拉斯堡的宏伟和它陌生的文化，给我留下了深刻的印象。我感觉自己就像歌德一样，区别只是我的脸上长着青春痘，而且来自肯特郡。对我来说，这是全新的体验。在美轮美奂的大教堂博物馆里闲逛时，我第一次发现了自己的美学品位。那里有一座著名的双人雕像，原本位于大教堂正面，雕像的主题是《创世记》的故事，描述了亚当和夏娃被诱惑吃下禁果的情景。走到男性雕像的背后，你可以看到他的披风上有蟾蜍和其他令人厌恶的生物。我记得我盯着这座雕像看了很长时间，几天后回到斯特拉斯堡时，我还是很兴奋，又去欣赏了一遍这座雕像。

这也是我第一次接触到中世纪晚期描述亚当和夏娃堕落前后的艺术作品——吃下禁果之前，他们看起来天真无邪；吃下禁果之后，他们被描绘成令人厌恶、饱受折磨的半人半鬼的怪物。

大教堂的氛围与雕像截然不同，它是哥特式的，但看起来有些奇怪。大教堂最吸引我的是一座天文钟，它制作于 19 世纪，挂在一面墙上。正午时分，一具骷髅会用鼓声报时，一只打鸣的公鸡被用来提醒人们彼得三次否认认识耶稣的典故，还有一个由多神教和基督教元素（坐在小型战车上的朱诺和使徒）组成的古怪机械伴随着骷髅的鼓声起舞。披风上的邪恶生物、像大基诺剧院恐怖剧一样的大杂烩和古老的机械玩具唤醒了我的艺术感。参观斯特拉斯堡大教堂已是陈年往事，但 30 年过去了，我不能说我比那时有多大的进步，我仍然坚持着这种阴森的美学偏好，即便我曾多次尝试去欣赏更高雅的美。

在了解了更多之后，现在回过头来看，我发现斯特拉斯堡大教堂完全符合我的期望——一座融合了德法风格的建筑。大教堂本身就显示了，阿尔萨斯无法像民族主义者宣称的那样，专属于德国或法国。随着我对这个地区的兴趣越来越浓厚，我读了许多与它相关的书。从一次糟糕的运河之旅和买不到牛角包的遗憾开始，到成年后围绕着这个主题贪婪地阅读，再到编辑（我的本职工作）许多关于德国的历史著作，并与历史学家进行了无数次的交谈后，这本《日耳曼尼亚》诞生了，它源自我没有条理但热忱的亲身经历。

不过，我有一个致命弱点。作为一个 40 多岁的人，我已经不再纠结于语言了。我已经接受了自己不会德语这件事，就像已经接受了自己仍然认不出某些树或记不住电话号码一样。多年以来，我一直像大战风车的堂吉诃德一样冲向一门又一门语言——意大利语、拉丁语、西班牙语、法语、俄语、阿拉伯语（完全是出于缺乏自知之明）、德语和古希腊语。但这是一份毫无意义的清单。我小时候至少花了1 000个小时上拉丁语课，这既是坚实的基础教育，也充分利用了孩子极强的学习能力。最近，我斗志满满地购买了《教你学拉丁语》(Teach Yourself Latin)，但让我大失所望的是，8年的拉丁语课程实际上竟然只能让我看懂一本300页的书中的前25页。我学习每门语言都要经历一遍这种绝望的感觉。意大利语、西班牙语和法语注定失败，我之所以学习它们，只是因为学校开设了这些课程。我隐约记得，11岁时，我在法语课上因为开小差被老师批评。西班牙语和意大利语是考试科目，但我现在完全没有印象。

俄语、阿拉伯语和德语则不同，它们是我自愿学习的。试图学习俄语是一件非常不明智的事，让我大受挫折，不过好在只是短暂的挫折。我学习阿拉伯语的态度更加认真。我曾经为了卖书在中东待过一段时间，伊斯兰文化、集市和沙子让我乐在其中，不过最让我感兴趣的还是阿拉伯字母的形状和它的艺术性。考虑到我学习语言的困难程度，我到现在都不知道当初我是怎么想的。当时我住在纽约，这可能给我带来了错觉。我申请上了纽约大学的夜校，愉快地学习书写阿拉伯字母。我的许多同学是黎巴嫩裔美国人，他们20多岁，为失去文化根基而焦虑不安，这不难理解。他们很快遇到了障碍。他们认为自己与阿拉伯语有某种联系，只要稍加努力就能掌握这门语言，但实际上这种联系根本不存在。他们在学习这门困难的语言时并不比我更有优势，而我的脑子里充满了水烟袋、躺椅和宣礼塔的形象。无论如何，在愉快地学习了一个学期，学会了字母后，我意识到了一个可怕的事实——这门语言甚至比法语更难学。我再也无法集中精力，又一门语言的学习到此为止。现在，阿拉伯语的唯一用处是，我可以用简单的阿拉伯字母转写朋友们的名字来逗大家开心。

这件事还有一个不愉快的后续。我仍然清楚地记得参观位于巴黎北部的圣丹尼斯修道院的经历，那里埋葬着几乎所有法国国王，我发誓要更深入地了解中世纪君主。我记住了从1550年左右开始的法国国王的名字（除了几个有名的例外，后期的国王都叫路易），但更早的国王名讳杂乱无章，没有任何规律可循。这时我才意识到人类大脑的局限性。我原本以为我可以无限地把各式各样的知识（战役、首都、朝代）装进我的脑袋，但当我试图把那些墨洛温王朝和卡佩王朝的国王名字装进去时，我感到我的大脑超负荷了，就像一个倒下的浴室置物架一样，它把所有阿拉伯字母倒了出去。不久之后，整个架子从墙上掉了下来，把那些毫无意义的墨洛温王朝国王的名字也带了出去。

因此，成年以后，除了点啤酒或询问火车站台号，我的外语技能几乎为零。我能在脑海中清晰地回忆起所有外语老师：严厉的、温和的、有趣的、无聊的、不耐烦的、一本正经的、暴躁的、好说话的、令人不快的、爱发脾气的、绝望的……不一而足。事实上，这是一个相当愉快的练习，我的大脑可以清晰地回忆起所有老师的相貌和举止,而对于那些语言,我的大脑就像一艘坠毁的宇宙飞船一样,没有任何记忆。

就在那时,我接触到了德语。在我成年后的这段时间里,即使在我最有信心的时候,我也知道我在语言学习方面有障碍。我已经不再奢望学会一些冷门语言,比如特林吉特语或苗语,但我还是觉得,通过努力,我或许可以掌握一门欧洲主流语言,而不是永远被困在英语这个过于熟悉的笼子里。自从十几岁时参观斯特拉斯堡以后,我对德国历史和文学的热情便越来越高。托马斯·伯恩哈德(Thomas Bernhard)、约瑟夫·罗特(Joseph Roth)和君特·格拉斯(Günter Grass)是我的英雄,现在是时候阅读他们的文章和著作的原文了。

就这样,我开始了最后一次伟大的语言冒险。现在想来,这就像那些一心想独立的中世纪德意志诸侯,在与世隔绝的城堡中思考良久后,决定最后一次披挂远征。虽然他们在先前的远征中已经失去了大部分最好的猎犬、马和他们的儿子,但他们仍然奋力冲到平原上,希望死而无憾,希望能留下一个被后人传颂的故事。

我带着奇怪的兴奋感和愉快感再次来到纽约大学,还专门准备了一个新练习本和一根削尖的铅笔,满怀期待地开始学习一门新的语言。不过,我很快就遇到了常见的问题,我似乎没有真正理解任何东西。每个单词都像我希望的那样铿锵有力,我花了许多时间练习发音,并想象着自己拥有一种相当美妙的口音。但是,它们敲了门,按了门铃,"语言先生"并不在家。一个学期后,唯一的收获是,"优秀的年轻食人族"(the Fine Young Cannibals)乐队前主唱罗兰·吉夫特（Roland Gift）被从一扇门领进教室，然后又从另一扇门出去，以避开他的粉丝（不过考量到当时他的知名度，更合理的说法是，避开想象中的粉丝）。我高兴地想着"那真的是罗兰·吉夫特"，同时把语法、句式抛在脑后。

在接下来的几个月里，我和四名学生以及一个拉脱维亚舞者一起学习，但几乎没有进展。那名舞者想通过上语言课来提高收入，以支付她在格林威治村的房屋租金。虽然这些课程和以前的外语课一样徒劳，但是每天早晚坐地铁的时候，我都会读海涅的诗（用的是德英对照的版本）来练习德语。德语之美令我着迷，即便我发现这对我学习语言知识没有任何帮助。我已经记不清当初我为什么要选海涅的诗，可能只是碰巧在书店里看到了，而且书很薄，不会让人望而生畏。我的脑海里充满了摩尔人统治者、爬满常春藤的城堡、海怪和玫瑰花等幻想。我每天乘坐地铁，虽然连最简单的德语习语都不会说，却知道怎么说"我的长枪和盾牌被偷了，我的爱情用花环束缚了我"。当我开始周游德国时，我不断与海涅相遇，他成了德国一切有吸引力和有思想性的东西的代表，但我真的认为，我选他当我的精神导师完全是出于意外，我对德国的看法也可能是被其他更邪恶、更夸夸其谈或更沉闷的人物塑造的。无论如何，海涅或许可以与我同行，但我们无法彼此交谈。

雷根斯堡是多瑙河上游的一座德国小城，位于巴伐利亚东部，恰好在通往奥地利的交通路线上。它以一种近乎卡通般的形式保持着中世纪的风格，包括哥特式大教堂、浮夸的商人住宅和有着古怪名字的小巷。其中最重要的是有横跨多瑙河的雷根斯堡石桥。通过

序　言

在多瑙河上建造一座坚固的石桥，在唯一可能的位置建造一座城市（因为一座岛屿），以及在几个世纪里打退所有来犯者，并对每个人收取过桥费，雷根斯堡人变得富有，控制了欧洲北部和威尼斯之间的贸易。他们的机智和好运使这座城市兼具欢乐和轻浮的气质。

石桥巨大的桥墩阻碍了多瑙河的水流，一侧的水流平稳缓慢，而另一侧则成为危险的旋涡。现存的中世纪瞭望塔和盐库，以及一家小小的、古老的香肠餐厅（餐厅里有冒烟的烤肉架和冒着蒸汽的水槽），使这一景象变得更加有趣。我曾在这家餐厅旁与一对来自罗特韦尔的快乐的夫妇聊天，几分钟后，他们互使眼色，稍显尴尬地问道："那你为什么在这里呢？"他们很高兴来雷根斯堡旅游，但不明白一个英国人在那里做什么。在那里的几天，我确实没有碰到一个英国人，只有几个美国人，而且都是曾经在德国服役的退伍军人。雷根斯堡恢宏的大教堂、一家售卖杏仁糖土豆的甜品店、罗马城墙、拿破仑设立的指挥部所在地、神圣罗马帝国议会的会议厅和一个有趣的中世纪刑讯室似乎不足以激起非德国人的兴趣。后来，我站在桥边的码头上，心满意足地盯着巨大的旋涡，想着多瑙河从哪里来，又到哪里去，手里拿着装在脆皮卷里的腊肠，突然觉得必须写一本书来介绍这个似乎被人遗忘的国度。

目录

第一章 / 001

  来自幽暗森林之地 / 003

  罗马时期的日耳曼人 / 011

  远离故乡的短吻鳄 / 016

  "我要法兰克福绿酱" / 018

  中世纪停车场 / 024

第二章 / 031

  古代宫殿 / 033

  查理大帝 / 037

"虔诚者""秃头""胖子" / 042

迷你城市 / 045

传播信仰 / 050

寻找一缕阳光 / 057

东扩 / 061

第三章 / 067

设防城市 / 069

优越感 / 072

简述政治结构 / 078

日耳曼部落 / 082

大饥荒与瘟疫 / 086

一百万颗钻石闪耀之地 / 089

第四章 / 095

没有潮汐的海 / 097

勃艮第的诅咒 / 102

幸福的家族 / 109

泛滥的民族服饰 / 114

帝国行政圈 / 119

哈布斯堡家族 / 122

第五章 / 129

尖顶、角楼和塔楼 / 131

出生地与"死亡之屋" / 138

目　录

魔鬼的风笛 / 141

世界的统治者 / 145

新耶路撒冷 / 152

一个不快乐的酒商 / 156

第六章 / 163

信仰的黄金城 / 165

柠檬花盛开的地方 / 169

黑色盔甲 / 176

瑞典国王的马 / 183

突然造访的小行星 / 189

第七章 / 195

沙漏与食鸟蛛 / 197

《音乐葬礼》 / 205

扑粉假发的时代 / 209

大马士革弯刀 / 212

"烧了普法尔茨！" / 220

天主教的反击 / 224

第八章 / 229

居鲁士大帝的后裔 / 231

鸵鸟和热巧克力 / 238

更激烈的陵墓设计竞争 / 243

《半音阶幻想曲与赋格》 / 249

"强力王"和"胖子" / 253

第九章 / 261

采尔布斯特的小索菲 / 263

英式公园与法式公园 / 267

追随歌德的脚步 / 271

塞满知更鸟蛋的玻璃金字塔 / 274

意外出现的海牛 / 279

德意志人的受害者意识 / 282

划算的鸡肉 / 289

第十章 / 293

《军队进行曲》/ 295

卡尔和阿尔布雷希特 / 301

塔楼中的姑娘 / 310

英雄和橡子 / 316

胜利纪念柱 / 323

第十一章 / 327

民族主义的两面性 / 329

邦国主义的末路 / 336

与墨西哥的意外相遇 / 345

第十二章 / 351

小羊与瓢虫 / 353

目　录

拼图王国 / 357

狩猎大师 / 362

鲁里塔尼亚、西尔达维亚和它们的朋友 / 367

缺席 / 372

第十三章 / 381

海岸线之外 / 383

得克萨斯文德人 / 387

德国的殖民梦 / 393

托马斯和厄尼 / 399

柏林的波茨纳普先生 / 406

军国主义 / 409

第十四章 / 417

失败 / 419

英德反目 / 424

灾难 / 431

战败与革命 / 434

悼念亡者 / 442

贵族的末日 / 446

第十五章 / 453

无聊的湖泊 / 455

暴动和背带裤 / 460

"5，4，3，2，1……" / 466

科学之死 / 468

最后的阵痛 / 471

结语 / 476

尾声 / 479

在山中 / 479

孟德尔雕像 / 482

慕尼黑宫廷啤酒馆 / 484

参考文献 / 489

致谢 / 499

第一章

1869年，威廉一世参观恩斯特·范·班德尔的工厂，站在正在制作中的"德国人赫尔曼"的头像前，它是在条托堡森林竖立的巨大雕像的头部。制作这座雕像的目的是纪念这位日耳曼首长击败罗马人。这座雕像花了几十年的时间筹集资金和建造，最终在德国统一后完工。

来自幽暗森林之地

一边聆听《西格弗里德》[①]第二幕的前奏曲,一边思考德意志古老的起源神话,实在是再合适不过了。在大约五分钟的时间里,这首演奏难度极高的乐曲,在听众眼前营造出了一片没有道路、压抑阴暗的森林的意象,让听众觉得危险迫在眉睫(那条沉睡的龙尤其令人胆寒),而矮人和众神已经等候多年,等待着伟大(但近乎愚蠢)的事件上演。

非德国人和瓦格纳(Wagner)的音乐没有直接联系,这是一个遗憾,但也使人长舒一口气。虽然许多著名的瓦格纳爱好者和重要的解读者不是德国人,但这部戏剧的根源和意义只与德国人有关。据说这段以森林为主题的前奏曲的所有元素,都是德国文化特有的。开车可以很快经过英国的森林,人们或许都注意不到它们(在林中徒步几乎算不上锻炼,因为每隔几米就能看到一个休闲场所或者卖烤土豆的摊贩)。而在德国,人们站在山上,目之所及皆是树木(不过是受到精心照料的树木),而这些树木只是古老森林

[①] 《西格弗里德》是瓦格纳的系列歌剧《尼伯龙根的指环》的第三部,取材自北欧神话故事等。——译者注

的一角。德国人似乎真的相信龙、矮人和神明的存在，它们和许多其他生物一起潜伏在山间和林中，经过一代代语言学家、民俗学家和作曲家的重新演绎，成为许多节日和童书的核心元素。

德国人痴迷古老的历史，这点英国人不及万一，后者一向不太关心自身的起源。两国很大一部分地区曾被同一个原始冰盖（斯堪的纳维亚冰盖）覆盖，随着冰盖融化，世界进入全新世（德国南部没有冰，即使在更新世，这也非常特殊），两国走上了不同的发展道路。不过，不可否认的是，许多同英国人起源相关的故事确实令人尴尬。不列颠尼亚行省曾经是罗马人的殖民地，是偏远的边地，是一个或多或少被罗马人视为笑话的地方。一直有人固执地认为，我们至少继承了罗马人高贵的额头和受过古典教育的基因。但是，与不列颠尼亚行省相关的史料付之阙如，这充分说明了它的主人多么不重视它。当 19 世纪历史热席卷欧洲时，英国人不得不放弃这些令人遗憾的过去，从其他地方寻找优越感。罗马人走后，外人便可以随便出入不列颠，一波又一波贪图享乐的北日耳曼人、丹麦人和挪威人接踵而至，最后是屈辱的诺曼征服。在这场混战中，亚瑟王（King Arthur）和阿尔弗烈德大王（Alfred the Great）的名字如雷贯耳，但前者是法国诗人的杜撰，而后者与今天的英国人之间隔着一批又一批的入侵者，人们甚至怀疑现代英格兰是否真的与他有关。

早期的英国被一群挥舞着斧子的外来者当作度假胜地，这段历史让人羞于启齿，很难提振人心。人们只能讲讲在混乱和愚蠢中诞生的《大宪章》，然后快进到麦考莱乐观向上的历史叙事。至于德国人，遥远的过去已经产生了腐蚀性和灾难性的影响。如果有人想知

第一章

道过分重视历史会带来多么大的负面作用,他不妨看看德国人如何理解和教授其古老的历史,不管它在歌剧中表现得多么具有美感。

德国各地的艺术家和作家遍寻中欧的各个角落,试图找出可以让他们了解自身起源的蛛丝马迹。他们一方面像瓦格纳一样本就痴迷于此,另一方面也是受到了瓦格纳的启发。唯一一份真正的文献(或许是欧洲历史上最不祥的文献之一)是塔西佗(Tacitus)的《论日耳曼人的起源、分布地区和风俗习惯》(*On the Origin and Situation of the Germans*),也就是人们耳熟能详的《日耳曼尼亚志》(*Germania*)。该文献唯一的一份抄本在黑森的一座修道院被发现后,于1455年被送到罗马。在那里,它的重要性逐渐显现。这本书〔顺便一提,它比塔西佗的《阿古利可拉传》(*Agricola*)更全面、更有趣,《阿古利可拉传》有对不列颠尼亚的描写〕被逐字逐句解读,有人穷尽一生,只为弄清楚每一条含糊不清的信息的真实含义。最开始这么做的是意大利的人文主义者,他们做了许多没有意义的工作,编造了居住在森林里的"纯种日耳曼人"的神话,然后将这份可怕的礼物送到阿尔卑斯山以北。这本书的存在本身便极其不可思议。它成书于公元100年左右,作者似乎知识渊博,准确地概括了罗马帝国所了解的日耳曼人的方方面面,而且与塔西佗的许多其他作品不同,它没有毁于火灾、天气,也没有毁于修道院图书管理员或抄写员的心血来潮,而是完好地保存了将近13个世纪。

众所周知,罗马帝国未能征服日耳曼人,只能固守莱茵河、多瑙河一线的北方边界。一代又一代的德意志民族主义者,将《日耳曼尼亚志》视为标志着拥有"纯净的血统"(塔西佗的灾难性用语)的德意志民族形成的基石性文献。塔西佗将日耳曼人的美德与其"软弱、道德败坏、穿长袍的"邻居的缺点做了对比。日耳曼人粗野、易怒、重视荣誉、淳朴，是优秀的战士（不过，当这些战士愚蠢地与罗马人正面交锋时，他们总是一败涂地）。《日耳曼尼亚志》巧妙地刻画了一种平衡的日耳曼人形象：日耳曼人足够强大，因此能够独立于罗马帝国；但又过于野蛮，因此不值得罗马人去征服。这种论调不免让人想起英国人类学家对非洲人的描述（即便是很晚近的描述，也大同小异）。英国人类学家在描述非洲人时，同样会莫名其妙地只提及有限的几项活动（战斗、宴饮、生育），对其他方面不着一语。

《日耳曼尼亚志》的问题在于，它的许多内容完全出于想象，但由于该书是现存唯一的对那段历史的记述，因此我们永远无法知道哪些是真实的，哪些是想象的。"日耳曼尼亚"这个词暗示着，世界上确实有一个叫这个名字的地区和这样一个民族。因此，在《日耳曼尼亚志》重见天日后的几个世纪里，人们一直坚持主张这样一个政治实体是真实存在的（这有时会造成可怕的后果）。但在实践中，没有人能够说得清它到底是怎么一回事。塔西佗笔下的日耳曼人有诸多美德（包括招致灾难性后果的"纯净的血统"），但这些美德显然只是为了与他目睹的罗马荒淫、腐败的乱象做对比，作者的本意并不是要严肃地评论当时生活在欧洲一片未知的、敌对的地区的民族。我们永远无法知晓，塔西佗的某个说法究竟是来自某个可靠的消息源（他从未去过北方边境，甚至从未接近过那里），还是只是为了向读者兜售自己的观点。比如，日耳曼的男人是真的对他们的妻子忠心耿耿，还是说塔西佗只是想嘲讽自己的朋友？

第一章

《日耳曼尼亚志》以笃定的口吻让人觉得，居住在那片地区的居民与罗马帝国的臣民确实迥然相异。居住在帝国境内的人是定居人口，他们使用道路，缴纳赋税，服从中央集权统治；居住在莱茵河对岸的人四处迁徙，没有道路，肆意掠夺，处于近乎无政府的状态，三五成群地生活在一片人烟稀少的大森林中的空地上。罗马人对那片森林深恶痛绝，因为他们曾在那里遭受了其历史上最著名的一场惨败——条托堡森林战役。在那场战役中，2万名罗马军团士兵及其统帅被阿米尼乌斯（Arminius，德语称"赫尔曼"）消灭，后者以蓄着络腮胡子、皱着眉头、一脸正气的形象出现在19世纪的各种雕塑和绘画中。

雷德利·斯科特（Ridley Scott）的电影《角斗士》，精彩地重新演绎了罗马人对日耳曼尼亚的敌意。该片以塔西佗死后，罗马皇帝马可·奥勒留（Marcus Aurelius）对日耳曼人发动的战役开场。在开头的战争场景中，观众看到的是一片阴森、冰冷、浓雾笼罩的森林（为了制造压抑的氛围，似乎使用了一种特殊的木炭效果滤镜），随后画面突然跳出"日耳曼尼亚"几个字。这一刻我们知道，即便已经过去了2 000多年，我们依然生活在罗马帝国的阴影下。影片中的森林与我们熟悉的德国森林截然不同，我们熟悉的德国森林有鸣叫的鸟、方便的人行道和徒步旅行的老人；而在来自海边柑橘之乡的罗马人（实际上是加利福尼亚人）的想象中，日耳曼尼亚的森林是照不进一丝光的噩梦般的存在。这部电影的成功之处在于它以一种令人愉快的方式重新引发了人们对古代日耳曼人特征的讨论，这个话题由来已久，而且有着不光彩的历史。这部电影里的日耳曼人衣衫褴褛，作战勇猛，但战略非常愚蠢，只会大声咒骂衣着华丽、令人生厌的罗马士兵。这部电影的重点不是还原真实的历史场景，罗素·克劳（Russell Crowe）扮演的罗马将军讲的是英语，而不是拉丁语，这是为了让我们知道他在说什么。可怜的日耳曼人在迎来注定的失败之前，狂吼着向前冲锋，而且愚蠢到没有在后方设防。

但是古代日耳曼人真的是这样吗？今天乘坐法兰克福地铁的人，与这个蓬头垢面的民族有什么共同之处呢？《日耳曼尼亚志》造成的恶果是，人们相信二者是有联系的（甚至连书名都在暗示这一点）。对于塔西佗来说，"日耳曼尼亚"仅仅意味着一个非罗马人的地区，这些人分为多个部落，部落间经常起冲突，而且这些人沉迷于战斗和宴饮。奇怪的是，现代德国人会有意忽略塔西佗提到的常年的落后、分裂、贫穷和酗酒，而是用他的观点来证明一块土地的历史延续性和价值，而这块土地毫无疑问是"德国人"的。塔西佗的观点同样被用来证明德国是森林和个人自由的国度，即便塔西佗还矛盾地提到了日耳曼人会无条件服从部落酋长。

但事实上，从《日耳曼尼亚志》成书到中世纪德意志雏形出现的1 000多年里，无数的民族曾经在现在被称为"德国"的这片土地上来来去去。硬将塔西佗笔下的那些部落民说成是德国人，其实是极为牵强的。掠夺成性且精明的汪达尔人是一个典型的例子。他们似乎从西里西亚（位于今天波兰的西南部）一路迁徙到西班牙，然后在罗马帝国末期迁徙到非洲，因为暴行而使其族名出现在几种语言的史料中。还有勃艮第人。他们可能来自瑞典附近的一座岛屿，穿过中欧，最终在位于后来的法国和德国之间的地区建立了自己的国家,这里成了欧洲地理的断层。我们永远无法知道有多少像汪达尔人和勃艮第人这样的民族,也不知道他们对遭他们蹂躏或与他们通婚的部落有多大的影响。对于他们,我们知道得实在太少了。即使把研究做到极致,学者们仍然不敢说自己已经知道整个德国曾经居住过哪些民族,他们的部落名到底是什么。其中的一些民族肯定会说原始德语,但他们只能和无数其他部落,以及散发着恶臭、留着胡子的外来者一起,在据说无法穿越的森林中艰难前行。不管是来自亚洲的匈人、来自瑞典的哥特人,还是成群结队从东方进入中欧的阿瓦尔人、捷克人和索布人,都在赶走先前来到这里的部落后,建立了新的社会,创立了不同的宗教,勉强过上了男耕女织的定居生活,接着又被后来者赶到更西边。

在大约 1 000 年间(从日耳曼部落与罗马人初次接触到公元 900 年前后马扎尔人最终占据匈牙利)的民族迁徙,通常被视为一个有终点的过程。但德意志历史的一个奇特之处在于,边界一向是不稳定的,每个主要的族群和下面的小群体都在某个时期获得过支配其邻居的权力,从而制造了各种悲剧性的、相互重合的虚假主张,没有人能说得清到底谁有权统治谁,或者有权统治哪个地区。越是深入研究这些古代部落勉强可以辨认的迁徙路线,就越能看出虚假的、荒谬的,但也是极端危险的模式。比如,撒克逊人和文德人,或波兰人和普鲁士人之间的对立,本来完全是由近现代的权力和特权造成的,但在 19 世纪的民族主义者看来,它们源自说不清道不明却产生了根本性影响的过去。每个人似乎都喜欢这些嗜蜜酒如命、戴着花里胡哨的头盔、用拳头猛砸宴会桌、发誓有仇必报的祖先。1878年，特奥多尔·冯塔纳（Theodor Fontane）发表了以普鲁士崛起为背景的小说《风暴之前》（*Before the Storm*），其中有一处精彩的描写。在勃兰登堡一个不起眼的传统地区，两个老朋友（一位是牧师，另一位是地方法官）正享受着一个愉快的夜晚（他们显然度过了无数个这样的夜晚）。他们在讨论不久前出土的一辆小型铜战车模型。这是一件富有日耳曼特色的艺术品吗？车上装饰的是奥丁的乌鸦吗？还是说它其实是伟大的文德-斯拉夫文化的结晶，是某个戴着水獭皮帽子的奥博德里特贵族的玩物，是在日耳曼人还"穿着兽皮，啸聚山林"，使用原始的燧石时制造的？两个人争论来争论去，援引了令人眼花缭乱的语言学和冶金学证据，直到那位牧师提出了一个惊人的观点。他说甚至连他朋友的名字菲策维茨（Vitzewitz），听起来也很像斯拉夫语。看到一位伟大的小说家在德国沙文主义巅峰时期拿这个问题开玩笑，读者不免会心一笑。但这短短的一章，确实概括了与古代日耳曼相关的所有问题。实际上，日耳曼一直是一个各民族混居的地方，拥有不同民族的各式各样的器物。想在这里寻找所谓的"纯净的血统"，简直是白日做梦。随着几十个部落来来去去、相互通婚和相互残杀，人们不可能知道谁生来就说德语，谁只是觉得学习德语是一个明智的选择，更何况生来就说德语的人的父辈可能还在说法兰克语、丹麦语或奥博德里特语。

一些事物如果只局限在地方历史或个人爱好的范畴，或许非常有趣；但一旦成为国家政策，就很可能变得极其可怕。最荒诞的例子或许是，戈培尔（Goebbels）试图通过建造露天剧场来重现多神教（日耳曼人的信仰）的氛围，这些巨大的露天剧场四周有高大的橡树、陡峭的岩壁和没有任何实际意义的装饰品。人们按照北欧人古老的方式聚集在那里，观看日耳曼风格的游行表演。一想到曾经给纳粹投票的人不得不在冰冷的雨中，观看穿着古老的日耳曼服装的人说着由纳粹创造的新北欧多神教的无稽之谈，我就不免生出些许满足感。露天剧场是一个失败的项目，总共只建了几座。如今，它们已经沦为废墟，或被人遗忘，或被用来举办摇滚音乐会。党卫军的新北欧多神教更令人毛骨悚然，它痴迷纯净的血统、如尼文、誓言、火和神庙。如果德意志第三帝国没有灭亡，我们现在可能都无法批评德国人肆意捏造历史的可耻行径。

罗马时期的日耳曼人

这些关于古代日耳曼人的神话已经够混乱了，而另一份历史遗产同样令人困惑——奥地利、莱茵兰西部等后来德意志世界的重要地区完全融入了罗马帝国，它们远远躲在《角斗士》精心刻画的战线之后。科布伦茨、维也纳、沃尔姆斯和奥格斯堡（意思是"奥古斯都之城"）等城市，起初都是奥古斯都或提比留在1世纪修筑的军事据点，而雷根斯堡、巴登-巴登、海德堡、科隆和其他许多城市是罗马人稍后建立或夺取的。这是另一个日耳曼，这里没有蓬头垢面的蛮族，没有茂密的森林，却有道路、桥梁、装橄榄油的罐子和行政中心。这种完全不同的模式影响了许多日耳曼城市，让人觉得不够真实，或者说不够"日耳曼"。这份遗产使日耳曼人得以直接接触拉丁文化，这完全不同于塔西佗的描述，即便这种接触方式的愚蠢程度并不亚于在森林里祭拜祖先。

雷根斯堡、特里尔等地偶尔可见的罗马建筑，并没有帮助今天恰好住在那些地方的人同其最初的、早已离开这个世界的居民建立起任何实际联系。不过，对于许多德国人来说，与罗马的这种虚假联系仍然非常重要，而且由于这种虚假联系已有很长的历史，因此它反而被认为是事实。最明显的例子是神圣罗马帝国。它认为自己继承了查理大帝（Charlemagne，约742—814年）的帝国，而后者的合法性建立在其作为新的西罗马皇帝的基础上。为了证明自身的合法性，查理大帝大力复兴古典学术文化，复制了罗马帝国晚期和拜占庭的统治模式，并让教皇在罗马为自己加冕。

在查理大帝想象中的先帝里，最强大的当数君士坦丁大帝（Constantine the Great），后者曾在4世纪初以西罗马皇帝的身份，在古老的罗马城市特里尔统治着帝国，叛乱的法兰克酋长会被他扔到特里尔的竞技场，最终命丧猛兽之口。出于纯粹的无知，我以前总是想象这样的场面——在南方的阳光下，君士坦丁懒散地靠在躺椅上，宫殿里点着香，宦官身上涂满金粉，乐师用锣鼓和竖琴奏乐。这是根据人们对后来的拜占庭的刻板印象拼凑出来的，当时年轻的君士坦丁肯定不是这样的。在四分五裂、连年兵燹的欧洲，他正在特里尔这座坚固的军事堡垒中沉思基督教可能的意义。特里尔在第二次世界大战期间遭到严重破坏，但还是保留了一些奇怪的罗马遗址。高大压抑的黑城门和君士坦丁的皇宫大殿是罗马人奢华生活的写照，即便在如此遥远的北方也不例外。由于建筑师、事故和

第一章

轰炸的破坏，皇宫大殿已然面目全非。但一想到这些残垣断壁已经屹立了大约1 600年之久，人们便会由衷地感到敬畏。特里尔是德意志的基督教中心，在神圣罗马帝国时期，这为其带来了荣耀，特里尔大主教成为七位选帝侯之一。

由于德国人生活中这些毋庸置疑的罗马元素，一代代的德国学者不厌其烦地重复着罗马作家的许多争论（比如共和国和帝国的优劣），这些成为宣传者和煽动家方便的工具。遍布德国各地的罗马风格的宫殿和雕像，其实是由很久以后的统治者建造的（可能是在意大利文艺复兴时期及其后），却被德国人尤其是德国南部和西部的人，视为真正的古代遗产。神圣罗马帝国充斥着矛盾和愚蠢，以妥协为生存之道，但人们总是意欲从罗马帝国的模式中寻找合法性。拉丁语仍然是其处理大部分事务和发表公开声明时使用的语言，因为这是唯一能够将帝国境内讲佛拉芒语、波兰语、丹麦语和捷克语的人联系起来的方式，也是虚构的帝国传承的标志。神圣罗马帝国皇帝（及其拥有"罗马人的国王"头衔的法定继承人）被认为是查理大帝的继承人，而查理大帝通过极具想象力的果敢行动，将自己与罗马世界直接联系在一起。

对古罗马精神的痴迷，使博物馆里堆满了看似无穷无尽，但其实乏善可陈的罗马器物。美因茨一个丑陋的房间里摆满了黑色陶罐，就好像是莱茵河上的罗马商人不计成本，只想跟后人开一个玩笑一样。他们仿佛故意从船上卸下一批又一批的货物，只为让后世的考古学家感到困惑。当然，由于品位问题，这些房间里的钱币、墓碑、破损的雕像和头盔会让一些人流连忘返。偶尔也会有一些精彩绝伦之物，其中最引人注目的是1941年在科隆挖掘防空洞时发现的巨幅马赛克镶嵌画。但是，位于罗马帝国境内的"日耳曼"地区基本上都相当边缘（当然，这里的文物比常年雾霾笼罩的不列颠尼亚要好得多）。除了特里尔等少数例外，这些城市大多是军事据点，旨在防备渡过莱茵河和多瑙河来袭的部落，以保护意大利和高卢等更富庶的中心地带。

罗马人离开后，许多城市或多或少变得荒凉，流民来来去去，伟大的建筑慢慢破败，石头被用在其他地方，地基被改为菜园。某个部落的酋长有时会带着侍从住进某处遗址并保护它，但几乎没有证据表明有人曾长期认真使用过这些遗址，而且没有迹象表明，在从6世纪初开始的很长一段时间里有任何新建筑。

这种所谓的罗马背景对德国历史产生了强烈而矛盾的影响，伟大的德国古典主义者、建筑师、诗人和音乐家以各种方式做出了回应。这种罗马背景在很大程度上同样源自意大利的文化影响，而不仅仅与日耳曼-罗马遗产有关（不过莱茵兰的一些城市，以及巴伐利亚和奥地利的统治者，总是靠虚假的纽带将自己与罗马帝国联系在一起）。从弗里德里希大王[①]（Frederick the Great）开始，许多德意志人觉得自己是一个尚武的民族，这种感觉因与罗马帝国的比较而更加强烈。但事实上，人们可以找到无数个证明日耳曼人/德意志人军事无能的例子。顺便说一句，希特勒从大英帝国得到的灵感至少不亚于从罗马帝国获得的启示。他本来希望像英国人对待印

[①] 旧译"腓特烈大帝"。——译者注

度居民那样对待斯拉夫人，最终却用英国人对待澳大利亚原住民的方式对待他们。但是他确实想让自己的军队成为罗马军团，还妄图效仿罗马的先例，在乌拉尔一带建立像罗马的"退役士兵定居点"一样的殖民地（科隆就是这样建立起来的）。当然，对罗马的崇拜不是德国独有的，路易十四（Louis XIV）和墨索里尼（Mussolini）等统治者同样拜服于它，从杰斐逊纪念堂到圣彼得堡的亚历山大纪念柱都在拙劣地模仿罗马风格。罗马的遗产最终变得无处不在，几乎所有人都可以使其为自己所用。

就德国而言，神圣罗马帝国邦国林立的混乱的政治结构，再加上神圣罗马帝国皇帝在1806年帝国灭亡前一直以古罗马继承人自居，这些往往沦为人们的笑柄，因为这个所谓的帝国实际上支离破碎、摇摇欲坠。但也有人主张，由于神圣罗马帝国的统治阶级讲德语，因此德意志肩负着统治整个欧洲的使命，生来便拥有统治像比利时、意大利和波罗的海东部这样遥远地区的权利。这当然完全不合逻辑，因为神圣罗马帝国的核心区域曾经是一片原始的、被森林覆盖的、荒凉的地区，拒绝接受罗马的一切，但大家都心照不宣地不拆穿这个谎言。

1945年，西方盟军故意带着最高级别的纳粹俘虏，缓慢穿过已经沦为废墟的特里尔。作为德国最古老的城市（最初的名字是奥古斯塔·特里沃鲁姆）、西罗马帝国曾经的国都，这座城市此时仿佛月球表面一般狼藉，街道两侧只剩下一片残砖败瓦，宏伟的纪念碑似乎再也无法修复。人们有时会做一些绝对正确的事，这次穿行特里尔就是其中一例。德意志第三帝国曾试图将隐藏在森林中的多神教的愚昧、纯正血统的想象同建立新罗马帝国的妄想结合起来，计划将首都柏林改名为"日耳曼尼亚"，并打算彻底清除很早就将西欧与特里尔联系起来的基督教。一想到那些顽固的纳粹分子在穿过特里尔时可能想些什么，人们便会感到些许满足。

远离故乡的短吻鳄

由于最擅长批评罗马的正是罗马人，因此除了这些最明显的元素，许多德国人也可以指出现存罗马文献中与军事无关的、私人的、美学的或民主的元素。罗马在基督教世界的核心地位，以及由此产生的庞大的拉丁文文献同样意味着，罗马遗产的复杂性无法用单一的意义或教训加以概括，即便个别德国统治者或作家确实努力尝试过。不受罗马统治的日耳曼同样留下了一份更加有益的遗产。在英国，没有人（除了吉卜林等极个别例外）真正关心用菘蓝把自己染成靛蓝色的不列颠人对罗马人的抵抗，或者罗马之后的麦西亚王国和肯特王国。大众对北欧入侵者的记忆，仅仅是他们在林迪斯法恩岛屠杀修士，以及克努特（Canute）国王在海边教导侍从王权如何渺小的不十分有趣的故事。但毫无疑问，无论是塔西佗遥望的古代日耳曼，还是中世纪各部落动荡生活的片段，都对德意志人具有强大的吸引力，直到现代仍然如此。从歌德（Goethe）、格林兄弟（Brothers Grimm）到马丁·海德格尔（Martin Heidegger），都把森林视为德意志民族真正的摇篮和真理的故乡。

第一章

　　如今，在已经失去风采的莱茵兰度假胜地柯尼希斯温特郊区（当地的酒店陈旧，游客看起来无精打采），人们仍然可以稍稍感受到这种对古老的日耳曼的崇拜。布伦希尔德①（Brünnhilde）据说沉睡在东边的山上，一些游客慕名而来，这是瓦格纳影响力的又一个例子。最重要的景点是山坡上的一座大厅，是1913年为纪念瓦格纳百年诞辰而建造的。这座建筑的外形像鼓，陈设奢华，意在让人联想到古老的历史，也就是部落酋长的蜜酒厅（各部落举行宴会，畅饮蜜酒的大厅），里面的器物是根据《贝奥武甫》的描述制作的。当然，这座建筑实际上体现了第一次世界大战前新艺术运动②的装饰风格和一种前纳粹时期纯粹的热情（这点应该永远被珍视）。走进建筑，你可以坐在20世纪初表面开裂的皮长椅上，欣赏瓦格纳的半身像。墙上挂满了取材自《尼伯龙根的指环》场景的象征主义绘画（有些画比其他画更有启发性），配上切割得有些粗糙的木质边框。

　　这座蜜酒厅显然不太能吸引游客，因此主人又添加了一些噱头（作用似乎不大）。蜜酒厅内的广播不断播放着《尼伯龙根的指环》的管弦乐曲选粹。外面的一个货摊在售卖蜂蜜，蜂巢的造型古怪，其中一个蜂巢的入口贴着一张乔治·W. 布什的讽刺漫画，这样蜜蜂就会从他的嘴里飞进飞出。还有一条巨大的龙的雕像，可能是《西格弗里德》里的巨龙法夫纳。参观巨龙前，游客不得不通过一

---

① 北欧神话中的一位女英雄，出现在瓦格纳的歌剧《尼伯龙根的指环》中。——译者注

② 一种19世纪末至20世纪中期风靡欧美的流行艺术风潮。——译者注

条蜿蜒的、令人胆寒的地下走廊。遗憾的是，这条龙平平无奇。你几乎可以想象得到发起这个项目的人的沉重心情，他们显然知道这只会让游客感到愤怒或无聊。主人最后想出的点子是延续龙的主题，建了一座小型爬行动物馆，并取得了不错的效果。我渐渐远离最初向洪丁（Hunding）、贡特尔（Gunther）和其他深受瓦格纳喜爱的人物致敬的地方，百无聊赖地看过了加蓬蝰蛇、缅甸蟒和水蟒（它们之所以吸引人，只是因为动物园已经开了很久，把它们养得体型异常巨大），最后终于找到了快乐之源。在外面的一个露天水池里，漂浮着一条来自路易斯安那州的短吻鳄。它体型惊人，眼神茫然，几乎一动不动。它的身体大部分在水下，有趣的是，背上的无数凸起和凹陷形成了一个天然饮水池，附近那个贴着布什讽刺画的蜂巢里的蜜蜂会落到饮水池上。每隔一段时间，鳄鱼会将身体沉入水中，蜜蜂便飞到空中盘旋，等待饮水池再次出现。就这样，一部以德意志最古老的、近乎神话的历史（这段历史保存在一份失传已久的简短的罗马文本中）为主题的歌剧，促使人们在20世纪初建造了一座日耳曼酋长的蜜酒厅，接着又加入了蜂巢和平庸的龙雕像，这使一个拥有更古老的祖先、来自美国河流的生物，不得不孤独地在莱茵河畔的一个混凝土水池里度过余生。我们为自己创造了一个多么奇怪的世界。

"我要法兰克福绿酱"

如果说有一个话题能让几乎所有英国人和美国人达成共识，那

第一章

必然是德国食物有多可怕。当我们把糖、盐、脂肪的混合物放进微波炉里加热,或者嚼着咖喱味的墨西哥玉米片(如今在英国人当中非常流行)时,我们会一边摇头,一边说德国人吃得实在是太糟糕了,接着再讲一个关于德国人在香肠里放了什么的笑话。

不得不说,德国大部分地区的景观基本不可能让人联想到美食。波美拉尼亚①或勃兰登堡的一些地方,简直像美国达科他州一样荒凉——在狂风呼啸、表面崎岖不平的大地上,零星散布着通常被称为"蜗居"(huddled)的小屋,但为了生存,甚至连这种小屋都被放弃了。在这个异常闭塞的世界里,人们能够想到的唯一的活动是,丈夫一听到妻子拿着圆锯去切割大白菜的声音,便匆忙跑到DVD播放机前,播放他最喜欢的马匹交配的光盘。这样的地理环境让19世纪的普鲁士决策者头疼不已,他们本想再招徕成千上万名吃苦耐劳的种甜菜的农民,结果却只能眼睁睁地看着100万人移民美国,追寻更美好的生活。除了这样的不毛之地,富饶的农业地区的景观同样令人印象深刻,后者包括士瓦本大片绿油油的地区或位于图林根林山间的著名的"金色河谷低地",这些地方给游客一种被困在儿童绘本里整齐的田地和果园的感觉(不过要忽略点缀在其间的大量矿山废渣和破旧的杜松子酒厂)。不过德国大部分地区的景观与英国相差不大,皆源自日照不足和地理位置偏北。

这里之所以是与美食绝缘的腌菜和杜松子酒之地,与大德意志地区的地理环境有莫大关系,这里的环境与幸运的地中海国家截然

---

① 原德国东北部州名,现在分属德国和波兰。——译者注

不同。在使用世界主要语言的群体里，德语区是地理条件最恶劣的（如果再次不考虑英国和爱尔兰）——北方是漫漫长冬，中间是气候相对合理的温带，南方则是气候恶劣的山地。就像掉进陷阱，在原地打转的野兽一样，受限于气候，德国饮食只有无穷无尽的香肠、芜菁和土豆。在这个令人窒息的范围内，各地饮食差异很大，一些地区显然受到邻国食物的影响。北方人很喜欢用斯堪的纳维亚的腌法腌鱼，而南方则有一种脱胎于意大利面的独特食物。在西边的摩泽尔一带，你确实可以吃到好吃的新鲜沙拉，而越往东走，就越有可能遇到更符合当地人口味、不放调料的炖牛肉和无处不在的色尔扬可汤[①]——这种本就不大好喝的乌克兰汤，同样被德国人改成了极为清淡的口味。对香料的厌恶在整个欧洲北部非常普遍。为了给上千道菜肴增加甜味和咸味，德国每年都要进口大量肉桂和辣椒，但这些调料实际上几乎不会影响口味——这些调料的味道通常只有勉强尝得出来的程度。"匈牙利式"辣味薯片随处可见，这种薯片在德国的受欢迎程度相当于经典咸味薯片在英国的受欢迎程度。它是所有游客的噩梦，因为有时在小火车站，这是游客唯一的选择。这种薯片非常难吃，而且一点也不辣，仿佛是有意侮辱匈牙利人。

德国感受到的邻国文化压力是不难想象的。它在饮食方面非常自卑，缺乏食材，被有充足日照的文化包围，没有瓜果，没有香草，也没有橄榄。这意味着，如果想领略德国菜的精髓，理性的做法是在中部寻找。这是事实，真正好吃、味道浓郁的香肠和炖菜等

[①] 一种蔬菜肉汤。——译者注

第一章

德国经典美食,诞生于从法兰克福到雷根斯堡的一片带状区域。这里的人还非常喜欢吃鲜美的河鱼。不过自从在纽伦堡(德国传统美食圣地)吃过第二糟的一餐后,我对鱼有些排斥。这顿饭有一道菜是一条蓝色大鲤鱼,但是煮过了头,还搭配着难吃的土豆和欧芹。这道菜实在是太可怕了。我记得以前读到过,由于新泽西州的河水被重金属和化学品污染,因此,如果你在河里洗手,手上的皮肤会像摘手套一样一下子脱落。这条鱼似乎也是这么死的,蓝色的鱼皮尤其令人生疑。我切开鱼肉(这是一个错误)后发现,这道菜还是那么可怕,鱼肉闻起来有一股洪水刚退去的坟墓的味道。我勉强吃了几口,然后发誓再也不会碰神秘的德国淡水鱼(这可能是我的损失)。

之所以说"第二糟的一餐",是因为这不是最糟糕的。一次,我和一些朋友去了一家传统的法兰克福餐厅,结果发现那里是德国食物忠实爱好者的圣殿。那家餐厅有难以下咽的苹果酒,而客人们则在贪婪地吃着涂了大量猪油的黑面包。菜单上的菜品寥寥无几,能选的似乎要么是肥肉很多的热火腿切片(这只是另一种我已经吃腻了的德式小香肠),配上臭名昭著的法兰克福绿酱(它的老对手是醋泡草药),要么是一道名为"屠宰场拼盘"的菜。本着逆来顺受的精神,我选择了拼盘。结果,这道菜中间是德式酸菜,两边是两个用金属手术夹密封的皮囊,一个装满了肝脏、脂肪和水的混合物,另一个装满了血和一种糊状的东西。用叉子叉住其中一个皮囊,皮囊破裂,里面的东西就会喷到酸菜上。我承认我很胆小,我连一口都吃不下。这顿饭唯一的乐子是,我用手机拍下了这道"屠宰场拼盘",还把一个同伴完全没动的法兰克福绿酱全部倒在上面,让它看起来更可怕。菜单上没有布丁，服务员也说没有布丁。当我们指出隔壁桌的人正在大吃香草冰激凌和覆盆子时，他说那实际上是一碗油脂和覆盆子——他可能只是在糊弄我。

我意识到，写了这么多，我完全没有说德国食物的好话。虽然受到自然环境的严重制约（不得不再说一遍，某个欧洲离岛群单调的食物同样如此），但是德国确实有一些美味佳肴。猪肉和土豆是德国最常见的食材，但它们可以千变万化为各种美食。不管是切块、捣碎、焖烧、油炸，还是更常见的烤，数百年来人们通过聪明才智使土豆和它的朋友们（根茎类蔬菜和卷心菜）在无数的汤、炖菜和烧烤中绽放光芒，最后别忘了撒上万年不变但永远不会让人失望的香葱或欧芹。

德国人做的鸭肉和鹅肉有多美味，只有品尝过的人才敢相信。雷马克（Remarque）的《西线无战事》（*All Quiet on the Western Front*，这本书描写食物的内容至少和描写战斗的内容一样多）有一个对推动故事发展非常重要的场景——两名士兵偷了一只鹅，在一个几乎没有任何工具的躲避处把它烤熟。雷马克巨细靡遗地描写了烤鹅的过程和之后的大快朵颐，这使读者觉得这只鹅没有白死。

我光顾"地下餐馆"（位于市政厅地下室的餐厅）的次数，大概超过了世界上绝大多数人。有时我觉得自己快要变成一个臃肿、目光呆滞、自以为是的小镇居民，穿着传统服装，一边用餐巾纸擦着后脑勺，一边气喘吁吁地大口吃下一大盘厚培根、德式酸菜和煎土豆，同时一杯接一杯地喝啤酒或在烛光下闪闪发光的雷司令白葡萄酒。

遗憾的是，我对德国食物思乡病一般的热情，实际上并不会得到大多数德国人的认同。我确实没有常年吃德国食物的经验。虽然去德国的时候，尝尝大碗"农家"土豆汤或"猎人"炖菜是不错的体验，但如果我注定要在像班贝格这样的地方定居和生活，那么我显然很快就会吃腻这些食物，而且（很快）会死。即使在最愉悦的环境中（非吕贝克的地下餐馆莫属，尤其是它很小的木包间和每面墙上挂着的一大堆小物件），你也很容易注意到周围许多客人令人震惊的状态。他们的腰围和相貌与德国演员格特·弗勒贝（Gert Fröbe）扮演的"金手指"① 如出一辙，胡子上沾满了啤酒泡沫和猪肉渣。似乎不会有人将这些身材壮硕的人当作榜样。

我有时会去一些环境不错的传统餐厅。我记得在因戈尔施塔特吃过特别朴素的一餐，那里的客人很少，只有我和一个戴着羽毛帽的斜着眼的老人。沿着因戈尔施塔特结了冰的大街往回走时，我听到了笑声、家具翻倒的声音、合唱的歌声和人们在餐厅门口的谈笑声。在这座冰封的城市中，所有居民仿佛都聚集在几十家泰餐厅、印度餐厅、希腊餐厅、中餐馆和意大利餐馆里大吃大喝。至少最活跃、最聪明、最瘦、最有远见的一代德国人，已经把传统食物视为一个不重要的甚至是危险的遗产，就像德国人最向往的度假方式已经不是去哈茨山徒步旅行，而是享受一次泰式按摩。不过那是另外一个话题。所谓的"德国食物"逐渐变成一个抽象概念，大多数德国人实际吃的是绿咖喱、咖喱肉和意式土豆团子，只有我和那名戴羽毛帽的老人（回头想想，他可能有轻度中风）还在品尝德国"农

---

① 《007之金手指》中的反面人物。——译者注

家"美食。

传统的下午茶点虽然还流行,但食客大多是 50 岁以上的德国人。正餐的甜点越来越敷衍,即便默认与"农家"美食搭配的形容词几乎没有变化,仍然是"梦幻般的"(如"梦幻般的巧克力杏仁糖冰激凌牛轧糖甜点")。考虑到主菜可能带来的健康风险,吃这样的甜点无疑是一种愚蠢的自杀行为。当然,另一个原因是人们随时可以在其他地方吃到大量的糖。蛋糕店在德国和奥地利比比皆是。令人惊讶的是,这些蛋糕店往往是由 1945 年[①]流离失所的难民经营的。这可能是因为做蛋糕是一项不受地点限制的技能(布雷斯劳的蛋糕和咖啡店很容易搬到戈斯拉尔,再挂上一套现成的前纳粹时代的怀旧照片就可以招揽客人了)。我曾经对这些地方很感兴趣,但在沃利茨的一次糟糕的经历之后,我再也不去蛋糕店了。真正可口的蛋糕非常少,要想吃到一个完美的萨赫蛋糕,就要忍受五六个难吃的失败品,它们的奶油浓稠度不禁让人想起填补墙洞的泡沫绝缘材料。但是我的评价可能并不公正,或许只是一个几十年来吃了太多糖的人,在遇到一些严重的健康隐患时的求助声。

中世纪停车场

施派尔是莱茵河中游一座小城,许多方面几乎可以用沉闷来形容。但当这里的居民去药店买药或去酒馆畅饮,或者当他们平静地

---

① 当时德国东部的一部分领土被划给了其他国家。——译者注

做着日常工作时，他们似乎都忘记了主广场上的一处遗址，它就像《太空堡垒卡拉狄加》里参加宇宙大战的太空战舰的残骸。这就是施派尔非凡的大教堂——一座被破坏了多次，又重建了多次，但依然壮观的千年石堆，就像马丘比丘或雅典卫城一样，是一个失落文明的伟大见证者。

德国到处都是这样的遗址，饱经风霜、破败不堪，但在现代社会反倒起着刺激和激励的作用，莫名地提醒着人们德国曾经的伟大。对于现代英国而言，中世纪是没有问题的，一连串激动人心的建筑（达勒姆大教堂、伦敦塔等）作为国家意识和地方意识的象征深受人们喜爱。似乎没有人关心它们其实是由外来征服者建造的——平和的叙事风格和历史的循环也让人忽略了这些复杂的问题。英国中世纪的事件很少有长期影响力，唯一的例外是以罗宾汉和女仆玛丽安为主角的传奇故事（罗宾汉的故事也是以外来征服者的统治为主题的。在这个故事里，罗宾汉争取让英格兰由热情和蔼的外国人"狮心王"理查，而不是另一个外国人——可怕的骗子约翰统治）。在英国的历史叙事中，即使是最大的失败（如百年战争）也被描绘为贵族成就（黑王子、阿金库尔战役、嘉德骑士团）的一部分，让读者可以顺利过渡到下一个胜利。

德国人完全不会这样讲述他们的历史。他们在19世纪突然对中世纪感兴趣的原因与英国非常相似，一方面是像英国人一样喜爱沃尔特·司各特爵士[①]的《艾凡赫》[②]（*Ivanhoe*）、《昆丁·

[①] 英国小说家、诗人。——译者注
[②] 一部描写中世纪生活的历史小说。——译者注

达沃德》①（Quentin Durward）等大部头作品，另一方面是识字率的提高和对整个国家的历史日益增长的好奇心带来的。尤其值得一提的是歌德描写斯特拉斯堡大教堂的文章，他在1772年参观了这座大教堂，并莫名其妙地称赞哥特式艺术是典型的德意志艺术。对于德国人来说，中世纪是让人警醒的对照物。中世纪似乎是一个成就斐然、文化自信、民族团结的时代，此后德意志便陷入了国力孱弱、邦国林立的混乱局面，与军事实力不断增长的法国、哈布斯堡和文化实力不断增长的意大利形成了鲜明的对比，这使中世纪之后的几个世纪成为人们羞于提及的时期。稍有理性的人都知道，中世纪与现代德国人的生活完全无关，这点与英国大同小异。但由于德国特殊的原因，与中世纪相关的讨论变得与政治纠缠不清，而且带来了灾难性的后果。由于德国是现代历史学实践的起源地（将历史当作研究和分析对象的想法便来自德国），中世纪被当成了一个研究如何使用历史的实验室。

1824年，当海因里希·海涅（Heinrich Heine）兴高采烈地漫步在美丽的哈茨小城戈斯拉尔时，他惊讶地发现，由于缺乏资金，由神圣罗马帝国皇帝亨利三世（Heinrich Ⅲ，1017—1056年）及其继承人建造的恢宏的大教堂在四年前被夷为平地，皇帝的御座也被当作废铁卖掉了（不过由于出奇地好的运气，御座被保存了下来，后来被送回戈斯拉尔）。如今的大教堂只剩下一座低矮的门厅和一个尘土飞扬的大停车场。在这样的地方有这样一大片可

---

① 一部描写法国路易十一时代的历史小说。——译者注

以闲逛的空地，不免让人觉得奇怪。如果这座经历了七个多世纪风雨的大教堂能再坚持 20 年，它就会因为人们对中世纪突如其来的热情而得到保护和重视，就像和它同时代但幸存下来的建筑一样。

德意志人从拿破仑时代的混乱，以及德意志各邦国在战争中扮演的屈辱、孱弱、服从的角色中，得出了一个奇怪的、似是而非的结论。许多作家、政治家、记者和艺术家坚定地认为，如果德意志人想要对抗法国、英国乃至俄国，就必须建立一个统一的国家。现代化要求结束邦国林立的混乱局面（这些小邦国在拿破仑时期经历了一次合并），分裂是造成国家不堪一击的主要原因。由于德意志的地图看起来就像一个拼图工厂发生了爆炸一样，因此实现这样的现代化的唯一途径是回到中世纪早期，也就是 9—12 世纪的"第一帝国"时期，当时加洛林王朝、奥托王朝和萨利安王朝的皇帝信心十足，符合德意志人的理想，而且在军事上取得了极大成功。这些王朝的皇帝创造了最能体现德意志精神的丰碑（大教堂、城堡、宫殿），它们屹立不倒，仿佛在责备后来软弱的君主。因此，英国的中世纪爱好者在糟糕的情况下是浪漫的托利党人，他们渴望得到更多的社会尊重（"富人住城堡，穷人在门外"），在最好的情况下是穿着传统服饰四处招摇的人。而一些德国人却认为他们发现了一个值得认真对待的政治模式。

19 世纪的这种莫名其妙的热情将产生深远的影响。人们既可以从保守的、地方性的、复古的、收藏家的角度来热爱中世纪，也可以从民族主义的、进步但不算自由的角度来热爱中世纪。一场声势浩大的运动随之而来，直到今天，德国人仍然能看到其正反两方面的影响——既有1945年后以敬意和想象力对许多中世纪建筑的研究与复兴，也有纳粹党卫军不切实际的丑陋幻想。

19世纪初，德意志各地都可以见到古老的、未完工的大教堂，停工或者是由于技术原因（建筑师的计划过于疯狂和雄心勃勃），或者是由于财政原因（城市因为建筑成本过高或不巧遭遇入侵而财政破产），或者是由于宗教原因（宗教改革使一些不幸的建筑变得不受欢迎）。例如，几个世纪以来，科隆的地标不是大教堂，而是一台巨大的、缓慢腐烂的大吊车，它本来是用于修建一座塔楼的，但塔楼一直没有完工。这座令人难堪的建筑（只建了一半的教堂中殿里有许多临时搭建的小屋和工作间），被德国民族主义者视为耻辱和挑战。最终，在投入了大笔资金（包括普鲁士政府的巨额补助，总额换算成今天的货币，超过10亿美元）后，科隆大教堂终于建成了。事实上，当石匠还在脚手架上忙着雕刻怪兽像时，与大教堂相邻的铁路早已铺设完毕。这座大教堂本应被当作巴别塔式的自不量力和日耳曼式的华而不实的完美象征，但1880年建筑完工时举行的盛大庆典不免让人忧心忡忡，因为它表明德意志人正变得越来越狂妄自大。

乌尔姆和雷根斯堡等重要城市，同样有气势恢宏的教堂（不过可能没有尖顶）。无论是在大范围内，还是在小得多的范围内，一场运动席卷整个德意志，具有特色、与众不同的建筑此时突然变得不被接受，沦为被改造的对象。这在一定程度上源自19世纪对整齐的普遍迷恋，即希望一切都变得"正确"，但也源自一种回归中世纪的强烈愿望，重建体现了对统一和专制统治的渴望。

　　登上乌尔姆大教堂的尖顶（世界最高的教堂尖顶），你就能直观感受19世纪德意志人的热情。我曾经做过这样的蠢事：胳膊下夹着一本关于歌德的不算有趣的书，艰难地爬上768级台阶，越爬越觉得后悔。当你在越来越窄的旋转楼梯上一步步往上挪，看着发黑的石块几乎喘不过气来的时候，你会突然感受到19世纪想要建造这种畸形建筑的热情。在费力往上爬的过程中，唯一的休息场所是一个发霉的房间，里面挂着世界各地其他神圣建筑的老照片。其中有些建筑确实是著名和神圣的，但大多数单纯是因为其尖顶的高度而入选，而这只是为了证明一个幼稚的观点——乌尔姆大教堂的尖顶更高。教堂是根据中世纪建筑师疯狂的图纸草稿修建的，但这并没有使它变得更好。对于可能聚集在这座教堂的信徒来说，这里实在太大了。人们当然希望尖顶内部看起来越复古越好，但实际上它散发着工业化的狂热气息，你可以在维多利亚时代的抽水站或高架桥上感到类似的狂热，那个时代的英国人对自己的工程能力充满自信。乌尔姆大教堂的尖顶也在提醒着人们，毫无价值的傲慢会带来怎样的后果。乌尔姆在第二次世界大战期间遭到严重破坏，而且恰好在乌尔姆市政厅举行隆美尔（Rommel）葬礼后不久。从沾满鸟屎的尖顶上令人窒息的狭窄石笼往外望，就可以看到市政厅。这座几十年前才建成的尖顶，成为这座遭受狂轰滥炸的城市中少数没有被摧毁的建筑之一。19世纪，在刚刚实现统一的德国，人们认为可以通过完成在宗教改革时期被明智放弃的中世纪建筑项目来展示自己，这表明历史可以让人们做出奇怪的事。从乌尔姆大教堂被当作新统一的德意志帝国的象征，到纳粹主义的灾难招致城市毁灭，其间相隔不到50年。人们会想当然地认为，在这50年间，民族主义狂热一步步发展成了种族大屠杀。但笔者将在后文说明，这并非事实。

第二章

一张于 1879 年拍摄的科隆大教堂的照片。(*Kölnisches Stadtmuseum / Rheinisches Bildarchiv*, *Köln*)

古代宫殿

　　由于运气和材料的耐久性，流传下来的中世纪器物其实是相当随机的。年代久远的象牙（一般雕刻着《圣经》中的场景）之所以能保存下来，既是因为它们一直受到重视，被妥善保管，也是因为它们不易腐烂，而且不能被重新使用。黄金饰品很少能保存下来，这是因为黄金质地柔软，可塑性强，一旦皇室用度不足或审美发生了变化，黄金便会被重铸成金锭、金币或饰品。衣服（即便是贵重的服装）早已腐烂，挂毯已经褪色，画作严重磨损，大部分中世纪器物的特征和视觉意义已经消失。此外，我们的精神和心灵在这几个世纪里彻底发生了变化，因此我们几乎无法理解我们正在看的东西。

　　石头是一个例外。它使每座大教堂和每座城堡看起来坚固无比，即使是经过了重建、战争破坏或后人的重新装饰。宫殿始终是政治和文化生活的核心，甚至对于最喜欢四处巡游的统治者而言也是如此。然而，它并不能帮助我们与中世纪产生真正的联系，因为德国几乎没有保存完好的宫殿。这是因为宫殿遗址往往具有特定的道德乃至神圣的光环，因此后人通常会拆除老建筑，在原址另建新建筑，只留下一堆地基、地窖和砖石供后世的历史学家研究。任何幸运且富有的君王，都会在先王的废墟上重建自己的宫殿，以此来表达其对未来不切实际的期待。统治者即便认为没有必要拆除，也会大肆改造，使其与原先的建筑几乎毫无关联。例如，瓦尔特堡本是图林根一位伯爵的城堡，瓦格纳的歌剧《汤豪塞》(Tannhäuser)的故事就发生在那里，路德曾躲在那里将《圣经》翻译成德语，并发动了一场改革。虽然12世纪修建的罗马式宫殿基本完好无损，但到了19世纪，宫殿古老的内部装饰已经被中世纪风格的金色壁画覆盖，壁画的主题是一位圣徒的生平。由于这些平庸的壁画已经为人们所熟知，因此很难想象它们会被移除。只有一间雅致、朴素、方方正正、中间有一根柱子的房间几乎没有被改造过，它原先是伯爵护卫的房间，如今散发着纯净、安宁的气息和冰冷的石头的味道（当臭气熏天、身上爬满寄生虫的雇佣兵还住在里面时，这种美好、洁净的感觉自然不会存在）。瓦尔特堡是德国代表性的中世纪-近代遗址。1817年，一群学生聚集在这里悼念在拿破仑战争中丧生的伙伴，同时利用这个机会呼吁建立一个统一的德国。当他们打出黑红金三色旗（这是与拿破仑作战的自由军团制服的颜色，这面旗帜至今仍被用作德国国旗）时，他们运动的混乱已经显而易见了。但瓦尔特堡由此从一个单纯的地方堡垒跃升为德国精神核心的典型代表，同时象征着已经消逝的中世纪的伟大和路德宗的骄傲。学生们想要统一，但他们站在反现代、反犹和反民主的立场上，他们的组织更像一个军人兄弟会，目标是使德国获得新的光荣。这次聚会的高潮是焚书。学生们是反保守的，因为他们指责德国皇室愚

第二章

昧落后。但危险的是，没有人知道这究竟意味着学生们更加崇尚进步，还是说他们只是对分裂的事实感到不满。

在戈斯拉尔，有一个可以证明中世纪落后程度的完美例子。神圣罗马帝国皇帝亨利三世把宫殿建在银山旁，这样银子被挖出、提纯、铸造成硬币后，可以直接装在袋子里交给他，省去了所有麻烦。这座宫殿保存至今，位于现在已经变成停车场的大教堂遗址旁。它体现了德国人对中世纪的所有看法。坦率地说，这座建筑相当无聊，不过建于19世纪的"红胡子"弗里德里希一世（Friedrich Ⅰ，12世纪伟大的皇帝和虚幻的榜样）和德皇威廉一世（Wilhelm Ⅰ）的巨大青铜雕像使它看上去很有生气。在中世纪的皇帝们不再使用它后，这里作为市议会、监狱和商店存在了几个世纪，并不幸沦为火灾、疏忽和无人关注的受害者，不过后来成为中世纪热的受益者，与令人遗憾的大教堂截然相反。1871年德意志帝国统一之后，第二帝国的皇帝们声称自己是萨利安王朝的真正继承者。这满足了他们的虚荣心，并帮助他们摆脱了普鲁士人的身份，使他们能够打着新萨利安王朝的旗号将帝国团结起来。这中间几个世纪可悲的分裂成了一座华丽的桥梁，将阴郁、缺乏想象力、尚武的威廉一世同六个多世纪前耀眼、尚武、充满魅力的前辈"红胡子"弗里德里希一世联系起来。

在威廉一世和他的继承人弗里德里希皇储的密切监督下，皇宫大殿被壁画覆盖，而壁画的主题正是这种妄想。壁画讲述了德国历史的故事，从近乎神话的起源直到19世纪末，但有意回避了令人尴尬的分裂。这个房间的丑陋和愚蠢是无法回避的，它是一个几乎没有任何才能或活力的德累斯顿画家错误劳动二十年的结果。但对于刻意让历史为自己服务的人来说，这几乎算得上一场盛宴。在最可怕的一幅画里，威廉一世、弗里德里希皇储和当时还是婴儿的威廉二世（Wilhelm Ⅱ）宛若神明，威廉二世残疾的左臂被小心翼翼地藏了起来，而弗里德里希大王等的幽灵绽放着光芒，在空中赞许地盘旋着，欧洲政治家、俾斯麦、普鲁士将军和其他皇室成员微笑着站在皇帝和皇储两侧。画中也出现了女士，不过她们并非真实人物，而是象征美德的寓意性人物。在绘画和雕塑中，这些女士通常被用来表示正义、和谐和各种河流等，这是在德国城市闲逛时最让人觉得无聊的一个地方。

当这幅画第一次被公之于众时，它一定是对第一批观众（大多是皇帝的亲信）的一次人性的考验。按照预先的设想，观众应该跪在地上仰望这幅画，一句讽刺的话可能招致杀身之祸，因为它很可能引发其他人的哄堂大笑。如今看来，这幅画确实具有十足的讽刺意味，因为人们为它花掉的所有时间、精力和颜料都是为了赞美一个家庭和一套价值观，而这个家庭和这套价值观甚至无法再维持20年。当画作正式完成时，威廉一世和弗里德里希三世（Friedrich Ⅲ）都已经过世，而那个常常穿着军校制服的青年成了一个无能的皇帝，他即将做出的决定最终将葬送他的王朝。一个又一个王朝肯定体会过这种无力感，那么多未完成的项目、意外的死亡和命运的逆转折磨着德国，而戈斯拉尔的壁画之所以令人痛苦，仅仅是因为它是最晚近的。不过，壁画引发的悲伤只是暂时的，因为希特勒同样经常被画成头顶光环的救世主形象，不时让俾斯麦和弗里德里希大王的鬼魂向他微笑,而且确实将入侵苏联的行动命名为"巴巴罗萨行动"①。

查理大帝

德国中世纪的起点在亚琛。这座靠近比利时边境的小城在1944年遭到破坏,但仍然保留着欧洲最特别、最吸引人、最具神奇色彩的建筑之一——亚琛大教堂。这是一座巨大而陈旧的八边形建筑,内部有金色的壁画、阴森的黑影和巨大的烛台,它们从四面八方向毫无准备的游客袭来,让游客在深感震撼之余立刻明白,自己需要用一生的时间才能承受得住1 200年岁月的重量。大教堂内部的整体效果明显是南方风格的,如果再多一点香火和阳光,就能达到十全十美的效果。查理大帝在修建这座教堂时,是一个大帝国的主人,统治着包括现代法国、德国和意大利大部分地区在内的广袤领土。这座教堂最初是作为查理大帝皇宫的宫殿教堂建造的,如今皇宫已经不见了踪影。查理大帝显然想通过加冕为罗马皇帝来再次确立自己的地位,这个虚妄的头衔总能让德国最有野心的统治者激动不已,它的魔力一直到1945年才最终消失。由于真正的罗马帝国在查理大帝加冕几个世纪前就已经灭亡,除了废墟和一些雕像及文献,人们对它知之甚少,因此查理大帝只能模仿以君士坦丁堡为都

---

① "巴巴罗萨"即"红胡子",是弗里德里希一世的外号。——译者注

的东罗马帝国。因此，他的宫殿教堂其实是根据拜占庭的艺术理念修建的，而且建造这座教堂的工匠很可能来自当时仍然深受拜占庭艺术影响的意大利某地①。换言之，这座让许多德国人充满民族自豪感的建筑，实际上是意大利和希腊式的。

在亚琛大教堂听了蒙特威尔第②（Monteverdi）的《晚祷》③（Vespers）后，我的疑惑更甚，近乎精神错乱。在聆听这部精彩但冗长的作品中的一些不太有趣的部分时，我不由自主地想，除了造型独特的核心建筑和查理大帝简朴的御座，到底有多少东西是后人添加的。宫殿教堂成为德意志国王加冕的场所，查理大帝之墓提供了决定性的、具有神秘色彩的背书。公元 1000 年，奥托三世打开查理大帝的石棺后发现，总体上说，查理大帝的遗体保存得不错，只是鼻子已经脱落，指甲继续生长，长出手套。宫殿教堂成为天主教朝圣者的热门目的地，大量圣物（如耶稣的缠腰布）被送到这里。直到今天，亚琛大教堂（宫殿教堂是其一部分）仍然是天主教圣地，在重要的节日里，整车整车的信徒会从各地赶到这里。加洛林王朝原来的中心，很快被心满意足的朝圣者（其中许多人来自匈牙利）捐建的小教堂和各种雕像淹没，这些朝圣者通常比现代朝圣者更愿意付出。

但后来的宗教狂热与查理大帝无关。引发宗教狂热的一件重要圣物是悬挂在八边形教堂中央的巨大的"耶路撒冷"轮型吊灯，这

---

① 可能是伦巴第。——译者注
② 意大利杰出的歌剧作曲家。——译者注
③ 一部宗教音乐作品。——译者注

第二章

是"红胡子"弗里德里希一世为纪念其伟大的前辈捐赠的。这种巨大的轮型吊灯目前仅存三个，我碰巧在希尔德斯海姆大教堂和施瓦本哈尔附近的格罗斯康堡修道院看到过另外两个。我的结论是，当时拥有一个这样的吊灯与今天拥有一个吉他形状的游泳池在本质上没有任何区别，它们与文化无关，完全是为了炫耀。这些吊灯非常大，非常华丽。事实上，由于"红胡子"捐赠的吊灯实在太重，亚琛大教堂穹顶内部绘制于查理大帝时期的原始壁画甚至因此脱落，这使得吊灯成了一件怪异的礼物——对塑造大教堂氛围（撇开牢骚不谈，从整体上看，教堂内部确实称得上气势磅礴）至关重要的东西，实际上破坏了查理大帝的构思。现存的壁画是19世纪的赝品（这源自当时德国人追求完美的狂热冲动），而内部庄严肃穆的氛围实际上是由12世纪的一个巨大的金属制品创造出来的，这些都与8世纪的那位统治者没有任何关系。

后人会为统治者戴上各种光环，以便我们能够理解和崇拜他们，这在历史上屡见不鲜。由于被认为是德意志历史的奠基人，查理大帝的形象变化远大于绝大多数统治者。据我们所知，他无论如何不会认为自己是德意志人，他和他的后代都出生在今天的比利时，而且认为现在属于法国的领地比现在属于德国的领地更重要。事实上，虽然德国一些核心区域确实受查理大帝统治，但他更应该被视为日耳曼人之敌，因为他一次次率军攻入今天德国的中部地区，带去了毁灭与破坏。对于这类统治者，历史学家（一般是相对内向和温和的人）往往希望他们在内心深处热衷珠宝、圣人遗物和传播文化，但查理大帝最重要的能力可能是使萨克森人的尸体堆积如山。他对圣人遗物和拉丁文学习的兴趣，或许与现代某些残忍的毒枭收集小型水晶动物雕像的爱好大同小异。查理大帝的陵墓同样很能说明问题。查理大帝选择葬在一座罗马石棺里，石棺上雕刻着罗马神话中"被劫走的普洛塞庇娜"①的场景。这是一个非常奇怪的、异教的、令人不快的选择，他之所以做出这样的选择，很可能只是因为这座石棺制作于古典时期，给人一种"顶级品"的感觉。后来，皇帝弗里德里希二世觉得难堪，于是把他的遗骨移葬到一个更传统、更符合基督教传统的地方。

戈斯拉尔宫殿的画作中，最令人愉快，也最令人反感的一幅画描绘的是历史上非常有名的一件事——查理大帝在击败萨克森人后，来到他们的多神教神殿，毁掉了他们的圣树。在这幅画中，皇帝皱着眉头，被毁掉的圣树有一种奇怪的夏威夷风格（这幅画看起来就像一群人刚刚在提基鸡尾酒酒吧里吵了一架），而萨克森人则带着华而不实的翼盔，披着长发，蓄着大胡子。撇开这幅画的戏剧性不谈，萨克森人在武力的胁迫下皈依基督教，是德国历史进程中的一个关键时刻，同时标志着基督教的又一次扩张。在此后至少七个世纪的时间里，基督教将成为德意志历史的主题词。19 世纪末的观赏者可能会认为，这幅画映射了俾斯麦的德国与天主教徒及索布人和波兰人等少数族裔之间的斗争，这符合当时主流的新教-普鲁士价值观，少数族裔被认为与画中的萨克森人一样具有自然美，但注定要失败。当然，在 8 世纪末，这幅画与一个统一的德国（或

---

① 普洛塞庇娜因为年轻貌美，被冥王劫往地府，成为冥后。——译者注

第二章

者说任何意义上的德国）完全没有关系，当时的人说的语言与现代德语大相径庭，少数会写字的人用的是拉丁语或希腊语。

一些勉强可见的线索将欧洲西部与罗马帝国联系起来，其中最明显的是基督教教会。但从萨克森人的土地开始，再往东北方向延伸的地区（也就是现代德国的大部分地区），只有让罗马人感到绝望的森林、部落和无法理解的现象，这些地区与罗马帝国之间并没有实际联系。查理大帝及其继承人不断开疆拓土，但他们统治的是"帝国"，经济增长只能靠掠夺战利品。在接下来的几个世纪里，所谓的"成功的皇帝"指的是那些能够击败其他部落，并将他们庸俗的黄金饰品带回自己的宫殿，赏赐给亲信的统治者。而不成功的皇帝（他们的在位时间通常不会太长）或者太老，或者太年轻，或者太无能，无法完成这个重要任务。

回到戈斯拉尔的画。在那里，我们会不舒服地发现，事情在某些方面几乎没有变化。威廉一世曾被他的孙子威廉二世荒唐而短暂地加上了"大帝"的头衔，无聊地重复着查理大帝和弗里德里希大王的先例。他真的超越了一个武装团体的首领的角色吗？他消灭了一系列独立的邦国，使自己和追随者获利（例如，俾斯麦干脆窃取了汉诺威王室的全部财产，充当自己的贿赂金）。当然，威廉一世使用的手段比查理大帝更加成熟和高明，但德国统治者仍然在像他们的中世纪前辈一样掠夺土地，这不免让人皱眉。不得不提的是，德意志第三帝国（延续了奥托大帝名义上的"第一帝国"和俾斯麦短暂的"第二帝国"）醉心于掠夺和窃取土地，这完全符合其对中世纪的迷恋。在德意志第三帝国的最后时刻，为保卫希特勒的地堡而拼死战斗的武装党卫军"查理大帝"师的士兵们（他们是法国人），以一种奇特的方式宣告德国对中世纪早期的迷恋告一段落。

"虔诚者""秃头""胖子"

虽然查理大帝的帝国从任何严肃的意义上讲都不是德国的，但这个帝国的分裂确实产生了深远的影响。在加洛林王朝一连串统治者（除了"虔诚者""秃头""胖子"等绰号，人们几乎不知道他们的名字）的统治下，在地理上接近现代法国和现代德国的政治实体逐渐成形，二者之间是一片边界经常变动的中间地带（被称为"洛泰尔尼亚""洛林"或"勃艮第"），它在 1 000 多年的时间里一次次惹起争端。

随着统治者的更迭，我们顶多只是模糊地知道当时发生了什么。流传下来的记录很少，而且充斥着矛盾、混乱和偏见。法兰克福的皇帝大厅挂着绘制于 19 世纪的所有皇帝的画像（这些画一看就知道是匆忙完成的），始于查理大帝，终于 1806 年神圣罗马帝国灭亡时的末代皇帝。虽然 15 世纪以前的统治者的形象完全出于想象，但是这些画像的存在无疑是一件好事。看着一位皇帝留着非常有个性的黄色分叉胡须，另一位皇帝戴着一顶有趣但不可能出现在现实里的软毡帽，实在是一件乐事。我倒不是追求还原历史细节的纯粹主义者，而只是庆幸自己不是专业的历史学家，因此不需要像他们一样，在研究"捕鸟者"亨利（Heinrich the Fowler）的统治

第二章

时，必须忽视其在画中的形象（飘逸的头发和黄绿色大髦），必须忘记对蜜酒厅、少女和翼盔的幻想，只关注修士留下的少数编年史抄本和难懂的法律文书。

不过，随着对查理大帝及其后裔的研究越来越深入，人们尴尬地发现，他们显然与德意志格格不入。查理大帝的孙子、绰号"日耳曼人"的路易征服了帝国东部的大片领土，其范围大致相当于今天的德国西部。但即使是他，也没有任何帮助。一个严重的问题是，9世纪时更多的入侵者接踵而至，他们不仅对当时防守薄弱的城市造成了巨大的破坏，也动摇了欧洲人认为自己能够掌握命运的信念。他们推翻了历史向前、向上发展的学说，新的国家和王朝因他们而出现。在不列颠群岛，维京人成为当地人的噩梦，他们夷平修道院，四处蹂躏，利用船只的机动性发动进攻，然后在动作迟缓的守军赶到前撤回船上。然而，维京人仍然是一些国家历史的重要组成部分。他们建立了都柏林，重建了约克，在斯堪的纳维亚半岛西北建立殖民地，足迹遍及冰岛、格陵兰岛，甚至到过美洲北部（不过只是非常边缘的地区）。在1066年之前，英格兰或英格兰的部分地区一直是斯堪的纳维亚的一部分，而征服者威廉（William the Conqueror）也是其他维京人的后裔，这些维京人使诺曼底成为一块独立的封地。因此，维京人其实是英国和其他国家历史上不可分割的部分，但最终被视为入侵者，凸显了当地人的无助和脆弱，被当作对民族自信心的侮辱。

维京人沿着北海海岸一路烧杀抢掠，无论走到哪里，都会引来一个尴尬的问题——他们仅仅是古老的海盗，还是说他们确实比那些先被他们摧毁,然后与之通婚的社会更先进?同样的问题也适用于毫无疑问属于欧洲的西班牙穆斯林"撒拉森人"①,他们在地中海西北部掠夺和定居。西班牙穆斯林看起来很不"欧洲",是外来者,我们在读历史时一心等待他们离开,这样我们就有一个更整齐划一的基督教世界。但是他们显然在安达卢西亚和西西里等地创造了成熟的文明,与被他们破坏的只贪图吃喝享乐的环境形成了鲜明的对比。

法国北部是受维京人摧残最严重的地方之一,那里成了一片实实在在的废墟——一个悲剧的地方,每次重建的成果都会在维京人下一次大规模袭击中丧失殆尽。人们很难不为像查理大帝的曾孙、"胖子"查理(Charles the Fat)这样的统治者感到遗憾,他们不得不强颜欢笑,用越来越少的资源抵御强敌,却一次次像待宰的羔羊一样遭受奇耻大辱。这可能是一个未曾被讨论过的宏大的历史主题。这样不稳定、名不副实的帝国在世界范围内不在少数,它们的统治者是公认的白痴,但日常的婚姻、封赏等仪式仍然照常举行,而且十分隆重,这样的情况有时甚至会持续数十年之久。如果德国的历史被彻底改写为一连串荒唐、无用的政治婚姻,不合时宜的宗教改宗,混乱、耻辱的战斗,以及不忠和懦弱,这会多么令人激动啊!当然,这将是一项大工程,因为所有痴迷查理大帝、奥托大帝或"红胡子"弗里德里希一世的历史学家都必须学习全新的技能。但是这个以无助、厄运和愚蠢为主题的历史叙事无疑会非常有趣。

与其他地方相比,被维京人征服的德意志土地较少,原因是北

---

① 阿拉伯人。——译者注

海和波罗的海沿岸贫穷落后，到处都是需要维京人花费很多时间，吃很多苦头，却捞不到多少好处的信奉多神教的渔村。只要是还算适合居住的定居点（如汉堡），就会成为维京人袭击的目标（845年，汉堡几乎被彻底摧毁）。对于德意志人来说，马扎尔人的威胁大得多，他们的骑兵大军会从匈牙利大平原席卷而来。907年，马扎尔人消灭了一支巴伐利亚军队，并在随后一代人的时间里统治着巴伐利亚、士瓦本和图林根，并不时会袭击下萨克森和科隆，同时还沿着塞纳河和罗讷河入侵意大利北部，甚至在936年一度兵临罗马。

这些入侵者要么本来就是欧洲人，要么正在成为欧洲人，却没有被纳入英国、法国和德国的宏大历史叙事中（自从现代历史学被发明以来，我们一直被这些宏大叙事欺骗）。这些入侵者总是被视为历史进步的阻碍，但事实上穆斯林统治下的西班牙是古典学术的灯塔，维京人发现了美洲，诺曼底及源自它的英格兰和西西里是中世纪的中心，稳定的、信仰基督教的匈牙利王国也是一个重要国家。对于遭受袭击的人来说，对入侵者的恐惧是完全可以理解的，但如果回顾历史，入侵者的问题就比较复杂了。由奥托和亨利等建立并统治的帝国，正是对这些入侵者的回应。所有惊慌失措的公爵和其他领主暂时团结起来，建立了一个有自卫能力的帝国。但是他们后来转守为攻，一个好战的、四处扩张的帝国自此诞生。

迷你城市

在欧洲建立一个独立的德国的想法，似乎是在从10世纪到12

世纪的王朝统治期间发展起来的，这些王朝后来被称为"奥托王朝""萨利安王朝""霍亨斯陶芬王朝"。萨克森公爵"捕鸟者"亨利一世是奥托王朝的奠基者，他再次推行了掠夺东部和北部的非基督徒并将他们纳入帝国的政策，该政策此后成为常态。虽然这项政策最终促成了德国的形成，但这当然不是他的本意，而且后来的皇帝因为持续插手意大利事务而分心。虽然几乎所有皇帝大部分时间都待在德国，但意大利，尤其是意大利北部城市是帝国必不可少的资金来源地。不仅如此，与意大利保持联系，可以使皇帝继续以罗马继承人自居（这个想法无疑非常荒唐）。中世纪的皇帝常年四处巡视，在这样一个伦敦和巴黎越来越像首都的时代，德国并没有具有类似功能的城市。亚琛可以被看作查理大帝晚年送给自己的礼物，是对其多年来东征西讨的奖励，但他的继任者都没有久居一地的福气。皇帝们尝试将宫廷固定在一座城市（如爱森纳赫或戈斯拉尔），但从来没有如愿，因为他们需要不断巡视最重要但往往忠诚度成疑、诡计多端的支持者，征服新的土地，确保随行的侍卫、食客和神职人员的食物供给。当然，皇帝还要挥师远征居住在蛮荒之地的异教徒。

没能建立一个像伦敦一样的国都，表明德意志人的分裂倾向是根深蒂固的。这个地区有一些东西倾向于使权力和权威分裂，时至今日仍然如此。但正因如此，在今天的德国闲逛才如此有趣。这些关于过去的政治决策的化石记录保留在建筑和艺术品中，分散在1 000多个不同的地方，令人叹为观止。

哈茨小城奎德林堡便是一个例子。这个美丽的地方在大约

第二章

1 000 年的时间里几乎没有变化，甚至连所谓的"新城"也是在 1200 年左右建成的，而且仿佛一直冻结在建成当时的状态。该城的重要性源自它是"捕鸟者"亨利一世的安息地。亨利一世死于 936 年，生前要求埋葬于此。奎德林堡是一个独立的邦国，由一群贵族出身的修女统治。皇帝们为纪念他们伟大的前辈，会到这里过复活节，这成为一种传统。亨利一世四处征讨波希米亚人、马扎尔人、丹麦人和心怀异志的德意志人，为神圣罗马帝国的建立奠定了基础，不过其边界并不像后来的颂扬者所宣称的那么明确。我们很难知道像他这样的人究竟是坚定执行自己计划的远见卓识者，还是只想着与心腹分享战利品的嗜血疯子。但不管怎样，奎德林堡从帝国诞生起就是一个独立的政治体，直到拿破仑时期随着神圣罗马帝国的灭亡而失去了独立地位，随后被普鲁士一口吞下，就像吃了一块很小的点心一样。它是德国蒙昧主义的顶峰，但像许多这样的地方一样，仍然保持着奇特的重要性。

顺便说一句，我曾经在那里愉快地待了几天。我还记得当时在那里有些尴尬地排队等公交车，准备翻山越岭前往以前的小邦国施托尔贝格-施托尔贝格，但突然意识到我过于迷恋"小德意志"。我把这些处于边缘地位的政治体当作崇拜对象，它们在抵抗霍亨索伦家族和哈布斯堡家族无所不能的幻想，而且并非总是白费力气。我没有上那辆开往施托尔贝格-施托尔贝格的公交车，转身离开了，决心更多地关注普鲁士、萨克森等主要邦国，这样我才有可能有所成就。

无论如何，奎德林堡的修道院教堂位于山上的一座小城堡里，那里的一座小博物馆摆满了使"小德意志"如此有吸引力的东西，包括一架投石机、一根独角鲸的角、历任女修道院院长的画像（画工平平）、一个可移动的木牢笼和各式各样的刑具——在这样的地方，这些都很常见。这里的修女靠整个邦国供养，这样她们才能专心为亨利一世的灵魂祈祷。我在修道院周围转了一圈，它朴素的美令我大受震撼，这里没有常见的后人添加的装饰物。如果我早来几年，这里甚至更加简朴，因为许多藏品在1945年被一个美国中尉偷走了，他羞愧的家人不久前刚把它们还了回来。但即便如此，这样的简朴仍然让人觉得奇怪，尤其是"捕鸟者"亨利一世的墓碑实在过于简单和现代。我没有想到的是，甚至连像奎德林堡这样一个平静、停滞的地方，也逃不过现代德国的中世纪狂热。奇怪的是，我的旅游指南漏掉了一条关键信息（或许是故意为之，目的是让游客感到意外），那就是在20世纪30年代，奎德林堡的修道院被改为俗用，神职人员被赶走，随后纳粹党卫军将这里当作圣地。

德意志扩张主义者、斯拉夫人屠夫亨利一世，成了纳粹的世俗守护圣人之一。而修道院之所以如此简朴，是因为它被重建过。一个中世纪的哥特式高坛（教堂中为神职人员和唱诗班预留的座位空间）被拆除，因为它太"法国气"了（只有罗马风格被认为是真正的德意志风格），玻璃花窗上有一只抓着纳粹标志的鹰，内墙上挂着写有如尼文的旗子。在一个经过精心设计的具有党卫军特征的荒诞仪式上，以希姆莱为首的纳粹领袖穿过这座小城（纳粹旗从他们沿途经过的每扇窗户上垂下），将亨利一世的遗骨重新下葬，遗骨被用纳粹旗裹住，头骨上还戴着一顶金属月桂花冠。修道院成了纳

第二章

粹的"神殿",党卫军的一个仪仗队奉命永远守护亨利一世的陵墓,直到世界局势的变化幸运地结束了这一切。奎德林堡先被美军解放,后来被划入德意志民主共和国①。这座小城总算恢复了和平与安宁,当地人又能过起跟祖先一样的生活。在博物馆里,除了纳粹"帝国之鹰"石雕像的碎块,还有一张当地名人的照片,似乎包括一名牧师、一名医生和一名律师(恐怖电影常见的角色),他们正在开棺检查纳粹是否真的重新埋葬了亨利一世的遗骨。遗骨当然是假的。

英国人怎么也不会明白,为什么中世纪早期的一位统治者会成为众人崇拜的对象。英国人只对国王阿尔弗烈德和他的蛋糕②有些许的感激之情。不过,那段时期英格兰和德意志的历史环境截然不同。英国的城市鲜有关于其如何建立的具体记录,当识字而且感兴趣的人(通常是诺曼人)出现时,一波接一波的不列颠人、萨克森人和维京人已经在这里定居和重新定居了很久,久到无法追溯这些城市的起源。然而,德意志的城市往往会记录下建立的时间,建城时间通常会被记录在地图上士瓦本北部、东北部和东南部的地方——皇帝每次击败异教敌人,把他们的土地赏赐给自己的追随者并建立主教区后,都会绘制地图。当然,也有一些居住点是新建的。随着人口的增长,人们甚至制订了雄心勃勃的计划,要把黑森林的部分地区、沼泽地和荒地开垦为农田。

---

① 俗称"东德",以下简称"民主德国"。——译者注
② 据说有一次,阿尔弗烈德被维京人追赶,不得不躲在一名农妇家中避难,农妇要他帮忙看着她在火炉边烘烤的蛋糕。但是阿尔弗烈德专心思考,没有注意到蛋糕烤焦了,因此被农妇痛骂了一顿。——译者注

亨利一世之所以被纳粹当作守护圣人，既是因为他似乎制定了正确的政策，也是因为他出现在瓦格纳的歌剧《罗恩格林》中。《罗恩格林》是希特勒最喜欢的歌剧，当亨利拔剑砍向一棵树，宣布一场决斗审判开始，或者唱到所有德国人应该团结起来打败他们的敌人（"再也没有人能伤害德意志帝国！"）时，他的追随者会激动得浑身颤抖。这部精彩的歌剧最出色的地方当然是它的音乐，但它注定将使听众产生一种毛骨悚然的感觉（这是瓦格纳从未想到过的），因为我们无法忘记，聆听这部歌剧的序曲是希特勒一生中最快乐的事（除非将这部歌剧与历史完全切割开，但这与人们观看它的初衷相悖）。

传播信仰

　　亨利一世为帝国征服了大量新土地，并重新执行了一项政策，该政策贯穿整个中世纪。皇帝的无能或分心（尤其是为意大利事务分心）有时会延缓帝国的扩张，但皇帝们始终将打着基督教的旗号蚕食日耳曼和斯拉夫部落领地视为自己的主要任务。可以说，11世纪和12世纪德意志的发展方式与后来的美国极其相似。所谓"好战主教"（fighting bishop）的长期传统便诞生于这个时期。"好战主教"的典型形象是一个红脸的掠夺者，一把擦掉沾在下巴上的肉汁，兴冲冲地闯入战场，抢起链锤狠狠砸向异教徒首领。他们对杀戮的兴趣不亚于对戴上圣冠参加晚祷的兴趣。好战主教逐渐发展

第二章

为采邑主教，他们既是主教，也是一些世俗公国的统治者，具有政教二重权力，并且拥有大片领地。他们庄严的圣职形象出现在数百座华丽的陵墓中，这些陵墓位于他们精心建造的教堂内部。他们的地位特殊，因为根据定义，尤其是在中世纪的身份制度变得严格以后，他们不能有合法继承人，这意味着他们的领地很容易遭到教皇、皇帝或邻国强大的公爵的干涉。因此，这些采邑主教通常出身于非常富有的贵族家庭，不过偶尔会通过苦行来取悦罗马。他们在生前可以获得大量的声望和财富，还会积极赞助艺术，随后不少人会战死沙场。到了拿破仑最终把他们全部赶下台时，他们已经沦为全社会的笑柄，腐败无能的形象深入人心，遭人鄙夷。但在此前的几个世纪里，只要有与斯拉夫人的流血冲突或者有新的异教神殿需要拆除，他们总会穿戴好盔甲，骑着骏马，带着大批时而忠心、时而不忠的随从杀奔过去。

一些由采邑主教资助的艺术品，躲过了战争、贪婪、磨损和厄运的浩劫，流传到了今天。在萨克森北部的希尔德斯海姆，当地大教堂仍然保存着伯恩瓦德（Bernward）主教命人兴建的杰作——两扇制作于1010年左右的铜门，一扇刻着亚当和夏娃的故事，另一扇刻着耶稣的故事。这些看起来像是出自稍有才华的小学生之手的人物浮雕，由于某种特殊的原因，被永久地留在大约两吨重的青铜上。不过这并不是批评，它们带给人一种既是尝试性的，又指明了方向的奇妙感觉。想到在1 000多年的时间里，这两扇门使人们一直关注着亚当和夏娃永恒的幸福和堕落，它们堪称真正的圣物。爱尔福特大教堂的一个铜人也制作于这个时期，而且同样散发着怪异的气息。虽然这个双手各举着一根蜡烛的铜人说不上多么出色,但站在铜人面前,想想它举着这些具有象征意义的光源在这里站了多久,参观者自然会生出一种不可思议之感,仿佛完全是通过铜人的坚持,参观者才得以与一个久远的时代产生直接联系。

从世界范围看,这些皇帝统治的疆域微不足道。与当时的中国相比,整个西方基督教世界都显得渺小。与伊斯兰世界相比,帝国的面积只相当于一个行省,而亚琛或科隆在巴格达面前简直是个笑话。到1050年左右,有人居住的德意志世界只包括现代德国的西部,从现代的荷兰到现代德国东部的大部分地区生活着大量异教徒敌人。不来梅是重要的传教中心,无所畏惧的传教士前仆后继从不来梅出发,试图拯救异教徒的灵魂,而当时异教徒不仅人多势众,而且十分勇武。10世纪石勒苏益格和梅克伦堡的大皈依,以及11世纪冰岛、奥克尼群岛和日德兰的皈依是这些传教士最重要的成果。不过他们偶尔也会遭遇巨大挫折。皈依基督教的地区有时会重拾异教信仰,这就需要派遣新的传教士,并发动新的惩罚性战争。在很长一段时间里,在信奉基督教的德意志地区,迷人的异教习俗一定仍然存在于人们的生活中。在这个时期,帝国越过阿尔卑斯山向另一侧扩张,进入今天的奥地利,并且向北夺取了维京人的地盘,不过这并不意味着基督教可以顺利传播。通常情况下,最先出现在定居点的是修道院,接着是越来越密集的城堡和教堂。随着战线不断外移,留给帝国新臣民的只有宗教节日、装饰品、福音和威胁,它们在诱惑和恐吓幸存的、群龙无首的异教徒投入基督教的怀抱。现存的土地转让契约和其他法律文书,在一定程度上说明了这

第二章

个渐进的过程。在这个过程中，饱受战火摧残的"前线"先成为一条新防线，然后成为一个正常定居的公国。直到第一次世界大战结束，旧秩序彻底崩溃时，皇帝们都没有真正解决这些公爵的挑战。由于常年待在边境（不管是为了扩张，还是防御），他们无法腾出手来巩固自己的权力基础，也无法遏制可能已经变得十分强大且桀骜不驯的宗教或世俗诸侯。直到17世纪，皇帝才得以久居维也纳，但即便不考虑错综复杂的宗教问题，一切也已经为时已晚。当然，没有限制的中央权力是否值得称道，这同样值得怀疑。

这些公爵、边疆伯爵等管理着在每年的夏季战役中夺取的领土。在亨利一世和奥托一世（Otto Ⅰ）等的统治下，德意志最基本的组成部分（公国和主教区的教会领地）逐渐成形。新领土通常以投降的部落的名字命名，不过在经过一系列的语音变化后，今天的地名与最初的发音可能只是听起来有些相似。巴伐利亚人、萨克森人、弗里斯兰人、士瓦本人等通过州、地区和岛屿的名字被永远记住，否则我们将对曾经居住在这些地区的居民一无所知。

虽然从世界范围看，此时的西欧还是一个不起眼的地方，但皇帝们开始像法老一样修建宏伟的建筑，这说明欧洲人显然感到自己即将缔造某种辉煌。许多建筑（如前文提到过的宫殿，或者奥托大帝在马格德堡的巨型教堂）要么已经消失，要么改作他用。在现存建筑中，最令人震撼的是位于莱茵河畔的美因茨、沃尔姆斯和施派尔的三座大教堂。在美因茨大教堂周围散步时，你一定想更深入地了解这个充满戏剧性的地方，大教堂体现的庞大野心（从莱茵河畔所有大教堂身上都能感受到），以及选帝侯陵的傲慢和戏剧感尤其让人印象深刻。至于美因茨大教堂，最令人难忘的是形状复杂、阴郁、仿佛出自皮拉内西①（Piranesi）之手的唱诗班席东侧，以及守护着东唱诗班席楼梯的魅力不减的狮子雕像。这样的大教堂当然是特意建造的，目的是彰显神圣罗马帝国皇帝无上的权力和威望——通过搬运成千上万吨石头，通过强迫整个社区参与大教堂的建设。施派尔大教堂被指定为萨利安诸帝的私人教堂，这些皇帝死后都将长眠于此。虽然这没有成为现实，但进入地宫（它本身就是一个建筑奇迹，像是一片由柱子组成的森林，900年来从未被阳光照射过），看到盖在康拉德二世（Conrad Ⅱ）、亨利二世（Heinrich Ⅱ）和亨利三世（Heinrich Ⅲ）棺材上的石板，这种感觉仍然令人难忘。这些陵墓本来的位置一度被人忘记，但在1900年，它们被重新找到，并被迁移到现在这个极其简陋的地方。移葬一直是德国人最擅长的令人毛骨悚然的活动之一。根据现场拍摄的照片，在好似小说《科学怪人》②的场景中，一脸好奇的工人在黑衣人的指挥下，受不安的科学兴趣和"只想看看"的心态驱使，掀开了古墓的石板。亨利二世等的遗体已经腐朽，只剩下一些奇怪的黄金饰品和象牙碎片。古文物学家装好这些遗物，准备将其陈列在博物馆里，然后将皇帝们的遗体重新下葬，为德国毫无意义的中世纪狂热续写新的一章。

每当我靠近（最广义的"靠近"）大教堂，我都会买一张火车票，去参观一番。一次，我幼稚地在一天内快速游览了三座大教

---

① 意大利画家、建筑师、雕刻家。——译者注
② 又译《弗兰肯斯坦》。——译者注

第二章

堂，只为确定我最喜欢的是哪一座（到最后我也没能决定）。虽然经过了后来的重建（很大程度上是因为路易十四军队的严重破坏），但这三座教堂仍然弥漫着一种非凡的新文明的气息。像所有这类建筑一样，人们可以说它们令人不安，因为每块石头都沾满了帝国扩张过程中的受害者的鲜血，而帝国希望凭借这些建筑被人们永远铭记。建造大教堂的费用基本来自对被征服部落的掠夺或它们支付的贡金。这些大教堂在经历了千年的沧桑之后，到 21 世纪仍然熠熠生辉，让人们可以切身感受 11 世纪欧洲最暴力、最活跃的元素。想到这种傲慢的、暴力的传教士冲动是欧洲固有的，而且从未真正消失时，人们不免有一种血液凝固的感觉。冬夜的施派尔大教堂或许是思考这些重要问题的完美场所——只要你不在意教堂中殿隐约能听见的奇怪的回声和低语声，以及偶尔能看见的摇曳的烛光。

如果认为教会只是皇权的代言人，那就错了。毕竟，一个由修道院和教区教堂组成的世界，一个按照宗教日历和四季变化规律运转的社会是真实存在的。直到今天，巴伐利亚中部的弗赖辛仍然能证明这个复杂、内敛、成熟的世界真的存在。弗赖辛是巴伐利亚教会的中心，与弗赖辛的奥托[①]（1114—1158 年）的名字永远联系在一起。奥托是西多会修士，他的一生精彩纷呈，十分有趣。他在巴黎学习哲学，将基督教（和葡萄酒酿造技术）带到了今天的维也纳周围，致力于巩固基督教对这片地区的统治，同皇帝康拉德三世（Conrad Ⅲ）一起参加了灾难性的第二次"十字军东征"，还撰写

[①] 中世纪教士、编年史家。——译者注

了一部价值连城的帝国编年史，从亨利四世一直写到奥托的恩主"红胡子"弗里德里希一世加冕。奥托生活在一个漫长而伟大的时期（这个时期将让 19 世纪的人着迷）行将结束的时候，他使第二次"十字军东征"多少变得值得尊敬，即便在实践中，它可能只是一场杀戮和掠夺土地的运动。

弗赖辛大教堂的地宫与施派尔大教堂的地宫一样，能够让人感受到古老而辉煌的萨利安文化，其中一根神秘的柱子上刻着战士被怪物吃掉的浮雕。不幸的是，大教堂内部的主体部分看起来像是涂了一层厚厚的糖霜，这是为了纪念它的 750 岁生日，修道院的内饰被改造成了洛可可风格。无论这种破坏行为多么令人遗憾，至少有一点是值得欣慰的：它表明 18 世纪对中世纪漠不关心，单纯将其视为一个古老、陌生、落伍的时代。

有一年的 1 月，一场大雪过后，我在弗赖辛的山上闲逛时，发现自己正走在通往世界上历史最悠久的啤酒厂（建于 1040 年）的路上。这显然没有什么意义，因为啤酒厂的年龄对啤酒的味道没有任何影响（我曾经在爱尔福特的一家酒店住过，那里的人吹嘘自己拥有世界上最小的啤酒厂，这同样毫无意义）。我走在寂静的山上，放眼望去，只能看见教堂的尖顶，雪地上的树光秃秃的，偶尔有几缕烟飘过。当我在想着，为什么红腹灰雀这种美丽但本质上无用的小鸟能在寒冬中围着冷杉飞来飞去，而我在室外待上 24 小时肯定会死时，我突然意识到自己身处何处。我仿佛在勃鲁盖尔（Breughel）的油画《雪中猎人》[*Hunters in the Snow（Winter）*] 中徘徊！不过这里没有穿着黑衣的猎人，只有一个身体欠佳的编辑。随后，我发现自己站在啤酒厂的卡车送货坡道上,我重返中世纪末期的短暂时光就这样结束了。

寻找一缕阳光

德意志积极参加"十字军东征",但前几次表现糟糕。11世纪末,西欧基督徒的信心和宗教热情高涨,认为自己有余力对中东发动攻势,以将圣地置于西方基督教的控制之下。这无疑是一项宗教而非殖民事业,因为明明有更近的土地可以定居,却完全被忽视了。更不用说对于大多数"十字军"士兵来说,耶稣后期活动的那片炎热、尘土飞扬的地区,实在让人难以忍受。从本质上说,"十字军"运动始终是法国人和诺曼人的事业,英国人、佛拉芒人和德意志人是重要帮手。德意志位于欧洲中部,因此德意志人抵达圣地的难度要大得多。他们不像其他地区的人那样,可以轻松乘船前往,而只能在匈牙利和巴尔干地区艰苦跋涉数月。在这个过程中,人员和物资因袭击、意外和损耗而不断减少。

对于德意志人来说,第一次"十字军东征"期间最臭名昭著的事件是,以西欧农民为主的平民"十字军"在经过莱茵兰城市时大肆屠杀犹太人,这是20世纪噩梦的预演。犹太人在中世纪德意志是一个特殊的群体,他们没有像异教徒那样被消灭,因为他们在《圣经》的叙事中扮演着具体而重要的历史角色。但是随着欧洲基督教世界的边界逐渐东移,他们总是受到威胁,因为许多基督徒认为他们的信仰是对基督教的亵渎。德意志基督徒和犹太人之间复杂、重要，但最终演变为灾难的关系，在莱茵兰城市引发了一场悲剧。在科隆、美因茨、沃尔姆斯和施派尔等地，愤怒的暴徒大肆屠杀犹太居民，这些暴徒的逻辑与"十字军"在海外攻击伊斯兰国家的逻辑并无区别。在德意志，宗教差异始终是一个无法被忽视的重要因素。在整个中世纪，人们对犹太人十分粗暴，认为他们是肮脏的。维滕贝格城市教堂墙上的"犹太母猪"雕刻是这种态度的典型表现。维滕贝格只是恰巧保存下来了这件侮辱犹太人的雕刻，而这种东西在其他地方同样很流行。例如，雷根斯堡有这样的雕刻，法兰克福市政府的主桥上也有醒目的"犹太母猪"雕刻，而且保留了很长时间（歌德曾反感地描述过它）。

不过，真正值得惊讶的是，这样一个好战的传教士社会，居然没有出现更多针对犹太人的暴行。一个原因或许是犹太人社区的悠久历史，这些社区的历史往往可以追溯到罗马帝国时期，而且位于莱茵河沿岸的古罗马堡垒一线。另一个原因或许是，德意志分散的政治结构不利于采取一致行动。也可能是因为犹太人在一定程度上得到了官方的保护（以金钱为代价）。德意志的犹太人社区规模很小，而且必须忍受无数羞辱性的限制。但即便如此，它们还是挺过了有时极其恶劣的事件。

在"十字军"运动中，德意志运气不佳，有时还充满了戏剧性。第一次"十字军东征"成功的原因在于纯粹的宗教热情、出其不意和绝佳的运气（学者一直在激烈争论到底哪个因素更重要），"十字军"士兵通过一系列可怕的杀戮，从穆斯林手中夺取了安条

第二章

克和耶路撒冷。一种观点认为，胜利对于欧洲（和伊斯兰教）来说其实是一场灾难，因为如果第一次"十字军东征"以失败收场，那么后来的许多代人就可以省下大量时间，也不会有那么多麻烦。后来的"十字军东征"是一场由被误导的尝试、徒劳的希望、奇怪的妄想和彻头彻尾的失败组成的闹剧。伊斯兰世界适应了成群结队的欧洲人带来的冲击后，就能调动足够的资源将他们赶回海边，并阻止他们窃取任何有价值的东西。法国国王路易九世在穿越尼罗河三角洲的沼泽地时，只能坐在由四个壮汉抬着的轿子上，轿子底部有一个洞专门供他应急，这使他免受痢疾之苦。可悲的是，这就是历次"十字军东征"的真实写照。神圣罗马帝国皇帝康拉德三世参加了毫无建树的第二次"十字军东征"。他本来一心想攻克大马士革，却发现自己根本没有这样的能力，只能灰溜溜地撤军。

第三次"十字军东征"的阵容堪称华丽，"红胡子"弗里德里希一世和英国国王、诺曼底公爵"狮心王"理查及法国国王腓力二世（奥古斯都）联手，发誓要夺下圣地，一雪上一次惨败的耻辱。1188年，在美因茨大教堂一场激动人心的仪式上，已经不再年轻的弗里德里希一世发誓要率领追随者收复圣地。不幸的是，他的大军在经过多瑙河地区，进入小亚细亚时遭遇了灾难。弗里德里希一世在渡过一条河流（位于今土耳其境内）时突然逝世，死因要么是心脏病发作，要么是落马溺亡。他的军队基本解散了。有传说称，弗里德里希一世其实没有死，而是长眠在一个山洞里，在德意志最需要他的时候，会醒来帮助自己的祖国。遗憾的是，这个传说源自16世纪的一个印刷错误。这个传说的主人公最初不是弗里德里希一世，而是他的孙子弗里德里希二世（Friedrick Ⅱ），后者是中世纪最后一位真正伟大的皇帝，是热情奔放、多才多艺的"世界奇迹"。当历史学家发现这个错误时为时已晚，无数的雕像、绘画和壁画都画错了人（包括戈斯拉尔皇宫的一幅特别搞笑的作品，在那幅画里，弗里德里希一世从山洞中醒来，为德国的统一而欢欣鼓舞）。

"十字军"士兵继续前往圣地和埃及（他们误以为征服埃及是一件轻而易举的事），即便耶稣只在埃及停留过很短的时间。1291年，"十字军"失去了他们在陆地上的最后一个据点，而收复圣地的希望在很久以前就已经破灭了。1258年，蒙古人来到位于今天伊拉克的地方，这为"十字军"带来了一丝希望。一群兴奋的使者谒见旭烈兀，希望说服后者与基督徒联手对抗穆斯林。正如我们将看到的，这是一个可悲的妄想。

谈到"十字军"这个话题，我就忍不住要说说格莱兴伯爵恩斯特三世（Ernst Ⅲ）。这个本身没有过错的图林根"十字军"士兵，在位于爱尔福特大教堂的宏伟墓碑上留下了自己的画像，把妻子和母亲画在他的两侧。不知何时，这演变成了另一个故事——格莱兴伯爵恩斯特三世实际上有几位夫人。后来故事又变了，变成他在圣地沦为阿拉伯人的奴隶，然后被一个美丽的穆斯林少女拯救。他娶了这个少女，把她带回图林根城堡。在说服忠实等待多年的伯爵夫人后，伯爵从教皇那里得到了特殊的豁免权，可以同时拥有两名妻子。

这个故事有几个明显的漏洞，但三人同床、头巾、锁子甲和苏丹的后宫等富有想象力的暗示（其实已经很直白了）使它具有永恒的价值。根据这个故事改编的音乐剧现在还在图林根州演出，不过似乎没有这么多香艳的情节。爱尔福特是一座非常美丽的城市，但从未发生过真正重要的事件。壮观的主教堂前有一个大型露天广场（在大量房屋被烧毁时意外形成的），皇帝拿破仑和沙皇亚历山大一世曾在那里会面。但除此之外，它再未出现在历史记录中。19 世纪后期，一位画家接到委托，为俾斯麦时代的新哥特式市政厅的楼梯绘制壁画。苦于缺乏素材，他不得不虚构了几件事。他画了《汤豪塞》中的几个场景（发生在附近的瓦尔特堡），以及"浮士德"传说的一个精彩时刻——爱尔福特的几个学生被浮士德博士召唤出的巨人波吕斐摩斯（Polyphemus）吓了一跳（这完全是编造的）。不过，壁画的核心是幸运的格莱兴伯爵欣喜若狂地跪在祭坛前，感谢上帝保佑他平安回家。对于画家爱德华·肯普弗（Eduard Kämpffer）来说，这个场景过于平淡。他执意加进两名妻子，让她们跪在祈祷的恩斯特的身旁，并以有些激动的心情彼此相视。在爱尔福特生活想必很有意思，人们会以交停车费或询问阁楼隔热补助金等各种借口前往市政厅，只为一睹这位虔诚的伯爵有趣的家庭生活。

东　　扩

"十字军东征"改变了德意志人对于与异教徒的边界的看法，就像它在接下来的四个世纪里刺激了西班牙的收复失地运动一样。

德意志的"十字军"士兵继续前往圣地,支持那里的一个重要的军事团体——条顿骑士团。但条顿骑士团的真正成就和对德国历史长期且极具争议的贡献不是在中东,而是在中欧。

一提到条顿骑士团,人们的脑海中立即会浮现这样的画面——留着红色大胡子、全副武装的大团长(条顿骑士团首领的称号),叫来几个倒霉的新成员,一边用镶着宝石的高脚杯大口喝酒,一边高声咒骂,直到一个来听他忏悔的牧师打断他的行动。当然,人们之所以会有条顿骑士团无法无天的印象,多少与20世纪的经验有关——德国的军事装备上画着他们的黑十字标志,"普鲁士主义"[①]被视为德国战斗精神的核心,后来德意志帝国和纳粹的士兵或多或少以他们为榜样。条顿骑士团的黑暗神话,在爱森斯坦[②](Eisenstein)的中世纪题材反德电影《亚历山大·涅夫斯基》(*Alexander Nevsky*)中发挥着核心作用。伴随着普罗科菲耶夫[③](Prokofiev)无与伦比的音乐,穿着恐怖的中世纪服装的骑士们把俄国婴儿扔进火中,一旁的主教露出赞许的笑容。

我无意为条顿骑士团挽回声誉,不过我想说的是,他们对暴力的推崇并未偏离当时被普遍接受的标准太远。他们留下的遗产令人毛骨悚然,包括波罗的海巨大的砖砌堡垒,以及他们透着阴森诡异气息的盾徽(条顿骑士团的盾徽装饰着从马尔堡到里加的许多教堂)。他们之所以令人畏惧,部分原因在于骑士团的名字。虽然这

---

① 条顿骑士团率先征服了普鲁士,而且与普鲁士关系密切。——译者注
② 苏联著名电影导演、电影艺术理论家。——译者注
③ 苏联著名作曲家、钢琴家。——译者注

第二章

个名字听起来十分邪恶，但它其实只是平淡无奇的"德意志骑士团"的一个浪漫化翻译。在几个世纪的时间里，条顿骑士团以维护德意志统治为自己的使命，不过当时帝国已经不是一个统一的政治体，条顿骑士团实际上像独立的诸侯一样统治着自己的领地。他们征服了德意志东北的大片领土，这些地区后来成为东普鲁士和波罗的海国家。他们消灭了一些中立的部落（这些部落位于神圣罗马帝国和强大、领土广袤、信奉基督教的波兰，以及不信基督教的立陶宛之间），而由此带来的问题将在未来几个世纪让欧洲头疼。

　　黑森的马尔堡体现了人们对条顿骑士团的全部看法。这是一个极其美丽的地方，上城区就像好莱坞电影《学生王子》（*The Student Prince*）的场景。1231年，当苦修的年轻寡妇匈牙利的伊丽莎白①去世后，皇帝弗里德里希二世命令条顿骑士团在马尔堡建立一座教堂来纪念她。伊丽莎白无私帮助穷人和病人的高贵行为，给当时的人留下了深刻的印象，特别是考虑到她因为劳累过度而死时年仅24岁，这更加令人感动。弗里德里希二世在一场庄严而歇斯底里的仪式中确立了对伊丽莎白的崇拜。他亲自为伊丽莎白的遗体戴上金冠，这是他统治时期的高光时刻之一。到她的墓前朝拜的人越来越多，这座小城也围绕着条顿骑士团为她建造的美丽的早期哥特式教堂发展起来。值得一提的是，在宗教改革时期，马尔堡的统治者并没有拆除朝圣教堂的设施，只是禁止朝圣者继续前来参拜。得益于这个非凡的、符合人文主义精神的行为，我们如今仍然

---

　　① 也被称为"圣伊丽莎白"。——译者注

拥有一座完整的教堂，包括信徒捐赠的许多美丽的雕像和祭坛，以及伊丽莎白的黄金圣骨盒。这座教堂周围以前是条顿骑士团的总部，今天则主要是大学建筑，还有造型古怪的塔楼，一如既往地令人感觉毛骨悚然。伊丽莎白教堂有一些令人印象深刻的东西，包括一排排的大团长饰章，弥漫着富有德意志特色的阴森恐怖气息，以及历代黑森方伯的石棺，石棺上雕刻的冰冷的石人是中世纪艺术的荟萃。不过，这些石人的间隔几乎一样，因此人们会有一种置身医院的感觉。不过这家医院显然没有采取最佳治疗手段，因为每个石人都穿着不卫生的全套盔甲，而且已经过世了。更令人惊讶的是，保罗·冯·兴登堡（Paul von Hindenburg）也葬在这里。兴登堡是1914年到1918年间的军队领袖，是一个典型的普鲁士人，后来成为不幸的、平庸的魏玛共和国总统，不情愿地把权力交给希特勒，然后死去。

1914年，兴登堡在坦能堡战役中击败了入侵的俄国军队，成为德国的民族英雄。这场战役之所以被称为"坦能堡战役"，是为了报复1410年条顿骑士团与波兰-立陶宛联军作战时遭受的惨败，那场战役阻止了德意志东进的步伐。德国人为纪念1914年的战役竖立了一座巨大的纪念碑，兴登堡和他的妻子被埋葬在那里。兴登堡和他妻子的棺材上画着受瓦格纳启发的伪中世纪风格的纳粹标志，德国政府希望通过这种"情死"的方式（任何其他政权都会将其视为一个笑话）明确地将两场坦能堡战役、条顿骑士团和第三帝国联系起来。1944年，当苏联向西推进时，党卫军炸毁了坦能堡纪念碑，并将兴登堡夫妇的遗体西迁，以免纪念碑和遗体受到亵渎。事实上，在那几个月里，一大批遗体被西迁，包括霍亨索伦家族的许多主要成员，他们的继承人迅速处理了遗产。美军官员勉强同意将弗里德里希·威廉一世（Friedrich Wilhelm Ⅰ）、弗里德里希大王和兴登堡的遗体暂时安置在马尔堡。普鲁士历代国王的遗体在 1989 年被迁回故土，但兴登堡似乎将永远留在一个黑暗的小房间里，因为他代表的易北河以东的德国领土如今属于波兰，几乎没有德国人留在那里，也没有人庆祝 1914 年坦能堡战役的胜利。但是，从一个冰冷的、奇怪的视角看，这似乎是最适合他的归宿。作为象征着条顿骑士团在东部为德国开疆拓土的完美化身，他最终安息在一块朴素的大石板下，周围密密麻麻排列着条顿骑士团大团长的饰章，与故土相隔千里，他和骑士团的所有幻想最终全部破灭了。

第三章

这幅画描绘了 14 世纪瓦尔特堡被围困的情形。(University of Heidelberg Library / akg-images / Erich Lessing)

设防城市

今天，德国各地仍然有无数的中世纪遗迹，即便它们常常经过修复或被重新设计得像风景画一样。在绍尔兰或摩泽尔河谷等地，来一趟舒适的列车之旅，透过车窗就可以看到这个如梦如幻的世界，眼前一闪而过的田地、堡垒式房屋、教区教堂和小城堡仿佛中世纪题材电视剧中的背景一般。德国历史上混乱的政治经济状况，对保存中世纪景观大有裨益。尤其是整个地区先走向辉煌，然后彻底衰落的地方，那里的一切都仿佛被冻结在过去，城墙被完好地保存下来，由于经济活力不足，人们甚至懒得去推倒最后的瞭望塔或填平护城河。这些具有军事或宗教功能的设施总能激发人们的感情，不过很少有人能说得清到底是怎样的感情。

一个典型的例子是位于施瓦本哈尔东南的美丽的科赫尔河地区。这里的地势和士瓦本其他地区一样平坦，不过当人们在这里散步时，一座山会突然闯进他们的视野，巨大的中世纪要塞像吸盘一样牢牢抓住山顶，它就是格罗斯康堡修道院。这是一个完整的建筑群，有围墙、带塔楼的教堂和古老的行政建筑。11世纪，残疾而虔诚的士瓦本公爵布克哈德二世（Burkhard Ⅱ）将家族城堡捐赠给本笃会，原先的城堡被改建成了修道院。这座修道院显示了中世纪城市生存和发展的一个关键因素——选一个合适的山头（这适用于班贝格、布拉格、萨尔茨堡、达勒姆、阿西西等上千个例子）。中世纪城市似乎可以分为两类，一类坐落于山上，另一类位于河边（也有兼具这两个条件的，如迈森和布拉格）。格罗斯康堡修道院对我有莫大的吸引力，只要在附近，我就会找一个听起来就不可信的借口回到河边，只为再看它一眼，或者在乘坐火车时伸长脖子，仿佛这样就能看得更清楚一样。格罗斯康堡修道院是一个让人恼火的例子，说明我们对中世纪的了解多么匮乏。我们不知道这个建筑群中最美丽的建筑（一个低矮的、八边形的、罗马风格的奇迹）的实际功能，它是一个非常特别的小教堂，一个装圣物的房间，还是一座图书馆？这座倾注了人们的心血和巧思的完美建筑，将是一个永远都解不开的谜。

一直到19世纪中期，城墙经常被大规模扩建和加固。城墙标明了城市的边界，为城市提供保护，但也在甄别谁属于这座城市，谁不属于这座城市。城墙一直是一个问题，因为它需要大量士兵防守。在一个没有那么多人的世界里，当大多数人都在忙着钉马掌、腌制卷心菜或缝衣服时，招募武装人员始终是一个让人头疼的问题。无论是聘请雇佣兵，还是将城中的铁匠和腌卷心菜的人组织起来，都不是完美的解决方案。中世纪（实际上直到17世纪都是如此）是一个城市必须为自己的命运负责的时代。城市可能在几代人的时间里都不会遇到危险，但随后战争可能会爆发，未能维护和扩建城墙或未能在军火库中储存最先进武器的城市将在劫难逃。

第三章

大多数城市的城墙都被拆除了，维也纳将城墙旧址改造为繁华的环城大道，不过更多的是像特里尔或明斯特这样的城市，由于经济实力不足，它们只能将城墙旧址改造为林荫道。但是，在像米尔豪森这样破败的城市，城墙仍然屹立不倒，人们仍然可以沿着城墙从一座角楼走到另一座角楼。担心敌人来袭时，城里的人会通过增加壕沟、倒刺、护城河和外围防御工事来加固城墙。遭遇围城威胁时，城里的人会毁掉城外所有房屋和树木，将瓦砾和木材运进城。但即便如此，如何调配人力也仍然是一个问题。而与此同时，周围农村惊慌失措的居民会蜂拥而至，城内人口大增，储备的粮食早晚会耗尽。在这样的情况下，你能坚持到援军赶到，赶走入侵者吗？至少在三十年战争之前，城市领导层一定心急如焚地召开过无数次商讨对策的会议。如果敌人是皇位竞争者或残暴的公爵，那就很难通过向敌人宣誓效忠来换取解围。如果挤在精致的市政厅里的城市领袖想保护全城居民（包括他们自己）的财产，那么开城投降是不是最好的选择呢？如果这样做，皇帝一年后来到这里时，会不会以叛国的罪名，在那座精致的市政厅前用烧红的钳子把所有城市领袖撕成碎片呢？如果闭门坚守，城里的人最终是会吃光食物，然后惨遭屠杀，还是会扭转局势，迫使敌人撤退，被视为英雄呢？到16世纪，随着宗教争端愈演愈烈，做出错误选择的代价越来越高。在一个不时发生屠杀的时代，为信仰而战斗到最后一刻是不是更好的选择？一支带着随军教士，挥舞着香火的联军大军是不是已经出发，很快能赶到？站在米尔豪森的塔楼或格罗斯康堡的城垛上，虽然手里拿的是一瓶雪碧，但我还是轻而易举地感受到当年守城士兵的孤独与惆怅。

城市最优先的任务是修建和维护教堂和城墙。教堂是重要的防御据点，在对抗抱着恶意而来的骑兵大军时，最佳策略是占据有利地形（守城卫兵居高临下）和尽早发现敌人（方圆 24 千米内的人都能听到教堂示警的钟声）。维滕贝格等少数几座城市的瞭望哨就设在高耸的教堂塔楼上，可怜的卫兵估计总是在无聊或疯狂的边缘徘徊。

不过，城墙的功能不仅是挡住敌人，更重要的是使城中的居民留在城内。城市每天都会实施宵禁，关闭大门（只有特定的人有权利居住在城墙内，因此卫兵要对付的不仅仅是外部威胁）。卫兵自然要冒一定的风险，他们可能被杀，但在这个过程中他们发出的声音足以提醒同伴。《哈姆雷特》一开场出现的守夜卫兵，过的就是这种无聊且危险的生活，不过他们至少有机会看到一些有趣的事。相反，在迪诺·布扎蒂（Dino Buzzati）创作于 20 世纪 30 年代的小说《鞑靼人沙漠》里，主人公在沙漠中的一座城堡里执行着毫无意义的任务，在等待了三十年后，遥远的地平线扬起漫漫尘埃，入侵者终于来袭，而此时他年老体衰，只能躺在床上。

优　越　感

1241 年，随着蒙古大军来袭，《鞑靼人沙漠》里提到的"漫漫尘埃"出现在德意志人眼前。正如本书反复强调的，欧洲乃至整个

第三章

基督教世界只是弹丸之地。欧洲的城市规模不仅远不如亚洲，甚至也不如当时还几乎无人知晓的美洲的部分城市。欧洲人只占据欧亚大陆一隅，在中东的外围防线几乎不复存在，西班牙的大部分地区掌握在穆斯林手中，地中海被海盗控制，没有一个信奉基督教的地区敢确保自己一定能够生存下去。

然而，德意志文化显然流露着一种耀眼的自信，这种自信始于13世纪上半叶，直到今天仍然散发着光芒。马格德堡大教堂经过岁月的洗礼，至今仍然是基督教东进及其（自认为的）伟大的重要象征之一。1209年，原先的大教堂和皇宫由于意外失火而化为一片废墟，人们随后开始了雄心勃勃的重建。现存于世的大教堂耗时多年才得以完成，虽然侥幸挺过了三十年战争（马格德堡被夷平，大教堂被拿破仑的军队当作马厩而幸免于难），但在1945年遭到严重破坏。虽然经历了这些变故，或者说正因为这些变故，它成了一个极为遥远的时代的真正幸存者，是面积广阔的马格德堡教区的中心，肩负着军事和传教的使命。这座大教堂用石头表达了使东方异教部落皈依基督教，否则就消灭他们的坚定决心，堪称中世纪宗教版本的五角大楼。很难想象当时人口稀少、生活简朴的异教徒定居点会怎样看待这座大教堂，单单是它的规模就可能让人觉得它乃天赐之物，非人力可为。

在今天的马格德堡，只有大教堂和一两处破败的修道院遗址还能让人感受到中世纪氛围，其余都是苏联风格的混凝土建筑。我在德国统一后第一次来到这里时，曾经穿过一条阴暗、沉闷的小巷，抄近路前往大教堂。统一后的德国比较令人困惑的一点是，那条小巷竟然有一家商店，门口有一个假人，打扮成戴熊皮帽的英国皇家卫兵的模样，为一家名为"茶点：英国食物及其他"的商店招徕客人。考虑到这座城市经历的种种磨难，这个假人似乎没那么糟糕，即便它看上去不伦不类。

如果说马格德堡反映了13世纪边疆严酷的面貌，那么位于今天的巴伐利亚州北部的班贝格则代表着德意志文明亲切友好的一面。这座城市经过许多个世纪的成长、变化和发展，几乎已经看不出最初的样子，但仍然保持着原来的布局，每座山上都有一座主要的宗教建筑，如修道院-医院建筑群、大教堂或主教宫殿，这些建筑之间是密密麻麻的红瓦屋顶的房子。班贝格大教堂显然效仿了早期建于莱茵河畔的几座帝国大教堂，两侧各有一个唱诗席，四角都有塔楼。大教堂有一种美妙的氛围，让你不由自主地想把脸贴在石墙上（好吧，或许你不愿意这么做）。大教堂还有一尊班贝格骑士雕像，这是罗马帝国灭亡后欧洲制作的第一座真人大小的骑马雕像。它雕刻于1230年左右，没有人知道它的原型是谁，而这正是我喜欢它的原因。当然，无论是谁，这个人地位一定非常显赫，但历史的偶然性为这座雕像赋予了新的意义，使它成为讽刺人类无用的虚荣心的永恒象征。不用说，骑士雕像是民族主义者和纳粹的最爱，因为据说它表明文艺复兴时期德意志的艺术成就与外界无关。由于这些荒谬的主张，骑士雕像一度被冷落。但由于它的大小和奇特的造型，骑士雕像和其他伟大的雕像（魔鬼拖着被诅咒的人下地狱的雕像、精心设计的陵墓，以及教堂和犹太教会堂的人物群像——后者的眼睛是蒙着的，以表明他们误入了歧途）共同构成了班贝格的核心,而这座小城仍然是体验德意志中世纪氛围的最佳场所。这座小城有一座横跨一条欢快的河流的桥、一个绘有古代英雄的市政厅、随处可见的小酒馆(这里的人均啤酒消费量显然高于世界上其他任何一座城市)和美丽的修道院花园。

在班贝格逗留期间,我一直幻想着和家人一起搬到这里,不过我们没有谋生的手段,也不会说德语。我或许可以接手"公羊头"酒馆,成为酒馆的新主人。到时候我会留着浓密的小胡子,用抹布小心翼翼地擦拭吧台,皱着眉头专心干自己的事,不理会愤怒的顾客对我的嘲弄和谩骂,因为我根本听不懂他们想点什么。空气中可能弥漫着烧煳了的腌菜的味道,我的妻子可能在一旁毫无帮助地冷嘲热讽,而孩子们可能会对着盘子里的炸猪胃哭泣。我们很可能成为保罗·泰鲁(Paul Theroux)的《蚊子海岸》(*The Mosquito Coast*)里那个不幸的美国家庭的翻版,不仅和他们一样过得一团糟,还要忍受阴冷的天气。

但在 13 世纪,德意志人的东进势头正盛,战士、传教士和移民逐步蚕食今天的勃兰登堡、萨克森、波美拉尼亚和奥地利,巩固了此前征服的飞地。事实证明,拥有较大领地的诸侯几乎不会听命于任何一个中央政权,像勃兰登堡的"大熊"阿尔布雷希特一世(Albrecht Ⅰ)和萨克森的"狮子"亨利(Henry the Lion)等大人物都或多或少保持着独立。住在意大利,或参加"十字军东征",或能力不足,都有可能导致皇帝大权旁落;哪怕只是稍有懈怠,诸侯也会高兴地填补权力真空。

虽然条顿骑士团继续在波罗的海沿岸扩张,建立了但泽(格但斯克)、里加和雷瓦尔（塔林）等城市，夺取了日后成为东普鲁士的地区，但"德意志人"的范围在13世纪变得更加明确。此前，索布人、劳济茨人、波美拉尼亚人等许多部落都曾经被征服并被日耳曼化，但在面对组织得更好的对手时，这种无情的做法已经行不通了。这部分是由于自然的演化，部分是因为后来成为波兰人、捷克人和匈牙利人的群体，越来越善于抵御德意志人的进一步蚕食，而主动皈依基督教是他们最常用的自保手段之一。在某些统治者的邀请下，一批批德意志人继续以自己的名义（后来以哈布斯堡帝国的名义）进入中欧，但德语地区的范围此时基本固定下来，并一直维持到20世纪40年代，直到德国人制造的灾难使13世纪移民的后代要么死于非命，要么被驱逐。

13世纪40年代，蒙古人的大举进攻不仅阻碍了德意志人东进的势头，甚至有可能彻底摧毁欧洲基督教世界。如今，人们很容易嘲笑蒙古人奇怪的优越感。"十字军"的使者本来希望同蒙古人建立一个反穆斯林联盟，结果震惊地发现，蒙古人根本不理解什么是"同盟"，只使用"奴隶""臣民"之类的词语。乍看起来，这些陌生的、生活在马背上的骑兵不可能对定居的、有组织的城市商人和士兵构成威胁。但事实上，在把矛头对准欧洲之前，他们已经攻灭了比欧洲人口更多、更繁荣的金朝，消灭了中亚强国花剌子模，征服了俄罗斯诸公国（塔可夫斯基的电影《安德烈·卢布廖夫》精彩地呈现了这段历史）。蒙古人的后裔将在随后两个世纪里继续征服印度、波斯和奥斯曼，在欧亚大陆留下被夷平的城市、用头骨堆成的骷髅塔和在蒙古人的宴会上被慢慢压死的贵族。

第三章

蒙古铁骑会不会横扫欧洲？考虑到这场危机的极端严重性，真正值得奇怪的是，今天的人并不知道欧洲曾经与灭亡擦肩而过，而这正是欧洲自身优越感的一个有趣例子。俄罗斯曾被蒙古人统治了几个世纪，并因此走上了与欧洲其他国家截然不同的道路（至于到底有何不同，人们一直争论不休，而俄罗斯的一切不幸都被很多人归咎于它的"东方遗产"）。1241年，当蒙古大军攻入波兰和匈牙利时，欧洲看起来很可能走上与俄罗斯相同的政治、文化发展路线。一支由波兰人、西里西亚人和条顿骑士团组成的联军在利格尼茨战役中被速不台的主力歼灭，幸存者沦为俘虏，从此杳无音信。匈牙利王国倾全国之力对抗两支蒙古大军中的南路军，结果是另一场大屠杀。关于蒙古人如何残酷处罚反抗者的故事传遍欧洲，令整个基督教世界胆战心惊。欧洲在速不台面前毫无还手之力，完全不知道该如何应对他的战术。欧洲重装骑兵甚至还没来得及做好战斗准备，就已经成了高机动性的蒙古骑射手的靶子。征服匈牙利后，蒙古军队进入奥地利，兵临维也纳新城，准备继续向巴伐利亚或意大利北部进军。但此时一个奇怪的命运转折出现了。大汗窝阔台在哈拉和林去世，欧亚大陆的主要蒙古将领不得不撤退。蒙古人又在匈牙利待了几年，然后全线撤退，再也没有回来。至于为什么撤退，恐怕永远不会有人知道。一个合理的解释是，在蒙古人看来，欧洲相当边缘和无聊。即使是看上去似乎能够满足他们简单需求的理想之地匈牙利草原，和北亚相比都显得微不足道。至于战利品，规模更大、更繁华的巴格达是一个比维也纳新城好得多的目标。人们一直津津乐道的一个假想问题是：蒙古人到底能走多远？如果他们进一步西进，设防城市或许能拦住他们。值得庆幸的是，我们没有机会去验证这个假想问题。

简述政治结构

　　帝国疆域辽阔，各地需求相互冲突，因此无法建立一个强大的、统一的结构。为确保各地公爵效忠，皇帝必须马不停蹄地四处巡视，这项工作甚至会拖垮精力最充沛、最有能力的统治者。虽然维也纳在一定程度上发挥着首都的功能，但这仅仅意味着它为哈布斯堡家族提供了一个区域性的权力据点。不同地区各自承担着帝国的部分职能，其中韦茨拉尔、法兰克福和雷根斯堡的作用最为关键，而施瓦本哈尔等城市则负责为帝国铸造货币。帝国的边界与现代地图的边界非常不同，因为帝国最重要的一些城市（如布鲁塞尔、第戎和米兰等）并不属于现代德国。正如前文已经讨论过的，帝国的愿景，以及帝国的统治者是皇帝而不是国王的想法，并非以现实为基础，而是建立在查理大帝和他的继承人是君士坦丁大帝的西罗马帝国的真正继承者这样的想象之上的。

　　因此，神圣罗马帝国始终是一件待完成的作品，它理论上应该包括法国、英格兰、意大利南部和西班牙等地（在某些时期，皇帝通过个人继承，确实将或者威胁将这些地区纳入帝国），因为这才是最初的罗马帝国，也是神圣罗马帝国宣称的合法性来源。在现代人看来，这多少有些疯狂，因为从西罗马帝国崩溃到查理大帝部分

第三章

统一罗马帝国旧领土，中间隔了很长时间。但神圣罗马帝国的统治者是认真的，尤其是因为这使他们与罗马和教皇建立了至关重要的联系（教皇的地位之所以在所有其他主教之上，同样是因为他宣称自己的权威来自罗马帝国，再加上伪造的"君士坦丁的赠礼"）。11世纪萨利安王朝的皇帝同教皇之间的严重对立，导致帝国内部动乱四起和内战频仍，而对立的根源便是这两位统治者都认为自己才是欧洲的精神领袖，英格兰国王和法兰西国王等的地位则低得多，顶多只是交了好运的蛮族酋长。这些国王财力雄厚，实力日渐强大（而且实际上发展出了与彼此或与帝国相关的极端意识形态），但皇帝并不认为这是自己需要严肃对待的事实，而只是将其视为一种暂时的麻烦。同样地，皇帝在等级制度中总是比帝国内最强大的臣民高出许多。当普鲁士和萨克森的统治者变得越来越强大时，皇帝试图忽略政治现实，一味沉浸在他像恺撒一样拥有至高权力的可笑的、不切实际的幻想中。

神圣罗马帝国的权力之所以如此分散，是因为其统治者别无选择。在德意志，帝国的大部分地区掌握在保持着一定独立性的诸侯手中，他们及其追随者建立了数量庞大的邦国。在不同的时期和不同的条件下，他们可以非常尊重皇帝，共同解决各种军事（后来是宗教）问题，但这种尊重的基础是诸侯拥有一定程度的自由（在英国，地方贵族在15世纪末就失去了这种自由）。由于历史上德意志的扩张与基督教的传播密不可分，因此大量重要领地掌握在主教手中。从科隆、美因茨到马格德堡、弗赖辛，好战主教们统治着为数众多的城市，拥有自己的收入和军队。此外，许多德国城市被赋予各种特权,并直接听命于皇帝。这反过来又增加了皇帝的权力,而这些城市相邻地区的邦君则会想方设法抵制。从吕贝克、法兰克福、纽伦堡、乌尔姆等重要城市到埃斯林根、米尔豪森等小城市,直属于皇帝的帝国自由城市使德意志出现了一系列微型的半共和国。乌尔姆教堂彩色玻璃窗上巨大的"帝国之鹰"标志,象征着这些城市的自治。这是一个有用的护身符,可以防止贪婪的邻居侵占一座富裕的城市。这些设防的半独立城市日益繁荣,因为它们的统治者远在奥地利,而且经常忙着与奥斯曼人作战,几乎不会打扰它们。

封建领地常常因为继承纠纷而分裂,陷入一种不同的继承人各自主张继承权的无政府状态,这只有借助帝国特殊的政治结构才能解决,大量贵族后裔因此成为自由帝国骑士(神圣罗马帝国的贵族,他们直接听命于皇帝)。在被拿破仑灭亡前,神圣罗马帝国的地图变化频繁。在伦敦或巴黎长大,习惯了统一国家的人,盯着电脑屏幕上一张张色彩斑斓的神圣罗马帝国地图时,会感到一阵阵眩晕。像士瓦本这样的地区(那里有无数独立的自由帝国骑士的微型领地)完全由碎片组成,而这些碎片又被分割为几乎毫无意义的更小的碎片,每个碎片都有自己复杂的历史。穿行德意志需要经过无数边界,而试图溯莱茵河而上是一种愚蠢的行为,因为必须向所有碰巧在河边拥有领地(哪怕只是很少的领地)的贵族和城市支付通行费。我曾经绝望地盯着安斯巴赫侯国的地图(收藏在德国最乏味的博物馆之一安斯巴赫博物馆),因为即使是这样一个小邦国,不知为何也在邻邦拥有一些田地,在这里或那里拥有特殊的关税权。

第三章

符腾堡公爵的领地看起来像是一场残酷的意外——西南部都是零碎的土地，大部分几乎没有价值，许多领地掌握在地方贵族手中，他们的存在使公爵的继承权没有任何实际的财政或地理意义。公爵们想方设法保护他们在法国东部继承的几块飞地，那些所谓的属地不过是一群猪和一座破败的教堂，但对于财政匮乏、处处受掣肘、饱受羞辱的公国来说，它们具有重大战略意义。

但真正有决策权的并不是这些数量庞大的小领主，而是少数位高权重的大领主。1356 年，皇帝查理四世（Karl Ⅳ）颁布了《金玺诏书》，确定了帝国统治权的传承形式。该诏书明确规定，此后皇帝将由选举产生，不过拥有投票权的只有七个人，每个人都有重要的领地。其中三人是宗教选帝侯，分别是德意志大书记官（美因茨大主教）、高卢和勃艮第大书记官（特里尔大主教）及意大利大书记官（奇怪的是，居然是科隆大主教）；四名是世俗选帝侯，分别是波希米亚国王、莱茵-普法尔茨伯爵（统治着以海德堡为中心的分散的富饶领地）、萨克森公爵和勃兰登堡边疆伯爵。选举人并不是固定的，随着时间的推移，有的被剔除，有的被加了进来。选举新皇帝的仪式在法兰克福自由市举行，不过举行仪式的法兰克福大教堂在 1944 年被摧毁，后来被重建得过于精致和整齐（这是这类重建难以避免的弊端）。如果能让这些建筑完美无缺的正面和屋顶看起来更陈旧一些，再多一些我们期待的那个时代的建筑的风韵，那就好了。选帝侯会从他们的领地赶到法兰克福，在一座大教堂的礼拜堂投票。后来，选帝侯将全部投票给奥地利哈布斯堡家族的成员（除了一次重大意外）。然后，新皇帝将在勒默贝格广场的阳台上被介绍给民众，而他们期待的是随后的烤牛肉和烟花表演。这是法兰克福市民生活中的一件大事，他们为此感到无比自豪。即使在神圣罗马帝国灭亡后，法兰克福的声望也没有下降。它成为19世纪德意志联邦的首都，而且是继续存在的少数几座自由城市之一。

日耳曼部落

一说到中世纪，我们通常想到的是中世纪早期，也就是从10世纪到13世纪这段时间。无论多少事件的来龙去脉已经变得模糊不清，无论有多少缺失或误解，看着我们的世界渐渐成形，看着一座座城市拔地而起，国家的边界日益清晰，国家也多少具备了实际意义，这些都还是很吸引人的。一个恐怕永远不会有答案的问题是，在这个时期开始时被称为"部落"的群体（萨克森人等），具体在什么时候变得类似于今天所说的"民族"。区别一个群体到底是民族还是部落，在今天仍然是一个棘手的问题，人们现在仍然在为非洲的"部落"争论不休。就德意志而言，这些部落的消失说到底似乎只是历史学家的想象，并没有可靠的依据。他们的假设似乎是，部落是过时的和令人尴尬的，是非德意志和非基督教的，随着德语和基督教的传播而最终消失（索布人、文德人、古普鲁士人等之所以保持着部落的形态，一个重要原因是他们拒绝放弃斯拉夫人的身份）。这是一个从未真正消失的话题，曾经对纳粹思想产生了有毒的推动式影响。纳粹之所以痴迷中世纪，一个原因是他们能够

第三章

借此重新让人们联想到文明与野蛮的对抗,德国人代表文明,而波兰人(他们实际上已经建立了一个庞大的国家,而且持续了几个世纪)再次成为文明世界之外的"部落"。

我们都渴望清楚地将历史事件归入不同的类别,但真实情况或许是,无论采用哪种定义,部落都从未真正消失。大多数人首先效忠他们的家族,然后是他们的教区和同业公会,接着是他们的领主(为其付出金钱、实物和时间)。在各个时期,人们都会或多或少地意识到这些义务。歉收使缴纳实物变成一个可能引发流血冲突的问题,艰难的谈判是必不可少的。敌军突然入侵时,领主会要求个人承担几代人都不需要承担的义务(和平时可能只需要定期训练,而且不会太认真)。"十字军"运动会产生大量额外负担。除了经过精心准备的大规模的"十字军东征",还有许多突发的征兵,而参加历次"十字军东征"的人数通常是19世纪的历史学家给出的,这些数字看起来就像一部成功的电影和它糟糕的续集一样。虽然没有充足的证据,但不难想象,"十字军东征"必然引发了全社会的狂热,各个教堂一定充斥着鼓吹"十字军东征"的布道,人们将前往圣地朝圣视为生活的一部分,并且痴迷于异域故事。通过"十字军"士兵的陵墓或现存的圣墓教堂的雕像(如小城盖恩罗德的那座美丽的雕像,类似的雕像曾经出现在许多座教堂中),我们仍然可以在一定程度上感受到这种狂热。

"十字军"士兵显然需要承担多重义务,包括个人的、部落的和基督教世界的,但这些不同的义务并非相互对立,无法调和。"十字军"士兵既在寻求个人的救赎,也是一个社区的一员,他希望几年后能带回一个造型奇特的倭马亚士兵的头盔和一袋干果。他之所以踏上征程，既是因为作为巴伐利亚公爵的臣民，他有义务这样做，也是因为从异教徒手中夺取圣地是整个基督教世界追求的目标之一。他既是一个个体，也是一个部落的成员，但这个部落绝不是所谓的"德意志民族"。

"部落"在德意志民族思想中一直是一个尴尬的存在，因为让一个人认同自己是德意志人始终是一件非常困难的事。一个巴伐利亚人或施蒂里亚人可以有众多效忠对象，而且效忠对象不一定是德意志人。英格兰虽然曾经也是这样，但最迟在15世纪，所有模糊性似乎都被消除了（当然，我们没有足够的证据能证明这一点）。英格兰的郡总是太小、太弱，缺乏实际价值，无法得到人们全心全意的效忠。举个例子，中世纪以后，很少有人为肯特郡献出生命（唯一的例外可能是以郡为单位的军团制度，该制度始于维多利亚时代）。一些郡（如约克郡或康沃尔郡）有很强的认同感，一些地区（特别是与威尔士和苏格兰接壤的地区）对当地人而言确实很重要，因为人们必须为其战斗。但是，即使在地方领主最强大的时候，无论其作为军事和社会领袖多么重要，他们都对伦敦忠心耿耿，而这显然会影响并削弱他们的地方权力基础。所谓的"某地的公爵"，越来越多地意味着你的部分收入来自那里，而不是你一直生活在那里。如果你想保持政治影响力，那就必须多出入国王的宫廷，而那个地方在伦敦。

德意志的情况一直截然不同。直到19世纪，它才试图建立一个类似于英国的国家，但由于管理不善，最终以灾难收场。而且即

第三章

便在那时,德国内部也存在着各种极不协调的地方。例如,至少从12世纪开始,罗伊斯家族的长系和幼系就一直统治着图林根的几个河谷,这些地方曾经是德意志移民和异教徒反复争夺的重要地区。这个家族的每名男性成员都叫"亨利",以感谢有恩于他们的皇帝亨利六世(Heinrich Ⅵ)。这本来已经够疯狂了,更糟糕的是,不仅是爵位继承人,实际上每名男性成员都有一个表示序列的数字(比如亨利六十七)。每隔一个世纪左右,这个家族就会重新开始计算数字。1871年,罗伊斯家族两系的领地都成为俾斯麦名义上统一的、令人激动的现代德国的一部分,不过领地仍然由亨利二十二和亨利十四统治。在最终亡于1918年革命之前,这些领地被以这种不可思议的方式统治了大约800年。我们永远不会知道,罗伊斯家族领地的居民什么时候真正摆脱了他们的地方身份认同,认为自己是一个非部落的、成熟的德意志民族的一员。

萨克森或巴伐利亚等重要邦国的居民的身份认同,肯定一直是以部落为基础和导向的。这种身份认同虽然不是地方的,但与所谓的"德意志民族"仍然相距甚远。他们效忠的对象是各自的公爵、侯爵或骑士,纠纷由地方司法体系处理,承担的义务也是地方性的,皇帝则远在天边。我必须再次强调,身份认同经常变化。根据外部事件,人们有时会将效忠视为最重要的事,有时则只是将其视为日常生活中的既定事实。右派历史学家倾向于将中世纪的结构视为一个等级分明的、和谐的等级制度,而左派历史学家(他们的观点在民主德国被广泛接受)将其视为一个压迫的体系,常常引发被压迫者的反抗。这两种模式看起来都很可疑,因为它们都将解释权交给了历史学家。中世纪社会当然与我们的社会非常不同，但似乎没有理由认为它们不是像我们的社会一样的成熟社会（或不成熟的社会，取决于你的立场），那里必然同样存在着各种混乱的冲动、好和不好的领袖、好和不好的运气，人们基本上遵守一套被普遍接受但有时会遭到严重破坏的规范。

几个世纪以来，除非遭遇极为偶然的灾难（如一场可怕的火灾、一支被征集起来但随后被消灭的军队），大多数城市一直努力使当地人过上和平的生活。生活在秩序井然的地方对我相当有吸引力。这些地方有分工明确的专业人士，有小桥流水，有优美的环境、精致的服饰、坚固的城墙、奢华的住宅和美丽的教堂。或许我只能坚持两三天，之后就会对不识字的当地人和地方习俗感到厌烦；也可能是四五天，然后我就会被赶走或者被怀疑会巫术而被烧死。

大饥荒与瘟疫

中世纪中期（或称"中世纪盛期"）的乐观精神，在14世纪不幸地消失了。在中世纪中期，虽然"十字军"运动已经无法唤起人们的热情，皇帝也不再是曾经的强势人物，但在德意志数百个自给自足、面积很小的地区，生活仍然是可以接受的，人口不断增长，安全基本无忧，司法体系已经建立了起来。但到了1280年，一切都发生了巨大变化，这使其后的几代人饱受折磨。在德意志各地的

第三章

教堂闲逛时，墓碑的密度仿佛在诉说着一个明显的事实——命运是不公平的，与出生时间有莫大关系。墓碑上的雕像（和后来的绘画）似乎在讲述着，甚至在炫耀墓主人安全、舒适、快乐的生活。但另一个时间出生的人则可能遭遇了最可怕的事件。事实上，在繁荣时期，墓碑往往更多，而没有墓碑通常意味着发生了不好的事情——社会暂时失去了感谢上帝赐予的幸福生活的热情。我们在20世纪同样能看到类似现象。在欧洲的一些地方，某些年龄段的人大量死亡，而其他地方的人几乎安然无恙（在某些地方，每代人都无法幸免）。

14世纪上半叶是一个可怕的时期，此时的死亡率与第二次世界大战中的中欧和东欧的死亡率相似，甚至更高（不过14世纪的总人口要少得多）。在一些地区，三十年战争期间的死亡率同样如此。根据相对可靠的历史记录，有三个时期（14世纪40年代、17世纪30年代和20世纪40年代）是中欧历史上最糟糕的时期。

14世纪的危机始于一场大饥荒。当时由于一直下雨，某些地区的农作物颗粒无收，天气潮湿到人们无法晒干盐来保存肉类。而落后的交通工具使人们很难从未受灾的地区运粮赈灾，更何况那些地区也几乎没有余粮。绝望的人们只能吃玉米种子充饥，而它们本来应该用于播种。有人认为，《格林童话》里亨舍尔和格莱特的故事便源自这个可怕的时期。德意志一直饱受饥荒之苦，但这次被称为"大饥荒"的饥荒尤其严重。没有人知道确切的死亡人数，但无疑非常庞大。经过这次可怕的打击之后，德意志人接下来不得不面对1349年的黑死病。这场神秘的流行病席卷欧亚大陆，杀死了数百万人。死亡人数是推测的，但像不来梅和汉堡这样繁荣的城市似乎失去了多达三分之二的居民，一座座村庄变成无人之地，而且再也没有恢复，所有地区的人口都在减少。大饥荒和黑死病似乎使德意志的人口减少了大约40％，它们或许是欧洲历史上最不可能被预见的事件。一些历史学家认为，以充满活力的智识生活、宏伟的大教堂和外向的世界观为特征的中世纪欧洲文明，在1350年就终结了。或许我们应该像看马丘比丘一样看待班贝格大教堂，它们都是一种已经消亡的文化的迷人遗迹，区别仅仅在于欧洲文明后来复兴了。这样的观点虽然极端，却是一种有用的思考方式。我们需要好好想想，虽然同为"欧洲人"，但我们与早期欧洲人到底有多少共同之处。我们渴望连续性，因为它使我们感到快乐，但这种连续性或许只是我们的想当然。

关于这一时期的记录非常少，流传下来的只有一些编年史家（大多是生活在修道院的修士）垂头丧气的评论。由于太多人死亡，人们没有余力用大量艺术作品来表达自己的感受，因此我们无法设想究竟发生了什么。最有说服力和想象力的描述出自赫尔曼·黑塞的小说《纳尔齐斯与歌尔德蒙》（*Narcissus and Goldmund*，出版于1930年），其中部分内容的背景是他就读过的一所学校（位于士瓦本的毛尔布龙修道院，这是现存唯一完整的那个时期的修道院建筑群，至今仍是著名的教育中心）。在黑塞的小说里，黑死病的时代显得十分迷人和有质感，给人一种身临其境的感觉（当然，这全靠文学的表现手法）。英格马·伯格曼（Ingmar Bergman）以黑死病为背景的电影《第七封印》同样显得真实。看完电影后的失落感，不仅是因为电影人物的命运，还因为你突然被赶出它的世界。不过，这部电影真正关心的是 20 世纪 50 年代阴郁的瑞典，就像黑塞真正感兴趣的是个人如何在环境恶劣的德国保持自身的正直。虽然可能极端，但确实没有一名历史学家对这个时期的描写能让我提起兴趣。由于缺乏史料，他们的书太枯燥。而黑塞的作品能让读者产生置身其中的感觉，令人毛骨悚然。

一百万颗钻石闪耀之地

采矿业在德国人的生活中扮演着一个特殊的核心角色。除了康沃尔历史悠久的锡矿，英国采矿业与 19 世纪的工业奇迹紧密相连，当时成千上万的人努力将英国的财富基础（煤）带到地面上。这个伟大的故事（直到 30 年前，它仍然是各郡经济起飞的起源故事和现实）使更早的采矿业被人遗忘。德国同样有惊人的煤铁储量和激动人心的工业故事，但也有关于地下生活的充满活力、独特的记忆。这在很大程度上是因为德国人认为地下有许多有趣的东西（银、宝石、妖怪、长石、始祖鸟），并以此为基础创造了一系列民间神话，这些富有想象力的神话并未将采矿视为一种可怕的、危险的、辛苦的工作，而是将其与数不胜数的财富、秘密的咒语和诅咒联系在一起，将地下世界视为德国历史的一部分。

历史上的甚至是今天的采矿世界，都是看不见的。只看穿着整齐划一的橙色服装、戴着安全帽的矿工搭乘升降梯运煤，人们根本无法想象他们的工作节奏、着装要求、工作技能和同事关系。1824年，海涅在克劳斯塔尔的哈茨山矿井体验过矿工的生活。在这个滴着水、脚底打滑的怪异空间里，矿工对矿石层了如指掌，而且已经适应了没有光线、四周弥漫着毒气、安全措施堪忧的环境，这些让他大吃一惊。在19世纪早期德国文学史上一个伟大的超现实主义时刻，海涅被领进一间大厅，坎伯兰公爵[维多利亚（Victoria）女王不受人欢迎的叔叔、未来的汉诺威国王]正在那里举办一场特别的宴会。公爵坐在用矿石堆成的宴会椅上，四周是烛光和鲜花，矿工在用齐特琴①拉奏小夜曲。如今，这把椅子被遗弃在黑暗中（我很想知道它是否还在那里）。

如果发现了一个容易开采、储量庞大的煤层，城市就可以利用丰富的煤炭资源来维持自身的特权，获得大量财富。萨克森的弗赖贝格（意为"自由山"）至今仍在开采各种矿石；而戈斯拉尔则不同，它的拉梅尔斯贝格银矿是萨利安王朝崛起的基础，但在1 000多年后的1988年，它最终关闭了（现在那里只有一个游客中心和一座博物馆，由少数前矿工经营）。

最能反映中世纪矿场环境的是历史悠久的德意志城市库滕贝格（今天捷克共和国的库特纳霍拉），这里最初是一座修道院，后来成为银矿矿工定居点，并逐渐发展为城市。靠近老城，隔着工业烟尘，你能看见中欧最奇怪的建筑之一，它就像《绿野仙踪》里的翡翠城，只是颜色是灰色的。圣巴巴拉教堂的尖顶像一排巨大的女巫

---

① 欧洲的一种扁形弦乐器。——译者注

第三章

帽,仿佛飘浮在城市上空一般。这座教堂是由德意志矿工在 14 世纪建造的,旨在向世人展示他们的财富和好运。这座小城沿用三十年战争后常见的哈布斯堡城市布局,城中充满了巴洛克元素,还有一座古老的耶稣会学校。教堂的塔楼方便地指明了中世纪矿场的位置,它在多年前便朝一侧倾斜,这意味着塔楼的一部分已经陷入城市下方密密麻麻的矿洞中。

在由花饰绘制者马修(Matthew)在 15 世纪末装饰的《库滕贝格赞美诗集》(*The Kuttenberg Hymn Book*)中,有一页展示了惊悚的采矿过程。这一页最下方的三分之一画的是一群穿着连帽衣的人在地下工作,中间位置画的是马匹拉动的绞盘和矿工,有的矿工在洗澡,有的拖着一袋袋的矿石。在这一页的上方(很像老式的号召工人抗争的讽刺画),一群衣着华丽的人一边观看工人分拣矿石,一边搓手、听音乐。

圣巴巴拉教堂有一组曾经严重受损(后来得到修复)的壁画,主题是工作中的矿工。画中的人物完全没有圣洁的感觉,甚至不会让人觉得经过了任何美化。这些画展示了矿工在地下真实的样子。他们穿着特殊的服装,是他们自己故事的主人公,不过也受到了教会和圣人的保护。观看壁画当然无法让你获得采矿的体验,但它确实让人明白了中世纪一些难以理解的地方:中世纪有日常的、高度发达的专业知识,完全可以与今天相提并论;使用者完美地掌握了这些技术,这些矿工和我们一样能干,一样了解他们的世界和它的危险与局限性。中世纪的矿工仿佛生活在一个独立的小星球上,像他们制作攻城武器或炸药的近亲(同样受圣巴巴拉的保护)一样拥有专门技术。但在一个几乎没有流动性的世界里，矿工可以定义自己的社区，可以安排自己的生活节奏，可以建立一套价值观，并确保经济独立，这些为他们的城市打下了明显的烙印。直到今天，这些矿井（其中许多矿井的起源仍然不为人知，不知道是谁第一个在正确的地方挖掘）依旧在德国人脚下展示着某种神奇的力量。

令人窒息的地下世界在文学作品中屡见不鲜，比如，霍夫曼的《法伦矿山》(*The Mines of Falun*)、黑贝尔的《意外的重逢》(*The Unexpected Reunion*，这是卡夫卡最喜欢的故事之一)和卡夫卡的《地洞》(*The Burrow*)。在格林兄弟的作品中，一些人物是从地下突然冒出来的，比如小黑人，但最有名的还是七个小矮人，他们有"一百万颗钻石闪耀"的矿山，据说就在波恩以东几千米的地方。最令人震撼的一定是瓦格纳的"尼福尔海姆"和它的一些有史以来最阴森、最恐怖的音乐。众神之长沃坦（Wotan）和火神罗格（Loge）通过"硫黄缝隙"进入黑人阿尔贝里西（Alberich）的独裁统治之地。在那里，名为"尼伯龙人"的矮人受到诅咒，要永不停息地挖掘黄金。饱受折磨的矿工的尖叫声和他们敲打铁砧的叮当声，制造出一种骇人的效果。

19世纪末，德国的采矿业像英国一样欣欣向荣，开采出数百万吨的煤和铁。像英国人一样，德意志民族主义者也认为，地下有丰富的工业原料（这当然只是出于偶然）是民族优越性的证明。不管是在象征意义上还是在现实意义上，德国人对地下世界的浪漫情怀都因为米特堡 多拉集中营地下工厂的出现而终结，这座地下工厂是阿尔贝特·施佩尔（Albert Speer）和沃纳·冯·布劳恩

第三章

(Wernher von Braun)在现实世界创造的尼福尔海姆,大批工人在那里组装V-2火箭。托马斯·品钦(Thomas Pynchon)在《万有引力之虹》里再现了这个悲惨的场景。参观米特堡-多拉集中营是在德国乃至全世界最糟糕的经历之一。冰冷的隧道里堆着数千吨报废的火箭零件和倒塌的竖立维护塔架,半淹在清澈的水里,大部分通道被砖头封住。在这座地下城里,在一眼望不到尽头的走廊里,每一处镐头或钻头留下的痕迹,都是工人们如同奴隶般的劳动留下的,大约有2万人死在这里。与许多纳粹旧址不同,由于建在地下,米特堡-多拉集中营让人感觉和我们的时代非常接近——距离它彻底关停只有几十年的时间。V-2火箭计划可能没有停止,只是变成了"阿波罗号"火箭和航天飞机,但隐藏在这些背后的最初的罪恶依然潜伏在哈茨山南部。建造米特堡-多拉集中营的阿尔贝特·施佩尔和沃纳·冯·布劳恩,最终分别写下了试图自我辩白的回忆录,销量不错,布劳恩甚至作为人类登月的功臣曾赢得了无数赞誉。

第四章

这幅画是伯恩特·诺克（Bernt Notke）为吕贝克的圣玛利亚教堂创作的作品，主人公是一位自满的汉莎商人，背景是他引以为傲的船只。这幅画毁于英国皇家空军的一次轰炸中。（akg-images）

没有潮汐的海

君特·格拉斯的《猫与鼠》是一部以第二次世界大战为背景的小说。其中的一个场景是,一个夏天,一群青少年在波罗的海沿岸一艘半沉的波兰船上聊天、潜水,这艘船是在战争开始时被击沉的。有一个情节特别恶心,男孩们轮流在甲板上手淫,而格拉斯大胆地创造了一个由新鲜的精液、铁锈和饥饿的海鸥组成的幻想场景。我第一次读《猫与鼠》是在许多年前,但它给我留下了相当深刻的印象。德国的波罗的海沿岸可能是一片神奇之地,是琥珀的产地,是伟大的画家卡斯帕·达维德·弗里德里希(Caspar David Friedrich)的出生地,是纳博科夫夫妇在海滩上散步的地方,是汉萨同盟的中心,是托马斯·曼笔下背着海豹皮书包的学童在城墙上奔跑的地方。但是,每当我想去波罗的海,我就会想到《猫与鼠》,然后打消这个念头,去别的地方。

我对波罗的海的厌恶,不仅仅是因为上述联想,还因为一张地图。在我小时候,一张十分精彩的地图在我卧室的墙上挂了几年(挂这幅地图的原因有些复杂,但其实很无聊),那是一张在威尼斯制作的 16 世纪波罗的海地图。它代表着同类地图的最高水准。它相对精确，非常美观，装饰性强，虽然有罗盘指针和似乎相当精确的比例尺，但没有人会真的用它来导航。不过，地图设计师没有注意到波罗的海最令人吃惊的地方——它看起来像一个跪地祈祷的"十字军"士兵。地图上有你希望看到的各种东西，包括雪橇、怪兽、异教神殿、骑士与野牛搏斗、狼围攻驯鹿、标示王国和主教区的精美盾牌。这幅地图甚至还有一幅图中图，据说是格陵兰岛的一部分，岛上有两个拿长矛的人，穿着中国式样的服装，周围的水面上（令人沮丧地）漂着一艘船的残骸。地图左侧的一大片区域是挪威海，上面画着各种令人难以置信的海怪，我非常喜欢这些海怪，这也是我一直挂着这幅地图的真正原因，而不是对波罗的海的什么东西感兴趣。这些海怪身穿铠甲，有口鼻、脚蹼和牙，相互扭打在一起，啃噬船只，攻击大龙虾，而且有牛脸、狮子脸、马脸等不同长相。这幅地图让我对大海产生了过高的期望，而真实的海总是多多少少会让我感到失望。

在中世纪晚期，波罗的海的中心城市是吕贝克，它是伟大的汉萨同盟的"首都"，汉萨同盟是一个城市间的商业和政治联盟。来自吕贝克和汉萨同盟其他城市的船只，遍布波罗的海、挪威海和北海。对贸易城市的热爱和对波罗的海的厌恶，在我内心上演了一场激烈的交锋，最后我还是在吕贝克待了几天。大海符合我最坏的预期——一潭灰色的死水，没有涨潮退潮，甚至几乎没有浪花。它仿佛是一个孩子的反乌托邦，在岸边堆沙堡是毫无意义的，因为没有潮水来威胁它们。事实上，所有海边活动的节奏似乎都被打乱了。在我看来，最理想的海滩是康沃尔的一个小海湾，那是一个只有退潮时人们才能踏足的地方。每次涨潮，带着躺椅和毛巾的人都不得不仓皇逃回悬崖上的小路，成片的礁石又变回岛屿，发臭的海洞再次被海水填满，孩子们精心构筑的通道和防御工事被一扫而空。波罗的海虽然偶尔有肮脏的风暴，但它的沉闷与康沃尔的那个海湾形成了鲜明的对比。波罗的海仿佛中了一种极其恶毒的咒语，那里的孩子注定不能在一望无际的湿沙滩上行走，不能与涌上岸的潮水斗智斗勇，只能将偶尔被冲上岸的垃圾当玩具。它很适合被用作隐喻，但如果是为了表达停滞不前、一成不变、缺乏野心的意思，它又算不上好隐喻，因为它太直白，缺乏韵味。想到西贝柳斯[①]（Sibelius）的灵感来自水，我曾短暂地兴奋起来，不过那显然是芬兰的湖，情况完全不同。

驶入吕贝克港的船的硕大体积，让我感到惊讶。瑞典和芬兰的船载着无数集装箱穿梭往来，集装箱里装着斯堪的纳维亚半岛消费者渴望的一切。这仿佛是汉萨同盟传统的延续，我为此感到高兴。经历了几个世纪的沧桑，经历了火灾、海战、贸易竞争和世界商业模式的变化后，吕贝克仍然是波罗的海贸易的中心。

读中世纪史时，汉萨同盟总能让人如释重负，因为它显然是以现代的方式组织起来的。我们面对的人物终于不再是国王、王后、农民或士兵，而是商人。他们感兴趣的是度量衡、理性地讨价还价、新商品、工艺和利润，所有这些都是夸夸其谈且好斗的教士们不屑一顾的。吕贝克、汉堡、不来梅和但泽等城市，以及雷瓦尔

[①] 芬兰著名作曲家。——译者注

（塔林）和里加等汉萨同盟的殖民地，构成了德意志人生活中一个关键的对立关系，也就是商人国家的美学与中世纪封建国家的美学之间的对立。每座城市都是一个微型共和国，由一些富有的（或非常富有的）家族管理。它们的共和制是不完整的，因为作为神圣罗马帝国的成员，它们受皇帝保护，否则注定会被周边贪婪成性的诸侯侵占。但是帝国内部邦国林立的性质意味着，特定的领地往往发挥着某项主要功能，而不是像英格兰或法兰西的城市那样需要扮演多重角色，因此德意志的政治中心、商业城市和宗教城市的氛围往往迥然相异。吕贝克的整体氛围，多多少少会被中世纪晚期的政治中心（如迈森）或宗教城市（如美因茨）鄙视，不过这些城市当然也从事贸易，而且是重要的市场。

汉萨同盟的自给自足程度，可能因为宗教改革而被夸大了，因为汉萨同盟的城市基本上都皈依了新教。但在许多方面，新教的服饰、装饰品等只是反映了汉萨同盟早期的风格。即使是在皈依路德宗之前的画像中，人们也倾向于穿深色服装。看到砖砌的、朴素的建筑物的正立面，人们马上明白了乐高玩具为什么起源于波罗的海，乐高是一种典型的后汉萨同盟时期的玩具。在一个因为缺乏建筑用石料而不得不烧制数百万块砖的世界里，乐高的出现可以说是顺理成章的。在吕贝克的大部分地方，你会觉得自己仿佛被困在一座乐高乐园里。

汉萨同盟的商人冷酷、贪婪，重视合作，但也会在伦敦等地要求治外法权（英国人后来也在其他国家要求这种权利）。汉萨同盟的贸易商品主要是木材、沥青、琥珀和各种大宗货物。当王公贵族

第四章

纵情享乐时，虔诚、狡猾、虚伪的汉萨商人正在描画现代经济的蓝图，这种经济联系后来被证明是至关重要的。例如，后来英国皇家海军的建立就得益于波罗的海的供给。在一个大多数人几乎不出远门的世界里，大批汉萨商人却四处游走，从诺夫哥罗德到赫尔，从北极到北欧的大大小小的河流，都留下了他们的足迹。这些波罗的海城市在雨雾中是最美丽的。在绵绵的细雨中，里加、吕贝克和不来梅城中建筑的屋顶显得生机勃勃，绿色的铜和商业的公正一览无余。等到太阳出来后，失去朦胧感的城市就没有那么有趣了，大量巴士旅游车和路标比绿色的尖顶和砖瓦建筑显眼得多。

由于竞争不过大西洋国家的远洋经济和意大利新兴的银行业，汉萨同盟最终在16世纪解体，但以一种奇怪的方式存在了下来。不来梅和汉堡仍然是德国独立的州级市，是历史上的帝国自由城市的最后幸存者。吕贝克的独立地位一直保持到1937年。但其他城市则沦为一轮又一轮的邦国战争和宗教战争的牺牲品。命运最悲惨的是但泽。1918年后，由于法国、美国、波兰强烈反对但泽并入德国，而德国和英国反对但泽并入波兰，这座城市成为独立的但泽自由市，大多数居民讲德语，这深深刺激了德国的民族主义者。第二次世界大战后，这座城市的德国人被从废墟中赶走，但泽以波兰城市格但斯克的身份重生。塔林、里加等一些汉萨同盟的城市（不过也与条顿骑士团有关系），在1918年以后失去了一部分德国人（其中一些人加入了纳粹党，这些人尤其凶恶），在1945年失去了全部德国人。德国的一些城市仍然称自己是汉萨城市，它们的城市徽章在市内的各个角落都能见到，这表明"汉萨"这个词所代表的价值观在这些地方仍然没有过时。

这种地理和贸易的连续性，奇妙地体现在 1945 年的吕贝克身上。在这座满目疮痍的城市中，惊慌失措、大汗淋漓的海因里希·希姆莱（Heinrich Himmler）在瑞典公使馆（留下来保护瑞典水手和商人的利益）幻想与西方盟国达成交易，联手对付苏联。这当然不可能成功。

勃艮第的诅咒

德意志的优秀地图绘制者或许比其他任何一个地方的都多。德意志经常受邀为其他国家绘制地图，不过这其实主要源自它渴望了解自己内部有上千条边界的、大大小小的领地和各领地的变动情况。国王、将军和地理学家在请人为自己画像时，手里总喜欢拿一幅地图。由于德意志的每条边界都是暂时的，因此这样的场面尤其能引发人们的共鸣，其中最有代表性的是第一次世界大战期间威廉二世与兴登堡、鲁登道夫（Ludendorff）一起仔细研究地图的照片，以及后来希特勒和他的随从一同观看地图的照片（事实上，希特勒一直坚持用地图来了解世界，这就像一款早期的电脑游戏，他用手指在地图上一点或在地图上移动便意味着成千上万条生命即将消失）。

地图很容易产生弊病，人们用它来定义国家忠诚、野心和失败，这当然是以偏概全。这个问题不是德国独有的，但它在德意志内部和德意志与邻国的关系上都产生了深刻影响。德意志的东部和

第四章

西部边界变动不居，海洋和顽固的丹麦人挡在北面，山脉则阻止它向南扩张（更不用说东部较低的山脉虽然未能将德国统治者挡在外面，但还是保护了捷克独特的文化和语言）。

德国西部边界问题十分复杂，仔细思考可能会导致精神崩溃；但它又如此重要（实际上它是推动欧洲历史发展的主要动力之一），因此还是要做一定的思考。对于我来说，用一节来集中讨论洛泰尔尼亚/勃艮第的历史，比不断回到这个问题上要轻松得多。

不管分属不同阵营的民族主义历史学家如何论证，总之在814年查理大帝去世时，不存在任何能被称为"法国"或"德国"的地区。查理大帝在其父去世后，继承了后来属于现代法国北部（纽斯特利亚）和东南部（勃艮第和普罗旺斯）、现代德国西北部和中部（奥斯特拉西亚）的领地。他又征服了属于现代法国南部（阿基坦、加斯科涅和塞普蒂马尼亚）、现代德国南部（阿勒曼尼亚和巴伐利亚）和北部（弗里西亚和萨克森）的领地，以及伦巴第王国（意大利北部和中部）和更东部的边境地区。虽然法国人和德国人都自豪地宣称查理大帝及其后代是自己的祖先，但考虑到加洛林王朝的国王基本都出生在现代比利时，他们如果泉下有知，想必会觉得这两个国家的主张莫名其妙。在843年的《凡尔登条约》中，查理大帝的孙子将帝国一分为三，其中的两个王国基本分属于后来的法语区和德语区，而夹在中间的是洛泰尔一世继承的领地（因此，洛泰尔尼亚或洛林的意思是"洛泰尔的土地"）。

如果用电脑快速浏览洛泰尔尼亚的疆域在接下来的1 200年里的变动情况，你会看到它神奇地左右摇摆、向一侧倾斜、间歇性消失、重新出现、膨胀。根据西方或东方的政权的相对发展状况来看，它有时繁荣，有时衰落。如果法兰西国王有意扩张，它就会失去领土；如果法兰西王权不振（在中世纪，这是常态），它的疆域就会扩大。法兰西人总想征服东方的洛泰尔尼亚，就像德意志人希望获得东方波兰人和捷克人的土地，波兰人希望得到东方鲁塞尼亚人和立陶宛人的土地一样，向东方扩张的企图心足以解释欧洲大部分历史进程。神圣罗马帝国的皇帝有时会深度介入洛泰尔尼亚，但很快会被东方的战争牵扯大部分精力。当皇帝大权旁落或住在意大利时，他无暇顾及洛泰尔尼亚，这里会因此分崩离析。

此外，洛泰尔尼亚有各种不稳定、忠诚度成疑的半独立组织。即使是像奥托一世这样精力充沛的统治者（在他统治期间，德法边界最为清晰），也不得不设法对付狡猾的洛林公爵（实际上还有图谋不轨的美因茨大主教，他至少积极参与了两起刺杀奥托的阴谋）。随着法兰西和德意志统治者的权力衰弱，他们的封臣建立起强大的邦国（如诺曼底、佛兰德斯或巴伐利亚），洛泰尔尼亚（或勃艮第）只是众多令人头疼的（或者说司空见惯的）问题之一，这取决于其他地区的情况。虽然它最终成为欧洲一条关键的断层，但在14世纪之前，它只是众多断层之一。曾经属于那里的荷兰、比利时和瑞士最终成为独立国家，而其他许多本来可能像它们一样独立的政治体却没有，这确实令人吃惊。不管从现代历史上的哪个时间点看，卢森堡能够保持独立，都完全出乎人们的意料。但真正出乎人们意料的还是德意志（没有作为一个统一的政治体存在）和法兰西（同样是四分五裂的）会一次次爆发冲突，两败俱伤，最终落得如此可

第四章

怕的结局。

关键的转折点或许是法国国王约翰二世（Jean Ⅱ）在 1363 年做出的一个有些古怪的决定，他封小儿子为勃艮第公爵，把勃艮第给了小儿子。这在一代人的时间里，创造了一个位于法兰西和神圣罗马帝国之间的强大国家。这个国家在地理上多少与原来的洛泰尔尼亚重合，分为相互分离的南北两部分，都与神圣罗马帝国接壤。这个国家拥有包括现代法国北部、现代荷兰、现代比利时、现代卢森堡、现代勃艮第地区西部（东部是勃艮第郡）的领土，而现代卢森堡和现代勃艮第地区之间的领地归洛林公爵所有。这些土地有时无人关注，但有时对欧洲的历史发展进程至关重要。直到 1945 年，这片土地的归属才最终确定，阿尔萨斯-洛林和比利时东部的小块领土最终分别落入法国和比利时之手。

我无意详细叙述这段历史，这需要另写一本书。但当时确实有许多人希望勃艮第保持独立，这可以从 15 世纪的绘画，或者博讷、第戎、布鲁日和布鲁塞尔等城市的氛围中找到明确的证据。勃艮第在百年战争后期是英国的重要盟友（也是烧死圣女贞德的帮凶），其权势和威望在"好人"菲利普（Philip the Good）统治时期达到巅峰，并创造了一种特殊的勃艮第毛皮-天鹅绒-盔甲美学，这体现在扬·范艾克（Jan van Eyck）和罗希尔·范德魏登（Rogier van der Weyden）等勃艮第画家的作品中。和其他地方一样，勃艮第也是一个欲望泛滥、暴力横行的地方，但如果它能保持稳定和独立，那么接下来的历史肯定会有所不同，而且一定会超出我们的想象。菲利普死后，他的儿子"大胆"查理（Charles the Bold）统治了十年，勃艮第的稳定一去不复返。顺便说一句，统治者的绰号（"好人"或"大胆"）只是留在史书上的标签，通常是在许多年后由不知名的歌功颂德者或诋毁者所起。19 世纪的历史学家将这些绰号加在统治者的名字中，目的是使这些统治者看起来更有趣。"大胆"无法全面概括查理异常鲁莽和暴力的一生。他烧杀抢掠，大肆屠杀，以邻为壑，最后在南锡战役中被一心复仇的洛林公国和瑞士军队逼入绝境。随着查理战死，他十几岁的女儿突然成为继承人，无论谁娶了她，都会轻而易举地得到勃艮第。法国国王花了一些时间取得了历史上属于法国的勃艮第地区（勃艮第公国），但总体收益不大。而哈布斯堡皇帝弗里德里希三世（Friedrich Ⅲ）则迅速为儿子马克西米连（Maximilian）敲定了这门婚事，哈布斯堡家族一夜之间成为欧洲最显赫的家族，马克西米连拥有从北海到匈牙利平原边缘的大片土地（虽然不是连续的，但夹在中间的政权跟他关系不错）。

这件事深刻影响了后来的历史走向。哈布斯堡家族治下的原勃艮第领地被人垂涎，而又难以防御。它的部分地区变得非常富有，尤其是后来分别成为荷兰南部和比利时的地区；它使许多统治者感受到了威胁，担心哈布斯堡家族企图统一欧洲，而实际上每位哈布斯堡统治者穷其一生都在对付桀骜不驯、意图独立的臣属。哈布斯堡家族对这些领地的统治，与他们履行的神圣罗马帝国皇帝的职能并不重合。事实上，单是统治的沉重负担就意味着他们必须分割遗产，特别是当他们的统治范围包括整个西班牙帝国时。由于这样的分割，在 16 世纪后期大约 50 年的时间里，西班牙人统治着一个狭长版的勃艮第（所谓的"西班牙之路"）。这是一条由山谷和桥梁组

第四章

成的不稳定的通道，可以帮助西班牙人把军队从阿尔卑斯山西部运到尼德兰，随后士兵将死于叛乱的尼德兰新教徒之手。大多数卡斯蒂利亚火枪手，应该没有心情欣赏沿途的美景。

"勃艮第"问题从根本上说是无法解决的。法国国王从未认真对待边界，认为它只是在法国虚弱的时候强加给法国的。莱茵河，甚至包括莱茵河以东的地区，都被认为是法国的合法领土，却被狡猾的贵族和入侵者抢走了。只要能压制有独立思想的领主（有时非常成功，有时不那么成功），法国国王总会将目光对准勃艮第的一些领地，他们对这些领地所有权的主张从法律上看是可疑的，但并非完全没有依据。位于巴黎和法国的"自然"边界莱茵河之间的许多城市，同时有德语和法语名称（美因茨/马扬斯、亚琛/艾克斯拉沙佩勒、特里尔/特雷沃、科布伦茨/科布朗斯等），这反映了由地图激发的德法民族主义幻想之间的竞争。这种竞争似乎在路易十四执政时期达到高潮，路易十四大肆攫取勃艮第领地，但真正的高潮出现在拿破仑时期，当时那里全部成为法国的正式组成部分。在同一时期，随着德意志小邦国被拿破仑大量合并，与法国竞争的德意志民族主义也爆发了，居住在莱茵河另一侧的德意志人绝对无法容忍法国对勃艮第所有权的主张。

拿破仑倒台后，人们为了确定这块麻烦的领土的归属，再次做出了注定失败的努力。1830年，比利时在英国的保护下稳定了局势，宣布独立。1867年，受荷兰国王统治的卢森堡避免了一场危机（这场危机险些引发一场战争），而且出人意料地成为中立国。与原勃艮第领土相关的其他争端加剧了法德之间的仇恨，一直到

1956年才得以解决。摩泽尔-萨尔兰地区被反复争夺，并一再易手。1814年，萨尔兰的大部分地区落入法国人之手，但作为对拿破仑短暂复辟的惩罚，又被交给奥地利，后者将其交给普鲁士，普鲁士在1870年从那里入侵法国。萨尔兰有丰富的木材和煤炭资源，在历史上数次易主，法国人一直希望能够牢牢控制该地，但在1956年最后一次（我们都希望如此）公投中，当地居民选择回归德国。另一块曾经属于勃艮第的领土是与中立的瑞士接壤的阿尔萨斯-洛林地区，那里发生的戏剧性事件构成了一出典型的由中世纪主义和地图引发的悲剧，无数人在这个过程中死于非命或流离失所。法国人以一种零敲碎打、玩世不恭和机会主义的态度对待这片领土，但梅斯和斯特拉斯堡这两个关键城市在几个世纪的时间里一直处于法国的控制下。俾斯麦想从普法战争中获得实际利益，因此决定吞并摩泽尔河谷和阿尔萨斯的大部分地区，设立阿尔萨斯-洛林帝国直辖领，迫使大约10万名法国难民背井离乡。留下来的人大多说德语方言，他们可能认为被柏林统治并不比被巴黎统治差。但巴黎大受刺激。失去阿尔萨斯-洛林地区后，法国人群情激奋，历届法国政府无一例外都将德国视为永远的死敌。第一次世界大战期间，法国做的第一件事就是派出数千名士兵，自杀式地进攻阿尔萨斯-洛林。因此，在"大胆"查理死后的500多年间，洛泰尔尼亚-勃艮第问题一直困扰着欧洲。法国人在1918年夺回了这块领土，但在1940年这块领土又被夺走。自由法国[①]用洛林十字架作为自己的标

[①] 第二次世界大战期间，戴高乐（de Gaulle）领导的法国反纳粹德国侵略的抵抗组织。——译者注

第四章

志。1941年春,在利比亚的沙漠中,当纳粹德国的灭亡看起来还遥不可及时,自由法国的勒克莱尔将军发誓,在解放梅斯和斯特拉斯堡之前,绝不放下武器。1944年冬,凭着非同寻常的毅力和坚韧,勒克莱尔实现了这个目标。这也终结了70多年来[①]双方的相互伤害和宿命,这期间人们花了太多时间看地图和思考历史。

我曾经参加过法兰克福的一个建筑展,看到了纳粹制订的在取得最终胜利后将如何重建欧洲的计划。计划的核心自然是斯特拉斯堡——帝国真正的西部边境城市。在一张巨大的、古怪的斯特拉斯堡地图上,人们可以看到无处不在的凯旋门和穿过老城的行军路线。这类毫无意义的东西已经存在了许多个世纪,人们只能寄希望于1945年代表着欧洲的一次根本性变革,这种争端将永远不会再出现。

幸福的家族

中欧的大部分历史与四个家族的命运息息相关,这四个家族分别是德意志东北部的霍亨索伦家族、东部的韦廷家族、东南部的哈布斯堡家族和南部的维特尔斯巴赫家族。这些家族之所以重要,是因为从中世纪盛期到第一次世界大战结束,他们的辉煌和苦难决定了欧洲大陆无数人的命运。这些家族的婚姻、胜利、失败、改革和

[①] 从1871年俾斯麦设立阿尔萨斯-洛林帝国直辖领算起。——译者注

征税方式的变化，很可能改变几代人的生活。当然，也有许多德意志人避开了这些家族，他们生活在帝国无人关注的角落（这些地方往往非常美丽）。但即便如此，在大多数情况下，这些领地的统治者（如许多采邑主教）要么与这些主要家族有关系，要么就得在一定程度上对他们卑躬屈膝，这样才能维持领地的正常运转。

只有在一款名字好像是《绝对领主》（Liege Lord）的电脑游戏里（说实话，这或许不是一款能挣到钱的游戏），人们才能充分体会到这些家族通过一代代人的活动创造的极其复杂的模式。整个家族有时会分裂，幸运的婚姻会带来规模庞大的新领地，一个政治或宗教决定可能会在一夕之间使家族走向辉煌或没落。但是，这些家族发展的动力始终是母亲的生育能力。为了维持家族的繁荣，男性继承人是必不可少的，此外还要有几个可以同其他大家族联姻的儿子和女儿。意外、同性恋或精神错乱都会使家族的传承断裂，在家谱中留下可怕的空白；相反，只要孩子不断出生，家族就高枕无忧。在几个世纪里，哈布斯堡家族有时会出现许多大公和待嫁的女孩，前者会进入军队或教会，后者会将许多不幸的丈夫曾经有趣的宫廷变成实践天主教信仰的地方；而在其他时候，他们颓势尽显，在覆灭的边缘徘徊，竞争者会拿出自己的家谱，解释他们为什么有资格继承这个或那个王位。

以王朝为中心叙述历史的方式早就过时了。如今，通过国家的统治者、他们的婚姻和子女来解释历史，被认为是一种肤浅乃至愚蠢的方法，是一种带着学究气的八卦行为。这实在令人遗憾。我们或许可以说，这种叙述方式的失败并不是因为它太像八卦，而是因

第四章

为它八卦的对象是复杂的、外人难以了解的宫廷生活。宫廷是一个统治者握有巨大权力的世界,但这种权力受到家族意见的制约。一代兄弟姐妹会成为父亲、母亲、姑姑和叔叔,影响下一代;年龄、经历和精神状态是塑造宫廷生活的重要因素,并将影响与战争、婚姻、建筑和宗教相关的决定。这一切使王朝史的叙事变得过于庞杂和琐碎。我们可以尝试理解皇帝查理五世(Charles V),可以尝试理解他的性格、他的目标、他的信仰和他的兴趣。但我们怎么可能了解他身边几乎不露面的亲属、他的主要贵族,以及他与家族成员和其他人物之间不断变化的关系对他的影响呢?这实在是太困难了,发生了太多的事。任何一本以查理五世的统治为主题的著作,如果要做到言之成理、前后连贯,都需要数千页的篇幅,这样才能使读者稍微感受到他复杂、精彩的统治。它需要不止一章的篇幅,才能让读者理解为什么人们会不停地比较他和他的祖父——极端狡猾又魅力十足的马克西米连一世。没有人这样写书,也没有人会出版或阅读这样的书,因此我们只能专注于统治者本人,以及他的身边生或不生孩子的配偶,还有隐于暗处的兄弟、叔叔和母亲(他们在日常生活中可能发挥着巨大的影响力,也可能没有,毕竟他们和统治者的对话不会被记录下来),更不用说各路贵族、聆听忏悔的神父、教师和到访的王室成员了,他们可能在不同时期对塑造真正的欧洲历史做出了巨大的贡献(也可能没有),而那个碰巧坐在王位上的目光呆滞或沉迷打猎的白痴却茫然不知发生了什么。

当然,即使只关注皇室,德意志的历史也仍然十分有趣,这是因为韦廷家族、霍亨索伦家族、维特尔斯巴赫家族和哈布斯堡家族之间的关系错综复杂，四大家族相互联姻、相互竞争、相互联系，有的崛起，有的衰落，有人战死沙场，有人发疯，有人一事无成。只关心有启发性但枯燥乏味的法国史和英国史的人，绝对体会不到这种乐趣。英国王室的历史虽然同样疯狂，但不够精彩，近千年来只有四位（也可能是五位）被谋杀的国王，王位继承顺序明确，而且三个半世纪以来没有发生真正严重的内部冲突。这怎么能与萨克森韦廷家族令人瞠目结舌的大起大落相比呢？

德意志的皇室历史与英国的王室历史截然不同。就英国而言，可能自1702年威廉三世去世后，君主就无足轻重了，真正的权力掌握在议会和一个由军人、商人组成的网络手中。德意志的情况则不同。即使是小领主，也可以在自己的领地随心所欲。有的人创造了辉煌的宫廷文化，为欧洲文化增色不少。另一些领主拥有庞大的领地，指挥着强大的军队，决定着数百万人的命运。由于这种极端多样性，想全面了解领主的情况是不可能的，更何况人们普遍对这些领主的亲戚和重要官员一无所知。随便从德国历史上挑出一个月，人们都可以看到一系列让人难以置信的统治者：一个年轻时因为打败仗而名誉扫地的军人，40年后仍然维持着其风雨飘摇的统治；一位虔诚的大主教，沉迷于设计自己精致的陵墓；一个病恹恹的男孩（他的摄政希望他早日离世）认为自己能守住王位，结果事与愿违；一个半疯的守财奴，痴迷于炼金术，房间里堆满了多年未拆的信件。

这种极端的多样性是德意志最主要的历史特征，也是使其历史如此特殊的原因，即便它后来被拿破仑和俾斯麦逐渐改变了。在德意志历史上的每个关键时刻，这种多样性都会显现。面对下一个挑

第四章

战,每个统治者会如何应对?他有坚定的决心吗?会不会因为有坚定的决心而缺乏计划?对谁有坚定的决心?统治者会不会因为太老或太年轻,或者因为太疯而无法抓住机会?统治者会不会因为在圣地而思虑不周,或者是不是正与塞尔柱突厥人作战而无法及时赶回领地?他应该效忠将宫殿修建在河流上游或旁边的山谷的邻居,还是维也纳的皇帝,抑或是皇帝的兄弟维尔茨堡大主教?这些需要不断思考的问题意味着,德意志历史上所有大动荡(从中世纪早期真正意义上的德意志的出现开始,直到柏林墙的倒塌,甚至可能持续到未来)都是极其被动的,它的发展是难以预测的。没有像伦敦或巴黎那样能够做出决定的政治中心,既导致了混乱,也为巨大的创造力和多样性留下了空间。

有的时候,情况会变得非常极端。例如,由于士瓦本统治家族的不断分裂,那里的几乎每座山都有自己的主人,人们可以把士瓦本想象成一个封建版的豪尔赫·路易斯·博尔赫斯(Jorge Luis Borges)的无限图书馆。在一个拥有数百名统治者的世界,在任何特定的时间,他们都可能会(或者说必定会)做出各式各样的行为。一个留着灰白色大胡子的统治者可能在恸哭的家人和侍从的环绕下离开人世,一个无聊的人可能在不耐烦地朝着舞厅里的石膏雕像开枪,另一个人可能正向马童提出不恰当的要求,还有一个人可能在讲述与奥斯曼人作战的逸事,其他人或许在发呆,或者准备战斗,或者打算皈依加尔文宗,或者只是想要一个大一点的宫殿,诸如此类。这种令人眼花缭乱的多样性使参观数百座城堡中的任何一座都成为一项令人畏惧的挑战,因为导游会不厌其烦地讲述一件件琐事。例如，年轻的公爵夫人如何因为与听她忏悔的神父发生肉体关系而被关进高塔，施特雷利茨-诺蒂比茨的继承权如何因此意外地落到了一个住在利沃尼亚的表亲手里，他在前去继承爵位的路上在罗滕堡附近的一个小旅馆里死于瘟疫，这个寡妇古怪的侄女因此获得了继承权，而她早就住进了班贝格城外的一座修道院。故事很精彩，但我们还是就此打住。

泛滥的民族服饰

中世纪晚期的德意志似乎比中世纪早期的德意志更符合中世纪的特征。这当然是一种假象，因为几乎所有建筑都经过了重建，每座城市都经历了多次剧变，不过一些地方仍然有15世纪的影子。而更早的遗迹（大教堂、修道院、宫殿遗址）与恐龙的骨头或从外太空坠落的天体并无本质区别，它们被滥用、改造、破坏或添加装饰，完全脱离了建造时的社会和政治背景，显得陌生、与周边格格不入。虽然从15世纪到现在，德国发生了许多场战争、瘟疫和火灾，但我们现在明显可以看出15世纪的人对城市充满自豪，知道建筑物应该是什么样子（比如，什么样的建筑适合集市广场），并且创造了理想的城市生活，许多人在经历了后来的灾难以后，向往回归这样的生活。

施瓦本哈尔（这座城市的正式名称是哈尔，但在20世纪30年代，根据当地人的习惯，又加上了"施瓦本"）是这种中世纪想象

第四章

的一个完美例子。这是一座非常成功和繁荣的中世纪城市,为皇帝铸币、制盐。在被拿破仑并入符腾堡公国之前,它一直以帝国自由城市的地位保持着独立。施瓦本哈尔坐落在一条小河旁的陡峭高地上,建筑以高大的木结构房屋为主。你不可能不被这里令人愉悦的一切吸引,这里有带顶棚的小桥、在城中央捕鱼的苍鹭、防御用的城墙、明亮的色彩和美丽的教堂。施瓦本哈尔甚至有一个令人惊讶的与众不同之处,它是德国唯一一位没有手臂而用脚作画的肖像画家的故乡。但在魅力的背后,这是一座曾经被大火严重破坏的城市,在三十年战争期间遭到瑞典军队的掠夺而破产,在很长一段时间里只有残垣断壁。这座城市经历了很多之后,才发展成现在这个样子。同其他美丽、整洁的德国小城市一样,它附近有一个集中营和一个生产梅塞施米特式飞机的工厂。如今,它的魅力来自源源不断流入一家抵押贷款公司总部的现金,这家公司的总部小心翼翼地藏在河边,远离人们的视野。

对于我来说,这些城市具有一种不可抗拒的吸引力,而且由于中世纪晚期德意志城市的多样性与繁荣,它们遍布各地。无论政治上多么混乱,从不列颠群岛到土耳其,从非洲到俄罗斯的主要贸易路线都要经过德意志的城市,都要用到它们的旅馆、市场和专业化。这些贸易路线就像一条慢速运转的传送带,跨越山口,穿过河谷,绕过森林,而城市则为其城墙内的大批马夫、搬运工和商人提供了安全和贸易机会。一些城市由于时运不济,断绝了与外界的商贸往来,从此停滞不前,于是城市的面貌原封不动地保存了下来。不过,还有一些城市将某个时期的市容市貌视为理想模式,因此保留了当时的城墙、大门、市场、市政广场和大教堂。18世纪，这些城市建造了一些革命性的、华丽的、古典主义风格的新建筑，但老建筑基本没有受到影响。这样的城市很多，包括马尔堡、弗赖贝格、施瓦本哈尔、希尔德斯海姆、施瓦本格明德、魏克尔斯海姆、戈斯拉尔……这份名单可以无限扩充。

这些城市的美妙之处在于，我们可以在脑海中想象自己是它们的居民。从15世纪开始，就有以这些城市居民为主题的雕像、素描或油画。通过艺术家的作品，欧洲北部突然变得鲜活起来。由于新的品位和技术，这些艺术作品超越了其创作者的初衷，为那些经过市场或在教堂做礼拜的人树立了一座永恒的纪念碑。这最初是通过雕像实现的，大型耶稣受难像突然大量出现（这是德国的一个显著特色）。值得庆幸的是，中世纪的木雕师和雕塑家，并不关心耶稣和他的朋友们在1世纪初炎热的、尘土飞扬的圣地究竟穿什么。这股雕刻热潮在1500年前后转变为同主题的宗教绘画的大爆发。如今，游客在参观各地博物馆时肯定会注意到，几乎每个小教区的教堂似乎都在1505年左右购置了一幅新的祭坛背壁装饰画，这意味着当时存在着由擅长调肤色的画师、好囚犯和坏囚犯（他们和耶稣同时被钉在十字架上）的狂热爱好者、对各各他（耶稣被钉死在十字架上的地方）了如指掌的专家组成的工坊。由于这些耶稣受难像不是为了还原《圣经》的场景，而是为创作者和观赏者所处的社会创作的，就像当时以宗教为主题的绘画、节日和戏剧一样，因此它们意外地充满了让今天的我们喜爱的内容。在耶稣受难的关键时刻，士兵们被要求看守耶稣，嘲笑他，瓜分他的衣服，在他的坟墓

第四章

前打瞌睡。正因如此，我们今天才有机会看到中世纪后期形形色色的士兵，他们的装备乱七八糟，有在科幻小说中才会出现的头盔，有锁子甲，有带内衬的无袖短外套，有镶钉胸甲，而手里拿的武器仍然是剑、弩和弓箭。这种金属、皮革的大杂烩和一张张粗糙的面孔，连同加固的城门、宵禁、警钟和垛口，曾经是上千座城市的城墙的标准配置。同样值得庆幸的是，耶稣也需要同上流社会形形色色的人打交道，商人、法官和旁观者都像琥珀中的昆虫一样被保存在这些艺术作品中，包括他们浮夸的帽子、华丽的斗篷、装饰性的皮带和扣子，以及五颜六色的奇怪的紧身衣。

在从范艾克到丢勒的作品中，人们可以清楚地从背景中看到城市景观，这是一个由气势恢宏的塔楼和教堂尖顶、石桥或木桥，以及气派的商人宅邸组成的世界。在纳博科夫的小说《黑暗中的笑声》里，一个百万富翁想把老彼得·勃鲁盖尔的画作《尼德兰箴言》拍成一部动画片，使整座城市和所有居民继续他们被定格的活动——松开鳗鱼的尾巴，或者继续用弩射屋顶的煎饼（我不想弄清这句佛兰德斯谚语的含义）。当然，这种想法既疯狂又无意义，但在施瓦本哈尔或马尔堡神秘的上城闲逛，看着歪歪扭扭的老房子时，你的脑海中总会浮现出这个想法。在这里，一切都如此完整、生动、真实，让人觉得昔日的世界就在眼前。

作为一个想象游戏，这个时代是美丽的；但作为现实生活，它当然是一场灾难。许多现代德国人无论什么时候都喜欢穿历史服装，施瓦本哈尔在这方面表现得尤为突出。全国有无数的节日，可以让人们穿上奇怪的服装，像他们的祖先一样，演奏已经失传的乐器，通过白费力气的方式制盐，或者不厌其烦地向人们推销已经没有人吃的食物。如果这类活动只局限在一定范围内（比如，施瓦本哈尔居民模仿 16 世纪的生活时：当地与外界完全隔绝，设置路障，派警用直升机巡逻，单纯把这当作一种封闭的游戏），那它们可能还是令人愉快的。但是，这样做的目的当然是吸引游客。因此，奇怪的地方在于，施瓦本哈尔被身穿汤美费格牌休闲装、举着数码摄像机的人群淹没，而偶尔出现的身穿中世纪罩衫、卖可怕馅饼的人，或者戴着铁手套的"猎鹰人"则似乎完全迷失在人群中。

不过，即便是在最糟糕的情况下，这种怀旧的节日活动也是无害的，甚至可能让人觉得伤感。传统服饰早已洗清了纳粹色彩，人们之所以迷恋穿传统服饰，是因为它代表了一个没有现代那些恐怖事件的朴素时代。施瓦本哈尔博物馆有一幅非常奇怪的画，画的是 1871 年的一个晚上，该城全体居民聚集在尚未遭到破坏的集市广场，欢呼德意志帝国的建立，以及该市被并入帝国。这幅画的色调很暗，但后面的一盏灯照亮了旗帜、灯具和烟花。这幅画传达的信息非常明确：在这座具有强烈爱国主义精神的小城里，这个见证过许多伟大事件的集市广场，此时正见证着历史翻开新的篇章。博物馆也有 20 世纪 30 年代的广场照片，巨大的纳粹旗在相同的窗户前和相同的旗杆上飘扬，装饰着旅馆和教堂。20 世纪 40 年代，施瓦本哈尔人在欧洲各地犯下了可怕的暴行，而这些人和他们的后代仍然生活在那里。因此，执着于一个更光明、更多彩、更有希望的过去或许是一件好事。

第四章

帝国行政圈

在从意大利北部一直到荷兰海岸的运输路线上,这些极有活力但脆弱的小城市是重要的中转站。通过这条路线,人们用二轮运货车、挂篮、驳船和人背马驮的方式运输货物,同时传播思想。这是一个繁荣的世界,治安良好,戒备森严,除了偶尔发生的灾难,旅人基本无须担心自身的安全。大多数人基本不出远门,货物辗转多人之手,其价值随着每次交易而增加。当然,最重要的赚钱方式是撇开几十个中间商,自己冒险把它们运到更远的地方。从安特卫普或纽伦堡的大商人到无数小人物,不同的人通过这种长短途相结合的运输方式获得的财富差别很大。通过丢勒的一些画作,人们可以身临其境地感受这个世界,那里有水草地,有陡峭的城墙,有兼具瞭望塔功能的教堂塔楼,有弯弯曲曲的街道和瓦屋顶。如今,人们仍然可以在班贝格和奎德林堡的部分地区,或明斯特和法兰克福一些重建的区域看见类似的景象。

15世纪,由于皇帝〔尤其是西吉斯孟(Sigismund)和他的继任者、长期在位的弗里德里希三世〕的惰政,帝国几乎陷入混乱,只能退回自己核心的、世袭的领地。这导致了15世纪后期名为"帝国行政圈"的行政体系的出现。帝国行政圈由公国和较小的邦国组成,内部既要相互合作,彼此保护,又要在皇帝面前代表其整体的利益。该行政体系是由马克西米连一世在沃尔姆斯会议上提出的，细节花了很多年才确定下来，并建立了看似合理的帝国司法体系（包括设在韦茨拉尔的帝国枢密法院和设在维也纳的帝国宫廷法院。不幸的是，双方的管辖权有冲突）。帝国行政圈体系有点像神圣罗马帝国的咨询会议，并为帝国奠定了重要的税收基础。而帝国正是从此时开始，变成了人们熟悉的那个神圣罗马帝国。

在雷根斯堡的老市政厅（帝国议会曾在这里开会），人们仍然多少可以感受到当年的氛围。在很长一段时间里，帝国议会并不是在一个固定地点举行的，沃尔姆斯、纽伦堡或任何被认为合适的地方都可以成为会场。直到 17 世纪末，帝国议会才固定在雷根斯堡举行，随后一直持续到神圣罗马帝国解体。在雷根斯堡闲逛是一件有意思的事，这里虽然多少显得过时，却不乏妥协和尊重的精神。这个小而精致的房间的天花板是木质的，上面有帝国之鹰标志，地下有一间昏暗的刑讯室，里面放着肢刑架和各种刑具，非常符合人们对中世纪的想象（这些可能是某个反对天主教的赞助人有意布置的，刑讯室角落里的支架上有一个小十字架，这像是在讽刺传教士典型的伪善行为）。即便没有这些令人满意的摆设（尤其令人惊讶的是，雷根斯堡其实是一个天主教氛围非常浓厚的地方），老市政厅仍然是一个有尊严、有趣的地方。坐在那里思考时，人们不免会觉得，神圣罗马帝国承受了太多的恶意。无论如何，它以其成熟的形式存在了大约 300 年，而在此之前，它以各种变异的形式存在了许多个世纪。德意志民族主义者当然会憎恨它，因为他们认为神圣罗马帝国只是一个多民族的拼盘，但这是典型的以偏概全。它当然

第四章

是一个因循守旧、官僚主义盛行的地方（卡夫卡的《审判》和《城堡》深刻地探讨了这个问题，这两部作品反映的不仅仅是 20 世纪的事，而是根植于历史深处）。韦茨拉尔的一些官司打了几个世纪才等来最后的判决，有的人一辈子都没有出庭作证的机会。但在拿破仑到来之前，神圣罗马帝国挺过了最极端的生存考验（不仅是宗教改革和三十年战争，还有一系列惊人的战斗和联盟的不断变化等），没有人认为它将灭亡。

帝国行政圈虽然限制了个别成员的主权（甚至像萨克森或由大主教统治的科隆这样的重要邦国也不例外），但也保护了数以百计的小邦国、半独立的修道院和城堡。在许多方面，这正是神圣罗马帝国存在的积极意义。宗教改革以后，不管是否情愿，不同的宗教观点还是得到了容忍，这正是因为经过了无数次大大小小的战争以后，多样性成为帝国的一个重要特征。例如，一个重要的帝国行政圈是包括尼德兰（北部和南部）在内的勃艮第行政圈，最终促成荷兰和比利时独立的民族主义思想便诞生于此。但是，这套行政体系或许阻碍了民族主义在德意志的形成，尤其是相较于充满活力的英国和法国（不过在 18 世纪末之前，似乎没有人有这种想法）。做德意志人的一个乐趣，想必是看着哈布斯堡皇帝屡次试图将自己的权威强加给帝国，但每每以失败告终，且总会招致意想不到的结果，而条顿骑士团治下的梅尔根特海姆地区或奥廷根-奥廷根郡的幸福居民仍然过着原先的快乐生活。这样的制度可能会激怒伦敦或巴黎的中央集权主义者，但从后来德国的发展看，它在今天又恢复了魅力。

哈布斯堡家族

我清楚地记得我的 16 岁生日，我和一个德国同学的生日恰巧在同一个周末。在聊到生日当天做了什么时，我冒失地先开了口，说我在家和父母、妹妹们一起过的，我们叫了中餐外卖，我还收到了美国二重唱组合西蒙和加芬克尔（Simon & Garfunkel）的精选专辑唱片，这一切让我激动不已（"简直太棒了！"）。那个德国朋友只是淡淡地说，他是和妈妈的一个朋友一起过的，还得到了一辆摩托车。我仍能记得听到这句话时感受到的震惊，不过这倒未必是我如此痴迷德国历史的原因。

同样令我记忆犹新的是前文提到的阿尔萨斯之旅，以及它对我的影响，不过这也不是我痴迷德国历史的全部原因。归根结底，对于我来说，痴迷德国是一项替代活动。20 多岁时，我搬到了纽约。我虽然很喜欢那里，但并没有全身心拥抱美国文化，反而走上了另一条路。我学习德语（或者说试图学习德语），大量阅读德国文学作品，写关于德国的文章。我的圣经是克劳迪欧·马格里斯（Claudio Magris）的《多瑙河之旅》（Danube），这是他写的一系列关于多瑙河的文章的合集，从阿尔卑斯山的一块湿地一直写到保加利亚的三角洲。这勾起了我对奥匈帝国的兴趣，尤其是第一次世界大战期间及其后的沉重灾难，它毁掉了一个多民族世界，在某种程度上也毁掉了斯蒂芬·茨威格、格雷戈尔·冯·雷佐里（Gregor

第四章

von Rezzori)、约瑟夫·罗特、阿图尔·施尼茨勒（Arthur Schnitzler）、罗伯特·穆齐尔（Robert Musil）和弗朗茨·卡夫卡。雷佐里的《昔年的雪》（*Snows of Yesteryear*）给我留下了特别深刻的印象。这本书虽然有一个庸俗的书名（德文原名是《雪中花》），却是一本好书。雷佐里写了一系列小故事，讲述了他在布科维纳北部及其首府切尔诺维茨（位于今天乌克兰的最西部）的生活。那里生活着德意志人、犹太人、加利西亚波兰人、罗姆人、乌克兰人和罗马尼亚人，几乎是哈布斯堡多样性的翻版。雷佐里生动地描述了20世纪20年代的切尔诺维茨，当时它刚刚并入罗马尼亚［改名为"切尔诺夫策"（Cernăuți）］，民族多样性开始受到威胁。第二次世界大战期间，这里的绝大多数人要么死于非命，要么遭到驱逐，在一系列骇人听闻的悲剧之后，只剩下乌克兰人。在《昔年的雪》结尾处，雷佐里故地重游（不过这座城市名字的写法已经改为 Chernivtsi），在城中漫步，但几乎认不出它了。

说这些，其实是在拐弯抹角地说，我对德国事物的兴趣与其说源自德国，倒不如说源自奥地利，或者更确切地说，源自哈布斯堡。哈布斯堡家族的臣民总是远多于德意志人，因为他们的领地大到离谱，远不止德意志。而且正是由于我对哈布斯堡的兴趣，以及对他们消失后发生的事情的厌恶（曾经被他们相当成功地压抑的各种民族主义，在20世纪90年代将彼此撕成碎片），德意志才进入我的视野。在德意志历史的大部分时间里，真正重要的事情通常首先发生在维也纳，随后才是德意志大部分地区，而且这种模式（以越来越糟糕的方式）一直延续到20世纪。

因此，对于我来说，哈布斯堡就是一切。不过总体而言，哈布斯堡统治者的人格相当令人失望，尤其是在他们漫长统治期的最后几个世纪，即使是像利奥波德一世（Leopold I）这样好战的皇帝也没有留下值得一提的遗产。他们一心一意扮演着自己的角色，践行一种阴郁而狂热、无法让人感到愉悦的宗教信仰。

但早期的哈布斯堡家族抓住了所有的机会。他们的圣地是今天奥地利蒂罗尔州的因斯布鲁克市，从许多方面看，这是一座沉闷、务实的大城市，拥有所有山城都有的破败气息，年复一年遭受冰、风、盐的缓慢侵蚀。整体而言，它确实无法让人感到愉悦。但是那里发生过两件令人感动的事，足以将所有的阴郁一扫而空。

1519年，皇帝马克西米连一世去世了。他度过了漫长而显赫的一生，四处征战，生儿育女，纵情宴饮，为孩子安排婚事。他的统治就像一场旷日持久的国际扑克游戏，凭借着好运气和技巧，他最终将一切收入囊中。不仅如此，由于长寿，他甚至有时间为孙子们规划未来，而且有幸目睹了欧洲新一轮政治大戏的上演，这将是一部剧情跌宕起伏的王朝肥皂剧。遗憾的是，马克西米连一世在剧情充分展开之前就去世了。他的儿子"美男子"腓力（Philip the Handsome）与卡斯蒂利亚的"疯女"胡安娜（Joanna the Mad）的婚姻将让整个欧洲震惊，他们的两个儿子后来继承了帝位，四个女儿成为皇后。马克西米连一世为哈布斯堡家族取得了西班牙、新大陆、低地国家、弗朗什-孔泰、匈牙利、波希米亚、今天奥地利的大部分地区、今天意大利的部分地区和分散在今天德国各地的主要领地。他唯一失去的是瑞士，在1499年的多尔纳赫战役后，瑞

第四章

士走了一条自己的发展道路，不过这超出了本书的范围。

马克西米连一世很有生活情趣，这令人神往，不过可能并不是事实。他知道许多，做了许多，四处旅行，对从阿尔卑斯山另一侧渗透过来的文艺复兴艺术很感兴趣，喜欢听人文主义者的奉承，犹豫应该称自己是埃涅阿斯（Aeneas）的后代还是挪亚（Noah）的后代，还让丢勒为自己画像。在生命的最后几年里，他热衷于设计自己的陵墓，他将被葬在因斯布鲁克。他很清楚自己的伟大成就，希望让自己的陵墓变成一座伟大的纪念碑，希望它能永存。他向不同的人文学者和艺术家征求意见后，想出了一个方案。他的陵墓最终被放置在宫廷教堂（教堂由他的继承人建造）中央，上面有他的跪像。这本来已经足以给人们留下深刻印象，但更气派的是周围28座巨大的青铜立像，这些立像既有真实的前辈、同时代人，也有传说中的祖先。制作雕像时，有些原型还活着，马克西米连一世当时也健在，而且亲自监督了一些雕像的制作，确认了最后的成果。这些雕像高两米多，质地（衣服、肉和盔甲皆由青铜雕刻而成）和高大的体型使它们令人震撼，照片无法传神地表达这种感觉。皇帝的大部分计划并未实现，尤其是他最终被埋在了其他地方，这是一个重大挫折。但其中的一些雕像堪称德国历史上最伟大的艺术品。亚瑟王和国王西奥多里克（Theodoric）的雕像是由老彼得·菲舍尔（Peter Vischer）在纽伦堡制作的（可能是根据丢勒的设计图），是难以被超越的杰作。19世纪，德国人试图重拾这种哥特式文艺复兴精神，制作了成千上万的雕像，但都失败了，它们在这两尊铜像面前黯然失色。还有一些雕像只是对当时的服饰和发型的优雅记录。一位葡萄牙老国王（幸运地）没有让后人看到他的外貌。他全副武装，戴着覆面式头盔，像是一个文艺复兴时期的机器人。还有一些引人发笑的荒诞事，比如，鲁道夫一世（Rudolph Ⅰ）铜像的下体因为过于突出，经过几个世纪无数人的触碰，变得发亮。另一个值得一提的人物是衣着华丽的波兰公主马佐夫舍的辛芭卡（Zimburgis，马克西米连一世的祖母）。她非常强壮，可以徒手拉直马蹄铁，能从墙上拔出钉子。

因斯布鲁克另一个激动人心的景点是阿姆布拉斯宫，这是马克西米连一世的曾孙斐迪南二世（Ferdinand Ⅱ）大公（后来成为神圣罗马帝国皇帝）的家，斐迪南二世从那里统治着蒂罗尔和上奥地利（从英国人的角度看，实际上是下奥地利，是黑森林周围分散的领土的统称）。斐迪南二世的一生非常圆满。他与奥斯曼人作战，统治着波希米亚，非法秘密地娶了一个银行家的女儿（她拥有惊人的美貌），并收集了大量盔甲、武器、绘画和奇珍异宝，其中不少仍然在当初为存放它们而建的房间里。他的侄子、神圣罗马帝国皇帝鲁道夫二世（Rudolph Ⅱ）同样有收藏癖，是他最大的竞争对手。1595年，斐迪南二世去世后，他的一些收藏品被转移到鲁道夫二世阴森的布拉格城堡（在三十年战争期间，这些藏品又遭瑞典士兵掠夺）。不过，留下来的藏品足以使人强烈地感受到，斐迪南二世是一个文雅的、不安分的行动派。武器和盔甲到处都是，其中不乏像匈牙利国王拉约什二世（Lajos Ⅱ）的盔甲这样的名品，拉约什二世和四分之三的匈牙利贵族在1526年的摩哈赤战役中被奥斯曼人消灭。大多数盔甲索然无味，但这副属于大名鼎鼎的拉约什

第四章

二世的盔甲能成为斐迪南二世的藏品，这从一个侧面反映了家族、暴力、运气和继承在 16 世纪哈布斯堡家族成员的生活中所起的重要作用。

斐迪南二世与奥斯曼人作战的高光时刻，发生在摩哈赤战役大约 30 年后，他成功保卫了匈牙利西部最后的基督教地区。在他的一生中，奥斯曼人继续向西推进的阴影挥之不去（阿姆布拉斯宫的墙上挂着奥斯曼人的箭筒、弓和盾牌等战利品）。每个作战季节都可能有毁灭性的惨败、顽强不屈的坚守和可怕的意外事件，这些是斐迪南二世和客人们永恒的话题。正当斐迪南二世在阿姆布拉斯宫建造巨大的"西班牙厅"时，勒班陀战役得胜的消息传来，基督教军队终于成功地给予奥斯曼帝国海军以沉重打击。在阿姆布拉斯宫，为纪念这场大捷，人们绘制了这场战役中重要指挥官的大幅画像（很有低俗小报的味道），这些画像以及它们营造的氛围足以让游客感受到，这些事件与个人的切身利益紧密相连，而不仅仅是历史事件。

除了哈布斯堡家族成员的画像（有些令人惊叹，有些则平平无奇），阿姆布拉斯宫还因斐迪南二世痴迷稀奇古怪的东西而闻名。那里收藏了加那利群岛一个浑身长满长毛的家族的画像（一个小女孩穿戴如贵族少女一般，长相却像猴子）、一个穿着盔甲的巨人卫兵的木制玩偶、一个被长枪贯穿头部但未死的匈牙利贵族的画像〔长枪从他的后脑勺插入，从眼睛出来，这幅可怕的画让人胆战心惊，仿佛画师在 350 年前就预见了奥托·迪克斯（Otto Dix）的画风一样〕。还有一幅画，画的是在巴伐利亚的威廉五世（William V）

和洛林的雷娜塔（Renata）的婚礼上，一个侏儒从一个大馅饼里跳了出来，这很好地体现了那个时期相当乏味的幽默感（估计这个把戏在文艺复兴时期其他几十个更小的宫廷里也上演过，表演者一定经常沮丧地擦掉肩上的糕点屑）。这类收藏品不胜枚举，比如，一个用珊瑚和贝壳制成的十字架、另一个用老树根制成的十字架、凹面镜、印度匕首、一件1580年左右的奥斯曼长袍（看上去像1970年左右的风格）、一个好玩的椴木骷髅。几乎没有一件藏品称得上"美丽"，但它们足够怪异，反而更吸引人。斐迪南二世和鲁道夫二世凭借惊人的财富和无限的好奇心，为16世纪到18世纪的科学革命奠定了重要基础。他们的心态可能多少类似于在游乐场观看杂耍表演，但阿姆布拉斯宫的藏品与天文学、炼金术和某个奇怪的医学分支有密切关系，这让人们强烈地感受到，那是一个危机四伏、思想活跃、人心躁动的时代，人们对可能降临在自己头上的机遇感到兴奋。后来的哈布斯堡家族的事迹常常让人昏昏欲睡，但至少在因斯布鲁克，人们还会想起他们为什么如此强大，又如此招人嫉恨。

第五章

这幅画完成于16世纪20年代早期,图中马丁·路德被描绘为土耳其人、狂热者、野人等等,暗指他是《圣经·启示录》中的七头怪物。(akg-images)

尖顶、角楼和塔楼

　　帝国自由城市是德国真正的英雄。它们在中世纪的不同时期或是成功摆脱了当地诸侯的控制，或是由皇帝亲自建立，此后凭借极佳的运气和人们的聪明才智，一直维持着半独立城邦的地位。它们分散在神圣罗马帝国各地，只听命于绝大多数时间远在天边且无暇顾及它们的皇帝，更重视商业利益，比受到重重制约的教会或世俗邻居拥有更轻松的氛围和更浓厚的商业气息。

　　这些城市之所以如此迷人，既是因为它们像一个个城市模型（有城市广场、市政厅、高档商店、水花四溅的喷泉），具有亲切感，也是因为它们似乎更加理智和理性。当然，在现实中，它们可能经常是容不下异见、令人窒息的地方，有着严格的等级制度，但德国许多有价值的东西都来自帝国自由城市，这说明它们一定做对了什么。

　　这些城市是无法一概而论的。有些甚至算不上城市，只是一片飞地，刚好足以抵御邻居的进攻。还有一些虽然是城市，但规模不大，比如雷根斯堡，它在地图上只是一个不起眼的小点（不过，在1140年左右，雷根斯堡人建造了当时唯一一座横跨多瑙河的大桥，长约数千米。这为他们开辟了财源，使他们变得富有，商人们纷纷建起造型怪异的多层住宅）。乌尔姆和斯特拉斯堡也是小城，分别坐落于多瑙河畔和莱茵河畔，控制着流经它们的河段（不管经过多少次重建，乌尔姆的多瑙河防御工事和受保护的渔村，都仍然彰显着这座城市自主的、令人畏惧的地位）。

还有一些城市拥有庞大的领地。例如，纽伦堡和汉堡除了核心区域，四周还有分散、孤立的领地（其中一些相当重要）。这些城市的自治权时常受到威胁。无论拥有多少武器，建造多少塔楼，它们只有持续发挥本地区经济枢纽的功能才能维持繁荣，因此都需要与周边势力打交道。即使在城市内部，也有各种各样的例外情况和怪事，修道院或大教堂分会可以在城市内部拥有大片土地，皇帝和帝国官员也享有各种权利（最著名的例子是法兰克福的皇帝选举和雷根斯堡的帝国议会）。有时，其他地区的贵族在这些城市拥有极大的权力。纽伦堡在中世纪晚期深受霍亨索伦家族的威胁，因为该家族在市中心拥有一座古老的城堡。纽伦堡市民和霍亨索伦家族竞相建造防御工事，新增了不少坚固的平台、城墙和城垛，以防对方大举来袭。最终，霍亨索伦家族失败了，他们的城堡大部分在15世纪被拆除，不过这给纽伦堡留下了一座奇特的（当然也是令人惊叹的）石建筑，可以从山顶俯瞰这座城市。

科隆曾是科隆大主教领地内的主要城市，科隆大主教是神圣罗马帝国内部最为重要的选帝侯之一，也是中世纪北欧基督教世界的主要领导者之一。然而在1288年，科隆大主教在一场错综复杂的领土争端中站错了队，在战斗中不幸被俘，随后被永远驱逐出了科

第五章

隆。从那时起，科隆便正式成为帝国自由城市，在随后的数个世纪中，科隆大主教被迫移居波恩，对此局势恨得咬牙切齿却又无可奈何。

帝国自由城市之所以如此引人注目，是因为它们虽然不是真正独立的，却有一种公民的自豪感，这种自豪感体现在奢华的装饰品、壮观的市政厅、大量的赞助，以及通过与其他帝国自由城市的竞争来推动帝国的文化发展等方面。当然，诸侯、国王、大主教和帝国宫廷同样为文化发展做出了不小的贡献，但在柏林崛起之前，帝国自由城市的建筑物、金饰、美丽的喷泉，以及吸引人的尖顶、角楼和塔楼的密度着实惊人。

从许多方面看，纽伦堡是最悲惨的例子。它当然将因纳粹集会、迫害犹太人的法律和战争罪审判被人铭记。但第一次去纽伦堡时，我记得我惊呆了，因为我事先并不知道这座伟大的城市竟如此美丽。这座城市曾经和意大利名城锡耶纳一样，是欧洲文化的杰出代表和重镇，现在却成了一个说明 20 世纪大多数德国人如何变得麻木不仁的绝佳例子。在德国人看来，这座城市代表着德意志传统文化的精髓，是一座完美的、真正的德国城市（这也是它深受纳粹党人喜爱的原因之一）。虽然纽伦堡的图案被印在无数的德国茶巾、廉价印刷品、啤酒杯和桌垫上，但英国人和美国人根本不知道上面印的是它。然而，这里是丢勒的故乡，它是一座以绘制地图、制作雕像、打造金器和盔甲而闻名的城市（在文艺复兴时期，这里可能是世界上最有趣、最吸引人的地方之一，而且无论如何改造，都仍然保留着大量城墙、堡垒、塔楼、小巷和巨大的公共喷泉等）。正如事先预料的一样，参观丢勒故居是一次令人沮丧的经历（"这里可能是他的厨房，也可能不是"），但分散在城市各处的商人住宅（它们曾被轰炸过）有不少美丽的浮雕、饰品、大橡木桌子和其他有价值、好玩的东西。在纽伦堡的所有物品中，我最喜欢的是世界上现存的第一个地球仪——"地球苹果"，这是由见多识广的纽伦堡冒险家马丁·贝海姆（Martin Behaim）在1492年制作的。由于年代久远和修复不力，"地球苹果"仍然神奇地保留了一个前哥伦布时代的世界，大西洋上仍然到处是像圣布朗当岛和安蒂利亚岛这样的中世纪人凭空想象的岛屿，愤怒的航海家在此后的几年里陆续将这些岛屿清除出海图。在这个世界，桑给巴尔岛和马达加斯加岛的面积相同，（最重要的是）从葡萄牙的亚速尔群岛向西航行，可以轻而易举地抵达西潘戈（Cipangu——"日本"的音译）。皇帝马克西米连一世赞助了一次前往日本和中国的航行，贝海姆参与了这次计划。根据现存的一封写于1493年夏天的信，马克西米连一世曾向葡萄牙国王推荐贝海姆等人参加这次航行。但在四个月前，哥伦布已经返回西班牙（出航前，他同样认为前往亚洲并不困难），他的航行彻底改变了人类历史发展进程，并使"地球苹果"和它所代表的世界观被永远丢弃在角落。真正神奇的是，这个地球仪完美融合了纽伦堡的专长（金属加工、制图、绘画、获取信息的能力）、野心（南极有醒目的城市标志，而且这个地球仪显然是纽伦堡维持与马克西米连一世关系的一个要素）和最终的失败（恰好制作于中世纪结束、新的大西洋贸易世界开启时，纽伦堡将被时代淘汰）。

第五章

几乎同样神奇的是，陈列在圣塞巴都教堂（这座教堂是中欧最复杂、最美丽、最迷人的教堂之一）的青铜圣骨盒，它的大小与一辆小汽车相近，装饰着圣人、花、龙和男孩的雕像，它们由一些巨大的青铜蜗牛驮着——象征着人类与上帝相遇的缓慢旅程。这个圣骨盒出自彼得·菲舍尔之手，他还为自己创作了一个身穿工作服、形象和蔼的雕像。纽伦堡的宗教改革非常温和，这个圣骨盒因此得以幸免于难，没有像其他许多圣骨盒一样被砸碎或熔化。

不过，最精彩的还要数纽伦堡日耳曼国家博物馆。这座博物馆始建于19世纪，有一些规模惊人的大厅，按类别展示了德国文化生活的方方面面（展品包括一排排双簧管、与圣徒有关系的物品、高脚杯、蒂罗尔面具）。这座博物馆的展品数量庞大，包罗万象，这反而令人厌烦，因为人们失去了发现其中美好事物的乐趣。直到现在还让我记忆犹新的是俾斯麦捐赠的一扇仿制的中世纪彩色玻璃窗，以及放置在展厅一隅的身穿全套板甲的俾斯麦雕像，这两件藏品都是对纽伦堡拥有悠久历史的专门技术的致敬，同时也证明了19世纪的德意志人对中世纪病态的过度认同。

帝国自由城市的专业化水平越来越高，并因在某些领域的优势而闻名，比如，法兰克福和奥格斯堡实力雄厚的银行家［如著名的富格尔（Fugger）家族，这个姓氏的发音有点像英语里的骂人话］、施瓦本哈尔的盐厂和铸币厂、汉堡的航运业和渔业等。帝国自由城市的数量大约是75个，其中一些蓬勃发展，另外一些日渐衰落。一部分帝国自由城市毫无重要性可言，没有人知道它们为何能够生存下来，或许只是因为完全不值得花费精力去吞并它们（比如几乎无人知晓的博普芬根)。纽伦堡曾是神圣罗马帝国的交通枢纽和商品集散地,但由于贸易模式发生变化,海运的重要性上升,欧洲更青睐同美洲和亚洲做生意,因此甚至在血腥的三十年战争爆发前,像纽伦堡这样的内陆贸易枢纽就已经失去了活力。事实上,纽伦堡之所以吸引人,部分原因恰恰在于它毫无生气地度过了漫长的岁月,成为古老魅力(和经济失败)的代名词。在拿破仑战争期间,它被当作一个微不足道的战利品交给了巴伐利亚。

帝国自由城市为生存而斗争,但由于实力孱弱,一个接一个被邻居吞并。巴塞尔、伯尔尼和苏黎世成为瑞士的核心,走上了另一条道路。更多的帝国自由城市在 16 世纪 50 年代被法国人侵占,其中最引人注目的是维尔滕(改名为"凡尔登")、梅斯(德语发音为"梅茨")和图尔(突然变成了"图勒")。17 世纪七八十年代,莱茵兰发生了一场大屠杀,当时路易十四以荒谬的借口以武力夺取了康布雷、科尔马和斯特拉斯堡等地(往往是在血战之后)。

不来梅是一个奇怪的后来者。1646 年,当几乎沦为废墟的德国西北部被瑞典统治时,不来梅正式成为帝国自由城市,此后虽然遭受了各种挫折,但一直维持着一定程度的独立。这座城市大教堂的附属建筑保存着几具瑞典士兵的木乃伊,后来又多了几具其他的木乃伊,包括一个有着橙色指甲和迷人的巧克力肤色,被称为"斯坦诺普女士"(Lady Stanhope)的英国女探险家的木乃伊,它们为这座城市增添了一丝诡异的魅力。1803 年,当神圣罗马帝国还在做垂死挣扎时,不来梅率先遭遇了灭顶之灾。当时拿破仑把神圣罗马帝国的城市分给受他信任、听凭他驱使的德意志盟友,这些人此

第五章

时终于可以让自己的领地连成一片了。不来梅陷入最低谷，被法国吞并，并且震惊地发现自己变成了法国威悉河口省的首府布雷梅。随着法国的战败，形势发生逆转，但拿破仑在神圣罗马帝国的废墟上建立的许多新国家被保留了下来（不过做了大幅调整），被它们吞并的帝国自由城市仍然掌握在它们手中（比如，奥格斯堡归巴伐利亚，乌尔姆归符腾堡，多特蒙德归普鲁士，等等）。拿破仑失败后，只有不来梅、汉堡、法兰克福和吕贝克成功地在德意志联邦中恢复了独立地位。1866年，法兰克福因为支持德意志联邦和奥地利、反对普鲁士而被普鲁士吞并。普鲁士军队占领该市后，最后一任市长卡尔·费尔纳（Karl Fellner）自杀身亡。这个具有无限创造力和多样性的地方（第二次世界大战期间的轰炸和战后的重建大大削弱了它的魅力），被普鲁士当作战利品抢走了，而吞并它的这个强大势力对其独特的城市传统漠不关心。吕贝克一直设法维持独立地位，直到它的议会做出了一项令人钦佩的决定——禁止希特勒在那里演讲。1937年，吕贝克被划入普鲁士的石勒苏益格-荷尔斯泰因省，以弥补普鲁士和汉堡交换领土时的损失。此后，吕贝克弥漫着纳粹主义狂热，而且在1945年时比较靠近英国占领区和苏联占领区的分界线，这意味着它注定是石勒苏益格-荷尔斯泰因的一个特殊地区。这样，到第二次世界大战结束后，只有被美国占领的不来梅和被英国占领的汉堡还勉强维持着一定程度的自治，不来梅甚至拥有一个在地理上与其不相连的港口（不来梅哈芬港），这在友好地提醒着人们，这样的地理乱象曾经使德国成为一个混乱而生机勃勃的地方。

出生地与"死亡之屋"

1483 年,马丁·路德出生在图林根的矿业小城艾斯莱本。德国各地散布着各种仿古建筑,而路德的家乡是重灾区。路德的家人只在他出生的房子里住了几个月,然后就离开了这座小城,而那栋房子在 17 世纪被烧毁。令艾斯莱本人震惊的是,当地精心建造了一栋新房子,标明是路德的出生地,但看起来跟老房子完全不同。当路德家的老房子还在时,没有人关心这些,没有人知道这个天才是在哪个房间出生的。为了搭建起这座房子与路德之间微弱的联系(实际上没有联系),房子的主人设法搜罗了一些这位伟人拥有过的小东西,包括一些简短的信件、一本精美的 15 世纪的《圣经》和一些无聊的勋章。像其他地方一样,其中一间漂亮的大厅挂着选帝侯和其他统治者的画像。这个乱七八糟的地方悄无声息地进入了 19 世纪,随后引起了普鲁士国王的兴趣。19 世纪末,一名普鲁士官员吃惊地发现,这栋房子与其他房子杂乱地混在一起,与"风景如画"相去甚远,于是下令拆除周围的建筑。

维持这样一个无人问津的冒牌圣地的困难,甚至会让教皇报以同情的微笑。路德出生地的管理者出于无奈,决定孤注一掷。如今,一走进房间,游客们就能看到一张婴儿床和一些看起来相当新的家具,隐藏的扬声器会发出具有 15 世纪末特色的声音,包括马蹄声、车轮声和狗吠声,接着是一个婴儿(小马丁!)的啼哭声,

第五章

随后他的母亲轻声唱起了摇篮曲。

不走运的是,我在艾斯莱本赶上了一年一度的路德诞辰纪念日。在集市广场上,一群身着麻布衣服的人聚集在庄严的路德雕像周围,喝着蜜酒,倾听吟游诗人唱着差不多创作于路德时代的低俗的歌。舞台上扬声器发出的声音,肯定会吵醒睡在小床上的那个婴儿。有时我会觉得,20 世纪 70 年代对巴德尔-迈因霍夫帮曾经多多少少有过同情的整整一代德国学生,注定要在这种愚蠢的节日里扮演铁匠、杂技演员和旗手,从一座城市赶到另一座城市,忙着寻找能够出售蜡烛、蜂蜜和果酒的鲜为人知的纪念日。令人吃惊的是,下一代人现在似乎正在追随父母的脚步。我怀疑这或许是一个不断更新的政府保护计划的一部分,让改过自新的恐怖分子和前民主德国的告密者在保持自由身的同时,在余生永远扮作吟游诗人或小贩。一个打扮成路德的人似乎下班了。他面色阴沉,满脸不高兴地坐在酒吧里自斟自饮。

虽然路德与艾斯莱本的联系非常微弱,但他始终强调那是自己的出生地。在生命的最后时刻,他回到艾斯莱本仲裁了一场土地纠纷,在那座壮观的教堂里做了最后一次布道,然后离开尘世。这意味着,你只需要买一张"联票",就可以参观路德的出生地和安息地,两地相距不到百米。这一点使艾斯莱本颇具吸引力,尤其相较于遍布德国各地的与路德有关的纪念地(其中有些不错,有些非常无聊)。当然,由于路德在去世时已经非常有名,因此他的"死亡之屋"的家具和布局虽然是假的,但至少房间是真的,因此没有那么有趣。

艾斯莱本当时属于曼斯费尔德县，是欧洲工业中心之一，矿工们从当地令人窒息的肮脏矿井中源源不断地开采出铜和银。路德的父亲是一名小矿主，人们一直在猜测这种不同寻常的资本主义背景对路德的影响，但没有定论。另一个让人们争论不休而无法解决的问题是，成熟的印刷业对路德产生了多大的影响。如果没有印刷，路德是否能够取得那么大的成就？伟大的宗教改革者扬·胡斯（Jan Hus）最终失败并遭到处决，而15世纪初的印刷术远没有路德时代成熟。但是，由于变量太多，人们说不清关键的差别是什么，也说不清使宗教改革在路德的时代成为可能的原因到底是什么。

问题在于路德和他周围的人或受他影响的人［如茨温利（Zwingli）、梅兰希顿（Melanchthon）和加尔文（Calvin）］的工作性质，他们的立场并不中立。一代代新教徒认为，路德在某种程度上代表着未来，而且新教在本质上是进步的、有活力的，这套说辞直到不久前还有大批信徒。1871年统一的德意志几乎因为俾斯麦的偏见而再度分裂，他认为德国南部的天主教地区落后且不忠，而事实上巴登等地的人和德国其他地区的人一样聪明，一样精力充沛。马克斯·韦伯的（愚蠢的）名著《新教伦理与资本主义精神》认为新教具有某些特别的美德，而实际上，即使是笃信天主教的比利时，似乎也有能力发展重工业、做研究、制订财务规划和掠夺殖民地。世界上大多数基督徒（包括天主教徒和东正教徒）觉得新教徒的狂妄自大既可笑，又令人恼火。

但是，路德仍然具有十分强大的号召力，人们几乎不可能忘记

第五章

那个天启般的奇迹——一个腐败堕落的德意志突然有了朴素的现代性。当然,天主教确实有许多值得批评的地方。例如,哈雷的主要教堂是由权势滔天的阿尔布雷希特·冯·霍亨索伦(Albrecht von Hohenzollern)修建的,他是美因茨大主教、马格德堡大主教,也是勃兰登堡选帝侯的兄弟。这座教堂是为纪念天主教对新教的胜利而建造的,不过不久后就被改造成新教教堂。教堂的祭坛背后现在有两幅出自克拉纳赫(Cranach)工作坊的杰作,它们都突出表现了阿尔布雷希特与一些圣徒亲切交流的场景,每位圣徒都拿着让人一眼能认出他们是谁的象征物(圣克里斯多福和化身幼儿的耶稣,圣凯瑟琳和破碎的轮子)。克拉纳赫工作坊总是将女性画成色情的、道德败坏的形象,但这里的许多年轻女性要么是耶稣的友人,要么是为他的事业惨死的殉道者,看着画师在这种情况下还要遵循工作坊的传统,不失为一件趣事。不管怎样,阿尔布雷希特还是典型的天主教徒形象,浑身珠光宝气,毫无用处的装饰品压得他几乎直不起身——单单是他,就足以刺激人们发动宗教改革。事实上,阿尔布雷希特是一个聪明的、立场暧昧的人,但在这些丝绸和衣着宽松的女人中间,人们不会对他产生任何好感。

魔鬼的风笛

在几个世纪里,新教徒和天主教徒都想置对方于死地,但又在一定程度上奇怪地相互支持。例如,双方都认为教皇曾经拥有永恒的、至高无上的权威,这种权威是不受质疑的,直到一个叛逆的维滕贝格修士发起了指控。在这之后,天主教声称自己的反击旨在反对受魔鬼诱惑的异端,恢复教皇古老的、由上帝赋予的角色。这就是一幅最著名的支持天主教的漫画背后的想法,在那幅漫画里,撒旦吹奏的风笛看起来像路德的脸。而对于新教徒来说,这让他们觉得自己是无比勇敢的改革者,目标是消灭那个拒绝改变的堕落怪物,他在罗马虚伪地过着穷奢极欲的生活,得到大批冥顽不化的教士的保护。在现实中,教皇总是不得不面对异端、反教皇的派系、令人不安的新思想等对自身权威的挑战。事实上,在宗教改革之前的150年里,奇怪的思想、短命的教派、异象引发的妄想、巫术和参加者像被附体一样的游行不胜枚举。教廷与一系列不同派别的异端的斗争,使波希米亚四分五裂,那里有反抗教皇权威的长期传统。一段时间后,教皇(或者说教皇们,因为经常有两个敌对的教皇)一定会害怕下一个信使的到来。因此,真正反常的是,新教的威胁招致了教皇比以往严厉得多的回应,而且随着新教根基渐稳,天主教的回应愈发暴力。

1517年,宗教改革开始了,发源地是维滕贝格。今天的维滕贝格是一座平静的小城,但当时那里刚建成不久,有一所拥有自由思想(或者说相对自由的思想)的大学,而且是注定会引起麻烦的那种类型。那里有一个很好的例子,说明了后人是如何美化历史的。这座城市的标志性建筑——维滕贝格城市教堂(不包括教堂旁边可恨的"犹太母猪"雕像)建于19世纪,是在原来相当简朴的宫殿小教堂的基础上翻新的,路德曾经把他的"论文"(《九十五条

第五章

论纲》）钉在那座小教堂的门上。靠近高耸的塔楼顶部的地方写着一圈哥特体文字"Ein feste Burg ist unser Gott",意思是"上帝是我们坚固的堡垒"（马丁·路德最著名的一首赞美诗的题目）,这使维滕贝格气势大增,给游客留下深刻印象,这是真正的古建筑无法做到的。络绎不绝的路德宗游客是该城唯一看得见的收入来源。那扇著名的门并不是原来的门（原物毁于七年战争期间）,而是后人重新制作的过度装饰的替代品。但即便如此,一想到一座小小的城市居然使欧洲分裂,人们还是会感到兴奋。那座小城至今还保留着几个有木墙板和木地板的房间,那是路德在维滕贝格时和妻子一起接待访客的地方。那些房间在等待着好奇且虔诚的访客的到来（最神奇的是,彼得大帝在一块木板上的亲笔签名仍然清晰可见）。

宗教改革的戏剧性终究无法与似乎由它引发的事件截然分开。虽然政治事件尤其是诸侯与皇帝的争端,无论如何都会发生,但从那时起,所有争端都带着新的、宗教的意味。一旦接受路德对教皇的批评,德意志诸侯出于宗教的和维护自身利益的考量,便会支持路德的批评,这自然会招致意想不到的后果。在这些诸侯的保护下〔最关键的是萨克森选帝侯"智者"弗里德里希（Friedrich the Wise）,他将路德安置在其位于爱森纳赫外的城堡里〕,路德成了一股名副其实的自然之力。他出版了一本又一本的小册子,并将《圣经》翻译成德语（这确立了德语作为书面语言而不仅仅是乡下人说的方言的观念）。

新教迅速发展出多个教派,有些完全不受路德控制,而是深受早就存在的无政府主义、特殊的民间宗教习俗等的影响。不过后来发生的所有事，都被认为多少与路德有关。最重要的事件集中在图林根的米尔豪森，这是德意志农民战争的一个至关重要的地点，也是后来设计布鲁克林大桥的建筑师约翰·罗布林（Johann Röbling）的出生地（不过一有机会，他就离开了德国）。

为了响应路德的改革号召，德意志中部广大地区爆发了一场大规模农民起义。在强烈的宗教感情的驱使下，起义者开始屠杀当地特权阶级。类似的骚乱以前也发生过，但引发分裂的宗教问题为此时的骚乱注入了新的动力，而且可以毫不夸张地说，这次起义是法国大革命之前欧洲最大的一次起义。令人难以置信的暴行吞噬了一个又一个地区。米尔豪森成了起义领袖之一托马斯·闵采尔（Thomas Müntzer）的根据地。闵采尔是一名神秘主义者，他的想法在当时的条件下不可能实现，而且他对宗教之外的事务不感兴趣。但卡尔·马克思和弗里德里希·恩格斯在几个世纪后注意到了他，认为他虽然是一名狂热的宗教人士，却显然是空想社会主义的先驱。闵采尔在民主德国大受欢迎，因为他证明共产主义思想很早就出现在德国。他曾在后来属于民主德国的领土上作战，而1988年闵采尔的诞辰纪念日为民主德国带来了最后一丝兴奋，米尔豪森成了一个用来纪念他的世俗的圣地。虽然他的一些纪念物现在已经被清理了，但闵采尔仍然是一个不时被提及的人物，也是一个可以说明宗教改革如何迅速（距离路德发表《九十五条论纲》仅仅过了八年）走向失控的好例子。现在只有在米尔豪森还能看到与闵采尔相关的纪念物，在布拉格等更大的城市已经几乎找不到他的痕迹。德意志农民战争之所以持续了这么长时间，真正的原因在于，皇帝

第五章

查理五世正率领帝国军队在意大利抵御法国人的入侵。1525年，在决定性的帕维亚战役中，神圣罗马帝国的军队大胜法军，随后开始翻越阿尔卑斯山，返回德意志，并在弗兰肯豪森战役中抓住了闵采尔，大肆屠杀其衣衫褴褛、陷入绝望的支持者。20世纪80年代，民主德国委托画家在大屠杀发生地创作了世界上最大的油画，这幅画的风格看起来与16世纪相似，但整体氛围更像特里·普拉切特（Terry Pratchett）的小说营造的氛围。画的名字《德意志早期资产阶级革命》虽然平淡，但具有十足的民主德国特色。这些宗教改革者被消灭后，德意志农民战争以失败告终。被俘的闵采尔在米尔豪森受尽折磨，然后被枭首示众，以警告幸存下来的居民。

教皇可能害怕听到更多的失败，但路德也厌倦了坏消息。他期待的是一场保守而温和的运动，但他很快发现，参加这场运动的是一群疯狂的人，许多人认为耶稣再临近在眼前。路德痛恨农民战争，支持以暴力维持现状，这使路德宗沦为层出不穷的奇怪的新教信仰中的一支（不过仍然是重要的一支）。

世界的统治者

新皇帝查理五世使宗教改革时期的德意志变得更加混乱。这个非凡人物虽然现在知名度不高，但在16世纪，他的地位几乎相当于后来的拿破仑乃至希特勒，他的决定和行动能够在整个欧洲掀起巨大波澜。在拿破仑之前，没有人有这么大的影响力，弗里德里希大王在查理五世面前只是一个在地方自娱自乐的小角色。

查理五世是生于根特的勃艮第人，他的崛起速度之快令人瞠目结舌。由于一连串的巧合，他首先在 1506 年继承了勃艮第；然后成为西班牙国王，得到了意大利南部和美洲等地；在祖父马克西米连一世去世后，继承了哈布斯堡家族在奥地利的全部领地；接着在 1519 年，通过大肆贿赂获得了神圣罗马帝国皇帝之位。就这样，经过一连串令人眼花缭乱的行动，他在大约 19 年的时间里变得相当强大，从墨西哥掠夺了大量财富，而且有一种救世主意识，认为自己受上帝之命必将统治整个基督教世界。

查理五世思虑缜密，受过良好教育，也很勇敢，甚至知道如何明智地利用空闲时间。例如，他和雷根斯堡旅馆老板的女儿偷情，后者为他生了一个私生子——奥地利的唐·胡安（Don John），胡安在勒班陀海战中消灭了奥斯曼帝国的舰队。如今，雷根斯堡有一座雕像和一块说明牌来专门纪念这段恋情。查理五世似乎与前辈有所不同，比他们更现代，这体现在画像风格的变化（这当然是骗人的）以及他的教育和野心上。不管是老皇帝马克西米连一世，还是英国国王爱德华四世（Edward Ⅳ）或亨利七世（Henry Ⅶ）的画像，都是 15 世纪勃艮第的风格，人物神情冷漠，让人琢磨不透。马克西米连一世死前不久，丢勒为他画了一幅著名的肖像画，画中的主人公身穿毛皮大衣，表情忧郁，仿佛是一个中世纪的巫师。查理五世给人的印象截然不同，尤其是提香（Titian）为他创作的那些新潮的画像对塑造他的新形象大有帮助。在整个统治期间，他从

第五章

未久居一地,德意志每个美丽的城市广场似乎都留下了他的足迹。他干劲十足,资金充裕,不知疲倦,一个接一个地巡视他在欧洲继承的庞大领地(他甚至在西边的直布罗陀和东边的特兰西瓦尼亚都有小块领地)。他与所有人为敌,不在任何事情上让步。他通过继承和征服在西北欧建立了一个新的附属国,从而无意间创造了尼德兰,而尼德兰将反抗他的继承人。他还曾与奥斯曼人和法国人作战。

最重要的是,1521年,他召集了沃尔姆斯议会会议,听取了路德对改革的看法,并拒绝了路德的提议。虽然可能只是一种错觉,但人们本以为,查理五世或许会凭借其巨大的权力和威望,促成教皇制度的改革(许多忠于教皇的人同样会感到高兴),并让路德参与其中。但查理五世选择了镇压。路德曾在帝国的保护下来到沃尔姆斯,此时不得不逃到萨克森选帝侯的城堡避难。

查理五世决定铲除新教,这不仅导致欧洲分裂(不过此时欧洲的分裂可能已经无法避免了,这点我们永远无法知道),也注定了他的失败。一个奇怪的事实是,在欧亚大陆的西部,没有人能够像中国皇帝或奥斯曼苏丹那样成功地实现统一。这或许是质疑"欧洲"文化这个概念是否合理的最有力的论据之一,因为任何试图创造单一政治文化的人似乎都会引发一种几乎无意识的、自动的反击,最终以失败告终。查理五世当然觉得自己肩负着统一欧洲,然后"消灭"穆斯林的使命。他安排儿子[未来的西班牙国王腓力二世(Philip Ⅱ)]与英国的玛丽一世(Mary Ⅰ)成婚,这个计划本应使英国成为哈布斯堡家族的领地,但因为玛丽生前没有生下孩子而受挫。不过,不管反对统一的人的动机如何,欧洲确实存在着一种超自然的力量,可以挫败任何企图独享这片广袤领地的人。法国人是查理五世的噩梦。虽然他屡次大胜法军,尤其是1525年的帕维亚战役,他在此战中俘虏了法国国王,而且从法国人手中夺取了米兰,但法国人一次次卷土重来,最终使他筋疲力尽,蒙受了战败的耻辱。

这个时期,宗教改革的前景最为黯淡,但更加有趣。在所有反对查理五世的斗争中,宗教显然是一个强大的武器。一想到查理五世有可能成为查理大帝之后最有权势的统治者,神圣罗马帝国的邦君和骑士便忧心忡忡。虽然我们无法说出每个与罗马决裂的人的明确动机(不过有些统治者确实比其他统治者更愤世嫉俗),但这无疑是遏制查理五世的一个好办法。同样地,在一个宗教影响无处不在的社会里,路德的吸引力对于许多人来说是真实的、压倒性的。从1517年路德把《九十五条论纲》钉在教堂的门上开始,到1521年查理五世颁布《沃尔姆斯敕令》,宣布路德和他的观点非法,并开始血腥屠杀为止,局势变化的速度令人吃惊。

在这几年里改信新教的人比比皆是,其中一个奇怪的皈依者是符腾堡公爵乌尔里希(Ulrich)。乌尔里希是一个残忍的、被人嫌弃的杀人犯(杀死了情妇的丈夫),被民众驱逐出领地,后来皈依新教,成功复位。此后,他又遭受了种种挫折和羞辱,但一直维持着对公国的统治,并将爵位传给儿子。符腾堡公国是一个有趣的地方,因为德意志常见的荒唐事都在这里发生过。它的公爵(和后来的国王)是一群怪人,而斯图加特中心和其他地方的城堡与宫殿则

第五章

是绝佳的舞台。这个中小规模的邦国,一方面从未获得命运的垂青,另一方面又因为统治者的无能而使自己的命运变得更加糟糕。但无论未来的命运如何,它都是一个真正的新教邦国。斯图加特的旧宫殿可能有最早的路德宗王家礼拜堂,那是一座由乌尔里希的儿子修建的简单、严肃、神奇的小建筑,是一场撕裂欧洲长达几个世纪之久的宗教运动的残余,我曾在那里和三四个老年教友一起祈祷。乌尔里希皈依新教的动机将永远成谜,但他(和"智者"弗里德里希等更重要的人物)的决定,最终使欧洲永久地分裂了。

查理五世不得不与一个接一个的敌人打仗,处理一个接一个的政治问题(一个很重要的原因是,他是西班牙国王。虽然他说不好西班牙语,但他为处理西班牙在美洲和地中海的巨大利益花费的时间并不比处理神圣罗马帝国事务花费的时间少)。从美洲输入西班牙的巨大财富是那个时代最令人吃惊的大事之一。1520 年,丢勒从纽伦堡出发前往尼德兰,参加查理五世在亚琛举行的加冕礼,这是丢勒最后一次重要的旅行。丢勒在布鲁塞尔看到了从被击败的阿兹特克人那里掠夺来的黄金(还有渔民从北极拖回来的海象,他画下了海象的头)。一个无用但有趣的问题是:在次年的沃尔姆斯议会会议上,查理五世想得更多的到底是路德的学说,还是从美洲运来的一袋袋贵金属(这些贵金属将彻底改变整个欧洲的经济结构)?

无论如何,查理五世不在德意志的后果都是致命的。宗教改革一发不可收拾,路德在一群同样拥有强大号召力的布道者、广泛传播的著作和老卢卡斯·克拉纳赫震撼人心的宣传画的帮助下,说服欧洲越来越多的地区不再承认教皇的权威。一个接一个的邦国整个皈依新教，组成防御联盟，等待着天主教的进攻。残酷的迫害持续了许多年，低地国家处于恐怖统治之下，路德的名字被禁止提及，更不用说阅读他的著作。但查理五世并没有直接统治他的所有领地。神圣罗马帝国复杂的运作方式、邦国林立的政治结构和混乱的继承关系，使他的每一步行动都充满了不确定性。1546年，路德去世。不久后，新教的主要防御组织施马卡尔登同盟过度膨胀，招致了灾难。新教徒利用查理五世无暇分身的机会，掠夺了一些仍然坚持信仰天主教的领地。这激怒了查理五世。他不理会其他敌人，在米尔贝格战役中击溃了萨克森选帝侯约翰·弗里德里希一世（John Friedrich Ⅰ，他是"智者"弗里德里希的侄子）率领的施马卡尔登同盟军。

随着路德宗的终极圣地，也是好斗的克拉纳赫家乡的维滕贝格陷落，施马卡尔登战争成了新教徒的灾难，他们作为一支政治力量瓦解了。在西班牙军队的包围下，查理五世在奥格斯堡召集帝国议会。然而，查理五世对神圣罗马帝国的统治从本质上讲是间接的，这制约了他。他可以随心所欲地在属于他的尼德兰和西班牙等地实施恐怖统治。但他不得不承认，无论是敌是友，选帝侯和其他诸侯都绝不会放弃他们的半独立地位。虽然在提香的名画《查理五世骑马像》中，意气风发的查理五世全副武装，骑在马上（实际上，他是被人用担架抬到战场上的），以天主教真正的守护者的形象载入史册，但事实上，如果不入侵每个邦国并屠杀每个邦国的贵族家族，他便无法将自己的意志强加于人。信奉路德宗的邦国保住了独

第五章

立地位，后来在 1555 年与查理五世的弟弟斐迪南①签订了《奥格斯堡宗教和约》，该和约正式确认了这一点。

在米尔贝格战役之后，查理五世距离在德意志建立一个统一的神圣罗马帝国的目标又近了一步。但即便如此，这仍然是一个毫无希望的计划，因为尚有不少独立的大小邦国仍在抵抗。接下来，整个 16 世纪最令人震惊、最具有戏剧性的一幕上演了。1555 年 10 月，查理五世在布鲁塞尔当着主要亲信的面，宣布自己将退休，放弃所有头衔，并将永远归隐于西班牙的一座修道院。他疲惫不堪，绝望至极，不惧被好战的法国人和新教徒嘲笑，卸下重担，通过行动使自己成为一个比那些梦想统一欧洲的后来者更有吸引力的人物。但总体而言，他的统治是一场灾难，这次迟到的退位也无法改变这个事实（围绕着他混乱的继承权的激烈斗争将持续两个半世纪）。

在神圣罗马帝国内部，经过一代人的血腥冲突之后，《奥格斯堡宗教和约》承认了各方都筋疲力尽的现实。根据和约，每个邦国（无论大小）的邦君可以自愿选择皈依路德宗或天主教。但这一切是以其他更激进的教派为代价的，这些教派仍然被绝对禁止。此后加尔文宗和其他教派或转入地下，或转而寻求瑞士或尼德兰等的庇护，而尼德兰从那时起才真正成为一个独立的地区，成为新教激进派的乐土，与东面已经化为焦土、被迫重新皈依天主教的明斯特形成鲜明对比。

查理五世决定将哈布斯堡帝国一分为二，分别以马德里和维也

---

① 次年接任神圣罗马帝国皇帝，成为斐迪南一世（Ferdinand Ⅰ）。——译者注

纳为首都。马德里将重心转向地中海和美洲，同时要镇压反叛的尼德兰，还要对付充满敌意的法国人。维也纳则专心对付奥斯曼人。不过，在碌碌无为但热爱艺术的鲁道夫二世（Rudolf Ⅱ）的长期统治下，神圣罗马帝国在一定程度上重归平静，变得更热衷炼金术和占星术，氛围也愈发阴郁。约里斯·赫夫纳格尔（Joris Hoefnagel）和格奥尔格·博奇考伊（Georg Bocskay）创作的带插画的书页或许是对这个时期最好的概括。这些书页是专门为皇帝设计的，文字用镜面书写法写成，画有毛虫、蟾蜍等。其中最诡异的一页是在黑纸上写着白色的字，还画着一只正在啃树枝的树懒。

当时世界上真正令人激动的重大事件，发生在其他地方。鲁道夫二世的怠政（他的房间堆满了未回复的信件）不仅没有消弭信仰新教的邦国和信仰天主教的邦国之间的矛盾，反而使双方的矛盾不断发酵。

新耶路撒冷

如果说德意志农民战争带来的社会秩序崩溃，使更激进的新教教派在很大程度上失去了吸引力，并使路德站到了更加温和的立场上，那么可以说 1534 年发生在明斯特的令人震惊的事件对德意志西北部也产生了类似的影响。

威斯特发里亚的明斯特是一个很难被批评的地方。它的阴郁氛围部分要归咎于第二次世界大战的破坏，但它可能从来就不是一个

第五章

特别有趣的地方。明斯特将永远以克莱门斯·奥古斯特·冯·加伦（Clemens August Graf von Galen）主教教区的身份被人铭记，加伦主教是少数几位激烈反对纳粹的主要教会人士之一。今天的明斯特是一个消费主义蓬勃发展的地方，但在1534年，那里曾经汇集了人们对世界末日的希望和恐惧。再洗礼派是新教的一个极端教派，主张教会必须完全独立于世俗权力。那一年，再洗礼派信徒开始从欧洲各地聚集到明斯特，在占领该城后，将其变成了一个恪守"基督教美德"的独立王国，等待着即将到来的天启。他们认为他们的领袖莱顿的约翰（John of Leyden）正是《圣经》所说的世界之王（"全地的王"），而明斯特人是"天选之人"。约翰处死反对者，规定所有财产公有，而且男人可以随心所欲地拥有许多妻子（部分原因是为了让大量孩子降临在世上，使"天选之人"的数量尽快达到144 000这个神秘数字。但还有另外一个显而易见的原因是，这些"天选之人"的统治者知道等待他们的将是什么）。这个血腥的、极不稳定的政权坚持到了1535年。那里的氛围一定相当令人不快，估计很像20世纪70年代德意志联邦共和国（俗称"西德"，以下简称"联邦德国"）的实验剧场。再洗礼派坚守明斯特，为自己的生命而战。但即使对他们置之不理，也很难想象明斯特会稳定下来，那里必定是一个极其恐怖的地方。明斯特人在宣称最终的"天选之人"已全部聚集在城中，不再接纳新成员之后，便开始等待《圣经》中提到的审判之刀[①]。他们等来的却是弗朗茨·冯·瓦尔德

[①] 《旧约圣经·以赛亚书》34：5："因为我的刀在天上已经喝足；这刀必临到以东和我所咒诅的民，要施行审判。"——译者注

克（Franz von Waldeck），一个典型的好战的采邑主教（在画像中，他既像一个失控的战士，又带着教会大人物的鲜明特征）。他同情新教，但坚决反对一夫多妻和财产公有。他率领一支大军攻破防线，摧毁了这座新耶路撒冷城①。

明斯特的故事警示着几代人，告诉人们社会秩序崩溃可能造成多么可怕的后果。再洗礼派遭遇重大挫折，很难再公开活动，只剩下类似"巴滕堡人"［不要把这个词（Batenburgers）与巴腾贝格蛋糕（Battenberg）混淆，后者是一种表面有红黄相间的四个方格的蛋糕］这样疯狂的杀人团伙在德意志与尼德兰的边境地区游荡，谋杀非信徒，使用秘密符号，实行一夫多妻制。16世纪80年代，这些人连同从他们当中分裂出来的越来越疯狂、越来越遭人鄙视的小团体（如名字听起来就令人不快的"埃姆利希海姆之子"）均被剿灭，成员被处决。这些团体被用来恐吓路德宗的信徒，确保他们像羔羊一样顺从他们的统治者，以免有更糟糕的事情发生。

对明斯特事件的另一种回应来自门诺派，他们将再洗礼派的部分思想与一种极端的寂静主义结合起来，认为个人应当拒绝任何形式的世俗权威，只与志同道合者生活在一起，以便与上帝相通。这套信仰与明斯特再洗礼派的主张同样令人感到震惊和新鲜，但日后将具有很大的价值。面对不理解他们的地方统治者的残酷迫害，门诺派信徒去了世界各地，包括乌克兰、巴拉圭、加拿大的马尼托巴省、美国的宾夕法尼亚州（部分属于一个被称为"阿米什派"的分

---

① 再洗礼派将明斯特改名为"新耶路撒冷"。——译者注

第五章

裂团体）和艾奥瓦州。不管在哪里，他们都坚持自己的生活方式，批评一切形式的国家政府。不管是面对可怕的威胁，还是在更加幸运的环境中，他们都设法生存下去。这是德意志宗教大发展时期最伟大的故事之一，不过似乎没有人关心或思考他们提倡的纯粹的寂静主义。

除了门诺派，另一个接受了再洗礼派思想的教派名为"爱之家"，这是一个由坚持个人化信仰并分散居住在欧洲西北部的人组成的网络。面对日益严酷和暴力的迫害，他们知道，只有秘密践行自己的宗教信仰，他们才能避免被分尸或被烧死。从小彼得·勃鲁盖尔到伦敦塔的狮子饲养员，都是这个教派的信徒。

至于被俘的明斯特公社领袖，他们的命运不难想象。莱顿的约翰（与他幸存的15个妻子分开了，还有一个妻子因为公开反对他的权威而被他下令斩首）遭受酷刑折磨后，被和两个重要同伴一起绑在明斯特市中心的一个处刑台上。当着被迫前来观看的全体市民的面，行刑人用烧红的特制大铁钳撕扯他的身体。随后，他被斩首，尸体被一分为四。然后，他的尸体被放进一个巨大的铁笼，挂在圣兰伯特教堂的尖顶上。许多年后，尸体的碎片还会不时从尖顶上落下。这在不断地提醒着这里的居民，绝不要考虑叛乱，也不要信仰异端。

如今，人们来明斯特的一个特别的理由是，这些笼子还在那里。当你吃着椒盐卷饼在城里闲逛时，冷不丁一抬头，很可能会看到它们。一想到它们作为政府和叛乱者双方的残忍行为的永恒警示物已经存在了几个世纪之久（估计每隔一段时间会修复一次），我就不禁心生寒意。我不时会想到这些笼子，但真正看到它们时，反倒生出了一种奇怪的感觉。唯一的遗憾是，进入教堂后，我发现这里没有明信片。不懂德语让我吃了好多次亏，这是其中之一。我花了很长时间，从词典里找出合适的词，然后询问小收银台后那名令人生畏的女士："你们有'肉笼子'的明信片吗？也许藏在抽屉里？我会付一个好价钱。"当我好不容易拼凑出一个我认为可以表达"装尸体的笼子"这个含义的词组时，我意识到，对方可能不会认为这是一个有趣的请求。在德绍的时候，我也曾经因为不懂德语浪费了不少时间。当时，我盯着容克斯航空博物馆没有任何有用信息的网站看了半天。这座博物馆离德绍很远，要坐很长时间的电车，而且似乎只有20世纪30年代以来的容克斯民用飞机（这些飞机很有名，但略显无聊，机身由带波纹的铝蒙皮包覆，飞机有三台发动机）。我没有把宝贵的下午浪费在这个几乎和因戈尔施塔特的奥迪博物馆同样无聊的企业博物馆上，而是翻阅字典，研究如何在电话中说："不好意思，请问你们是不是在什么地方藏着一架JU－87'斯图卡'俯冲轰炸机？"但后来我才意识到，我肯定听不懂对面冷冰冰的正式答复。

一个不快乐的酒商

很少有人发现，许多欧洲国家有一个奇怪的特点，那就是如果从它们的西北部开始旅行，你会觉得它们是没有吸引力的阴郁严酷

第五章

之地，但如果从东南部开始旅行，情况则会好很多。这对斯堪的纳维亚半岛完全适用，有趣的是，西班牙、意大利、法国和希腊都是如此——这几个地方的西北部（加利西亚、萨瓦阿尔卑斯山脉、加来海峡和伊庇鲁斯）都是风大、天气有些阴沉的边缘地区，有些甚至是零星居住着少数顽强农民的山区。但再往东南走，阳光越来越充足，天气愈发宜人，人们可以享用葡萄酒、甜瓜和橄榄，可以愉快地享受合理的、有规律的户外活动。这种奇怪的维度差异对文明而言是至关重要的，它使各文明拥有了一系列不同的经验，同时给它们带去了希望，让它们觉得自己拥有不同类型的饮食和生活方式。这并不是说，举例而言，居住在法国西北部的加来人都急着搬到地中海沿岸，也不是说萨瓦地区的牧羊人迫不及待地从阿尔卑斯山搬到意大利东南部。事实上，这些国家的首都（马德里、罗马、巴黎、雅典）都是复杂的地理博弈的产物，是在平衡了搬到温暖（或更温暖）的南方并享受南方美好事物的优点，与继续维持南方在政治上的边缘地位的需求之后做出的深思熟虑的决定。

由于这是一本关于德国的书，读者可能不需要花太多时间就能意识到，德国的结构与上述国家截然不同。当它的居民为了逃离西北部阴冷的天气和腌鱼而向南迁徙时，他们发现等待自己的不是一片阳光灿烂的金色土地，而是毫无生气、环境恶劣的阿尔卑斯山。当然，没有人说得清，这对德国人的生活有什么影响。我将在后文谈到，对意大利的病态的向往如何活跃在德意志文化中。在德国历史上，它的主要竞争对手几乎都是拥有更大吸引力的国家（英国是一个例外，它在这方面完全没有竞争力），尤其是它们的葡萄酒。

在欧洲大部分地区，文明与葡萄酒有着密切而愉快的关系，葡萄酒是许多城市、文化和生活方式不可或缺的组成部分。西班牙、意大利、法国和希腊虽然有着不同的历史，但都是重要的葡萄酒产地。这些国家的人不仅饮用大量葡萄酒，还会将其出口到环境恶劣的地区。德国一直以自酿的葡萄酒为荣，但产量很小（可能只有西班牙的十分之一），因为当地寒冷、恶劣的气候和短暂的夏季并不适合葡萄的生长。德国确实有一些不错的葡萄酒产区。乘火车从科布伦茨出发，沿摩泽尔河谷抵达特里尔，你在途中可以看到大量的葡萄，每片小空地或几乎垂直的斜坡上都爬满了葡萄藤。不喝酒的人可能认为这是一种相当令人沮丧的单调文化（在被葡萄酒毁掉之前，摩泽尔想必是一个秀色可餐的地方），与开车经过油棕榈或橡胶种植园没有什么区别。但是对于像我一样的酒徒来说，这里简直是一个长满了葡萄的吴哥窟。

我以前有一个朋友，住在伦敦，他不知为何突然决定转行做酒商，专门经营德国葡萄酒。我从来不敢问他到底是出于什么原因做出这个决定的，或许只是为了消磨时间，或许是出于一种渴望失败的奇怪心态。一次，我去他位于伦敦东北部的商店探望他。当时恰好发生了匪夷所思的奥地利防冻剂丑闻[①]，英国市场涌入了大量廉价的澳大利亚葡萄酒和智利葡萄酒。我那个朋友在商店墙上摆了许多漂亮的酒瓶，那些德语花体字、混乱的元音变化符和完全看不懂的标签让所有人望而生畏（唯一的例外可能是极端看重原产地的资

---

① 一些酒商在桶装葡萄酒中添加二甘醇用以防冻，增加葡萄酒的甜度。这起事件严重影响了奥地利葡萄酒的声誉，导致其葡萄酒出口量锐减。——译者注

第五章

深葡萄酒爱好者)。墙上的地图标明了德国各个葡萄酒产区,这些产区都相当小。窗前挂着一些白葡萄串和小木桶的塑料饰品。不过它们对吸引客人光顾完全没有帮助。

没有顾客的一个好处是,他随时可以关店(甚至都不用关店,只是人离开了),找个地方慢慢享用一顿午餐。他带我去过附近一家深受出租车司机喜爱的咖啡馆,那里全天供应早餐的餐品。我们吃了不少黑布丁、培根和豆子,还喝了几小瓶半满的高价德国甜酒。他沮丧地告诉我,在第一次世界大战之前,大多数英国人喝的葡萄酒,要么是德国莱茵河或摩泽尔河流域的白葡萄酒,要么是法国波尔多红葡萄酒。20世纪的一系列事件后,德国白葡萄酒突然消失了,再也没有重返英国市场。借用一位历史学家的话来说,德国白葡萄酒的味道"喝起来太像德式钢盔了"。只有最低端的市场还能见到蓝仙姑等德国葡萄酒的身影,这些酒也受到了负面影响,但这么多年来,它们为人们带去了无数的快乐。

我的朋友认为,德国葡萄酒已经跌到谷底,随着喝葡萄酒的英国人越来越多,我们对新奇事物的兴趣会越来越大,他的专业技能将受到追捧。只要人们对莱茵瑙[①]雷司令葡萄酒的热情稍微高一点,他的业务就会迎来转机。他的预期太乐观了。事实上,情况变得越来越糟。20世纪90年代以后,我再也没有与那位朋友联系过,估计他早就转行了。

由于至少有间歇日照的山坡才适合葡萄生长,而这样的山坡零

[①] 位于莱茵河畔,是德国最重要的葡萄酒产区之一。——译者注

星分布在不同的地方，因此葡萄树看起来到处都是。像维尔茨堡这样的城市，葡萄树长在火车站背后的山坡上，长在马里恩贝格堡垒四周。距离斯图加特不远的小城埃斯林根曾经是帝国自由城市，当地的葡萄树从山顶的城堡围墙附近一路长到街上，在那里散步是一件让人身心愉悦的事。酿酒业在德国是一个边缘行业，因此相较于光照充足地区的大生产者，德国的酿酒者更有英雄情结，也更具坚韧不拔的精神。喝葡萄酒被视为一种文化追求，受过古典文明熏陶的后罗马时代国家理应精通此道。此外，葡萄酒确实有自己的魔力。我喜欢喝葡萄酒，不过算不上贪杯。但一天晚上在维尔茨堡喝的一杯酒，让我流下了眼泪。这当然与在这座山城爬上爬下一整天后的疲惫和歇斯底里有关，但更重要的是葡萄酒的清澈与美味。不过，与施派尔古老的修道院地下的一家小餐厅相比，维尔茨堡的酒相形见绌。在施派尔的那家餐厅，白葡萄酒被倒入玻璃醒酒器中，在冰块中冷藏数小时，这使它喝起来就像《格林童话》里的一些神奇的魔法药水。

最后一个重要的葡萄酒产地是萨克森州的迈森，它位于德国东北部，靠近捷克边境。当地的天气会让你觉得，每颗葡萄都是经过虔诚的祈祷后才变得成熟饱满的。我住的那家宾馆的窗外恰好有两棵发育不良的葡萄树。在这样一个与地中海环境迥异的地方种植葡萄树，不仅不被认为是一件荒谬的事，反而被当作一种时尚。在文岑茨·里希特酒馆，人们能喝到当地的葡萄酒。这家酒馆有一种类似于月球基地或撒哈拉沙漠堡垒的感觉——再往东走，一切都将变得糟糕，在进入喝粮食酒的普鲁士和波兰之前，不妨再来最后一杯

第五章

葡萄酒。这家酒馆摆放着兴登堡总统的烟灰缸、生锈的剑和农具。我点了饺子和肉汁，还有一瓶文岑茨·里希特酒，酒装在一个薄薄的小钢瓶里。我甚至想买一些带回家，但这里出产的葡萄太少了，他们只能给我一大瓶展示用的玫瑰红葡萄酒，它显然已经在酒馆里放了一段时间，酒的颜色已经非常淡了。直到现在，我还留着它，把它当作吉祥物——里面的酒肯定是不能喝了。

第六章

这幅画描绘了古斯塔夫·阿道夫二世骑在马上拯救欧洲的情景。(*The Granger Collection / Topfoto*)

信仰的黄金城

16世纪末,德意志似乎真的出了问题。1555年的《奥格斯堡宗教和约》签订后,中欧出现了历史上最漫长的和平期,一直持续到1618年。"早这样就好了"的想法从侧面说明,这个地区的正常状态是战争或者为战争做准备,这既是因为各方统治者的煽动,也是因为中欧是其他国家角力的天然舞台。一些国家可以凭借山脉或海洋的天险,维持几个世纪的和平,但德意志没有那么幸运,它似乎在遭受所有人的轮番蹂躏。奇怪的是,长期的和平并没有带来任何意义上的黄金时代。这是一场有毒的和平,没有带来任何发展,反而充斥着令人痛苦的宗教争端(许多发生在新教不同教派之间),文化活动陷入低谷,经济停滞不前,越来越多的人认为,只有一场大战才有可能打破僵局。

今天,人们仍然可以在下萨克森州的吕讷堡感受这一切。吕讷堡虽然深处内陆,却是汉萨同盟的重要成员。吕讷堡是欧洲中世纪最大的工业基地之一,采盐业发达。在2000年停止采盐之前,这座城市的地下早已变得千疮百孔。盐是北方重要的商品,人们需要大量的盐来保存过冬食物,但主要的盐产地屈指可数,它们控制着盐业。吕讷堡与吕贝克关系密切，其建筑风格（奇怪的阶梯状的砖砌外墙）和浓厚的商业氛围（仓库、运河、古老的吊车和简朴的教堂）便是最好的证据。不过，到了 16 世纪末，随着盐的运输变得更加便利，商人们逐渐把注意力转向更有趣的商品和其他贸易路线（比如与美洲和亚洲的贸易），再加上世界中心的转移，吕讷堡的经济停滞不前。德意志内陆城市的居民惊恐地发现，交通方便的沿海城市越来越富裕，而内陆大部分地区开始衰败。西班牙与谋求独立的尼德兰之间的战争似乎没有造成严重影响，因为双方（都是外向型的海洋国家）都变得越来越富有。汉萨同盟解体后，尼德兰甚至接管了大部分波罗的海贸易。在今天的德国，一座城市如果拥有古老而美丽的市中心，这往往意味着当地经济曾经长期衰退。吕讷堡变成了一个无足轻重的地方，在第二次世界大战期间甚至因此幸运地躲过了轰炸。第二次世界大战结束后，它再次短暂地进入历史，不过只是因为海因里希·希姆莱（他可笑的伪装没有骗过英国士兵）在那里自杀身亡。

吕讷堡的一座重要建筑——市政厅，见证了这座城市大起大落的全过程。由于经济不景气和怠惰，这座建筑的内部装饰与 16 世纪末相差无几，当时人们为展现吕讷堡的伟大而煞费苦心，但它的辉煌恰恰终结于这个时期，此后市政厅再也没有被大规模装修过。我实在想不出还有哪座与吕讷堡市政厅面积相近的建筑有这么多带有寓意性的艺术形象，无论是绘画还是雕像。这些著名的房间让人看到了一个悲哀的世界，在那个世界，一切都有寓意，每种美德都以鲜明的形象示人，每位君主都是正义的源泉。一个大厅的天花板上画满了过去数百位伟大国王和皇帝的标准画像,黑色的墙上挂着数不胜数的家族盾徽,宛如一张令人着迷的地方统治谱系图。最令人窒息、最死气沉沉的一定是历史悠久、霉味浓重的档案室,这里看起来杂乱无章,古老的办公桌上和墙边堆着一箱箱档案,箱子上标记着连续的年份(1601年、1602年、1603年)。它们的存在当然令人惊讶,但我不知为何突然生出了吕讷堡商人、政治家和民众普遍拥有的那种自信,想一把火烧掉这一切,然后将这里翻修一新。当然,在某些时候,这一切想必让人们觉得相当尴尬吧?吕讷堡为什么会彻底失去变革的渴望?在接下来的两个世纪里,这种渴望促使天主教建筑师兴高采烈地拆掉了存在几个世纪之久的巴伐利亚教堂的设施,换上了悬在空中的白色大理石天使、柱身呈螺旋状的所罗门柱和绘着阳光与蓝天的拱顶。

在大议事厅,大量带有精美雕刻的木板和美丽的老式长椅,在时尚变化、战争和喝醉酒的守夜人不小心打翻油灯的威胁下,安然无恙地过了450年的时光,这简直是一个奇迹。这个房间让人恍惚觉得,一群表情严肃、身着黑衣、留着大胡子、戴着轮状皱领的贵族刚刚离去,他们刚才在这里讨论了新教阵营内部严重的分裂问题,为涌入欧洲的摩鹿加群岛香料或秘鲁白银而苦恼,担心本地普通但实用的产品的销路。

这个房间的绘画全部出自丹尼尔·弗雷泽(Daniel Freese)之手。弗雷泽是在德意志北部四处奔波的职业画师,根据客户的需要绘制地图、宗教画、盾徽和寓言画。平庸的宗教绘画师接受了大量委托,这充分说明了当时德国文化的危机。我们只能希望,至少有一部分吕讷堡人会嘲笑他以"公正"为题创作的寓言画——"谨慎"在帮助统治者裁决,对面是"愤怒"(拿着一把燃烧的剑)、"谎言"(脑后有一个魔鬼)、"猜疑"(失明,没有手)、"诽谤"(用箭矢代替舌头)和"诱惑"(用蛇代替头发),此外还有通常更无趣的角色——"智慧"和"胜利"。

但是,正是弗雷泽幼稚笨拙的艺术表现力,使大议事厅的画如此引人注目。这些意外保存下来的笨拙画作,是帮助人们了解16世纪末新教徒想法的重要样本。这些创作于16世纪70年代,画满天花板和墙壁的作品,描绘了一个"四末事"(死亡、审判、天堂、地狱)的世界。在这场信仰之战中,胜利是最重要的,敌人注定要遭受永恒的折磨。在一幅以《耶稣再临》为题的疯狂画作中,一群他们所认为的"失败者"(分别代表死亡、奥斯曼人、教皇、东正教和魔鬼)被扫到一边。在另一幅画里,这些人物在一座巨大的、橙色的、有高耸的尖顶的"信仰的黄金城"前落荒而逃,这座城受上帝管理。弗雷泽幼稚地滥用花哨的颜色,这会使大多数理性的访客觉得,与其住在这座城里,倒不如跟一堆骷髅和胖教皇待在一起。

房间中央是弗雷泽给人留下最深刻印象的一幅画——皇帝马克西米连二世(Maximilian Ⅱ)站在中间,两侧是庄严的、身穿白色貂皮长袍的选帝侯,他们看起来都差不多(当然,在现实中,他们非常不同)。马克西米连二世死于1576年,统治时间很短,这幅画肯定是在他死前不久创作的。真正的悲剧在于,马克西米连二世其实有可能带来某种宗教和平。他同情路德宗,怀疑教皇的权威,与哈布斯堡家族的其他人截然不同,后者因为信任喜欢在宗教仪式中

第六章

焚烧乳香的耶稣会士而成了顽固守旧、宗教偏执的代名词。像哈布斯堡帝国的许多重要统治者一样，马克西米连二世也考虑过改变信仰，但由于顾忌这将在他直接拥有和统治的地区（奥地利、匈牙利和波希米亚）引起轩然大波，最终还是觉得维持天主教信仰是一个更加明智的选择。令人难以置信的是（尤其是考虑到后来的人在这个问题上的固执己见），他曾劝教皇允许神职人员结婚。但是，同奥斯曼帝国的战争使他无法集中精力，再加上许多更加虔诚的奥地利和西班牙亲属的压力，他最后能做的只是维持宗教宽容，而且这项权利随时可能被撤销。他的支持者本以为，他的继位或许会使整个中欧皈依新教，但最终他让自己的支持者失望了。他的子女在西班牙接受教育，而且是在天主教氛围最浓厚的卡斯蒂利亚，身边是一群身穿黑衣的人。马克西米连二世在入侵波兰的途中，突然死于雷根斯堡。不管是新教徒，还是天主教徒，都希望宗教分裂尽快结束，一方屈服，接受另一方的信仰。马克西米连二世的统治清楚地表明，这永远不会发生。新教在这个时期发展到顶点，但即便如此，德意志大片土地上的人仍然信仰天主教。双方都意识到，传教已经不起作用，只有战争才能破局。弗雷泽的画散发着不祥的气息，经济衰退和宗教偏执使他对瘟疫、饥馑和世界末日的想象变成了现实，世界成了人间地狱。

柠檬花盛开的地方

我心满意足地在厨房做着意大利调味饭，刚撕碎的罗勒的香气扑鼻而来，耳边回响着维瓦尔第的《荣耀经》，这一切不免让我怀疑，我对德国的兴趣是不是一个明智的选择。如果当初我在机票预订网站上输入的不是"柏林"，而是"罗马"，然后点击"是"，那么现在读者看到的或许是一本完全不同的书。我会更健康，肤色更深，像地中海人一样热情快乐，而不是像现在这样。一个能说流利的德语和意大利语的朋友告诉我，他在讲不同的语言时，感觉性格完全不同。德语使他变得拘束、易怒、冷漠、不易接近、彬彬有礼；而意大利语则使他变得健谈，爱和人打交道，容易相处。不管这是不是事实，在德国各地旅行时，人们都很难抑制住对南方的向往，那里的橄榄和柠檬好过北方的根茎类蔬菜，灿烂的阳光更是远胜低沉的乌云。这是许多德国人的共同想法，他们认为德国与意大利一直有一种令人担忧但重要的联系，不过挡在两国之间的阿尔卑斯山仿佛是在嘲笑他们。

德国和意大利的历史学家在处理两国关系时，同样面临着巨大的困难。例如，中世纪最强大的两位德意志君主奥托大帝和弗里德里希二世，大部分时间不是在德国，而是在意大利。弗里德里希二世一生中的大部分时间是在西西里岛度过的，而且几乎没有迹象表明他对德意志有任何兴趣。许多皇帝在位时都在意大利待了很长时间。一是因为从查理大帝开始，教皇职位对维护他们的形象至关重要；二是因为他们确实认为自己在复兴罗马帝国，而罗马帝国与意大利的联系显然比它与德意志的联系紧密得多。随着时间的推移，这份意大利的遗产逐渐失去了吸引力，德意志民族主义者更是有意不去理会它。例如，如果"红胡子"弗里德里希一世是一个货真价

第六章

实的德国人,是一个像亚瑟王一样的英雄,那么他为什么要花那么多时间去争取他的意大利遗产(而且在这个过程中被意大利人打败了)?我以前玩过一款有趣的电脑游戏,你可以在游戏中扮演弗里德里希一世,同伦巴第联盟作战。这款游戏有城堡、海军和战车,在刀剑的碰撞声和垂死之人的呻吟声中,"狮子"亨利会用带着德国口音的令人忧伤的嗓音说:"对……对不起,'红胡子',但我现在必须要背叛你了。"由于这款游戏的设置,我的德意志军队每次都败给维罗纳人。最后,我厌恶地放弃了,因为我缺乏耐心和指挥的技巧,否则我或许可以成为一名受欢迎的统帅,在德意志最需要的时候,从山洞里醒来。

几个世纪里,德意志和意大利的这种联系表现为王朝间的各种纠葛。直到宗教改革时期,德意志南部和意大利才真正形成了一个非常重要的文化和政治圈。16世纪后期,德意志南北方因为宗教发生了分裂,北方信仰新教,南方信仰天主教。这意味着在艺术上,北方与尼德兰和斯堪的纳维亚半岛的联系更加紧密,而南方则倾向于意大利。教会和邦君几乎垄断了严肃的文化活动,这加剧了南北的分裂,礼拜、宫殿、婚姻等的形式必须符合不同宗教信仰的要求。新教地区的悲剧在于,艺术在那里失去了发展的土壤,瑞士和普法尔茨选侯国等信奉加尔文宗的地区禁止并销毁了所有宗教图像。德意志北部和中部城市以老卢卡斯·克拉纳赫和小卢卡斯·克拉纳赫为中心,制作了大量圣像。但随着他们的死亡,这些地区的圣像艺术停滞不前,资金和灵感似乎都凭空消失了。艺术的衰落使后来的民族主义者感到尴尬,他们在介绍苍白的17世纪时,试图把伦勃朗纳入德意志画家之列。这暴露了他们绝望的心态,但也表明尼德兰人一直在帝国内部扮演着近似德意志人的特殊角色——只不过所有证据都指明,他们不是德意志人。信仰天主教的南方也做过这样的事。在巴伐利亚的路德维希一世(Ludwig Ⅰ)为纪念"值得赞扬和尊敬的德意志人"而建造的瓦尔哈拉神殿里,画家彼得·保罗·鲁本斯(Peter Paul Rubens)的半身像赫然在列。

在漫长的和平时期,德意志南部和奥地利的文化似乎也陷入停滞。但最大的不同是,它们可以在宗教上与意大利保持联系。德意志文化当然从未真正独立过,即使是德意志的艺术大师,如丢勒、老汉斯·贺尔拜因(Hans Holbein the Elder)和小汉斯·贺尔拜因(Hans Holbein the Young)、阿尔布雷希特·阿尔特多费尔(Albrecht Altdorfer)、老克拉纳赫和小克拉纳赫,也深受意大利的影响。不过,到了16世纪末,德意志的艺术风格发生了明显的变化,我非常喜欢的那种棱角分明的风格和令人毛骨悚然的阴暗色调逐渐消失,取而代之的是笔触更加平滑、色彩更加鲜艳的画风。在这个时期,真正的意大利人作为音乐家和装潢师涌向信仰天主教的德意志各地,其中最有名的或许是朱塞佩·阿钦博尔多(Giuseppe Arcimboldo),他用水果和蔬菜拼成的奇怪的人物面孔,成了鲁道夫二世在布拉格的昏庸统治的象征。

巴伐利亚公爵阿尔布雷希特五世(Albrecht V)在慕尼黑的宫殿中修建的古物陈列室,充分体现了意大利艺术的魅力。这个建于文艺复兴时期的大厅的形状,看起来像一个被稍微压扁的巨型瑞士卷。虽然现今的这座大厅与最初的样貌相差甚远(尤其是在遭受过

第六章

一次轰炸后被大规模重建），但它仍然能够让人们体验到天主教徒通过与罗马的直接联系而获得的快乐，罗马有最多的艺术赞助人，也是当时欧洲艺术思想的源泉。走在大理石地板上，欣赏着数不胜数的罗马式半身塑像，人们在赞叹这些艺术品的精湛技艺，感受由信仰带来的坚定信念之余，也会有一丝疑惑——为什么在如此浓厚的基督教氛围中，会有来自异教文化的器物？阿尔布雷希特五世虽然笃信天主教，但也收集了大量古钱币和埃及珍品。1579年去世时，他留下了巨额债务。

这个时期，意大利是欧洲无可替代的艺术中心。新教欧洲的大部分地区，要么禁止大多数艺术形式，要么长期处于战争中，要么像英国一样继续自娱自乐，无法使其更加成熟的邻国接受自身古怪的文艺作品〔甚至连莎士比亚也没有引起德意志的重视，直到19世纪早期，施莱格尔（Schlegel）才开始翻译莎士比亚的作品〕。最后一位伟大的德意志画家亚当·埃尔斯海默（Adam Elsheimer）于16世纪80年代在信奉路德宗的法兰克福长大，但在20岁出头时（几乎不可避免地）搬到了威尼斯，后来又搬到罗马，十年后去世时已经是天主教徒。他的天才是在与意大利画家合作时才展现出来的，而他令人惊叹的杰作多多少少带着德意志的色彩（他肯定在慕尼黑看过阿尔特多费尔兄弟的作品，在雷根斯堡时可能也看过）。但考虑到他受意大利影响之深，他的作品很难与德意志民族主义扯上关系。名义上或许能算德意志人的鲁本斯，当时也在罗马，而且是埃尔斯海默的朋友。不过在17世纪，民族认同异常混乱，两位最伟大的"法国"画家克洛德·洛兰（Claude Lorrain）和尼古拉·普桑（Nicolas Poussin）分别在罗马生活了 50 年和 40 年（克洛德与法国的关系尤其薄弱。他出生在当时独立的洛林公国，在哈布斯堡家族统治的黑森的弗赖堡长大，从十几岁起就生活在意大利）。

埃尔斯海默传世的画作很少，分散在柏林、维也纳、慕尼黑、不伦瑞克等地。但我总是十分留意，希望抓住一切机会欣赏真迹（不伦瑞克的一家博物馆不久前得到了一幅，资金来自足彩机构！）。我最喜欢的画是收藏在德累斯顿的《巴乌希斯和菲利门款待朱庇特和墨丘利》，主题出自罗马诗人奥维德的《变形记》，这是一个此前没有人画过的题材。这个故事讲的是，上帝打算降洪水以消灭所有罪人，朱庇特和墨丘利扮作乞丐来到人间，试图救出好人，却发现只有一对老夫妇巴乌希斯（Baucis）和菲利门（Philemon）有礼貌地欢迎他们。这幅画虽小，却无比生动和温暖。朱庇特和墨丘利既是活生生的人，也透着神的威严，而老夫妇正在为他们准备饭菜。我看了很多次这幅画（包括 2002 年德累斯顿遭遇洪灾后，这幅画被转移到伦敦，出现在一个画展上，这是一个惊喜）。一想到这样一位画家在罗马死于贫困，死时年仅 32 岁，我便感到悲哀。到了 16 世纪末，情况愈发糟糕，持不同信仰的人固执己见，积极备战，与意大利有联系、信奉天主教的德意志东南部，以及特里尔、美因茨和科隆（从 1583 年起，科隆大主教一直由巴伐利亚的维特尔斯巴赫家族成员担任）等重要的莱茵河天主教选侯国正在崛起。坚信未来属于自己的新教，并不乐于看到天主教的复苏。

对意大利的向往确实是德意志人生活中的常态，而且在不同时期引发了不同程度的争议。德意志文化是源自自身（丢勒、纽伦堡

第六章

和北方的阴郁），还是受更强大的南方文化的影响？一波接一波的时尚潮流（尤其是路易十四的法国从各个方面渗透进德意志人的生活）遭到后来的民族主义者的强烈批评。他们将矛头对准为哈布斯堡家族演奏音乐，建造宫殿和教堂，设计服装，绘制肖像画，装饰天花板，为慕尼黑、萨尔茨堡和维也纳等城市带来了一种特殊风格的意大利人。意大利文化与德意志文化融合的例子成百上千，但18世纪的两个例子触及了问题的核心。

格奥尔格·弗里德里希·亨德尔（Georg Friedrich Händel）在哈雷和汉堡长大。1706年，21岁的他前往意大利，那里的经历激发他创作出了18世纪最优美的音乐——以充满神话色彩的、明媚的意大利风景为背景，用意大利语演唱的清唱剧（其中最完美的或许是《阿波罗与达芙妮》）。亨德尔仿佛用音乐再现了一个世纪之前埃尔斯海默在风景画中创造的世界。虽然亨德尔无疑是德意志人，但他的音乐是典型的意大利风格，清唱剧《阿明塔与菲利埃》（*Aminta e Fillide*）便是为在罗马郊外的一家私人花园的演出而创作的，听众是有名的阿卡迪亚学院的成员。今天关于他到底是德国人还是意大利人的争论常常让人感到莫名其妙，没有任何价值，特别是他后来定居并入籍英国。

半个世纪以后，威尼斯当时最伟大的画家（在许多方面，此后也没有出现能与他比肩的画家）詹巴蒂斯塔·提埃坡罗（Giambattista Tiepolo）选择北上。他受采邑主教之邀来到维尔茨堡，为其设计天花板上的壁画，旨在表明维尔茨堡在神圣罗马帝国〔某位维尔茨堡主教曾经主持了"红胡子"弗里德里希一世和勃艮第的贝娅特丽克丝（Beatrix）的婚礼〕乃至世界上的地位。当然，即使没有提埃坡罗的穹顶壁画，维尔茨堡宫仍然是一座气势恢宏的建筑。它效仿凡尔赛宫，但过分奢华了，因为不管用什么标准来衡量，采邑主教都算不上举足轻重的人物。提埃坡罗画了"红胡子"的婚礼，但把每个人都画得像威尼斯人，穿着华丽的丝绸服装，完全不顾维尔茨堡更靠北、更冷的地理环境和中世纪的时代背景，还画了他的作品里常见的矮人和狗。不过，真正让人感到震撼的是主楼梯上方天花板的壁画，它是为了颂扬这位采邑主教而创作的。这幅世界上现存最大、最有趣的壁画，以俯瞰的视角展示了地球的全貌，每一侧画着一块大陆，以此来表达对维尔茨堡主教的疯狂而热烈的赞美，虽然他实际上与美洲的鳄鱼猎人、努比亚的公主和亚洲的巫师没有任何关系。维尔茨堡在第二次世界大战期间遭受了大规模空袭，现在只有屈指可数的遗迹能让人想起它曾是一个邦国的首都。不过，由于一名美国士兵努力将帆布拖到维尔茨堡宫受损严重的屋顶上，这幅壁画得以幸存。它融合了德意志和意大利两种文化，与后来排他的激进民族主义截然不同。事实上，所有像维尔茨堡这样的地方后来都被民族主义吞噬了。

黑色盔甲

17世纪早期佛兰德斯画家塞巴斯蒂安·乌兰克斯（Sebastian Vrancx）的作品，静静地躺在德国各个地方博物馆无人问津的角落

第六章

里。不过，在我越来越随意和混乱的旅行中，我发现它们让我记忆犹新，而那些更出色或更精美的绘画早就被我遗忘了。乌兰克斯的画透着令人不安的无力感，画的内容是一伙全副武装的人通过伏击，或凭借着一种看起来十分坚固、邪恶的黑色盔甲，大胜另一伙全副武装的人，而失败者只能任人宰割。这些画显示了战斗的直接后果——被打败的一方，有些人已经战死，有些人被剥去衣服、夺走武器，还有许多人即将失去生命，他们要么急着想要逃跑，要么转身独自面对冷酷无情的攻击者。一些胜利者显然相信自己的同伴能够消灭所有幸存者，于是或者在聊天，或者正在脱盔甲。这些画之令人不安的原因是它们过于写实——对于画中的人来说，战斗和屠杀只是一天的工作而已。驻足欣赏画作的观赏者自然想要在每一幅画中寻找战败方的幸存者，但乌兰克斯显然也想到了这一点，因此确保每个角落都弥漫着绝望的气息，仿佛只要让这些人身上被施加的时间静止咒语解除五分钟，所有失败者必将死于非命。这加剧了观赏者的不安，也使乌兰克斯难以跻身好画家之列（他仿佛是一个阴郁、黑暗版的小彼得·勃鲁盖尔，后者与他生活在同一个时代）。另一个令人吃惊的地方是，观赏者完全感受不到胜利者的道德优势。观赏者体会不到某一场具体胜利的快乐，这与迭戈·委拉斯开兹（Diego Velázquez）在《布列达的投降》中描述的西班牙人庆祝胜利的场面给人的感觉完全不同。即便观赏者不喜欢西班牙国王腓力四世，且不反感尼德兰的自由，也能从整幅画弥漫着的欢快气氛中感受到快乐。相反，在乌兰克斯那里，观赏者看到的是一场毫无意义的遭遇战，失败者惨遭杀戮，这说明画家显然是一个郁郁寡欢的人。最可怕的是他的一幅小画，画中一队戴着软帽、穿着皮甲的骑兵遭遇了一群骑着马、穿黑色盔甲的人，前者的手枪无法伤害后者，而后者显然打算立刻杀死前者。

如果某位贵族或邦君看到乌兰克斯的画，他们绝不会认为他的画出色，但一定多少能联想到现实。一次，我在参观因戈尔施塔特宫冰冷的房间时，突然看到了与乌兰克斯画中的盔甲一模一样的黑色盔甲，它们静静地排成一排，就像废弃的机器人。这些重型盔甲笨重、昂贵，令人毛骨悚然。它们最后一次大规模登场是在三十年战争期间，此后逐渐遭到淘汰。在这些堆满了盔甲、长矛、长戟、簧轮枪和火绳枪的阴森房间里闲逛，乌兰克斯笔下 17 世纪初残酷的世界显得格外真实，而且事实上，类似的场景在当时中欧大部分地区确实屡见不鲜。

英国人对三十年战争非常陌生，因为詹姆士一世（James Ⅰ）明智地选择作壁上观。这意味着，他背叛了其唯一在世的女儿，她是这场战争前期一个关键但愚蠢的主角的妻子。想想参战者的命运，詹姆士一世的决定似乎是非常合理的。在不同时间，甚至是不同世代（这场战争持续了太长时间），参战的势力都妄想着，他们的加入会打破战场的平衡。这场战争的一个恐怖之处在于，无论参战者的动机如何（宗教信仰、愤世嫉俗或见风使舵），他们最终都白费力气，徒劳无功，每个人都被这场战争摧毁。这场战争使德意志人口减少了四分之一到三分之一，若按人口比例计算，这场战争是欧洲有史以来最严重的人为灾难，比 20 世纪的灾难还要惨烈。

由于这种徒劳无功，即使是痴迷战争史的人（错综复杂的战斗

第六章

细节令他们兴奋），也会感到痛苦——没有人得到他们想要的东西，所有人都死了。荷兰从西班牙获得了独立，但这是经过几代人残酷斗争的结果（荷兰独立战争前后共 80 年，三十年战争包含在其中），而且以放弃尼德兰南部（比利时）为代价。法国人最终成了欧洲其他国家的新威胁，这个被战争释放出来的怪物令其他国家的统治者紧张不已。经历了半个世纪的内部动荡和冲突之后，三十年战争使法国走上了一条好战的、沙文主义的"特殊道路"。但即便是法国，新军事政策的设计师黎塞留也在条约签署之前就过世了。

三十年战争的魅力是无限的，但由于篇幅所限，本书无法详述战争的具体过程。需要强调的是，这是一场由宗教引发的战争。有人试图用经济、阶级或现实政治来解释战争爆发的原因，但一个不容置疑的事实是，在战争初期，大多数人是充满传教热情的虔诚信徒。随着时间的推移，战争的性质发生了改变，但到那时已经没有回头路了。这场战争以一种奇特的方式将一些最有权势的统治者卷入其中。16 世纪中期，整个欧洲最担心的是哈布斯堡家族可能建立一个像当时的明朝一样的大一统国家。但此时，这种威胁不复存在，欧洲陷入了一个怪圈，没有哪个人或哪个联盟能够终结战争，甚至无力恢复最基本的秩序。一年年过去了，战争愈演愈烈，摧毁了一座又一座城市，使一个个乡村在数十年间空无一人。

我在一个天主教家庭长大，却上了一所相当激进的新教学校（因为英国的天主教徒不多）。最后，我接受了新教，并且一直把三十年战争看作一个激动人心的故事——濒临灭顶之灾的新教，被传奇的瑞典国王古斯塔夫·阿多夫（Gustavus Adolphus）拯救。在我的想象中，信奉天主教的敌人是大批头脑简单、容易受骗的奥地利农民，完全是受奸诈腐败的耶稣会士蒙蔽。实际到访德国的天主教地区后，我不再有这种天真的想法了。在那里，像蒂利伯爵（Count of Tilly）这样双手沾满新教徒鲜血的神圣罗马帝国指挥官似乎很受欢迎，人们为他立像，用他的名字为建筑物命名。例如，在慕尼黑的音乐厅广场，我本来想寻找希特勒在一张著名的照片中所站的位置（当时，希特勒同一大群人一起欢呼第一次世界大战爆发），但结果发现，我对巨大而阴沉的蒂利雕像更感兴趣，蒂利被视为将信仰天主教的巴伐利亚从嗜血的新教徒手中拯救出来的英雄。

1618年的灾难正是源自这种妖魔化，双方都确信对方绝不会心慈手软。在漫长的和平期，新教徒和天主教徒都越来越失望，他们没能使对方接受真正的信仰，而妥协意味着更大的失败，可能导致人们死后无法上天堂。在地图上，信奉新教的邦国和信奉天主教的邦国被涂成不同的颜色，双方泾渭分明，但这显然与现实有很大出入。信仰天主教的地区同样有新教徒，有时有惊人数量的新教徒，反之亦然。甚至连哈布斯堡家族的核心统治区奥地利和波希米亚也充斥着新教徒，既包括贫穷的农民，也有富有而强大的贵族。即使是像法兰克福这样代表性的路德宗城市也知道，它的独立要归功于该城与皇帝（即使是古怪的鲁道夫二世）的关系，因此要在一定程度上宽容天主教徒。此外，新教阵营内部因为加尔文宗而分裂。加尔文宗坚决反对偶像崇拜，它的信徒在普法尔茨、苏格兰、

第六章

尼德兰北部和瑞士大部分地区破坏了几乎所有宗教图像。许多路德宗信徒认为加尔文宗是一个威胁，无法接受，他们宁愿支持皇帝阵营的天主教徒。

我在布拉格城堡拍过一张可爱的照片，主角是我的妻子，她站在城堡的一扇窗前笑得很开心。布拉格城堡是三十年战争开始的地方。1618 年，皇帝的使者被愤怒的波希米亚新教徒扔出了那扇窗。波希米亚人利用软弱的皇帝鲁道夫二世和马蒂亚斯一世（Matthias I）对他们做出的让步，选出了自己的国王——普法尔茨的加尔文宗统治者弗里德里希五世（Friedrich V，妻子是詹姆士一世的女儿伊丽莎白）。对他们来说不幸的是，这刺激了天主教徒的报复欲，蒂罗尔等地的天主教徒迅速开始行动。早在 16 世纪末，爱好收藏艺术品的斐迪南大公已经在蒂罗尔等地驱逐新教徒，但他只能沮丧地看着自己的哥哥、神圣罗马帝国皇帝马克西米连二世奉行和平中立的政策，而随后成为皇帝的鲁道夫二世性情孤僻，喜欢躲在自己的世界里，对政务漠不关心。斐迪南的弟弟卡尔大公在施蒂里亚（奥地利东南部）也推行了类似的政策。一方面，他创办了培育利皮扎马的种马场，这些马奇怪的舞姿至今仍然吸引着到维也纳参观的游客；另一方面，他驱逐新教徒，先是摧毁他们的教堂，然后焚书、掘墓，将他们的尸骨扔得遍地都是。虽然卡尔二世最终与新教徒达成了协议，但当他的儿子斐迪南二世在 1619 年成为皇帝时，一个拥有更坚定的天主教信仰、受耶稣会影响更大的世界出现了。

斐迪南二世的目标明确，而且一心实现它，这是引发此后一系列事件的主要原因。但波希米亚人的严重挑衅也是前所未有的，他们故意分裂帝国，削弱信奉天主教的哈布斯堡家族的实力，减少哈布斯堡家族能够继承的领地。甫一有能力召集一支军队，斐迪南二世就入侵了波希米亚。天主教联军的指挥官是久经沙场的蒂利伯爵，他常年与尼德兰人和奥斯曼人作战。结果，这成了波希米亚人及其为数不多的新教盟友的一场灾难，而许多新教徒则选择袖手旁观——或者是因为像詹姆士一世一样胆怯和财政破产，或者是因为不喜欢信奉加尔文宗的普法尔茨选帝侯，或者是出于对战争的担忧。

今天的布拉格是19世纪和20世纪捷克民族伟大成就的结晶。但在这座城市漫步时，人们会奇怪地发现，布拉格的许多建筑（许多教堂、学院和其他使布拉格如此美丽的建筑）实际上恰恰是捷克的耻辱和失败的象征。白山战役的惨败葬送了波希米亚人的身份，许多波希米亚大贵族被处决，他们的财产被没收，任何带着微弱的新教或反哈布斯堡气息的东西都被清理干净。此战之前，波希米亚眼看着就要成为一个至少是半独立的、信仰新教的中欧国家；此战过后，这个国家消失了三个世纪，沦为奥地利的殖民地，布拉格成了一座德意志城市。这场灾难使人们清醒地意识到，战败的一方将迎来多么屈辱、悲惨的命运。中欧一个富庶、充满活力的重要地区沦为反宗教改革最极端的实验场，耶稣会的学院和圣母圣殿无处不在。捷克人甚至不得不接受一座洛雷托教堂，"洛雷托"这个名字与传说中的圣母小屋有关，背后是一个非常荒诞的故事。据说当1291年"异教徒"入侵"圣地"时，圣母小屋飞上天空，降落在克罗地亚，然后再次飞到空中，这次降落在意大利洛雷托。提埃坡罗的一幅画想必是在故意嘲讽这座小屋（由于显而易见的原因，这座小屋很少出现在宗教绘画中），它被画得像《绿野仙踪》中被龙卷风带到天上的多萝西的房子。但不管怎样，白山战役后，计划修建洛雷托教堂的那批人搬了进来，在19世纪著名作曲家贝德里赫·斯美塔那（Bedřich Smetana）和安东宁·德沃夏克（Antonín Dvořák）出现之前，这座城市变得极其无聊。战败意味着要接受崇拜会飞的小屋的人强加给他们的宗教，幸存的新教邦国决心抵抗到底。

瑞典国王的马

在德国，几乎每座城市都有强烈的地方自豪感，因此几乎每座城市都有自己的博物馆。这些博物馆有时相当无聊，里面只有几个目光呆滞的游客，展品包括当地的地质样品、必不可少的且重建过的药剂师店、与纺织和布有关的东西、几顶旧帽子和一幅以1848年革命为主题的版画。游客从一个房间走到另一个房间，尽量不引起其他同样昏昏欲睡的人的注意，并尽量不在进入一个摆满了砝码和天平的房间时显得惊慌失措——这个展室仿佛是一个残酷的玩笑，设计者可能受宗教启发，以此来嘲笑人生的虚无。由于德国的许多历史十分敏感，因此这些博物馆倾向于陈列与政治无关的展品，这就是为什么它们乐意展示早期人类生活的方方面面，包括复原的小屋、许多用芦苇或燧石做的物品，以及蹲在火堆旁准备简单食物的浑身长着毛的假人家庭。有的博物馆还会展出复原的猛犸象或其他有趣的生物。但总的来说，你只会好奇，既然只有发掘出的骨头，为什么所有馆长都知道早期人类毛发的长度，为什么这些假人看起来都像20世纪70年代初联邦德国的大学讲师？

虽然这些博物馆很难让人提起兴致，但它们有存在下去的理由，因为你偶尔能在一大堆无聊的东西当中发现宝藏。这些博物馆对20世纪的处理很有趣，而且千差万别，往往是经过深思熟虑的聪明之举，只是偶尔会让人觉得过于简化，因而产生不安。一次，我参观了一座城市博物馆，这本来是最无聊的一次经历，但我突然发现了一件有趣的东西。在常见的用来填充空间且让人感觉智商受到了侮辱的"旧日玩具"（玩偶、积木等，这些玩具甚至没有必要放进玻璃展柜里，更不用说保持展柜恒温和干净了）当中，我发现了一个20世纪40年代初的棋类游戏，名字是"轰炸英国"。游戏的盒子只掀开了一半，游客能看到里面有一个做得还算精致的英伦三岛棋盘，其中爱尔兰是中立的，一个个小方格上标着城市的名字。它似乎是一个掷色子游戏，色子的数字越大，能轰炸的目标越远（如格拉斯哥或贝尔法斯特）。这个游戏有些恐怖，让人忐忑，但也让人兴奋。作为一个棋类游戏爱好者，我甚至短暂地从道德上思考，如果我把这个"轰炸英国"游戏偷走，会有什么问题。让人玩这个游戏，比单纯把它陈列在无聊的博物馆里，能给人带去更多的快乐，游戏设计者的初衷是让人玩这个游戏，而不是为了让人参观，更何况我作为战胜国的一员，理应享有一定的权利。最后，我因为胆怯，再加上想到游戏可能缺少一些关键部分而什么都没做。

这只是一段小插曲，我们接着讲三十年战争。因戈尔施塔特位

第六章

于巴伐利亚州中南部,在许多方面都是中等规模、自信的德国城市的完美代表。这里是奥迪公司总部所在地,高层管理人员将大量金钱带进这座城市,一大批销售毛皮大衣、精致内衣和远程旅游套餐的商家使钱在城里流动。得益于此,这座城市拥有宏伟的教堂、坚固的城墙、富有特色的酒吧、令人惊叹的宫殿和巴伐利亚军事博物馆。最后一个才是我的快乐之源,毕竟,还有什么比观看一个经常叛变、混乱不堪的军事组织的战斗历程更有趣的事情呢?在一个大雪天,时间接近中午,我艰难地走过正门前的大院子后发现,博物馆已经开馆大约三个小时,而我是唯一冒着大雪来这里参观的游客。这意味着在 2 月的一天,我是整个欧洲唯一对巴伐利亚军队经历的苦难感兴趣的人。

城市的另一头是极具特色但展品特别催眠的城市博物馆,我现在甚至几乎想不起在那里看到过什么。不过那座博物馆的策展人很可能是一个天才,因为他明白一个道理——如果你有一件真正伟大的东西要展示,那么就不要用其他东西让游客分心。你要做的只是在展厅里摆满随处可见的版画、炮弹和药剂师的用品,它们存在的价值只是为了凸显某个真正独一无二的珍品。

对于新教徒来说,17 世纪 20 年代是一个多灾多难的时期。白山战役后,天主教军队一路高歌猛进,消灭了所有试图阻拦他们的人。新教阵营四分五裂。信奉路德宗的强大邦国萨克森,由于其酗酒的统治者约翰·格奥尔格一世(Johann Georg Ⅰ)的愚蠢,先是加入了帝国阵营,后来又保持中立(我会在后文提到萨克森在政治和军事上的无能,它可以让所有认为德国人天生好战或有战争天赋的人哑口无言)。英国继续保持中立,新教阵营指挥混乱,意见不合,迎来了一场接一场的灾难。17 世纪 20 年代,战争变得越来越残酷和野蛮,它使所有参战者失去了荣誉乃至生命。从萨伏依到特兰西瓦尼亚,大多数最初加入新教阵营或支持新教的人,要么选择中立,要么被消灭,要么遭驱逐。普法尔茨选帝侯的领地被没收,移交给西班牙人和巴伐利亚人。长相英俊但精神不稳定的不伦瑞克-吕讷堡公爵、哈尔伯施塔特主教小克里斯蒂安(Christian)是新教的主要支持者,他在欧洲北部取得了胜利,并命人为其画了一幅可怕的画像,随后便去世了,死因是"要害被一只巨大的虫子啃食"(根据天主教一方的记录)。指挥新教军队主力的恩斯特·冯·曼斯费尔德(Ernst von Mansfeld)伯爵在接连遭受耻辱性的失败后被迫解散军队,去往达尔马提亚,并在此死去。丹麦国王(在英国和法国的怂恿下)试图拯救新教徒,但很快便被刚刚受到皇帝重用的华伦斯泰击败。华伦斯泰最初是一名出色的雇佣兵,也是一名新教徒,后来改信天主教,目的是获得许多以前属于新教徒的波希米亚土地。

经过这个苦难的时期后,双方的军队完全靠抢掠为生,并贪得无厌地蹂躏盟友和敌人的领地。军队频繁穿行于德意志各地,除了汉堡等极少数防守严密的中立地区,大多数城市和农村都遭到了彻底破坏。华伦斯泰的军队甚至被称为"蝗虫大军",这既是为了筹措粮饷,也是为了散布恐怖消息,而其他人并不比他好太多。最终,军队变成了格里美豪森(Grimmelshausen)著名的小说《痴儿西木传》(*Simplicissimus*)里僵尸般的杀戮集团。这部小说出版于

第六章

1668 年，当时战争已经结束很久了，但作者自十岁起就被卷入战争。虽然故事有时是彻头彻尾的幻想，但大部分内容读起来很真实。一群群贪婪的士兵屠杀村民，为了得到村民藏的钱财而折磨他们（然后再杀死他们），互相埋伏。这些士兵没有任何目标，也不知道战争何时开始，何时能够结束，战争成了一种永恒的、没有尽头的生活方式。

1629 年，丹麦人退出战争，新教似乎山穷水尽了。帝国阵营宣布，新教徒在过去 70 多年里获得的土地（主要是前教会土地）都必须归还给天主教徒。这样一来，幸存的新教领地（最重要的是勃兰登堡和萨克森）不得不忍受与天主教共存。维也纳在这个时期心满意足，人们举办了许多场时间特别长的弥撒——虽然帝国大部分地区沦为废墟，但它们至少是天主教的废墟。对于新教徒来说，最沉重的打击是马格德堡的毁灭。蒂利将一个强大的新教重镇烧成一片废墟，大约 2 万名居民和守城者被杀，只有 400 人活了下来。天主教军队在马格德堡的暴行刺激新教徒创作了数以千计的版画（所有版画都要设法解决一个问题，即如何用相当粗糙的手段和黑白两种颜色来形象地表现被炸毁的建筑和被抛到空中的人）。

就在此时，欧洲历史上一件（至少对于新教徒而言）激动人心的大事发生了。1630 年，瑞典国王古斯塔夫·阿多夫带着一支人数不多但训练有素的军队出现在德意志北方的海岸。他之所以参战，既是为了提高自己的声望，也是为了帮助新教教友。古斯塔夫参战的效果立竿见影（如今，每当看到我的古斯塔夫·阿多夫啤酒杯垫时，我依旧会激动不已）。起初，他完全没有引起帝国阵营的重视，后者认为他只是另一个注定失败的斯堪的纳维亚入侵者。但对于帝国阵营来说不幸的是，即使没有古斯塔夫，局势也在发生变化。这主要是因为尼德兰人挡住了西班牙人最大的攻势，并正逐渐发展为一股充满活力的、富裕的、报仇心切的新教势力，而法国人已经平息了内部纷争，可以利用强烈的反哈布斯堡情绪来实现其野心。

但是，真正出人意料的还是瑞典人。1631年秋，古斯塔夫利用新的机动战术在布赖滕费尔德战役中消灭了帝国军主力，并在次年的莱希河战役（蒂利在此战中身负重伤，几周后过世）和吕岑战役（华伦斯泰被打败，数月后被杀）中大败帝国军。天主教阵营自此一蹶不振，在接下来的16年战斗中一直没有恢复元气。古斯塔夫在吕岑战役中战死，他叱咤欧洲的时间只有短短的14个月，但这已经足够了。新教徒永远不会强大到足以彻底击败皇帝，但整个中欧重新皈依天主教的可能性也越来越小。事实上，在三十年战争以后，宗教不再是基督徒之间发动战争的理由。

这正是因戈尔施塔特市博物馆存在的意义。莱希河战役之后，溃散的帝国军士兵逃进因戈尔施塔特城，蒂利死在那里。瑞典人随后尝试攻城，但没有得手，古斯塔夫解围而去，前往萨克森的吕岑，最终战死在那里。但在离开前，他的马中了枪，他险些因此丧命。说句题外话，像这样幸运逃过一劫的例子在历史书里数不胜数，我不禁好奇，如果留在历史记录里的是相反的版本，逃过一劫的不是人而是马，那又会怎样呢？比如，历史可能会像这样写——"在后来的吕岑战役中，骑手在它身上中弹身亡"，这想必会是一个

第六章

更令马高兴的结局。无论如何，总之，因戈尔施塔特人击退瑞典人后，打开城门，将马的尸体拖入城中，制成标本。将近四个世纪后，这匹马仍然站在因戈尔施塔特市博物馆里。当然，标本的状态并不好。毕竟，它是被射杀的，制作标本的材料本身就不完美。马身上有许多补丁、缝线和黑点，看起来就像有人把酒洒在它的身上。这匹马生前经历了许多事，但死后站在那里，成为当地天主教徒取笑的对象和骄傲的来源，成为宴会的话题，被当作一个典型的17世纪的纪念品，用来提醒人们死亡是不可避免的，像保存在弗吉尼亚军事学院的"石墙"杰克逊（Jackson）的坐骑"小栗马"或歌德在卡塞尔临摹过的一具大象骨架一样具有历史意义，但比它们更古老，经历了更多的事。

突然造访的小行星

三十年战争的后半段异常血腥。战争变得越来越复杂，联盟变得越来越脆弱，因为每个联盟内部都有大量关于某座城市所有权的相互排斥的特殊协议。单是阅读这段历史便如此令人痛苦，不难想象生活在其中的人经历了怎样的煎熬。瑞典人从战争中期的英雄蜕变为可怕的寄生虫，在中欧四处游荡，大肆破坏，传播瘟疫和饥荒。如果想让正直、中立的现代瑞典人觉得好受一点，那你只能告诉他们，大多数所谓的"瑞典人"实际上是苏格兰雇佣兵或战俘。没有人能负担得起这些士兵的开销，他们只能不停变换队伍，希望能从贫瘠的农村搜刮到少许食物。此时的许多城镇基本上空无一人。

战争的一个关键转折点出现在士瓦本小城讷德林根，它是德国少数几个直到今天仍保留着完整城墙的地方之一。讷德林根之所以出名，不仅是因为它是重要的讷德林根战役的战场，还因为一处特别的景观。大约1 500万年前，当德国还是一个气候温和的亚热带地区，遍地是原始大象和巨龟时，一颗直径约为1英里（约1.61千米）的小行星落在了讷德林根，撞击力相当于180万颗广岛原子弹的威力，形成了一个直径约15英里（约24.14千米）的陨石坑，导致当地生物全部灭绝。有趣的是，陨石坑的形状仍然清晰可见，漂亮的田地向四方延伸，外围是一圈杂乱生长的树木。撞击产生了数以百万计的微小钻石碎片，分散在当地的土壤中，还形成了一种名为"陨磺砾岩"的石英石，讷德林根的地标建筑圣乔治教堂就是用它建造的。我曾经天真地以为，这座教堂是由直接来自外太空的岩石建造的，不过现实已经足以让人惊叹了。这座建在陨石坑中的小城，本身同样呈完美的圆形，高耸的教堂塔楼正好位于其中心。当沿着圆形的城墙顺时针行走，听着塔楼的钟声响起时，我有一种奇怪的不快感，仿佛自己成了某个庞大、古老、完全未知的机制的一部分。

讷德林根给人的印象是，这是一个沉浸在过去的地方，沉浸在它令人窒息的墙壁、塔楼和拥有悠久历史的建筑中，仿佛它（就像附近的罗滕堡一样）存在的意义只是为了吸引游客，城中不计其数的旅店和小景点正等待着游客的光顾，而当地人则不得不虚情假意

第六章

地向游客示好,这有时肯定让人难以忍受——就像从巴伐利亚天气屋跳出,以显示雨天或晴天的小人一样。但讷德林根战役是非常真实的。1634年,讷德林根有可能成为另一个马格德堡——一个被帝国军和西班牙雇佣兵围困的新教据点。自从1631年马格德堡被摧毁后,战争变得格外残酷。例如,当天主教士兵交出美丽的维尔茨堡,光荣地投降后,新教徒还是把他们全部屠杀了。讷德林根拼死抵抗,但由于前来救援的瑞典军队及其德国盟友遭遇惨败,它最终还是沦陷并遭到破坏。

这对新教阵营是一个沉重的打击,但噩梦还没有终结。讷德林根战役之后,三十年战争又持续了14年。帝国军以为他们的敌人已经被赶走了,但实际上这只是标志着战争进入了一个新的也是最后的高潮。如果斐迪南二世此时能够实现全面和平(这非常困难,但并非完全不可能),那么战争可能会结束。但他和他的儿子斐迪南三世(Ferdinand Ⅲ,曾在讷德林根作战)并未就此罢手,而新的大国(尤其是法国)则转而反对他们。像许多战争一样,情绪的最高潮短暂出现,随即消失,而主要参与者甚至都没来得及反应。

随着战争的进行,军队的规模越来越小。双方都没能给予对手致命打击,新教徒在此时日益失控的法国的全力支持下,阻止了帝国军的攻势,但从未严重威胁过哈布斯堡家族的核心领地。结束战争的谈判拖了数年,战争在痛苦中结束。瑞典的新教军队攻入波希米亚,并试图解放布拉格——一切麻烦都是从那里开始的。瑞典人试图跨过查理大桥,但失败了,如今这座大桥的入口几乎被涂着金属漆的有趣的"人形雕像"和业余杂耍者堵住。由于无法突破老城的防御，瑞典人撤退了（途中洗劫了布拉格城堡，这就是为什么今天的斯德哥尔摩有那么多鲁道夫二世的收藏品，包括阿钦博尔多的一些重要作品）。瑞典人之所以无法突破防守，是因为此时波希米亚人已经把他们视为敌人。布拉格居民不再是新教徒，通过耶稣会士的传教，以及无数次参观洛雷托圣母教堂的学校旅行，他们在白山战役后的28年里，已经像《天外魔花》里的人一样变成了狂热的天主教徒。

三十年战争在结束时早已失去了最初的宗教特征。事实上，这场战争标志着新教和天主教虽然仍是整个欧洲政治和宗教生活的基础，但不可能再成为发动战争的原因。从那以后，各方势力只会因为王朝纠葛和经济原因开战，没有人再关心1618年的那些重要问题。当初的皇帝、邦君和将军已经离世，他们的继任者或者更加谨慎，或者更加玩世不恭。

在明斯特，最终签署《威斯特发里亚和约》部分条款的房间仍然保留着。这是一个高贵、庄严的地方，挂着一排重要政治人物的画像。这个房间与在这里发生的重要事件相称，唯一不和谐的是桌子上莫名其妙摆着的一个干枯的人手，它可能是在明斯特历史上的某个时刻从一名罪犯身上砍下来的。欧洲各地的特使纷纷前来，最终尼德兰北部和瑞士成了赢家，它们被完全承认为独立国家。瑞典得到了波罗的海和北海沿岸大片无用的德国土地，其中唯一有价值的是不来梅，但它成功地将瑞典人拒之门外。不过，瑞典对这些地区的统治，使德国大部分地区无法直接参与新的全球经济。许多德意志邦国继续承认皇帝是神圣罗马帝国的元首，但保留了自主执行

第六章

外交政策的权利。尽管承受了巨大压力,而且经常出现紧张局势,但威斯特发里亚体系一直维持到了大约150年后的拿破仑时代。皇帝放弃了将德国变成一个像西班牙、法国或英国那样的统一国家的企图——也许从来没有认真想过。

对于大多数德意志邦国来说,战争是一场彻头彻尾的灾难。许多地区直到19世纪人口爆炸式增长和工业化突飞猛进时,才彻底走出战争的阴影。许多伟大的城市从此一蹶不振。纽伦堡市博物馆里挂着一幅画,画的是1649年,瑞典占领军在离开时正举行宴会,他们得到了城市缴纳的一大笔罚金。画中一群穿着黑白相间衣服的人,试图在绝望的情况下表现出勇敢的一面。和德意志其他地方一样,纽伦堡大多数居民出生后经历的只有战争,而瑞典人彻底摧毁了那个地方,将一座文艺复兴时期的伟大城市变成了一个露天博物馆。许多古老的建筑反而因此保存了下来,我们可以对此表示感谢。但纽伦堡人因为瑞典人的暴行变得无足轻重,直到他们奇迹般保存下来的德国特色在19世纪引起民族主义者的注意。

三十年战争的创伤已被后来的创伤覆盖,它仍然是德国人历史记忆的一个重要组成部分,但任人宰割的可怕剧情在拿破仑战争期间再次上演,而后者作为另一个警示故事,将对近代德国人的自我认知产生巨大的负面影响。几代德国历史学家主张,三十年战争的教训深刻影响了俾斯麦的第二帝国。他们将古斯塔夫·阿多夫视为一个光荣的德国人,因为他试图建立一个统一的德国,但被信奉天主教的哈布斯堡剥削者阻止了。这种激烈的、从新教角度出发对战争的解读,是普鲁士和奥地利争夺德国霸权的战争的思想对应物,并助长了只有新教徒才是真正的德国人的可怕偏见。但是，在俾斯麦之前的许多德国统治者重视并坚持履行《威斯特发里亚和约》，因为他们在如何治理国家、如何遏制造成严重破坏的不受控制的狂暴行为方面得到了宝贵的教训。在 17 世纪 30 年代一幅著名的、很容易让人联想到现代的宣传画中，一名衣着华丽的士兵对着一个代表战争的怪物做着绝望的手势，这个可怕的怪物是一条披着金属盔甲的龙，喷着火，蹲在一堆尸体上。到 1648 年，这个怪物已经吞噬了德意志大部分地区，而剩下的地区根本不够它果腹。战争就这样结束了，给德意志人带去了巨大的痛苦，让他们身心俱疲，而重建将花费几代人的时间。在战争后期，人们清楚地意识到，最初引发战争的信仰问题已经在某种程度上得到了解决，宗教没有再次成为发动战争的原因。但战争的结果使情况变得更加糟糕。在接下来的两个世纪里，一个贪婪、强大的法国将持续威胁莱茵河沿岸的小邦国。

第七章

弗朗西斯科·斯特卢蒂（Francesco Stelluti）和猞猁学院的成员根据马托伊斯·格罗伊特在《蜜蜂图谱》中雕刻的蜜蜂绘制的作品。(*The Trustees of the National Library of Scotland*)

沙漏与食鸟蛛

现存的以 17 世纪的政治事件为主题的艺术作品和文学作品，总透着一股阴暗的气息，让人感到压抑。虽说艺术潮流很难与历史事件截然分开，但德国艺术总是偏爱苍白的尸体、晦暗的烛光、人类愚蠢的化身和死亡的舞蹈，而且这些无法与具体的灾难性事件直接联系起来。不过，到了 17 世纪，这种风格以不同的形式在欧洲大部分地区流行起来。例如，在英国，罗伯特·伯顿（Robert Burton）、亨利·沃恩（Henry Vaughan）和托马斯·霍布斯（Thomas Hobbes）等作家病态但令人高度愉悦的神秘主义风格，散发着一种致力于炼金术的昏暗生活的氛围。这种生活在现实中一定是相当严酷的，但今天我们坐在舒适的椅子上，一边喝着饮料，听着忧伤的小提琴曲，一边阅读这些作家的作品，实在是其乐无穷。

与这种忧郁感相伴的是各式各样所谓的"珍宝阁"，它们至今仍装点着德国的城堡。这些珍宝阁的收藏品，要么是自文艺复兴以来流传下来的珍品，要么是喜爱收藏的现代爱好者的复原物。我甚至可以花一整天的时间来研究这些收藏品，它们曾经是欧洲大部分地区常见的器物，但因为某些事件或时尚的改变而逐渐消失，少数成为后来博物馆的藏品。在德国,它们受到守旧的邦君宫廷的庇护;如果在伦敦和巴黎,它们可能早在几个世纪前就被扔掉或烧掉了。

统治者总喜欢买一些无用但稀奇的东西,没有人能说得清这些珍宝阁是如何出现的。它们使原本散落在宫殿各个角落的器物变得井然有序,便于观赏。珍宝阁自然不是科学,它们的存在只是为了博得观赏者的赞叹,让观赏者能够直观感受主人的声望和人文精神。当然,来自远方的物品只能是干燥的或只剩下骨骼,没有任何气味。这些鸵鸟蛋、鹦鹉螺壳、独角鲸的长牙、珊瑚、蛇骨或蛇皮,会让人觉得外面的世界十分怪异,而且气候干燥、尘土飞扬。它们从威尼斯或安特卫普(后来是阿姆斯特丹)进入欧洲,由于通常不是商人的主要货物,它们会在不同买家手中辗转,最终流入欧洲内陆。这不禁让我好奇,比如,人们从什么时候开始知道所谓的"独角兽的角"其实只是独角鲸的长牙,这件事一直只有少数挪威人和设得兰人知道,但很可能从来没有人询问过他们。当这些稀有的物品(只有极少数会被冲上大西洋北部海岸)不再具有魔力时,人们是会尴尬地不再提起它们,还是只是礼貌地不再理会原先的想法?这是科学与迷信之间的漫长战斗的一部分,人们在面对越来越合理的科学质疑时,仍然像以往一样继续相信传统医学、魔法和占星术。

哥达的宫殿有一个壮观的珍宝阁,沉重的木箱子里装着头骨、青蛙木乃伊、奇怪的符咒、瓶装的美食和鳄鱼蛋等。小邦国的邦君尤其会为了得到更大的火珊瑚或形状更奇特的水果而展开激烈的竞

第七章

争。在大型社交场合，如果你引以为傲的收藏品被碰巧经过的公爵嘲笑，你一定会对他怀恨在心。不过若论藏品，排名第一的必然是布拉格。16世纪末，鲁道夫二世在那里打造了一个梦幻般的世界，在生命的最后几年完全退缩到里面，闭门不出。

当然，仅凭这些物品的"原始"形态，这就已经是你的极限了。一旦每个人都有一块珊瑚，它就只是维持声望的底线，而不是值得炫耀的东西。因此下一步是尝试装饰珊瑚。文艺复兴时期，人们用荒唐的方式处理这些无辜的热带物品，它们曾经在红海快乐地享受明媚的阳光，此时则只是干枯的碎块，在图林根某座宫殿里，被在各地寻找工作机会的奇怪工匠做成各种不同的形状。丑陋的杯子、怪异的宴会主要装饰品、晚餐后供众人观赏或在宗教冥想时使用的诡异物品，这些由黄金和椰子壳或白银和海螺壳组成的莫名其妙的东西，使青蛙木乃伊看起来正常了许多。制作这些物品的艺术家同样会遇到刚才提到的那个问题——一旦每个人都有一个装饰着银质模型船的鸵鸟蛋，观赏者就会感到厌倦。这导致了一场竞赛，威尼斯商人带来一袋袋的热带标本，然后在标本上装饰一些贵重金属和珠宝，做成更加疯狂的桌面摆件。与此同时，还出现了一些荒唐的微缩工艺品，例如，在核桃壳内侧雕刻耶稣受难的场景，四周挤满了送葬者和士兵（这是佛兰德斯人的专长），还有用象牙雕刻的"多层球"，这种艺术品工艺精湛，令看客叹为观止，但没有任何实际用处。

我在这些东西上花了太多笔墨。我假装鄙视它们，但实际上，只要能拥有一个鹦鹉螺壳制成的酒杯，我便心满意足了。不过，许多物品在博物馆里的状态实在是一个悲剧。例如，一副用乌木制成的、雕刻着神话场景的东普鲁士双陆棋，以及用琥珀制成的、刻着希腊英雄头像的棋子，怎么能放在博物馆的柜子里，而不让人玩呢？我只希望腐败的官员或馆长会时不时地把这些东西拿出来，真正地使用它们，用它们喝酒，哪怕只是把玩它们（或许偶尔还能听到鹦鹉螺壳掉到地板上摔碎的脆响）。因为对于它们来说，永远被摆在玻璃橱窗里，似乎是一个耻辱。这种收藏品的竞争，最终因为萨克森选帝侯"强壮的"奥古斯特（Augustus the Strong，1670—1733）的荒唐行为而告一段落。奥古斯特从其庞大的瓷器工厂和波兰人（他通过诡计成为波兰国王）那里获得了大笔资金，并将其挥霍一空。和他同时代的许多人正在励精图治，改革军队，而他却把大部分收入花在情妇、奢华的宫殿和可笑的小饰品上。他花费巨资请巴登伟大的金匠约翰·梅尔希奥·丁林格（Johann Melchior Dinglinger）为自己制作了大量古怪的东西，包括用一整块玉髓制成的"沐浴中的狄安娜"雕像，或者用巴洛克珍珠做成的狰狞的小矮人雕像，或者疯狂而华丽的珠宝艺术品"莫卧儿皇帝奥朗则布的生日"（包括几十个用宝石和金属制作的小型人物雕像，而莫卧儿宫廷本身就是用稀有材料制成的）。奥古斯特一直没有付清"莫卧儿皇帝奥朗则布的生日"的款项，因为瑞典人袭击了几乎没有防备的萨克森，他因此资金不足。但不管怎样，收藏的传统已经结束了。如今，这件奢华的艺术品保存在德累斯顿的绿穹珍宝馆。虽然它与小展示柜中发黄的鲸鱼牙齿的粗糙和朴素看上去截然不同，但其实它和后者同属一个传统，只是走了极端。

第七章

除了病态的穷奢极欲，珍宝阁同样受到欧洲日益增长的知识和与其他地区越来越紧密的联系的影响。德国在欧洲海外扩张的过程中扮演的角色虽然有趣，但并不重要。17 世纪，航海和出版先后改变了欧洲人对世界大部分地区零星而模糊的认识。一群贵族围着一小块火珊瑚发呆的日子一去不复返，大量信息涌入欧洲，起初不被人理解，随后慢慢构建了一个伟大的科学世界。事实证明，珍宝阁是将自然界系统化的努力的一部分。从象征意义上讲，这项工作始于亚当·埃尔斯海默的一件作品——他于 1603 年为罗马猞猁学院绘制的一幅迷人但非常不准确的猞猁小画。这个取得了惊人成就的组织是世界上第一个现代科学学院，它大量收集自然界的物体（包括由数百幅画组成的"纸上博物馆"），为人们理解世界奠定了重要基础。猞猁学院以意大利人为主（最著名的是伽利略），但也有有意思的德意志人。来自斯特拉斯堡的马托伊斯·格罗伊特（Mattheus Greuter）用铜板蚀刻了伽利略新发现的太阳黑子和新发明的显微镜拍摄的第一幅图像（一幅引人注目的、奇特的蜜蜂图像）；来自康斯坦茨的约翰内斯·施雷克（Johannes Schreck）后来成为耶稣会士，前往中国，取了一个中国名字（邓玉函），参与了《崇祯历书》的编纂工作；来自班贝格的约翰内斯·法贝尔（Johannes Faber），花费多年时间制作了一部篇幅宏大但错讹颇多的墨西哥动物图册。

猞猁学院为人类对世界越来越频繁、越来越科学的探索发出了启动信号，学者们对从常见的蘑菇到数量惊人的干货、腌制物，再到西班牙和荷兰航海家从新世界带回的活物进行筛选和研究。从这个意义上看,格罗伊特追随杰出的德意志前辈贝海姆(制作了世界上现存最早的地球仪)、埃哈德·埃茨劳布(Erhard Etzlaub,绘制了著名的《罗马朝圣地图》)、马丁·瓦尔德泽米勒(Martin Waldseemüller,发明了"美洲"一词)和格拉尔杜斯·墨卡托(Gerardus Mercator,以全新的投影法绘制了更合理的平面世界地图)的脚步,专注于地球仪的设计,就没有什么可奇怪的了。当然,想到世界竟然由一个出海口非常有限的国家的人塑造,这确实有些奇怪。

这种探索的热潮以及由此产生的既混乱又兴奋的感受(因为人们不仅可以接触到更大的世界,还被大量新信息淹没),对整个欧洲产生了深远影响。然而,除了少数通过位于德意志西北的荷兰和位于德意志以北及东南的哈布斯堡家族领地直接传入的物品,其他流入德意志的都是二手货。正如在猞猁学院的例子中可以看到的一样,德意志科学家并非只在家乡工作。例如,墨卡托是佛兰德斯人,但由于被怀疑是异端,不得不逃离西班牙的统治,在安全的克莱沃公国完成了他的大部分杰出作品;约翰内斯·开普勒(Johannes Kepler)因为拒绝皈依天主教,被日后成为皇帝的斐迪南二世赶出了格拉茨。

虽然有三十年战争的噩梦,但人们的印象是,随着17世纪的发展,德意志人对外部世界及其异国情调、多样性,以及欧洲人普遍感到陌生的宗教、习俗和思想的了解深入了许多。旅行对此有所助益,但更重要的还是越来越可靠的书籍、地图和版画。那一定是一个激动人心的时代(当然,前提是你有充裕的时间,住在安全的地方,而且相当聪明),无论是在科学上还是在日常生活中。辣椒、菠萝和马铃薯(对德意志来说尤其重要)进入了欧洲人的菜单。17世纪40年代,波希米亚人瓦茨拉夫·霍拉(Wenceslaus Hollar)开始系统性地制作贝壳的蚀刻版画,并为这些贝壳命名,而它们此前只是被当作不知从哪里来的奇物收藏在珍宝阁中。事实上,此时各个领域都在推进描述和命名。随着17世纪的发展,欧洲人发现自己不得不面对海量的数据、物品和故事。从非常有限的意义上说,这是令人遗憾的。虽然它们的涌入为科学革命奠定了基础,但这也是一个早期指标(就像在暴风雨来临前,天会变得阴冷一样),显示欧洲即将成为这个星球的掠夺者和破坏者。这个故事从有趣的珊瑚碎片经过几十人之手,被骡子运过阿尔卑斯山开始,以全球范围内的侵吞而告终。但除此之外,我确实有些向往生活在17世纪那个狭隘、无知,但致力于探索、让人兴奋的世界。那个世界有无数以头骨、镜子和肥皂泡为主题的寓意画;那个世界在迷恋古典世界的同时,又渴望抛弃旧事物;在那个世界,几名学者可以在一个几乎没有蜡烛照明的黑暗房间里(也许伴着一些感性内省的音乐),研究一个变异的柠檬并思考其特性。当然,所有的"穿越"梦都是有问题的。我假设自己会成为一名学者,但实际上,我很有可能在城市的另一个地方死于鼻疽病或其他与马有关的怪病。

在本节的最后,我想通过玛利亚·西比拉·梅里安(Maria Sibylla Merian)的生活和工作来说明这个复杂、缓慢、模糊的发展过程。这位伟大的博物学家和画家,花了几年时间在法兰克福和纽伦堡研究毛虫和蝴蝶,然后先搬到荷兰北部一个虔敬派社区,接着搬到阿姆斯特丹，到 1699 年，也就是她 50 岁出头时，搬到了位于南美洲北部的荷兰新殖民地苏里南（这是多大的变化啊！）。这位经验丰富的杰出研究者和艺术家，从新世界的丛林中获得灵感，创作了配有大量彩色版画的自然史名著《苏里南昆虫变态图谱》(*Metamorphosis insectorum Surinamensium*)。说实话，这种异国情调与当时花哨的传统花卉画的结合，多少让人难以接受。但在看这些版画时，读者显然会感到自己已经进入了现代，包括梅里安为引发读者兴趣而描绘的生物搏斗的场景，如巨大的水虫吃青蛙，或眼镜凯门鳄与色彩鲜艳的伪珊瑚蛇的争斗。在另一幅非常奇怪的画中，一只粉趾狼蛛正在吃一只蜂鸟，这似乎就是"食鸟蛛"一词的起源。"食鸟蛛"被用来描述更可怕的、浑身长满毛的南美巨型蜘蛛，而除了梅里安的画，再没有证据表明它们曾经吃过鸟。这些版画在某种程度上可以被视为现代电视纪录片的雏形。梅里安笔下的水果、花卉和昆虫活灵活现，与钉在墙上的标本给人的感觉截然不同，这本身就相当于创造了一个全新的世界。在两个世纪的时间里，一场关于欧洲人应该如何看待和占有世界的革命，使珍宝阁被人们彻底遗忘。试想如果可怜的老萨克森-哥达-阿尔滕堡公爵只能穿过黑暗的走廊，打开吱吱作响的大门，向来访的客人展示他收藏的那些发霉或半木乃伊的垃圾，而他更有科学头脑的朋友则可以拿出梅里安的《木薯根上的翡翠树蚺、天蛾和角蝉》的彩色版画，那幅画如此陌生、大胆和色彩鲜艳，让所有客人产生一种既兴奋又恶心的感觉，那么那位可怜的老公爵还有可能给客人留下深刻印象吗？

《音乐葬礼》

德国一些小城的景色美不胜收,下萨克森州的沃尔芬比特尔便是其中之一。一下火车,你就能看到鸟在树上嬉戏,鱼在水里欢快地畅游,还有一家名为"王储"的餐厅,外墙上爬满了常春藤。有了这些,沃尔芬比特尔已经无可挑剔了,更不用说它雄伟的宫殿、粉色的兵工厂、奥古斯特公爵图书馆和城市教堂了。这座城市之所以如此完美,是因为不伦瑞克公爵在 1742 年放弃了它,此后再没有人关注它。哲学家、数学家莱布尼茨(Leibniz)和剧作家、文艺批评家莱辛(Lessing)都曾在这里居住过(莱辛曾担任大图书馆的馆长),还有作曲家、《忒耳西科瑞的舞曲》(*Dances from Terpsichore*)的编纂者米夏埃尔·普雷托里乌斯(Michael Praetorius),《忒耳西科瑞的舞曲》出版于 1612 年,收集了数百首优美、活泼的曲子。同其他重要的作曲家不同,普雷托里乌斯的财富不是来自他的音乐,而是来自参与挫败了一起针对他的雇主不伦瑞克-吕讷堡公爵海因里希·尤利乌斯(Heinrich Julius)的暗杀,后者是一个聪明、放荡的酒鬼,迫害过女巫,在《忒耳西科瑞的舞曲》出版后不久便因饮酒过量而死(不少人为此感到高兴)。

我之所以提到海因里希·尤利乌斯,是因为他和他的继承人完美展示了邦君令人眼花缭乱的多样性。他们人数众多,兴趣广泛,做出什么事都不值得大惊小怪。甚至连大邦国的宫廷也不乏这种多样性，杂乱无章的艺术风格、捉襟见肘的财务状况、滥竽充数的艺术家、火灾损失和异想天开的遗嘱层出不穷，宛如一部邦君统治的连续剧，剧情跌宕起伏，令人目不暇接。单是许多宫殿庞大的规模便让人难以理解，即使用主人发疯的亲戚和他们的看守塞满一座塔楼，用私生子、犯了错的女仆和一心想着敲诈勒索的阴险马夫塞满另一座塔楼，宫殿里也仍然有不计其数的空房间。叛逆的弟弟们会搬走，装修风格和装饰品会过时，一个主人想要古钢琴和扑粉假发（当时流行的一种假发），另一个主人则想让宫殿看起来像一座军营。仆人们必须头脑灵活，随机应变，才能让主人满意。这里有时挤满了孩子，有时又没有什么人，因为所有男人都去打仗了（历代不伦瑞克公爵尤其乐于上战场，他们似乎渴望被谋杀或战死沙场）。整座宫殿有时可能笼罩在长寿的公爵遗孀的阴影下，她经历了四代公爵的统治，个性坚强，身穿老式丧服，主宰宫廷数十年。家族可能会搬进或搬出，搬出有时是因为瘟疫。一名邦君的宴会厅可能摆着整只烤鹿、精心制作的果冻，还有宫廷管弦乐队在旁奏乐；而下一名邦君的宴会厅里可能只有一个脸色苍白、不戴假发的老人在昏暗的烛光下吃着肉饼。

上面提到的这些，都在沃尔芬比特尔真实发生过。在那里，遭人痛恨的海因里希·尤利乌斯死后，他的儿子弗里德里希·乌尔里希（Friedrich Ulrich）继承了公爵之位。乌尔里希酗酒、纵欲，甚至不如他的父亲，他颇有主见的母亲一度将他废黜。三十年战争期间，他的无能暴露无遗。他犹豫不决，失去了所有盟友，整个公国

第七章

被天主教阵营和新教阵营轮番蹂躏，途经这里的士兵肆意掠夺日益减少的战利品和食物。但不久之后，事情出现了转机。1634 年，弗里德里希·乌尔里希死于一场事故，没有留下继承人。经过复杂的谈判，皇帝选择一名远房表亲小奥古斯特（August the Younger）为新公爵。这个值得尊敬的人的名字中被加了"小"（他一直被这么称呼，直到在 80 多岁的高龄去世），以区别于已故的兄长。不过随着他的眼睛越来越浑浊，胡子越来越长，这个称呼变得越来越奇怪，也越来越令人疑惑。他让宫廷的氛围焕然一新，结束了混乱的局面，花了大约 30 年时间收集稀有的手稿，而且终生痴迷国际象棋和密码。他的书后来被保存在一座学究气十足的维多利亚式建筑中，不过那里没有牛津大学汉弗莱公爵图书馆或哈雷弗兰克基金会的旧图书馆（居然有 18 世纪早期的德语-波斯语语法书！）那种嗜书如命的氛围，那种氛围能给某些人带来奇怪的愉悦感。不过，小奥古斯特的藏书，以及他在书脊上写的字和他的老式地球仪，同样散发着无穷的魅力。德意志各地都有像这位博学的公爵一样的人，他们把大量金钱花在文化事业上（当然，考虑到时代背景，小奥古斯特或许更应该把钱花在贫穷的臣民身上），同喜爱打猎、举止粗鲁的红脸公爵一样典型。

与小奥古斯特年龄相仿的罗伊斯家族的"遗腹子"海因里希二世（Heinrich II，他同样被称呼为"小海因里希"，"遗腹子"这个绰号是因为他的父亲在他出生前就去世了），统治着图林根东部的小邦国格拉。这个有趣的人和奥古斯特长得几乎一模一样，有着相同的阴郁表情和白胡子。他精明地统治着自己的领地，在汹涌的白埃尔斯特河畔建造了一座巨大的宫殿，临终前一直在挑选适合刻在铜棺上的简短铭文（"我赤身出于母胎，也必赤身归回"）。在三十年战争战火肆虐的时候，海因里希二世仍能践行自己的信念，这是值得赞许的。他死后，巴赫之前德意志最伟大的作曲家海因里希·许茨（Heinrich Schütz）接受委托，为铭文谱曲。许茨出生在罗伊斯家族统治下的科斯特里茨，是海因里希二世的朋友。许茨创作了《音乐葬礼》，这是德国合唱曲中最优美动人的一首。遗憾的是，海因里希二世在离世前听到这首曲子的故事几乎可以确定是假的。如果是真的，那一切就太完美了，因为他以一种悲伤而庄重的方式（成堆的黑色天鹅绒，一两件纪念品）来安排自己的离世，而这种方式同时又带着些许夸张和滑稽的感觉。那些确定许茨是在其赞助人死后才写出这首乐曲的音乐学者，着实让人生气。

如今，海因里希二世的宫殿是一个令人伤感的地方。1945年，因为纳粹军队和苏军的战斗，宫殿被彻底摧毁，后来也没有重建。民主德国时期，人们在宫殿旧址上建了一家餐厅，不过味道欠佳。这也证明了一个规律——风景越美好的地方，食物越糟糕。一座建于海因里希二世继位前的小塔楼保存了下来，还有一个城堡形状的儿童攀爬架，这是以那个设计巧妙、以版画闻名的庞然大物为原型的一个巧妙的缩小版仿制品。人们常说，与普鲁士或萨克森相比，德意志小邦国的统治者要好得多，因为他们实在微不足道，不会对任何人造成太大伤害。隐藏在沉睡的群山之中的格拉正是一个绝佳的例子。

第七章

扑粉假发的时代

　　1666 年小奥古斯特去世后，接替他管理邦国的是一对兄弟（哥哥是公爵，但不理政务），沃尔芬比特尔再次陷入混乱，而且因为一些恶毒的政治阴谋（中间有诸多曲折和反复）招致外国入侵，蒙受奇耻大辱。这个时期的核心人物是安东·乌尔里希（Anton Ulrich），他在哥哥去世后继承了公爵之位，但同样年事已高。虽然安东·乌尔里希经常处于灾难边缘，但他以一种更有活力的方式证明自己确实是奥古斯特的儿子。他扩建了图书馆，任命戈特弗里德·莱布尼茨为图书馆馆长，雇用了来自现在的加纳的饱学之士安东·威廉·阿莫（Anton Wilhelm Amo），还建了一座无与伦比的画廊。

　　不管是画像还是半身塑像，安东·乌尔里希都保持着 17 世纪末大人物的典型形象，身穿丝绸服装，戴着长长的假发，一副目中无人的傲慢表情，背景不再是昏暗的房间，他也不再像上一代人那样对着骷髅头骨做沉思状。这两代人之间似乎有不可逾越的鸿沟，这多少与路易十四新建的凡尔赛宫矫揉造作的风格有关。凡尔赛宫使当时所有的建筑显得过时、落伍和可悲，从而引发了一场声势浩大而荒唐的跟风潮，甚至连科隆选帝侯或黑森-达姆施塔特伯爵等小邦国的统治者也不例外。大量无用的建筑突然如雨后春笋般出现，其中不少从未完工。完全搞不清状况的建筑商，只能想方设法再搅拌一大桶灰泥，或者订购更多的宁芙（希腊神话中的女神）石像。像不伦瑞克-沃尔芬比特尔这样的邦国根本不可能跟上其他人的脚步，因此公爵能做的只是模仿法国贵族优雅的服饰，包括令人称奇的假发、漂亮的鞋扣和大量绣着图案的丝绸。

当安东·乌尔里希听说这个时期的一件重大意外事件时，他脸上的粉想必掉了不少。随着没有子嗣的威廉三世（William Ⅲ）的突然死亡和他的继承人安妮女王（由于多次流产和孩子早夭，安妮也没有子嗣）的过世，英国王位空悬。根据1701年通过的奇怪的《嗣位法》（不过这样的法律在德意志并不罕见），安妮死后，英国王位将由与她血缘关系最近的合适的新教徒继承。这个人被认为是汉诺威的索菲亚（Sophia），她是伊丽莎白·斯图亚特（Elizabeth Stuart）聪明而出色的女儿。伊丽莎白是詹姆士一世的女儿，在三十年战争期间长期过着流亡生活，其间生下了许多孩子。在伊丽莎白过世大约50年后，她的家人终于交上了好运。

但这与安东·乌尔里希无关，幸运的赢家是索菲亚的儿子乔治（此时索菲亚已经过世了，就在安妮去世前不久）。乔治是韦尔夫家族另一个分支的族长和不伦瑞克-吕讷堡公爵，还通过大肆贿赂成了神圣罗马帝国的选帝侯。在本书中，我一直尽量避免提及令人头晕眼花的家族继承，而这便是其中一个例子。下萨克森州的两个相当疯狂和边缘的分支突然迎来了截然不同的命运，其中一个以汉诺威和伦敦为基础统治着世界上广袤的领土，而另一个则像以前一样疯狂和边缘化。不过安东·乌尔里希很幸运，他早死了几个月，不需要目睹乔治加冕后发生的一系列可怕事件。

第七章

我之所以提到小奥古斯特和安东·乌尔里希,既是因为他们与我投缘,也是因为他们为德意志在绘画和雕塑方面所取得的辉煌成就做出的贡献(他们的贡献远大于之前的收藏家的贡献)。如今,许多小城市仍然保存着这份成就的痕迹,但外国人或没有相关知识的人很难注意到它们。德意志隐藏的文化和艺术杰作的数量(和质量)令人吃惊,即使是像沃尔芬比特尔这样长期停滞的地方也不例外。安东·乌尔里希收藏的画被移到不伦瑞克(今天人们仍然可以在那里看到它们),欧洲最古老的博物馆之一便是在这些藏品的基础上建立的。令人吃惊的是,这些藏品就挂在博物馆里,中心是安东·乌尔里希自己的画。乌尔里希后来皈依了天主教,而且非常狂热。他对在性高潮中死亡的裸体女性的兴趣,与这种宗教狂热不安地结合在一起,画中的狄多(Dido)、克利奥帕特拉(Cleopatra)和普罗克里斯(Procris)都颤抖着身体。墙上挂着赤裸上身的喀尔刻(Circe)、维纳斯(Venus)、狄安娜(Diana)、波提非拉(Potiphar)之妻和夏娃的画。其中一幅画的主题是耶稣试图感化不知悔改的妓女,耶稣的美德毋庸置疑,但不着衣衫的妓女显然更引人注目。除了这些画,博物馆还收藏着这个有着古怪爱好、长着鹰钩鼻的公爵的半身塑像。

像这个时期的许多藏品一样,乌尔里希也收藏了不少平庸的荷兰人的作品(这些作品可以用马车运到沃尔芬比特尔,运费低廉)。人们不禁要问,这些藏品为什么没有经过处理。只要使用大量打火机油来稀释油画颜料,它们就会立即变得更吸引人。而且处理乌尔里希的收藏品所需的时间,远远不及处理黑森-卡塞尔公爵收藏品的时间。为了处理黑森-卡塞尔公爵的收藏品,一队队身穿石棉衣服、手持喷火器的人忙了几个星期。他们接到了严厉但公平的指示,要注意滑冰和酒馆活动等场景以及无聊的平地风景。

大马士革弯刀

帕绍市的山上有一座很小的玛利亚希尔夫朝圣教堂,教堂前有大约 320 级台阶,攀登台阶是朝圣之旅的一个重要组成部分。在德国南部,我爬过许多这种忏悔阶梯,但那里的无疑是最糟糕的。好多人在阶梯上一动不动,一些人显然在祈祷,但另一些人只是情绪激动,有的似乎已经在那里待了好几天。我不知道气喘吁吁地经过祈祷的人算不算无礼,但那次的经历很好地说明了,极端重视隐私的英国人,在需要用更多手势交流的地方会多么手足无措。不过,登上山顶,向四周望去,美景尽收眼底,人们便会觉得一路的辛劳没有白费,也不再担心可能需要得到医疗直升机的帮助,才能爬上如此陡峭的山。在山顶,地理爱好者能够看到欧洲最令人惊叹的景象之一——发源于瑞士阿尔卑斯山的宽阔的、绿色的因河,从侧面流入狭窄的、蓝色的(或者说蓝灰色的)多瑙河,后者发源于德国黑森林地区。唯一能胜过这里的,是站在两河交汇的狭窄 V 形土地上看到的景象。

玛利亚希尔夫教堂同样值得一游。教堂里有一些很小的还愿画,主题是人们感谢玛利亚将其从溺水、被雷劈、遭火灾、遇强盗

第七章

和马车失控等灾难中解救出来。尤其引人注目的是，神圣罗马帝国皇帝利奥波德一世（Leopold I）留在那里的一块小铜牌，旨在感谢圣母玛利亚将欧洲从奥斯曼人的威胁中解救出来。1683年奥斯曼人围攻维也纳期间，利奥波德一世曾逃到帕绍避难，这座城市短暂成为神圣罗马帝国的中心。波兰-立陶宛联邦与神圣罗马帝国联军战胜奥斯曼军队之后，利奥波德一世想表达自己的感激之情（"仁慈的玛利亚"或"玛利亚保佑"是哈布斯堡军队的战斗口号）。利奥波德一世在位时间很长，其间几乎与所有人打过仗（帝国的每条边境都受到过威胁），但在生命的最后阶段，他把主要精力放在抵御奥斯曼人的入侵上。

英国人想到神圣罗马帝国皇帝时，完全不会想到这种核心的帝国职能。但相较于对抗新教徒，哈布斯堡极端保守的天主教信仰在对抗奥斯曼人时更加有效。维也纳的哈布斯堡宫廷会按照一成不变的宗教日历，每年在固定的时间做弥撒、游行、从一座宫殿前往另一座宫殿。在短暂的休息时间里，人们谈论的话题自然离不开同奥斯曼帝国近在咫尺的边界。

几个世纪以来，波兰人和奥地利人承担了守护基督教欧洲的重任。当然，奥斯曼帝国始终在欧洲扮演着复杂的角色。考虑到包括欧洲文明名义上的发源地希腊在内的欧洲大片土地，长期处在君士坦丁堡稳定的统治下，人们怎么能说，法国人或者意大利人居住的欧洲地区比奥斯曼帝国的欧洲地区更具有欧洲特色呢？奥斯曼人之所以能够不断发起攻势或构成军事威胁，是因为至少从14世纪开始，他们就比其他欧洲人更强大。当英国为了获得法国西部的几块领土而进行着无休止的、毫无意义的战争时,奥斯曼人统治着从亚得里亚海(顺时针)到突尼斯的地中海地区。在 1526 年关键的摩哈赤战役中,奥斯曼军队(包括实力不俗的非正规军)的兵力几乎是其基督教对手的两倍,大炮的数量是对手的三倍。在 1525 年的帕维亚战役中(考虑到奥斯曼人即将到来,这场战役实在是不合时宜),神圣罗马帝国军队主力遭遇了法军主力,但两支军队的规模都不及摩哈赤战役中奥斯曼军队的一半。虽然基督教一方偶尔能够取得一些激动人心的胜利(如 1571 年的勒班陀海战),但在 17 世纪末以前,人们从未认真考虑过一劳永逸地解决奥斯曼人的威胁。神圣罗马帝国皇帝只能满足于守住边界,避免失去更多的领土。奥斯曼人每年都会扫荡哈布斯堡家族在匈牙利和维也纳以东的小块残余领地,劫掠成千上万的奴隶。直到今天,人们仍然可以在古老的边界线上看到许多挂着所谓的"奥斯曼钟"的教堂塔楼,它们的作用是提醒人们,奥斯曼人来了。人们很清楚,如果维也纳沦陷,奥斯曼人便可以沿多瑙河兵临萨尔茨堡城下,接着是帕绍,然后伴随着鼓声和刀剑的铿锵声进入巴伐利亚。这样的前景让人胆战心惊。为了应对奥斯曼人的威胁,奥地利修建了大量城堡和武器库,还在从斯洛文尼亚向东延伸的广阔区域设立了名为"军事前线"的特殊行政区,通过信仰自由和禁止农奴制来吸引移民。那里驻扎着由塞尔维亚人、克罗地亚人和德意志人组成的军队,指挥所设在格拉茨,他们的任务是抵御波斯尼亚和匈牙利的奥斯曼军队。军事前线的资金来自哈布斯堡君主的领地,也就是说,主要由奥地利提供。但对于来自神圣罗马帝国各地的德意志士兵来说,在边疆服役令人

第七章

激动，而且报酬很高。因此，皇帝领导的是一个极其复杂、内部冲突不断的体系，一个靠誓言和甜言蜜语维持的不稳定的联盟，人们希望它足以挡住奥斯曼人的攻势。

如今，格拉茨的大军械库仍然能让人感受到当年与奥斯曼人战争的紧张氛围，格拉茨是靠近边界的施蒂里亚公国的首府。即便经过了翻新和重建，游客还是可以通过这座阴暗的、令人窒息的建筑，看出当年人们为应对奥斯曼帝国的持续威胁做了多么充分的准备。这座武器库有几层，里面只有一排排的制式兵器，包括成百上千的胸甲、牛角火药筒、火绳枪、野猪长矛、头盔和手枪，全都能在实战中派上用场。世界上很少有其他地方有这么多老式杀人工具。这里是真正的边疆，奥地利人费尽千辛万苦才在1683年勉强守住这里——这一年可谓多难之秋，成千上万的施蒂里亚人死于蝗灾、瘟疫和奥斯曼人的入侵。奥斯曼人俘虏了大批基督徒，还专门设立大型奴隶市场供人们买卖他们。随着格拉茨离前线越来越远，承受的压力越来越小，这里由边境要塞变成了普通的驻军城市，武器库没有先前那么重要了。但这些武器仍然完好无损地保存在这里，如今提醒着到访的人们，奥地利的起源及其特殊的战斗形式。

17世纪50年代，随着利奥波德一世的统治趋于稳定，形势发生了重大变化，欧洲人重新燃起了斗志。虽然奥斯曼人仍然能够集结起一支大军，但他们的优势终于开始动摇。奥斯曼人在几个方面承受压力，其中最大的挑战来自俄国，后者在接下来的两个世纪里逐渐瓦解了奥斯曼帝国。1683年围攻维也纳是奥斯曼人最后一次尝试将边境往西推进，或者至少要重创哈布斯堡家族，但他们显然已经力不从心。仅仅过了两个月，奥斯曼大军和克里米亚、瓦拉几亚、摩尔达维亚、匈牙利等附庸军队，便被波兰-立陶宛联邦、奥地利、士瓦本、萨克森、弗兰肯和巴伐利亚联军击败。一些重大历史事件因为没有留下任何痕迹而令人感到遗憾，这次围攻便是其中之一。保护维也纳的大型防御工事早已被拆除，而主战场现在已经隐藏在街道和房屋之下。当年的许多战斗是在地下进行的，双方挖掘了纵横交错的地道。奥斯曼工兵试图潜入维也纳城墙下并将其炸毁，而神圣罗马帝国的工兵用炸弹、手枪和刀反击。

在这样的紧要关头，路易十四利用神圣罗马帝国皇帝无暇分身的机会，大举进攻德意志西部。一方面，这种行为极其卑鄙；但另一方面，这多少表明，奥斯曼帝国实际上被视为和其他国家一样的欧洲大国。从理念上讲，基督教世界应该团结一致，但它的一些重要成员显然并不担心维也纳的沦陷。

围攻维也纳是当时最重要的事件，今天德国几乎每座宫殿或博物馆都有关于这场战役的版画或联军部署计划书。维也纳的卡伦山一直是旅游胜地，当年波兰军队和神圣罗马帝国军队在这里会师后直扑多瑙河谷，大败奥斯曼人。卡伦山上有一家特别的餐厅、一座波兰朝圣教堂和一段感人至深的 19 世纪铭文，列出了在那一天摘掉头盔相互致敬的国王、皇帝和主要邦君的名字。

波兰在这场胜利中居功至伟，但并未因此得到什么好处，而且在接下来的一个世纪里日益衰落，直至亡国。这再次证明，所谓的统一的欧洲或基督教文化的意义其实非常有限。波兰是一个坚定的天主教政权，但后来遭遇了与衰弱的奥斯曼帝国相同的命运，多次

第七章

被奥地利人、普鲁士人和俄国人瓜分。

奇怪的是，若想了解这个时期神圣罗马帝国与奥斯曼帝国之间的战争（最终匈牙利和特兰西瓦尼亚的大部分地区落入哈布斯堡家族之手），最佳地点是位于莱茵河畔的卡尔斯鲁厄，这座城市与维也纳相距甚远，这是一个在许多方面都非常无聊的地方。这座城市呈扇形布局，以巴登-杜尔拉赫边疆伯爵宫殿的一座塔楼为中心，街道向各个方向辐射。这是一个集权主义的想法，只对住在宫殿里的人有利，却使当地人的出行变得非常不便，行人仿佛被困在一个乱七八糟的网格系统中。不过，真正使卡尔斯鲁厄青史留名的是，19 世纪末，弗里茨·哈伯（Fritz Haber）在这里研究出了如何制造氨，促进了化肥的发明，间接带来了世界人口的爆炸式增长，并使所有其他发明都黯然失色。

不过，真正让卡尔斯鲁厄人骄傲的是所谓的"土耳其战利品"。这批奥斯曼人的武器是在 1691 年的斯兰卡门（地点在今天塞尔维亚的伏伊伏丁那）战役中缴获的，这是维也纳战役后最重要的一场战斗，指挥官是巴登-巴登边疆伯爵路德维希·威廉，他的绰号是"土耳其人路易"，当地的葡萄酒、巧克力和杜松子酒包装上都印着这个名字。在这场战斗中，他率领的德意志和塞尔维亚联军消灭了一支人数远多于自己的奥斯曼军队，大约 2 万名敌人或死或伤，奥斯曼人从此彻底转为守势（奥斯曼凭借着防御能力存活了下来，在丧失了大量领土后，成了今天的土耳其共和国）。

战利品被陈列在博物馆最显眼的地方，而摆在角落的物品（锯鳐的"锯"、鳄鱼头骨、琥珀珠宝盒、用蜡和玻璃表现的特洛伊陷落的场景)同样非常有趣——如果换作平时,我一定会花上几个小时来欣赏它们。博物馆里还巧妙地在战利品旁摆了一尊现代雕塑,雕塑的主人公是一个土耳其裔德国出租车司机,他把出租车夹在腋下,就像一个农夫夹着一只小山羊。战利品包括双刃斧、战旗、复合弓、铜鼓、装满武器的箱子、锁子甲、皮箭袋、战役帐篷、西帕希骑兵的盔甲、波斯燧发枪和大马士革弯刀,大马士革弯刀是一种优雅华丽的奥斯曼长刀,有人会把两把刀交叉挂在胸前。对于任何一个迷恋(哪怕只是少有迷恋)东方的人来说,这些东方的杀人利器一定会让他兴奋不已。

博物馆还收藏了一幅1879年的画,带着德意志帝国时期典型的痴迷细节和浮夸的风格。画中的"土耳其人路易"骑着一匹扬起前蹄的战马,不屑地看着对手穆斯塔法·柯普吕律(Mustafa Köprülü)的尸体。这幅画意在凸显西方的强大和奥斯曼人的软弱。"土耳其人路易"全副武装,眉头紧锁,而后者养着鹦鹉,戴着头巾,旁边还有一个惊慌失措的黑人、一个四处躲避的美女和几柄骇人的大马士革弯刀。我在鄙视这幅画的无知和低俗的同时,也不得不承认,这幅画确实适合摆在这样一个陈列"土耳其战利品"的地方。

我曾经在一场以"帝国"为主题的讲座中听过一个观点,这个观点听起来很平常,但我后来一直在思考它。这个观点是,在帝国的边疆,双方的士兵、农民和商人彼此熟悉,而且通常远离统治者和首都,因此地图上的边界线无法准确反映边疆交流密切、充满活力的现实。哈布斯堡帝国和奥斯曼帝国对峙了几个世纪,哈布斯堡

第七章

军事前线的塞尔维亚和克罗地亚士兵非常熟悉奥斯曼帝国的波斯尼亚，布拉迪斯拉发（普雷斯堡）的皇家匈牙利人（哈布斯堡统治下的匈牙利被称为"皇家匈牙利"）很清楚奥斯曼帝国统治下的匈牙利人的困境。双方可以互派使节（人数可能不多），还可以通过希腊中间人做生意，这些足以使他们了解对方的社会。在和平时期，被派往奥斯曼宫廷的哈布斯堡使节会获赐大量珠宝；但一旦开战，他可能在奥斯曼人的船上当一辈子奴隶，或者过着其他类似的悲惨生活。

直到今天，我们仍然深信哈布斯堡帝国的宣传，认为奥斯曼帝国统治下的东南欧不是真正的欧洲，它更危险、更神秘，而且在某种程度上更糟糕。但奥斯曼是一个高度成熟的社会，有着灿烂的文明，有贝尔格莱德和布达这样的坚城，有萨洛尼卡（今希腊塞萨洛尼基）和士麦那这样的贸易城市，更不用说伊斯坦布尔，这座城市继承下来的璀璨的文明遗产丝毫不逊色于维也纳。就文明而言，在维也纳战役期间，人们有时很难选择应该站在哪一边。一方是一个相当宽容的世界，有丝绸、沙丁鱼、后宫、齐特琴、喷泉和由背着蜡烛的乌龟照明的郁金香节；而另一方是阴郁的、所谓"锦缎正统天主教"的世界，维也纳的犹太人不允许在周日早晨走出家门，因为他们被认为是杀害基督的罪魁祸首。当然，我可能更愿意穿着软底拖鞋，喝着咖啡，看着骆驼拉着大炮从门前经过。如今，奥地利正领导着一些欧盟国家激烈地反对土耳其加入欧盟。这不算意外，但还是多少给人一种时代错位的感觉——现在还有多少人知道"土耳其人路易"和他的功绩。

"烧了普法尔茨!"

政治形势的变化是复杂的、难以解释的。就在三十年战争即将结束时,欧洲遭遇了难以想象的坏运气——路易十四出生了。当饱受创伤的战争幸存者试图重建他们的城市,重新打通贸易路线以恢复商业活动时,这个可怕的人逐渐长大,并打算好好利用黎塞留(Richelieu)和朱尔·马萨林(Jules Mazarin)留下的财政和军事遗产。他将荼毒德意志西部和其他许多地方。

文化最有意思的地方在于,它只能被某个时代特定的国家、阶级或地区的人接受。路易十四在英国从来没有多少崇拜者,因此英国人很容易遵循这个长期传统。在路易十四统治末期,法国出现了很大问题,英国与此不无关系。但真正的原因还是文化上的。路易十四的品位以及他偏好的建筑、音乐和设计风格早已过时,甚至令人反感。像其他许多事情一样,由于过了太长时间,人们已经很难把他看成是一个怪物,也无法充分了解他犯下的暴行。我在凡尔赛宫这个冰冷无情的噩梦宫殿浪费了太多时间,这让我不得不感叹,即使在去世 300 年后,他还是把我们都吸引到了他的畸形世界。在那里,人们围观国王如厕,欣赏他打扮成太阳的样子跳芭蕾舞,坐在一起看盛装游行表演,代表欧洲河流(莱茵河、多瑙河等)的人会向代表塞纳河的人鞠躬——我想知道,现场真的没有人发笑吗?

路易十四 5 岁登基,直到 77 岁生日前才去世。从亲政开始,

第七章

他在军事和文化上让欧洲苦不堪言。就德意志而言，军事上的痛苦来自路易十四的领土野心。同许多乏味的人一样，路易十四总是盯着地图，希望将法国的领土扩大到其"自然"边界（比利牛斯山、阿尔卑斯山和莱茵河），为此不惜制造完全站不住脚的借口。为了落实这个武断的甚至是疯狂的念头，法国人付出了极大的代价。没有人知道，多少人的牺牲才换来法国的边界向前推进到至今仍然一片荒凉、以度假地为主的地区。其中唯一有价值的是北部与今天的比利时接壤的一小块区域，那里有一些重要的煤矿。这些煤矿成为左拉（Zola）的长篇小说《萌芽》（*Germinal*）的背景，至于这项收益能不能弥补路易十四投入的大量资源，我们就不得而知了。当时，英国在北美建立了一系列殖民地，它们是美国的前身；奥地利得到了整个匈牙利和特兰西瓦尼亚。与英国和奥地利相比，路易十四获得的成果实在少得可怜，只有几乎无人居住、最后卖给美国的路易斯安那值得一提。路易十四之所以白费功夫，是因为这些所谓的"天然边界"并不是天然的，而且讨厌他的人太多，总有强大的联盟与他为敌。

17 世纪 80 年代是德意志的黑暗期，当时路易十四以无耻的律师起草的荒谬的法律文件为依据，主张自己有权领有一些城市，包括以前独立且和平的斯特拉斯堡。斯特拉斯堡在整个三十年战争期间一直保持中立，此时却落入疯狂且贪婪的路易十四之手。这是挑起德法世仇的一个关键因素，直到 1945 年，争端才得以解决。路易十四很乐意把动机归结为纯粹的"荣誉"，这种荣誉表现为幼稚的游行表演和有着令人不胜其烦的神话元素的穹顶壁画等。17 世纪 80 年代后期，为了迫使神圣罗马帝国接受他在边境的盗窃行为，并同意由亲法的人担任选帝侯科隆大主教，路易十四命令法国军队渡过莱茵河，摧毁所有主要城市。这些城市孤立无援，只能任人鱼肉。在"烧了普法尔茨！"的口号下，美因茨、科布伦茨、沃尔姆斯和施派尔沦为废墟。路易十四特别强调要摧毁文明中心，这样即使它们最终不属于法国，也会成为保护法国边境的荒芜之地。这些城市的居民被赶走，所有有价值或重要的建筑都被付之一炬。例如，施派尔大教堂受到严重破坏，直到 1850 年才完全修复（这座建筑在法国大革命战争期间再次遭到法国人破坏）。不过，由于这些城市在 20 世纪 40 年代再次严重受损，因此人们说不清路易十四究竟造成了多大的破坏。法国人留下的最著名的废墟是海德堡宫的外墙，它深受游客和画家喜爱，但也是野蛮的、令人痛苦的暴力的副产品。

这些灾难当然不能完全归咎于法国人，德意志不少邦君也难辞其咎，他们甘当路易十四的附庸，不断怂恿他开战，但并不会忠心耿耿地追随他。不过，路易十四发动战争的理由如此空洞，如此站不住脚，这不禁使人好奇，我们应当如何看待这个时期的战争。许多人认为，自拿破仑战争开始的许多欧洲战争都是有意义的，有明确的（即使是有争议的）动机，先后发生的一连串事件也是有目的性的（虽然经常导致悲剧）。但从三十年战争第一阶段（这个阶段的矛盾以信仰为主）到法国大革命爆发前的战争，完全看不出这样的目的和意义，一切似乎都只是戴着扑粉假发的恶棍蓄意挑起的。这个残酷时期的序幕便是由路易十四拉开的。在此期间，各国痴迷

第七章

于"权力平衡",但不同的势力对平衡的想法完全不同,而且领地仍然被视为君主的私人财产。如果学者想从这个时代的政治中找出一丝积极性,他们只能关注那些奇怪的、往往很小的迹象,即随着18世纪的发展,领地为君主私有的观念逐渐被真正的民族主义削弱,人们认为自己属于国家,而不是属于统治者。历史学家找到历史在按这个脉络发展的证据时,往往会长舒一口气。例如,18世纪末,神圣罗马帝国皇帝约瑟夫二世(Joseph Ⅱ)失败的尝试,便被认为不单与统治家族之间的纷争有关。约瑟夫二世试图用属于他的偏远而麻烦不断的比利时换取巴伐利亚,将巴伐利亚选帝侯赶到布鲁塞尔,将巴伐利亚收入囊中。这个想法令比利时人和巴伐利亚人无比愤怒(这意味着,甚至在法国大革命之前,民族感情已经在各地觉醒)。最终,皇帝只得到了因河沿岸一小片几乎无人居住的农田,后来希特勒就出生在那里,并由此导致了可怕的后果。不过这些都是后话,此处就不详细展开了。

说回路易。如前所述,另一场灾难是文化上的。如今,看着凡尔赛宫冰冷的外墙,人们很难想象路易十四的宫廷产生过怎样的影响,更不会相信假发、华丽的长袍、毫无意义的仪式和大规模狩猎活动如何引领当时的文化潮流。其中假发对这个时期肖像画的负面影响尤其大。三十年战争和英国内战时期的统治者,在请人为自己画像时,并不会佩戴假发(不管他们留的是短发,还是长发)。但在随后的150年里,画像里不再出现真发,因此早期的统治者反而显得现代,而在他们之后的统治者看起来则非常怪异。假发显然会掩盖画像人物的真实个性,谄媚而平庸的宫廷画师也会发挥同样的作用。路易十四对这种荒唐头饰的传播至关重要,即使是像英国国王威廉三世(William Ⅲ)这样理智而狡猾的执政者也不能免俗,几乎总是戴着棕色的假发。由于很难了解这些统治者的个性,人们很容易认为他们只是游手好闲、玩世不恭的人。他们以一种现代人无法理解的风格展现自己。能够一眼看懂这些画像想要传递的意识形态的观赏者早已不在人间,今天的人只会抱着敌意和厌恶的态度来欣赏这些画作,而不会理会白色长筒袜,以及画家在画像主人公和战神马尔斯或太阳神阿波罗之间做的类比。

模仿凡尔赛宫建造的大型宫殿一直保存到今天。我们永远无法知晓,统治者之所以能够大兴土木,是因为他们有了更多的钱,还是因为他们为筹措经费加重了对农民的剥削。无论如何,到了17世纪末18世纪初,德意志一些地区的经济已经恢复(不过一些地方多次遭到破坏),这些地区将大笔资金用在修建毫无意义的凡尔赛宫的复制品上。在法国大革命之前,凡尔赛式建筑遍布西欧,这充分说明了这期间发生的重大变化。在德意志各地,美丽的、有塔楼的城堡建筑群受到冷落,取而代之的是长方形的、最上方有武器石雕的大型建筑。卡塞尔、路德维希堡和布吕尔的奥古斯都堡宫直到今天仍然是法国文化主导地位的象征,是遥远的专制主义的符号,让人感到畏惧和压抑。

天主教的反击

前面我提到过,我出生在一个天主教家庭,后来上了新教学

第七章

校,最后成了新教徒。我这么做可能只是为了让自己的形象变得更好——我可以冷静地坐在焕然一新的路德宗教堂里,轻声哼唱巴赫的曲子。不过,就像曾经的酒鬼会忍不住扑向酒心巧克力一样,我也会鬼使神差地搭飞机前往德国南部,迅速入住酒店,沿着街道快步前往一座巴洛克式的"罪恶的"朝圣教堂。我本以为,在维也纳艺术史博物馆里,我最喜欢的会是伦勃朗朴素的自画像。但实际上,当我看到鲁本斯的《圣方济各·沙勿略的奇迹》时,我感到自己回到了家。这幅画中的圣徒仿佛一个巫师,为病人治病,帮助盲人重拾光明,还让几束光照向一座寺庙,寺庙里恶神的石像四分五裂,那些扎着发髻的偶像崇拜者大惊失色,而几位天使正在天上注视着这一切。本着自我检讨的精神,我不得不说,我一直喜欢幼稚的特技效果,而这种特效在复兴的天主教中比比皆是。

反宗教改革(Counter-Reformation,或称"天主教改革")对其信仰的自信程度令人吃惊。17 世纪和 18 世纪初,许多古老而重要的教堂(如孔堡修道院教堂、弗赖辛大教堂)被改造得面目一新,它们被刷上白灰,铺上闪亮的大理石,装饰上金叶。负责改造的是才华横溢的阿萨姆兄弟(Asam brothers),他们是欧洲顶级室内设计师。阿萨姆兄弟将教堂内部变成了特效的海洋,你能看到光束、飞翔的婴儿、高大的英雄主教、云彩、殉道者和所罗门柱。效果好的地方(如他们在慕尼黑为自己建造的阿萨姆教堂)十分精彩,但这需要设计师的坚强意志和后人的不断修复。一次,我犯了一个错误,误入了雷根斯堡的圣埃梅拉姆教堂,觉得自己仿佛闯入了事故现场,必须立即进行急救("现在拯救早期殉道者已经来不及了，但这个小天使还有呼吸。天啊，谁有金漆？"）。对于我来说，这可能只是闲聊时的一个话题。但无论如何，阿萨姆兄弟在圣埃梅拉姆教堂的装饰，不仅不会让人觉得置身天堂，反倒像是目睹了化学武器工厂的一场爆炸。

教堂的整体氛围因为一排排圣徒的遗骨而变得更加诡异。这些遗骨以好莱坞性感明星一样的妖娆姿势躺在墙边的玻璃箱里，外面包裹着腐烂的棕色长袍，双眼镶着莱茵石。大多数这样酷似小猎犬史努比（经典动漫形象）的遗骨，早就被扔进了垃圾堆（有时是因为革命，有时是因为天主教复兴运动，后者对这类迷信不感兴趣），但还有一部分幸存了下来。如果你想看看比圣埃梅拉姆教堂更糟糕的地方，想见识见识反宗教改革信仰过时的部分到底多么可怕（许多人可能不会把这一条列入任务清单），那弗赖辛的大教堂博物馆是一个不错的选择。意外的是，我是唯一的参观者，而且不久之后连卖票的老人也不见了踪影，这使本就古怪的气氛变得更加诡异。走下一段看似安全的楼梯，我看到了古老而精致的耶稣降生场景雕像和看上去不计其数的婴儿耶稣蜡像。在昏暗的灯光下，我不禁去想，消失的卖票人应该是去调节电源开关了。明天早晨，我的尸体会被人发现。就像科幻电影中的经典场景一样，法医会转过身对警察说："这个人不是死于心脏病，督察。他是受惊吓而死。"直到那时，他们才会注意到我身上无数的小手印。

不过，我们虽然可以嘲笑这些，却不能说那个世界（在用石膏做成的云上唱歌的婴儿和将圣徒的遗骨摆成类似于画在 B-17 "空中堡垒"轰炸机机身两侧的女性的姿势）是边缘的，也不能认为它

第七章

的荒唐可笑是独特的。这是一个自律、自信和充满活力的信仰,哈布斯堡家族、维特尔斯巴赫家族和教皇是其坚实的支柱,他们可以支配无穷无尽的资源,而其意识形态的核心是击败奥斯曼人和铲除异端。不管是教堂内部的奇怪装饰,还是委托人创作、演唱和演奏的一些有史以来最伟大的音乐,都是该信仰的表现形式。巴洛克风格的顶点是萨尔茨堡大主教区,这个邦国弥漫着天主教必胜的信念。17 世纪 70 年代,波希米亚小提琴家、作曲家海因里希·伊格纳茨·冯·比贝尔(Heinrich Ignaz von Biber)在那里创作了伟大的《〈玫瑰经〉奏鸣曲》,它包括 15 首奏鸣曲(对应《玫瑰经》的 15 个奇迹),在大主教和他身边的人冥想时演奏。阴森、宁静、奇怪的《〈玫瑰经〉奏鸣曲》的音乐效果是非同寻常的。顺便说一句,比贝尔既是宗教音乐的天才,也能创作所谓的"搞笑音乐",这种音乐听起来像喝醉酒的火枪手在打架或战斗的声音,它们可能是为了迎合一些对军事感兴趣的粗俗听众而创作的。即便我们不想承认,但海顿(Haydn)以相同的热情创作的那些伟大的弥撒曲(如创作时间比《〈玫瑰经〉奏鸣曲》大约晚一个世纪的《圣尼古拉弥撒曲》),显然都遍布着那些蜡质手指的微小印记。

最终出手清理这个世界的恰恰是天主教徒。1790 年,狂热而阴郁的改革者、神圣罗马帝国皇帝约瑟夫二世因过度劳累而死。按照传统,他的主要职责是保护天主教的修道院、隐修院和对奇迹的信仰。他确实非常虔诚,但即便如此,无数的特例还是令他忍无可忍,甚至连小城市也能获得各种税收减免和特权,帝国官员束手无策,贵族闲人则聚集在富裕的大型修道院里无所事事。时至今日,牛津大学和剑桥大学的学院，仍然能让人多少感受到那个世界的残余。不同的学院拥有不同的特权，同一条街上的一所学院可能濒临破产，而另一所学院则可以大开宴会。约瑟夫二世以强硬态度对待这些特例，关闭了500多所修道院，在帕绍主教刚去世时便夺走了他的土地，并禁止出售耶稣降生场景雕像。他死后被憎恨和谩骂，只留下一些老生常谈式的、东拼西凑的、不成熟的改革措施。德国南部（和莱茵兰）仍然保留着一次次天主教宗教改革的痕迹。许多大型修道院如今可能是政府办公室或葡萄酒酒吧，但修道院仍然随处可见，其中不少还住着修士。约瑟夫二世和拿破仑曾经竭尽全力驱赶修士，但修道院很快恢复了生机。这些往往很奇怪的宗教建筑有时会被忽视，或被大规模翻新，或遭轰炸，或被烧毁，或被改建。每次改变都会留下伤痕，但也是在庆祝，庆祝使信仰变得更加理性、更加坚定的努力的又一次失败。修道院仍然充斥着对奇迹的信仰、与多神教相差无几的圣人崇拜和廉价的光影效果，这些被证明具有顽强的生命力，即使在最恶劣的条件下依然存活了下来。

第八章

这是由约翰·梅尔希奥·丁林格完成的大象作品,由木材、银、镀金、搪瓷、宝石、珠子和漆器制成,是他 1701—1708 年完成的"莫卧儿皇帝奥朗则布的生日"系列作品中的一个。(Grünes Gewölbe,Staatliche Kunstsammlung-en,Dresden/Jürgen Karpinski)

居鲁士大帝的后裔

在巴伐利亚南部,我安静地读着一本约瑟夫二世的短篇传记,沉浸在精彩的内容里不可自拔。书中无关宏旨的一段话猛然触动了我,它提到拿破仑时代之前的德意志一定有什么东西,激怒了与俾斯麦同时期的坚定的反犹太主义者、民族主义历史学家海因里希·冯·特赖奇克(Heinrich von Treitschke)。特赖奇克真正痛恨的是那些本来没什么值得炫耀的,却凭空吹嘘自身荣誉的小邦国,霍恩洛厄家族造型浮夸的魏克尔斯海姆宫尤其令他深恶痛绝。读完这段后,我马上登上一列慢速的地方列车,兴奋异常,不耐烦地盯着窗外,想第一时间看到那些得到如此高评价的东西。

霍恩洛厄-魏克尔斯海姆伯国(后来升格为亲王国)非常小,从地图上看,就像被挤在两个不算大的邻居——美因茨和条顿骑士团的总部梅尔根特海姆的"鼻子"之间,显得非常畸形。霍恩洛厄-魏克尔斯海姆本质上只是弗兰肯地区一片美丽的河谷地,是田园诗般的陶伯河流过的地方。18世纪上半叶统治霍恩洛厄-魏克尔斯海姆的卡尔·路德维希(Carl Ludwig)亲王的悲剧在于,他唯一的儿子在骑马时意外身亡。今天看来,他的家族绝嗣(领地被霍恩洛厄家族的另外一支吞并,不过这样的土地合并没有引起世界其他地方的注意)未尝不是一件好事。路德维希在魏克尔斯海姆的活动因此意外地保存了下来,因为随着首都地位的丧失,这里逐渐沦为一个边缘领地的边缘地区。他的家族变得无关紧要。1600 年左右,该家族一位天才的祖先在魏克尔斯海姆宫建了一间令人惊叹的"骑士大厅",仿佛在庆祝一场屠杀动物的狂欢。这间骑士大厅的天花板上有几十幅壁画,主题从狩猎野猪,到杀戮猞猁,再到宰杀鸵鸟,不一而足,墙上装饰着真人大小的石膏雕像,包括熊、驼鹿、其他各种鹿和一头造型奇特、装饰着真象牙的大象。在三十年战争期间,这个人的儿子是新教领袖,但庸碌无为,魏克尔斯海姆宫几乎被洗劫一空。到了 1709 年,路德维希登场了。

由此带来的是对凡尔赛宫非常奇怪的、近乎神经质的模仿,但这绝对是一种迷人的变化。只要看一眼魏克尔斯海姆宫,你就能知道特赖奇克生气的原因,而正是这个原因使魏克尔斯海姆宫变得如此有趣。除了金色的、真人大小的路德维希骑马雕像不在原位,一切都原封未动——金色雕像被移到花园尽头,两边是他想象中的前辈的雕像,包括戴着头巾的居鲁士大帝(Cyrus the Great)、拿着权杖的宁录(Nimrod,《创世记》中人类历史上的第一位统治者)、穿着盔甲的尤利乌斯·恺撒(Julius Caesar)和有着漂亮卷发的亚历山大大帝(Alexander the Great)。不仅如此,古典时代主要的神祇,包括带着雷电的宙斯、手持利剑的马尔斯等,同样围坐在美丽的柑橘园里,赞许地看着路德维希。还有一个神情黯然、体态臃肿、让人觉得完全不可信的和平之神和一位我无法确定身份的女士

第八章

（可能是迦太基女王狄多），她骑着一头大象，这头大象和骑士大厅里的那头一样威风凛凛。这些英雄和神祇的雕像四周是麦田、果园和葡萄园。此外，这里还有一组奇形怪状的矮人雕像，它们扮演着不同的家庭角色，以雅克·卡洛（Jacques Callot，法国铜版画家）为民间街头喜剧表演而创作的形象为原型。这些滑稽的矮人为19世纪图林根的花园小精灵提供了灵感，后者最终将遍布世界各个角落。魏克尔斯海姆洋溢着一股快乐而疯癫的气息，这似乎应该成为所有人的一种理想气质。坐在魏克尔斯海姆的小广场上（这是这里唯一的广场），听着喷泉的声音，看着一只孔雀在银行的台阶上觅食，你会感觉自己仿佛坠入某种童话般的幻想中。

特赖奇克之所以对可怜的魏克尔斯海姆横加指责，是因为在他看来，魏克尔斯海姆与富有男子汉气概、极有远见、值得敬佩的普鲁士形成了可悲的对比。如今，普鲁士的价值观被指责为招致了20世纪的灾难，它的心脏地带被并入波兰、立陶宛和俄国，它的人民被驱散或遭杀戮，它的名字在1947年以后不再使用。但在特赖奇克和19世纪末的许多民族主义者看来，当路德维希忙着思考将哪位英雄祖先的雕像摆放在哪里时，那个像鼬一样凶猛的捕食者弗里德里希大王真正地震撼了世界——他在1740年入侵了西里西亚，在谁应该统治德意志这个问题上向信仰天主教的懦弱的奥地利人发出了挑战。1866年，在具有决定意义的克尼格雷茨战役中，这个问题的答案最终揭晓，奥地利人不再在德意志事务中扮演任何角色，普鲁士将主导德意志的统一。这条命运之路有着令人厌恶的合理性，让希特勒着迷，他不知为何总认为自己是弗里德里希大王的继承者，甚至在地堡里也挂着后者的画像，尽管弗里德里希几乎肯定会认为希特勒的所有行为令人厌恶、邪恶或荒谬。真实的普鲁士在许多方面是进步的、相当脆弱的，有时完全被边缘化，这个事实常常被人遗忘。

当然，人们也可能从相反的方向过度夸张这个事实。几年前，我在波茨坦参观了一座新建的勃兰登堡-普鲁士博物馆。这个博物馆洋溢着田园风情，普鲁士被描绘为农村手推车、民间手工艺品和刺绣服装之地。这里甚至还有一个专门介绍普鲁士修道院中的压花和草药收藏的特别展览，如果你按下一些小按钮，你的周围就会弥漫着迷迭香或甜薰衣草的香味。这同样非常奇怪，因为即使是以最大的善意看待普鲁士复杂现实的人也不得不承认，军国主义在这个国家崛起的过程中确实发挥着不小的作用。

但是，普鲁士在许多方面与魏克尔斯海姆非常相似，而这是德国民族主义者绝不会承认的。普鲁士有十分内向、令人钦佩的地方，比如，哈雷的虔敬派，他们的使命是传播信仰和教育大众。弗兰克基金会至今仍然完好地保存着当时的教育材料，那里的一个阁楼房间里摆满了假发、玄武岩的图片、巨大的太阳系模型、腌壁虎、贝壳做的小狗、蜡头、干海牛、想象的约柜①、鸦片烟枪、世界各地的鞋，还有悬挂在房梁上的巨大的鳄鱼标本和一只古老而粗糙的巨兽标本（如果它掉到地上，会爆开一大团散发着恶臭的灰尘）。

但即便是普鲁士的军国主义，除了是其侵略性的表现，也是软

---

① 古代以色列民族的圣物，"约"指上帝跟以色列人订立的契约，而约柜就是放置了上帝与以色列人订立的契约的柜子。——译者注

第八章

弱的产物。普鲁士在历史上多次面临灭亡的威胁，它的选帝侯是七个选帝侯中实力最弱的，而且柏林是一个非常小的地方，科隆、法兰克福、慕尼黑、维也纳才是德意志真正的主轴（再加上通向汉堡和德累斯顿的支线）。许多个世纪以来，德意志人的生活并不依赖这片位于东北部的荒凉、阴暗、平坦的地区。普鲁士的心脏地带勃兰登堡经常被外国军队占领，三十年战争对这个毫无防备的邦国来说更是一场浩劫，因为瑞典人和帝国军队总是无视其边界，随心所欲地烧杀抢掠。

然而，18世纪的一代普鲁士人是完全不同的，那是因为被冠以"大王"称号的弗里德里希二世的存在。在其狡猾的前任们（他们的肖像依次出现在我面前的一排小火柴盒上，这可以帮助我记忆，因为所有君主几乎都叫弗里德里希或威廉，抑或弗里德里希·威廉）奠定的基础上，弗里德里希二世抓住了一个意外的机会——皇帝查理六世（Karl Ⅵ）没有子嗣。查理六世在位期间，花了相当长的时间，通过艰难的谈判，使帝国所有相关势力都签署了《国事诏书》，从而确保帝国可以传给他的女儿（根据中世纪早期的法律，这是不可能的，而且该法律从未被挑战过）。就像所有父母的悲剧一样，父母的愿望只有在他们还活着的时候才有用，年轻而虔诚的玛丽亚·特蕾莎（Maria Theresa）想要在父亲去世后继承其遗产，必然会遇到重重阻碍。刚刚登上王位的弗里德里希二世，从自己近乎疯狂的父亲弗里德里希·威廉一世那里继承了丰厚的财产和一支训练有素的军队，决定通过入侵西里西亚来彻底提高普鲁士的地位。如今，这片地区是波兰的一个不太重要的工业区，但在1740

年，它是哈布斯堡家族的一块重要领地，拥有大量可以征税的富裕人口。吞并西里西亚既能大大增强普鲁士的实力，又能对哈布斯堡家族造成永久性的伤害，因为这切断了西里西亚与邻近的同为哈布斯堡家族所有的波希米亚和摩拉维亚的紧密联系。

弗里德里希二世在随后的一系列战争中取得了辉煌的胜利，有时面对的是非常强大的联盟（最令人难忘的是第三次西里西亚战争，他的对手是俄国、法国、哈布斯堡帝国、瑞典和萨克森）。凭借出色的指挥才能和运气，弗里德里希二世守住了西里西亚，普鲁士在名义上成为强权。但令人惊讶的是，在他死后，普鲁士迅速变成了一个无足轻重的小国，由一长串可悲的国王（他们的肖像也出现在我收集的火柴盒上，而且实际上，在这个系列到1918年结束前，剩下的人都是异常软弱或心胸狭窄之辈）统治。拿破仑多次战胜普鲁士，消灭了它的军队，占领了它的大部分地区，甚至考虑废除它（在沙皇的亲自干预下，普鲁士才躲过一劫）。拿破仑在俄国遭遇灭顶之灾后，普鲁士人恢复了活力，并在最后战胜拿破仑的过程中发挥了重要作用（最著名的是莱比锡战役和滑铁卢战役），但他们基本上只是其影响范围之外的事件的受益者——打败拿破仑的是俄国、英国和奥地利，普鲁士只是因为它们的行动才有了喘息的空间。

滑铁卢战役之后，普鲁士在很长时间里再也没有取得过重要的胜利，直到1864年在与丹麦的战争中攻克了迪伯尔要塞（这场战争本来就是普鲁士的盟友奥地利策划的，这样普鲁士人就可以对他们表现不佳的军队多一些信心）。因此，如果不考虑弗里德里希二

第八章

世20年的爆发期，普鲁士始终是一个相当脆弱的国家，即使不能说无足轻重，也肯定是一个相当边缘的国家，就像瑞典一样令人难以捉摸，完全无法与法国、英国或神圣罗马帝国内部的其他对手相比。

当乾隆皇帝收复新疆，英国人进军孟加拉地区和加拿大，俄国人探索西伯利亚东部和阿拉斯加，而在未来的美国，几乎每天都有大片的土地被人定居时，古怪的"笛子演奏者"的成就似乎并不那么令人印象深刻，他的活动范围仅仅局限在德意志北部平原，放眼四周，只有普鲁士军队扬起的尘土。即便是在第三次西里西亚战争中，他也只是因为憎恨他的俄国沙皇伊丽莎白过世，而继任者是一个短命的普鲁士狂热支持者，才侥幸得救。如果伊丽莎白不死，那么普鲁士就会被击垮，也许会彻底瓦解。但事实是，这种惊人的好运被美化为一段逸事，人们只记住了普鲁士在绝境中取得的辉煌胜利，而不了解普鲁士的真正实力。

1945年美国总统罗斯福过世时，纳粹党人立即联想到了沙皇伊丽莎白的死。希特勒大胆地将罗斯福和伊丽莎白相提并论，在听到前者的死讯时，想象这将使反对他的联盟土崩瓦解。奇怪的是，如此多的德国民族主义者以一种相当险恶的方式不断提及弗里德里希二世，利用从他的伟大中总结出的教训编织了一场幻梦，诱惑着一代又一代的统治者及其追随者，使他们陷入毁灭。从弗里德里希二世身上可以学到的真正教训或许是，德国终究无法抵抗其实力强大的邻国，它可以在战术上取得一个又一个辉煌的胜利，但仍然不如它周围资源更丰富、更容易防守的国家重要。

如今，弗里德里希二世在波茨坦的无忧宫和它的花园成了他的主要遗产（他统治时期的大多数措施在 20 世纪基本被抹去了，不管是在政治上还是在现实中）。这座美丽的宫殿营造了惬意的享乐氛围，与霍恩洛厄亲王的柑橘园相似。无忧宫的建筑大量使用曲线设计和玻璃，有许多取材自神话的装饰品，还有后世扩建的洛可可风格的建筑。我很乐意花几个星期时间漫步在波茨坦宫的花园（那里有中国茶屋，效仿现存于魏克尔斯海姆宫的美丽的中国"镜屋"）。我最后一次去波茨坦是在弗里德里希二世的遗体终于按照他的遗愿重新下葬后不久，他为了这一天经历了漫长的等待。他的遗体被葬在无忧宫附近，在他最喜欢的猎狗的墓旁。一大群德国游客前来参观新墓碑，几位长者眼含泪水。他们显然被一些微妙而混乱、外人难以理解的感情触动，才会有这样的反应。

弗里德里希二世的行动并没有直接导致俾斯麦的帝国的出现。这中间发生了太多的事，而且对于弗里德里希二世来说，19 世纪 60 年代的一系列事件是完全陌生和难以理解的。相较于魏克尔斯海姆的路德维希，他可能更有资格被称为马尔斯、亚历山大大帝等的后裔。但他终究还是更多地分享了路德维希迷人的边缘性，而不是像后来那些令人不快、容易激动的人想让我们相信的那样。

鸵鸟和热巧克力

后期的哈布斯堡统治者是一群极其无能的人。维也纳之围后，

第八章

王朝开始走下坡路，利奥波德一世的继承人们似乎认为自己不需要再花费精力去缔造像成功抵御奥斯曼人这样的伟业。在截至第一次世界大战结束前的一连串令人沮丧的沉闷无能的皇帝中，有两位资质不俗，分别是利奥波德一世的儿子约瑟夫一世（Joseph Ⅰ）和曾孙利奥波德二世（Leopold Ⅱ）。他们都是精力充沛、具有远见的有趣人物。奇怪的是，两人在位时间都很短，英年早逝，这不免使人联想到传闻中的梵蒂冈的阴谋（或许是将毒药藏在戒指里），目的是防止英明的决策者上台。

由于帝国特殊的组织形式，哈布斯堡统治者的个人素质格外重要。英国和法国可以适度地忍受一些昏庸的君主，因为它们的国民都拥有不依赖于国王的身份认同，无论其君主多么强大。有一个有趣的现象是，18世纪的君主普遍素质低下，欧洲大部分地区不知何故突然出现了一大批无能的君主，从而导致政治失能。18世纪末的革命一般被认为是由经济和社会因素带来的，但各地（从法国到托斯卡纳，再到萨克森-波兰）奇怪的、不作为的统治者同样不无干系，他们制造了一种笼罩着各地的衰败氛围。

在帝国内部，皇帝所处的环境极为残酷，因为有太多可能导致分裂的潜在因素需要他设法化解。他不仅要处理德意志事务，还要应对帝国其他地区的挑战，因为皇帝同时是波希米亚国王和匈牙利国王，尤其是匈牙利，包括从喀尔巴阡山脉到斯拉沃尼亚的大片领地。奇怪的是，帝国后期真正值得尊敬的哈布斯堡人是玛丽亚·特蕾莎，再加上她有趣的丈夫弗朗茨一世（Franz Ⅰ）。玛丽亚·特蕾莎的形象不及18世纪欧洲另外两位伟大的女统治者（沙皇伊丽莎白和叶卡捷琳娜），因为她显得虔诚而古板。她对特别缺乏想象力的宫廷画师的偏爱（哈布斯堡家族后期的许多成员都有这种偏好，他们的特征几乎消失在服装和陈旧的符号之下）也是原因之一。不过，她虽然没有俄国女沙皇华丽的排场，却不乏英雄气概和讨人喜欢的性格。她刚掌权时面对的不利环境（一个为继承权而战的少女，被曾向她父亲许诺会保护她的毫无诚信的群狼包围），令人忐忑不安。在神圣罗马帝国的历史上，她是第一位掌握如此巨大权柄的女性。她拒绝屈服，团结将军和贵族，不畏一次又一次的失败，并以某种方式在军事上压制她的敌人。这是一部伟大的、令所有人惊叹的史诗。她羞辱卑鄙的巴伐利亚人的方式可谓大快人心。卡尔·阿尔布雷希特（Karl Albrecht）大公在法国朋友的帮助下，耗尽家财，牺牲了成千上万的臣民的生命，强行登上帝国的巅峰，被加冕为神圣罗马帝国皇帝查理七世（Karl Ⅶ）。但是，随着特蕾莎的军队占领慕尼黑，一切化为灰烬，他在位仅仅三年便一命呜呼。

这种命运的逆转、希望的破灭和炫目的战斗，使18世纪的历史变得有趣了许多。但由于缺乏强大的意识形态，以及参与者的动机过于幼稚，人们很难认真对待这段历史。欧洲在所有权的基础上运行，统治者的荣耀是历史的意义和目的，这句话被不断重复，最终成了一句几乎不具说服力的咒语。不过，就特蕾莎的例子而言，人们确实可以看到其中的关键所在——在一个戴着假发、穿着华丽大氅的掠夺者的世界里，她作为统治者的合法性能否得到承认。她守住了自己的遗产（不过未能从弗里德里希二世手中夺回西里西亚），使维也纳成为一座伟大的城市，使神圣罗马帝国成为西方文

第八章

明的中心,这是一个令人高兴和惊讶的结果。

当查理七世因美梦破灭而黯然离世后,人们知道,虽然特蕾莎主张皇位继承权,但新皇帝必须是男人。恰恰在此时,特蕾莎可爱的丈夫登场了。弗朗茨·斯特凡(Franz Stephan)曾是洛林公爵,但在令人无比厌恶且无能的美第奇家族最后一任托斯卡纳大公死后,通过一次复杂的国际交易(过程烦琐到会让人深刻怀疑了解历史细节有什么意义),他发现自己成了托斯卡纳大公。这笔交易意外地结束了洛林作为一个独立国家的光荣历史,因为新的波兰统治者得到洛林公爵之位的条件是洛林在他死后成为法国的一部分。

这个时期的人物实在太多,想判断他们的个性几乎是不可能完成的任务——在画像中,他们被大氅和帽子遮掩,只以战士或教士的面目示人。但在维也纳,弗朗茨·斯特凡的形象一次次出现在宫殿的墙壁上,无论他的假发和勋章多么华丽,人们总感觉他是一个有趣的傻瓜。充满同情的目光和饱满的嘴唇,使他看起来和蔼可亲。

奥地利人在法费诺芬战役中彻底击败巴伐利亚人(匈牙利非正规军洗劫了慕尼黑),双方同意让弗朗茨·斯特凡成为新的神圣罗马帝国皇帝(因为他是男人),而玛丽亚·特蕾莎则成为波希米亚和匈牙利女王,并通过同弗朗茨一世的婚姻成为神圣罗马帝国的皇后。这一安排无法掩盖她才是真正的掌权者,行使着巨大权力的事实。

特蕾莎和弗朗茨一世之所以吸引人,是因为他们真的彼此相爱。阅读王朝的历史时,人们经常看到大量人类的苦难,看到冷淡、恶毒甚至致命的婚姻,看到数以百计的女性为获得可爱的哈巴狗和漂亮的茶具而付出的高昂代价。几乎所有宫廷到最后都变得残忍，夫妻反目的例子比比皆是。但特蕾莎和弗朗茨一世生下了一堆孩子（大部分都叫玛丽亚），而且当前者没有视察自己的军队（在他们被普鲁士人打败之前）、后者没有偷情或收集矿石时，他们会尽量待在一起。

直到今天，人们仍然可以在一个意想不到的地方见证他们的关系，这个地方就是维也纳的美泉宫动物园，美泉宫是哈布斯堡统治者的夏宫。这座动物园源自弗朗茨一世对各个科学领域的热情。园内有一个洛可可风格的亭子，他和特蕾莎会在亭子里共进早餐。他们可以一边喝热巧克力，一边观赏鹦鹉、斑马和鸵鸟等洛可可艺术钟爱的动物。甚至连以亭子为中心向四周辐射的原始布局也保留了下来。还有比河马和长颈鹿更幸运的动物吗？它们仍然在这座历史悠久的动物园里比邻而居。

弗朗茨一世的死对维也纳的影响不亚于他活着时。特蕾莎为纪念他，委托画家为他作画，还努力保护他收藏的大量各式各样的矿石、奇物和动物。维也纳自然历史博物馆的中心位置保存着他的全部荣耀，他的大幅画像周围聚集着学者、化石和藏品展示柜，他看起来如此可爱、如此放纵，就好像直到今天仍然活在世上一样。

按照哈布斯堡统治者为自己和配偶设计合葬墓的悠久传统，特蕾莎（在剩下的 15 年里，她只穿黑色衣服）度过了一段愉快的时光，精心设计了一座极为奢华的陵墓。在维也纳嘉布遣会教堂的地下墓室闲逛是一件无与伦比的乐事，因为那里埋葬着哈布斯堡家族的许多成员。特蕾莎在设计自己的陵墓时，不得不面临来自父母的激烈竞争。她的父亲也即碌碌无为的查理六世（不过我们必须感谢他建造了查理教堂和国事厅，这是维也纳最有趣的两座建筑）和她的母亲也即不伦瑞克-沃尔芬比特尔的伊丽莎白·克里斯蒂娜（Elisabeth Christine）的陵墓近乎疯狂，那是最纯粹的哥特式奇迹，装饰着佩戴皇冠的金属骷髅头和戴铜面纱的女性铜头像。为了解决这个问题，特蕾莎简单地设计了一个巨大的陵墓（比她父母的陵墓大得多），造型是一张床，她和弗朗茨一世在审判日醒来并相互问候，仿佛正要起身去亭子里悠闲地共进早餐。这很幼稚，但非常感人，为一段美好的统治画上了可爱的句号。

更激烈的陵墓设计竞争

在美因茨，我总是很开心。许多年来，我在参加法兰克福书展期间都会乘短途列车前往美因河畔，这使我身心愉悦。从最初作为罗马的军事据点起，美因茨就一再遭到入侵者的蹂躏，它的许多居民身上想必有一种基因，每当汪达尔人、匈人、瑞典人、法国人、黑森人或神圣罗马帝国的军队入侵时，他们只是翻个白眼，然后就认命了。这座城市位于莱茵河畔，莱茵河与美因河在这里交汇，而且尴尬地靠近法国（法国总是威胁要把它变成自己的领土，改名马扬斯），因此这里曾经到处都是后来毫无用处的城墙、护城河和塔楼。由于位于河边，容易定位，美因茨在第二次世界大战期间遭受了严重的轰炸，随后大部分区域被以一种毫无生气的功利方式重建。对于像美因茨、汉诺威这样的中型城市，在这种情况下，人们不可能对这样的重建提出抱怨。不过，战后的德国政府至少努力维护这里的传统小店主，并通过严格规定市中心商店的营业时间从而限制城郊的大型商场的方式来保护他们。在像美因茨和汉诺威这样的地方，德国人至今仍然会无缘无故地大量购物。对于我来说，相较于古老的建筑，这种热闹的购物氛围更能让我感受到美因茨传统的延续性。当然，以前的美因茨人购买的是木鞋或晚餐吃的猪蹄，而不是毛皮内衣或让人起疑的泰国旅游套餐。

美因茨以西方印刷术的发源地闻名。作为纪念，这里有一座杰出的谷登堡（Gutenberg）雕像和一座无聊的博物馆（不过比另一座充斥着无趣的罗马器物的博物馆稍好）。不过，美因茨同样以古老的美因茨大主教区的首都闻名。像许多其他领地一样，美因茨大主教的辖区也非常混乱，不仅包括周围的大片土地，还包括不接壤的地区，甚至还有遥远的图林根城市爱尔福特（如今那里是滑板爱好者的聚集地，但人们仍然能看到一个孤单的小方尖碑，它是为纪念最后一位美因茨选帝侯而建的，方尖碑上还刻着这位戴着假发的选帝侯的浮雕）。

美因茨选侯国虽然不大，但一直非常重要，因为其统治者美因茨大主教是德意志天主教最重要的人物（事实上，美因茨是罗马之外唯一可以被称为"教廷"的城市）。他是神圣罗马帝国的大书记官，因此有资格主持一些重要活动，尤其是在法兰克福举行的皇帝选举仪式。他是莱茵选侯行政圈的首脑，通常也在上莱茵行政圈承担相同的职责。如前所述，帝国行政圈在击退入侵者的（经常是徒

第八章

劳的）尝试中至关重要，它们集合了所有人的军事力量，从黑森-卡塞尔、科隆、科布伦茨和法兰克福等较大的（或至少是有意义的）领地，到普吕姆修道院这样极其弱小的势力（普吕姆修道院在遭受入侵时只能用一双据说是耶稣穿过的凉鞋来抵抗）。

像其他重要的教会领地（除了美因茨，科隆和特里尔在政治上是最重要的，而且它们的大主教同为选帝侯，不过所有教会领地都在法国大革命后被法国人世俗化了）一样，美因茨是一个非常奇怪的地方。最令人震惊的是，它禁止了性。每位大主教都必须是单身的（除了个别的失误），当他们去世后，新的大主教要通过重新选举产生。换句话说，它不是某个家族的邦国。虽然每次选举前都有令人目瞪口呆的大笔贿赂，但选举毕竟多少算一种进步。由于禁止了性，美因茨大主教的宫廷有一种独特的氛围——结合了虔诚、贪婪、补偿性的大兴土木和酗酒。在教会领地被法国人废除之前很久，它们就被许多人视为中世纪的耻辱，尤其是一直觊觎着这些领地的世俗统治者（黑森-达姆施塔特方伯最终幸运地吞并了美因茨）。掠夺者之所以无法如愿，是因为大大小小的教会领地对哈布斯堡家族至关重要，是帝国运行的核心。宗教改革的一个奇怪之处在于，许多重要的统治者成了新教徒（最大的例外是哈布斯堡家族和巴伐利亚的维特尔斯巴赫家族。另一个重要例外是 17 世纪末，德累斯顿的阿尔贝蒂娜-韦廷家族为成为波兰国王，可耻地重新皈依了天主教）。这意味着许多教会领地在新教徒的影响范围之外，成为与哈布斯堡家族有关的独立的天主教等级制度的一部分。

这使数量庞大的帝国骑士获得了自由，这些小领地的统治者出现在加洛林帝国即将灭亡时，具体起源不详。得到认可的下级贵族的身份，使他们能够在天主教会中拥有重要的发言权。骑士经常住在城市里，只在夏季访问其祖先居住的城堡。许多骑士住在美因茨，那里曾因拥有大量破败的骑士宅邸而闻名。这些骑士有许多孩子，通常在教会任职。他们的表现差异极大，有的人很出色，有的则很放纵或腐败。

这些人在帝国中的重要性意味着，虽然许多大领地实际上信奉新教，但帝国作为一个整体弥漫着强烈的天主教气息，帝国的管理机构深受天主教徒的影响，更何况皇帝一直是天主教徒。俾斯麦和希特勒都反感天主教徒，认为他们不是德国人，不忠诚，不可接受。对于这两个痴迷历史的人来说，这种看法非常奇怪，完全不符合历史。采邑主教的统治意味着莱茵兰的天主教在帝国中始终根深蒂固，这是新教徒永远无法根除的。

美因茨大教堂内部有一种科幻电影导演梦寐以求的氛围，就像主人公进入了一艘被遗弃已久的宇宙飞船的舱室，一种宏大而冷酷的悲伤感扑面而来。墙壁上有从13世纪到18世纪的大约40位大主教的雕像，这些雕像也像是石头或大理石逃生舱中的外星生物。这些主教墓的雕像为人们展示了各个时期雕塑风格的变化，从最开始由巨石雕刻的粗糙的好战主教，到文艺复兴时期更加和蔼可亲的形象，接着是17世纪戴着轮状皱领的朴素雕像，随后一切都变得疯狂，有真人大小的白色大理石骷髅，有时间之神柯罗诺斯，有带翅膀的头骨，有哭泣的丘比特，有奢华的衣服褶皱，所有雕像都被安放在能被阳光照射到的地方。和我一起参观的朋友看到1680年

第八章

的雕像时，因为害怕离开了，但我觉得无所谓，全程都很兴奋，18世纪初的大主教陵墓尤其疯狂，不禁让人想起费里尼的电影《罗马风情画》中的精彩片段——梵蒂冈举行了一场令人兴奋的现代教会时装秀，神父穿着霓虹色长袍和旱冰鞋，在T型台上滑行，圣人的遗骨像安德鲁斯姐妹①（Andrews Sisters）那样挂在吉普车门上。

这些趣味十足的陵墓从侧面证明了，整个18世纪是统治者最愉快的一个时期，他们有大量华丽的服装可以选择，有各种繁复的仪式（包括宗教仪式和政治仪式）可以参加。那是一个军队规模不断膨胀、战争频繁发生的时代，越来越多的决定在遥远的柏林或维也纳做出，因此他们的权力远没有看上去那么大，但这可能使这些教会选帝侯的工作变得更加愉快。小贵族家族飞黄腾达的一个典型例子是舍恩博恩家族。他们最初只有弗兰肯一块极小的领地，随后不知疲倦地将后代分散到各地，最终占据了数量惊人的主教区和大主教区。舍恩博恩家族将旺盛的精力同虔诚和贪婪结合在一起，成为在传统天主教会中占据重要地位的人。1918年，新成立的捷克斯洛伐克政府没收了舍恩博恩家族20万公顷的土地，而当时尚在襁褓、被家人带离捷克斯洛伐克的一个舍恩博恩人，后来成了维也纳大主教，这算是一种相当奇怪的延续性。

西方世界至少要感谢三个舍恩博恩人，分别是洛塔尔·弗朗茨·冯·舍恩博恩（Lothar Franz von Schönborn），以及他的侄子菲利普·弗朗茨·冯·舍恩博恩（Philipp Franz von Schönborn）和弗里

---

① 美国早期女子偶像音乐团体。——译者注

德里希·卡尔·冯·舍恩博恩（Friedrich Karl von Schönborn）——这些家族的一个特点便是家族成员之间必然能找到间接的亲属关系。18世纪的世俗统治者把时间都花在为孩子寻找合适的配偶、把臣民当作雇佣兵租给有需要的人或相互交战上，而教会统治者则可以用这些时间来修建宏伟的建筑、收集艺术品或资助音乐家［其中最有名的或许是萨尔茨堡大主教希罗尼穆斯·冯·科洛雷多（Hieronymus von Colloredo），他曾是莫扎特的雇主］。身兼美因茨选帝侯和班贝格主教的洛塔尔，喜欢建造宫殿和花园，比如挚爱宫，这是一座由喷泉、金字塔和俯瞰美因河和莱茵河的亭子组成的疯狂建筑，在1793年的围攻中被法国人无情地烧毁（就在同一年，普鲁士军队的大炮也摧毁了大教堂的一座塔楼；后来在1857年，美因茨作为德意志联邦的一座要塞，不幸地成为一个火药库的所在地，这座火药库的爆炸又摧毁了城市的一大片区域——这是一个习惯了重建的地方）。洛塔尔留下来的最迷人的遗产是班贝格的新宫殿，这是一个名副其实的巴洛克式的仙境，紧挨着大教堂。他的侄子们修建了维尔茨堡宫，成功地超越了它，他们先后在维尔茨堡担任主教。不过，虽然维尔茨堡宫是世界上的一大建筑奇迹，但班贝格的新宫殿能让游客晕头转向，因此一个房间一个房间地走过去会更有趣。

班贝格新宫殿最有趣的地方是皇帝厅。这种奇特的房间在德意志比比皆是，目的是展示皇帝在各个邦君的生活中扮演着多么独特的作用——最大的房间是专门为到访的皇帝准备的。当然，虽然我很想在班贝格生活，但客观地讲，那里并不是一个重要的地方。事实上，当皇帝厅建成时，帝国已经进入最后一个世纪，最终没有一

第八章

位皇帝去过那里。这很可能是一件好事。这个巨大的、梦幻的房间是蒂罗尔画家梅尔希奥·施泰德尔（Melchior Steidl）多年努力的结晶，他创造出了能够满足世界各帝国终极幻想的穹顶壁画——两侧的墙壁上是德意志皇帝的巨幅画像。地板上有一个位置，你只要站在那里，就能体验数以百计的人、云朵和宗教寓言元素等飞向上空的幻觉。但事实上，这种幻觉根本不起作用——颜色和人物都相当幼稚，远远达不到彼得罗·达·科尔托纳（Pietro da Cortona）或提埃坡罗制造的那种令人眩晕的效果。结果，这成了一场灾难，参观者只会感到恶心，而且会产生一种相反的错觉——站在那个位置，你有可能被一大堆花花绿绿的垃圾压倒。在被杰出的、令人兴奋的艺术作品包围的环境中，遇到这样一个大灾难，反倒让人有一种解脱之感。这么多年来，知晓真相的人想必要么尴尬地保持沉默，要么违心地奉上赞美之词。

第一次世界大战期间皇帝厅的照片非常引人注目，它被用作军事医院（这是巴伐利亚王室在战争期间做出的一个奇怪的贡献，他们在19世纪初德意志各邦国争夺领地的过程中吞并了班贝格）。在这里的前线士兵，除了要忍受正常的痛苦，还要承受惊人的心理压力，因为他们不得不仰面躺倒，盯着那些华而不实的艺术品，那是一个早已去世的神职人员的糟糕创意。

《半音阶幻想曲与赋格》

你访问一座城市时，它的样子将永远定格在你的记忆中，以后再提起这座城市，你想到的便是那时的样子。对于我来说，因戈尔施塔特的兴登堡公园将永远是昏暗、白雪覆盖的地方。而在马格德堡郊区消夏时，我在一对爱花的老人家里快活地过了几天，那里的一切都无比艳丽。甚至连单调的、苏联风格的市中心，似乎也像主人的三色堇和豌豆花一样色彩斑斓。这种任性地为每座城市打上标记的做法（这座城市狂风大作，那座城市阳光明媚）是我游遍德国各地，只定期返回真正的大城市的方法的一个问题，但它确实让每个地方更加生动、更有活力，而这是考虑季节因素、按部就班的访问无法做到的。

克滕是萨克森-安哈尔特州的一座小城市，曾经是小公国安哈尔特-克滕的最重要的城市。它就是我的这种评价方式的受害者，因为我是在一个冬季周日阴沉的早晨拜访这里的。像许多这样的地方一样，它也有过声名显赫和黯淡的时刻。它是19世纪的鸟类学家约翰·弗里德里希·瑙曼（Johann Friedrich Naumann）的故乡，有著名的瑙曼博物馆（这是欧洲鸟类爱好者的朝圣地之一，拥挤的玻璃柜里摆满了美丽的水彩画和古老的鸟类标本）。它还为那些对鸟类完全不感兴趣的人准备了一个可怕的箱子，里面有标本制作者用钢丝串起来的数百个玻璃鸟眼，从黄莺到鹰鸮，大大小小的都有。在我看来，这是20世纪最伟大的（虽然可能不是有意而为的）艺术品之一。医生塞缪尔·哈内曼（Samuel Hahnemann）也曾在克滕居住过许多年，在那里实践他发明的极具争议的顺势疗法，而且显然随意制定了顺势疗法的许多原则。如今，克滕是一个非常萧条的地方，在一代人的时间里失去了四分之一以上的人口，再加上

第八章

民主德国的宗教热情一直不高，因此没有人有理由在周日的早晨离开他们的床。在克滕的街头闲逛时，我感觉它仿佛因为某种令人不安的意外而被清空了，而我将在下一个街角被红眼睛、吃人的僵尸儿童袭击，正如这种类型的电影一成不变的剧情所示。

唯一的生命迹象是从远处传来的手风琴声，就像在游乐场里经常听到的那种令人愉快的声音，不过在这样的环境中稍显诡异。穿过空荡荡的、破败的街道迷宫后，我终于来到主广场。这里有一座引人注目的教堂——一座造型奇特的黑色建筑，有细长的塔楼，上面有小帽子似的屋顶，看上去就像巨人在做炼金术试验时用的炉子。类似游乐场的音乐来自教堂旁边的一个非常破旧的舞台。真正奇怪的是，在这个舞台上，一群穿着带亮片的蓝色舞蹈服的少女正和着普鲁士和奥地利的进行曲踢腿，而一个高个子、胡子拉碴，像《木偶奇遇记》中的木偶师一样的主持人正在麦克风前咯咯直笑，还不时扭头去看跳舞的女孩。台下的观众是一些看上去很痛苦的宿醉的男人和一些明显相当不安的母亲，不过她们是来为女孩们加油打气的。这就像是一部拍摄于20世纪60年代或70年代的特别令人讨厌的电影的场景，向观众传递着反资本主义的信息。

继续往前走，我来到了荒凉破败、无人打理的公爵宫，这是我来克滕的真正原因。它的护城河飘满了枯叶，甚至连几只鸭子的叫声都显得凄凉。1717年，统治这里的加尔文宗信徒利奥波德想出了一个绝妙的主意，任命约翰·塞巴斯蒂安·巴赫（Johann Sebastian Bach）为宫廷乐长——利奥波德已经从被解散的普鲁士宫廷管弦乐队中挑选了一批顶级音乐家。巴赫在魏玛度过了一段不愉快的时光，在那里创作了大量宗教作品（还短暂入狱）。他很乐意为一个因宗教信仰而不能进教堂听音乐的人工作。巴赫在克滕待了六年，其间创作了一些有史以来最伟大、最辉煌的作品。因此，只要音乐响起，我们就应该感谢利奥波德。巴赫在克滕创作的音乐（从《G弦上的咏叹调》和《勃兰登堡协奏曲》到小提琴、大提琴独奏曲，再到《平均律钢琴曲集》，此外还有生动活泼的《谐谑曲》）开启了德国世俗音乐的世界，许多人宁愿在那里度过一生。在克滕，巴赫写下了我最喜欢的键盘乐曲《半音阶幻想曲与赋格》。在钢琴上演奏时，它通常表现得很温和；但如果在大键琴上演奏，它听起来就像纯粹的巫术，仿佛是来自另一个世界的疯狂声音。我倾向于认为，人们应该只关注作曲家的音乐，而不要在他通常毫无意义的传记上浪费时间。但当我感觉到，巴赫穿过这个院子，爬上这些螺旋形楼梯，进入这个阴暗而肃穆的小教堂之后，《半音阶幻想曲与赋格》一定在这个房间里响起时，我真的很激动。

我在规模不大但精彩纷呈的巴赫博物馆里闲逛，或者准确地说，趿拉着拖鞋走来走去（穿着博物馆发给游客的大号灰色毛毡拖鞋，走在具有悠久历史的镶木地板上），觉得心满意足。即使巴赫真的就在街角的酒馆里写下了《半音阶幻想曲与赋格》，我也不在意。在这里，德意志古怪的政治结构被证明是合理的——一个信奉加尔文宗的小邦国（安哈尔特-克滕），从附近的中小邦国那里挖来一位著名的作曲家和一个同他一起工作的顶级乐队，从而改变了他和此后每个喜欢古典音乐，甚至只是对古典音乐稍微感兴趣的人的生活。当只有30多岁的利奥波德去世时，巴赫回到克滕，在这位邦君的葬礼上演奏音乐（它们后来成为《圣马太受难曲》的几首分曲）。虽然不现实，而且很可能会让人不快，但为了表示感激和热爱，我情愿在余生里穿着毛茸茸的拖鞋在克滕宫的房间里来回走动（按照某些宗教规定的方式）。不过我的注意力开始游移。快到午餐时间了，一首用电子合成器改编并演奏的《拉德茨基进行曲》从主广场飘来。

"强力王"和"胖子"

按照惯例，接下来应该谈普鲁士了。关于这个话题，每个人都觉得有话可说，而同时又会害怕地翻白眼。但我现在想写写萨克森。在整个德国，萨克森一直是我最喜欢的地方之一。我很早就拜访过这里，在柏林墙倒塌后不久，我曾住在德累斯顿东南部的一个学生公寓里。那里有19世纪末被烟熏黑的商店门面和公寓楼，有报亭和破旧的有轨电车，都位于易北河沿岸一个特别美丽的路段——它们似乎证明，即使在当时严峻的条件下，城市生活仍然生生不息。一家酒馆就建在河边，它的外墙轻蔑地标出了几个世纪以来易北河洪水期水位上升的高度。在德累斯顿、莱比锡和迈森的快乐时光，让我一辈子记忆犹新。

我之所以感到快乐，部分原因在于我觉得自己与真实的德国近在咫尺，这个地区对定义中欧伟大的文化和政治时刻至关重要；但同时它又远在天边，在这里我感到非常孤独。我说不清为什么我会喜欢这种感觉，但在不久前民主德国崩溃的背景下（所有火车仍然标明由"德意志帝国铁路"运营,自第三帝国以来就没有改变过),这里的地面似乎仍有历史的温度,而且通过直接参与这里真正发生的事而获得的历史感是令人兴奋的(虽然其他人可能不满意,但至少我感到满足)。

从根本上说,萨克森之所以让人感到愉快,正是因为它不给人任何希望。它和普鲁士一样具有德国特色,但作为一个政治实体,它做的一切都以失败告终。在德国历史上,萨克森一直处于边缘地带,但它给我们带来了舒曼(Schumann)、瓦格纳和尼采(Nietzsche)。虽然有令人惋惜的鲁莽、愚蠢和管理不善,但它始终保持着独立,从未彻底屈服,一直坚持到第一次世界大战结束,最后一位国王退位(没有人为他感到遗憾)为止。在萨克森,人们至少可以想象另一个德国——任性、放纵、无能(从某种意义上说,这给所有人带来了希望)。

像德国所有比较重要的州给人的感觉一样,人们对萨克森的历史了解得越多,就越觉得它精彩。它仿佛是一个平行世界,有许多怪诞的演员和离奇事件,与英国或西班牙的历史丰富程度不相上下,如果说得太详细,不小心就会写出一整本书来。对于德国的小学生来说,萨克森的故事始于"公子失窃案"。1455 年,邪恶的(不过名字很好听的)孔茨·冯·考芬根(Kunz von Kaufungen)和他的同伙潜入阿尔滕堡的大城堡,抓住了强大的韦廷家族的两个年幼的继承人恩斯特和阿尔布雷希特,然后匆匆离开。他们本来计划在极不稳定的萨克森-波希米亚边境的藏身处与他们的父亲萨克森选帝侯谈判,以纠正一个孔茨认为的古老的错误。但计划出了纰漏，年幼的继承人被找到，孔茨被斩首。九年后，选帝侯"仁慈的"弗里德里希二世去世，恩斯特和阿尔布雷希特共同统治萨克森直到1485年，在此期间收复了在更早的争端中失去的西部领地。

1485年，他们做出了一个重要的决定。两兄弟同意将萨克森一分为二，恩斯特成为萨克森选帝侯，居住在即将扬名于世的维滕贝格，而阿尔布雷希特则成为迈森边疆伯爵，统治着莱比锡和德累斯顿等城市。仅仅一年后，恩斯特在科尔迪茨遭遇事故身亡，这次分家因此显得毫无必要。但像其他类似的家族决定一样，恩斯特系和阿尔布雷希特系继续独立存在，而且迅速繁衍，产生了大量后代。由于支持路德的恩斯特系（我们还记得，著名的萨克森选帝侯"智者"弗里德里希将路德藏在瓦尔特堡里）在米尔贝格战役中败给了皇帝的军队（借来的西班牙军队占领了维滕贝格），因此萨克森选帝侯之位被皇帝授予了阿尔布雷希特系。事实上，从历史上看，恩斯特系已经完成了他们的伟大事业——如果没有萨克森选帝侯的支持，天主教徒很可能会像对待纯洁派和胡斯派那样，将路德及其追随者杀戮殆尽。

对于选侯国而言，保持领地完整是很有必要的，因为这有利于大邦国维护自身的尊严。与之相对，此时只拥有图林根几个山丘和山谷的恩斯特系，倾向于在儿子之间分割领地，由此产生了大量小邦国，其名称都以"萨克森"开头。这些小邦国在经济上无足轻重，但对于文化和欧洲的王朝而言，有时却拥有惊人的重要性。其中最明显的是萨克森-魏玛，不过对于许多王朝而言，萨克森-科堡的重要性不言而喻。甚至连像萨克森-希尔德堡豪森这样在地图上只有一个点的地方，也能留下自己的印记（1810年，萨克森-希尔德堡豪森公爵的女儿与巴伐利亚的王储成婚，为这场婚姻举办的庆祝活动后来演变为慕尼黑啤酒节，现在每年有大约600万人参加）。

可以想见，虽然恩斯特系和阿尔布雷希特系之间古老而光荣的共同起源可以追溯到中世纪，但双方的关系并不总是愉快和友好的。通过位于迈森的阿尔布雷希特城堡宏伟的甚至可以说是愚蠢的装饰，人们可以强烈感受到双方关系中的不和谐。这座城堡是世界上最迷人的城堡之一，但古代韦廷祖先的雕像看起来非常滑稽，全都皱着眉头站在底座上，而他们的绰号（"被压迫的""严厉的""好战的""堕落的"等）听起来好像都是后人编造的。这里还有一张谱系图，记录了韦廷家族所有后代的命运。制作出这么复杂图表的人，想必已经疯了。

阿尔布雷希特系获得选帝侯头衔后清楚地知道，他们的地位并不牢固，这种不安感持续了很久。对于恩斯特系来说，通过任何可能的手段反对选帝侯，削弱选帝侯的权力，成了一种消遣。不得不说，选帝侯并不是一群值得钦佩或有趣的人，他们残忍、酗酒、优柔寡断，而优柔寡断正是萨克森遭新教徒痛恨的原因。由于选帝侯头衔的归属最终是由皇帝决定的，因此，虽然萨克森实际上是一个新教邦国，但它对其他新教盟友并无助益。这个问题，再加上萨克森处于实力不足以自保，却又足够大，让敌人觉得值得入侵的窘境，使选帝侯头疼不已（尤其当他们不喝酒或不生一大堆孩子的时候）。三十年战争以后，萨克森逐渐恢复，而德累斯顿在1685年的一场大火之后进行了重建，慢慢形成了现在的样子，包括那些奇怪

第八章

的塔楼和圆顶。

这为萨克森带来了一种与柏林或维也纳截然不同的轻松氛围。在迈森的几天里，我甚至妄想我能学会用彩色铅笔画下我所看到的一切。我坐在易北河畔，想画一张阿尔布雷希特城堡的素描，并希望我购买的昂贵的铅笔和纸张能弥补我天赋的不足。我花了不少时间看其他业余画家的写生画，这些画有时令人惊艳。我高兴地坐在那里，用手指勾勒出复杂的城市景观，还不时在这里或那里修修补补。然而，通过路人的肢体语言，我发现他们单纯把我当作某家精神病院出来放风的精神病人，于是我难过地放下了那些笨拙而吓人的小画。

瓷器是萨克森的一项伟大发明。大约在1704年，一名数学家和一名炼金术士在萨克森选帝侯"强力王"奥古斯特一世的资助下制造出了迈森瓷器，这样欧洲人就不需要再从中国进口瓷器了。直到今天，迈森的瓷器厂还在生产，你可以在那里看到傻笑的牧羊女、弹钢琴的狐狸、一个醉醺醺的萨克森官员骑着一只戴眼镜的同样醉醺醺的羊——真是太可怕了。我知道去那里会是一个错误，但在此之前我还没有意识到，300多年来，这些可怕的物品源源不断地从迈森流向欧洲各地。其他统治者也做了同奥古斯特一世一样的事，德意志很快就有了几家亏损的瓷器厂。多年来，勃兰登堡选帝侯为了弥补自己的损失，巧妙而无耻地规定想在这里结婚的犹太人必须购买一套昂贵且丑陋的柏林瓷器，这样才能获得许可。

整个萨克森都给人一种奇怪的瓷器感，甚至连德累斯顿的建筑似乎也有这种清脆的质感。农业和采矿业为萨克森带来了巨额财富，而它总是与北方贫穷的邻居勃兰登堡形成一种特殊的对比。虽然萨克森的主要城市极富文化气息，但人们也从它们身上看到了无能的后果。萨克森的统治者特别不善治理。约翰·格奥尔格三世（Johann Georg Ⅲ）的军事生涯还算成功，他曾下令重建德累斯顿。1691年，他死于瘟疫，随后便是一连串的悲剧。他的儿子约翰·格奥尔格四世（Johann Georg Ⅳ）的统治生涯短暂而疯狂。他迷恋上了十几岁的情妇（很可能是他同父异母的妹妹），试图谋杀妻子，但遭他的弟弟弗里德里希·奥古斯特（Friedrich August）阻止，后者的手在这场打斗中受到了永久性的伤害。约翰·格奥尔格四世和他的情妇不久后死于天花，弗里德里希·奥古斯特意外地继承了爵位。有这样一位年轻、富有、积极进取的统治者，萨克森的前途似乎一片光明。与此同时，勃兰登堡的霍亨索伦家族在17世纪和18世纪通过取得北欧的领地而成功地使自己变成了一个大邦国，哈布斯堡家族也从奥斯曼人手里夺取了匈牙利和特兰西瓦尼亚。

而弗里德里希·奥古斯特成功当选为波兰国王（通过巨额贿赂和令人震惊的改信天主教），成为奥古斯特二世，这为韦廷家族带来了机会。他花费巨资使德累斯顿成为一个伟大的艺术和宫廷生活中心（包括以一顶巨大的石制波兰王冠来装饰新建立的茨温格宫的幼稚举动，这件艺术品至今仍然是整座建筑的标志）。但他的统治是破坏性的。他使波兰卷入了灾难性的战争，在琥珀和象牙艺术品上挥霍无度，据说生了300多个孩子，喜欢在宴会上徒手折断马蹄铁，并将萨克森变得负债累累，无力自保。1700年左右，普鲁士和萨克森的军队规模相当；到了18世纪40年代，当普鲁士开始打

第八章

击萨克森的野心时，前者的兵力是后者的三倍。"强力王"奥古斯特的儿子"胖子"奥古斯特三世是一个软弱无能的人，在其漫长的统治期内，萨克森-波兰彻底失去了强权的地位。韦廷家族未能世袭波兰王位，波兰最终被更聪明、更贪婪的普鲁士人、奥地利人和俄国人瓜分，并一度亡国。事实上，波兰的毁灭在很大程度上要归咎于韦廷家族的无能，奥古斯特三世甚至觉得这个国家不值得他亲自前往。波兰人对他们的萨克森国王的憎恨是可以理解的。奥古斯特三世的孙子继承了韦廷家族无能的传统，在与拿破仑的战争中一败涂地，1815年将萨克森一半以上的领土割让给普鲁士，包括路德宗的发源地维滕贝格，韦廷家族在成为波兰国王的过程中曾可耻地背叛了他们的信仰。

"胖子"奥古斯特三世是一个可悲的国王和选帝侯，但他确实喜欢绘画，并把伟大的威尼斯画家贝尔纳多·贝洛托（Bernardo Bellotto）带到了德累斯顿，后者以萨克森的建筑和萨克森人为主题，创作了伟大的作品。许多画作是关于宫殿和城堡的，用的是老照片的那种黑色和棕色。不过，贝洛托最伟大的作品是他于1765年创作的《德累斯顿圣十字教堂的废墟》(*The Demolition of the Church of the Crucifixion*)。这幅画极具感染力，展现在人们眼前的是一片瓦砾、工人和木板的海洋，老教堂只剩下一堵还没拆完的墙，新教堂开始建造前的那一刻被永久地记录了下来。这幅画仿佛是一个可怕的预示，让人自然而然地联想到1945年沦为废墟的德累斯顿（事实上，后建的教堂也被摧毁了）。18世纪萨克森选帝侯在政治上的幼稚不仅导致了波兰的灭亡，也使他们祖传的领地化为灰烬。人们很容易对弗里德里希大王的贪婪和玩世不恭感到不安，并从中看到后来德国灾难的种子，但萨克森的行为更加令人好奇、更加有趣。毕竟，20世纪的德国并没有像威廉二世和希特勒认为的那样，将继承弗里德里希大王时期普鲁士的伟大。相反，德国沿袭了"胖子"奥古斯特三世及其继任者统治下的萨克森的命运，被击败、遭破坏、被占领和瓜分，两次完全误判了它的对手的实力和资源。萨克森的模式或许更适合用来评估现代德国的行为，而且它绝不像最初看起来的那样无害。

第九章

约瑟夫·冯·斯登堡的不朽之作《放荡的女皇》中的剧照。(akg-images)

采尔布斯特的小索菲

　　直到拿破仑战争之前（在某种程度上，甚至在战争之后），德意志人的生活一直是以王朝为中心的。例如，一个萨克森人的所有民族和爱国情感，都不如其统治者的计划和愿望重要。这些统治者可以随心所欲地交换领地，可以通过婚姻或征服合并领地，可以在不和的兄弟之间分割领地。这就像一场荒唐而旷日持久的牌局，每一代人都会不定期地继承上一代人的牌，每位公爵、选帝侯或国王都会根据地理、财富、运气、个人的聪明（或愚蠢）程度，打出更好或更坏的牌。游戏有时会以蜗牛般的速度进行。例如，人们为没有子嗣的西班牙国王卡洛斯二世（Carlos Ⅱ）的死等待了几十年，他的死引发了西班牙王位继承战争；长期执政的神圣罗马帝国皇帝查理六世，将大部分时间花在低三下四地恳求各方势力接受他的女儿玛丽亚·特蕾莎继位上，这与整个帝国的传统背道而驰。如今，在德国各地，人们都能看到许多愚蠢的建筑项目，它们都源自某位统治者在继承了庞大遗产后一时的头脑发热，这些统治者美好的愿景往往很快就会破碎。而一些邦国，如普鲁士和奥地利，虽然打了很多仗，但通过运气和婚姻赢得的更多。

一件非常奇怪的事是，德意志小邦国的统治家族，作为联姻对象，在欧洲大受欢迎。大家族出身的伴侣更容易惹出麻烦，这样的婚姻往往弊大于利［最著名的例子可能是路易十六（Louis XVI）与特蕾莎的女儿玛丽·安托瓦内特（Marie Antoinette）的婚姻］。在前工业时代，小邦国同样足够富裕，拿得出珠宝和一些不错的狩猎场当嫁妆。对于更重要的统治者来说，心胸宽广的小家碧玉是极佳的选择，可以放心地生一堆孩子而不需要担心可能招致严重的外交伤害。

汉诺威人在成为英国国王后，一直遵循着这个传统（只有两个例外），直到今天仍然如此。这常常让小邦国的公主和她们专横的母亲喜出望外。从乔治一世开始，英国国王的配偶依次是不伦瑞克-吕讷堡-策勒的女公爵、勃兰登堡-安斯巴赫边疆伯爵的女儿、萨克森-哥达-阿尔滕堡公爵的女儿、梅克伦堡-施特雷利茨女公爵、不伦瑞克-沃尔芬比特尔女公爵（不幸的卡罗琳，与丈夫长期分离，当丈夫在威斯敏斯特教堂举行加冕仪式时，被关在教堂外，不准入内）、萨克森-迈宁根公爵的女儿、萨克森-科堡-哥达公爵的儿子（维多利亚女王的丈夫阿尔伯特亲王）、石勒苏益格-荷尔斯泰因-森讷堡-格吕克斯堡公爵的女儿和泰克公爵的女儿。英国王室之所以一成不变地在德意志人当中物色未来的王后人选，一方面是由于他们与德意志之间的密切关系（这种关系直到第一次世界大战时才逐渐淡去），另一方面是由于新娘必须是新教徒，而且必须是贵族出身，这使一大批可能不那么冷漠、更容易相处的地中海伙伴被排除在外。不过，德意志数量庞大的小邦国总能提供大量合适的人选，

第九章

这一直持续到 1918 年（这一年，德国革命爆发，随后邦君全部退位，他们的女儿只能待在欧洲各地肮脏的海滨酒店里）。在这样的背景下，爱德华八世迎娶美国马里兰州离异女性自然会被视为一场灾难，而他的弟弟则明智地选择苏格兰贵族意志坚强的小女儿为妻。伊丽莎白女王又回到了过去美好的时光，她选择石勒苏益格-荷尔斯泰因-森讷堡-格吕克斯堡家族的另一名成员为夫，所有人为此松了一口气。

我之所以在这个问题上花费了这么多笔墨，一个原因是它十分有趣，能引起人们的好奇心（包括事实和名字）；另一个原因是，即便是小邦国，也可能拥有莫大的权力和威望——始于卑微，终归荣耀。在由德意志下层贵族的小姐和封闭的、无足轻重的、留着小胡子的贵族公子组成的小行星带中，总有完全出人意料的事情发生的空间。在这方面，最令人震惊的例子是美貌的小索菲·奥古丝塔·弗雷德丽卡，她来自一个不起眼的小邦国安哈尔特-采尔布斯特，这个地方小到人们几乎无法呼吸。她的父亲是普鲁士将军，为了维护普鲁士和俄国的关系，在 18 世纪 40 年代将她送到俄国。在那里，几经波折之后，她嫁给了彼得大公，学习俄语，皈依东正教，废黜了丈夫（彼得三世在被废黜后不久死亡），最后成为叶卡捷琳娜大帝，大败奥斯曼人、瑞典人和波兰人，帮助俄国获得了从拉脱维亚到克里米亚的大片新领土。她可以说是有史以来最成功的德意志统治者，只是统治的不是德意志。奇怪的是，她的大理石半身像出现在路德维希一世用来纪念"值得赞扬和尊敬的德意志人"的瓦尔哈拉神殿里，是那里为数不多的女性之一，不过她确实配得上这样的荣誉。在俄国成为一个完全无法管理的超级大国的过程中，她做的可能比任何人都多。而在接下来的两个世纪里，这个国家并不总是与德国站在一起。

叶卡捷琳娜生前命人为自己绘制了不计其数的肖像画，但全都显得呆板无趣。对她的上台过程描述得最为生动的是1934年拍摄的疯狂的、令人如痴如醉的电影《放荡的女皇》，不过它在历史细节上不乏漏洞。这部电影或许是出生在柏林的玛琳·黛德丽（Marlene Dietrich）和出生在奥匈帝国的美国人约瑟夫·冯·斯登堡（Josef von Sternberg）合作拍摄的最出色的一部作品，它在一个半小时的时间里将德国人对俄国的厌恶之情表现得淋漓尽致。好莱坞慷慨资助了这部疯狂的作品，其中一个片段在一分钟的时间里概括了俄国黑暗恐怖的历史（包括铁女架酷刑、大规模斩首、被烧死在火刑柱上的裸女、将囚犯当作钟锤等）。经验丰富的黛德丽不太适合扮演少女时期留着长卷发的小索菲，但一旦作为"北方恶名昭著的梅萨利纳"登场，她就会戴上假发，穿着皮草，做出残忍的事，并搭配着施特恩贝格设计的表现主义舞台道具（扭曲的巨大雕像、比正常人高得多的门）。在最后一个场景中，穿着雪白的哥萨克服装的黛德丽面露笑容，周围是飘扬的旗帜和欢呼的军队，这是20世纪30年代关于德国的伟大和俄国的野蛮的最奇怪的幻想之一。这部电影过于生动和残酷，无法反映真实的叶卡捷琳娜。但如果有人无法沉浸在这部电影中，拒绝承认黛德丽戴着轮状皱领，注视着身材魁梧的战士的画面使历史变得鲜活，那么他一定是一个迂腐的书呆子。

第九章

安哈尔特-采尔布斯特的小索菲离奇的命运表明，德意志小邦君的女儿的梦想是没有限制的。但是，在这些珠宝礼服和战胜奥斯曼人的光辉业绩之外，有多少座塔楼上回荡着小贵族女儿们徒劳的叹息声。在18世纪，长期的婚姻规划是重中之重，因为它决定了谁将统治你，你将在谁的军队中作战，你要将收获的农作物交给谁。邦国为了追求虚幻的王朝野心，有时甚至会毁掉自己。例如，巴伐利亚为了摆脱中等邦国的地位，经常在毫无结果的尝试中分崩离析；萨克森遭受重创，被敌人纵火。

英式公园与法式公园

我在德国花了许多时间逛公园，那些美好的回忆永远存在于脑海中，我随时可以重温快乐的时光。远离世间纷扰，专心思考这些神奇的空间，其实是沉思文明本质的途径之一。对于我来说，逛公园是一件与天气或时间都无关的事。公园里的视觉享受（不管是实际的，还是回忆中的）对我的意义，或许相当于药物或音乐对其他人的意义。我常常想，只要足够专注，我就能回忆起魏玛公园的所有桥和小路，那些路通向李斯特（Liszt）故居，通向苏军公墓，通向刻着纪念安哈尔特-德绍公爵和萨克森-魏玛-爱森纳赫大公友谊的铭文的岩石，通向歌德故居（故居有些无聊，好在有一张珍贵的明信片，上面有穿着长外套、打着领结的年迈、不安但引人注目的托马斯·曼的照片），通向有一排大别墅（其中一座是最早的包豪斯风格建筑之一，其他的早期包豪斯风格建筑在公园的另一边）的山脊。不可否认的是，魏玛的公园将各式各样的东西聚集在一个地方，但没有一座公园是乏味的，许多公园隐藏着小而美的惊喜。

与德国生活的许多方面一样，大公园是德国政治分裂的副产品。每个邦国的统治者，不管他的邦国多么小，都喜欢通过修建公园来彰显其统治地位。这些公园确有实际用途，比如打猎、种植作物、娱乐、操练士兵、训练马匹和庆祝重大节日。宫殿始终是城市的中心，公园是一个重要的封建元素，是宫殿的一部分，而广场和林荫道则是为商人和其他可能惹麻烦的市民准备的。一些统治者允许人们进入公园，而另一些则禁止大部分人踏足公园。公园在许多方面体现了廉价劳动力对统治者的价值，喷泉和遍地的植被可以被视为18世纪版的金字塔、寺庙和神庙，象征着统治者对修建它们的工人大军的支配，只是没有那么暴力，而且有更多的雏菊。

作为英国人，我自然无法忽视这些公园显而易见的英式风格。英国的公园与偏爱几何布局和碎石路的法国公园形成鲜明对比，而且很早就在德国成为一种象征——即便不是象征着自由主义，至少也象征着对自由主义（和反法）的思考。德意志各邦国的统治者很喜欢通过命令领地人口中的很大一部分人劳动一整个季度，挖出小山谷和形状不规则的湖泊，堆建种满树木的小山，建造环境怡人的茶室，来表明为他们工作是理所当然的。除了对俾斯麦的深恶痛绝，罗伊斯-格拉的统治者从未表现出任何自由主义的迹象，但格拉的小河边有一座完美的英式公园。它隐藏在图林根东部的山麓，靠近捷克边境，有垂柳、精心布置的花坛和一群吃线虫的黑鸭。19

第九章

世纪，和英国一样，这些公园通常对民众开放。1918年，当地最后一代统治者被赶走后，公园成为公共财产。如今，这些公园既是每座城市的"绿肺"，也会让人们想起不久前邦国的历史。

德意志的公园绝非全是英式风格。欧洲最令人不安的公园或许在卡塞尔，黑森-卡塞尔的一位方伯有一个令人厌恶的专制主义想法，即从卡塞尔城外的山顶往下画一条直线，一直到该城的远端。山顶有一座巨大而毫无特色的意大利风格的赫拉克勒斯雕像，然后一连串的瀑布沿着这条直线流下，最终变为一条贯穿整座城市的道路。与这种领主掌控一切的形象相匹配的是瀑布两侧精心设计的花园。若论无意义程度，这项可怕的工程显然可以与金字塔相提并论（甚至连修建公园的费用都是由黑森-卡塞尔方伯通过将领民租给其他国家当雇佣兵的方式支付的）。后来的一位方伯结束了这场闹剧，将几何布局的花园毁掉，新建了更加英式和自由的花园，但伤害已经造成。卡塞尔是一个让人头疼的地方，就像被困在乔治·德·基里科[①]（Giorgio de Chirico）的画里一样：这座城市在第二次世界大战期间遭到毁灭性的轰炸，战后得到重建，但重建并没有减轻这种感觉——这一切的背后是曾经统治这里的贵族阴森可怖的遗产。

柏林和波茨坦的普鲁士大型公园，同样具有十足的英国韵味。我在构思第一本书时，常常在长着高草的波茨坦公园散步。它有点像一个主题公园，既有非常美丽和让人放松的部分（无忧宫的中国茶屋），也有具有强烈的专制主义气息的部分（新园），普鲁士的精

---

① 希腊裔意大利人，形而上学画派创始人之一。——译者注

神分裂在这里体现得淋漓尽致。

品位的变化对公园的影响很大，它们目前的外观通常表明了它们何时成为公共财产，从此外观不再改变，就像结束了一轮音乐椅游戏。在德国各地，凡尔赛模式和布伦海姆模式展开了激烈竞争，仿佛是勒诺特（Le Nôtre，路易十四的首席园林设计师）和"万能"布朗（Capability Brown，英国著名园林设计师）要争个高下。不管哪种风格的公园，都需要大量工人、强大的液压系统、按长度或重量收费的雕塑家和设计师，以及大规模改造自然的意愿（如今，或许只有在建设新机场或购物中心时才有这样的意愿）。最终，英式风格获得了胜利。这不仅是因为它更有趣、更合理，还因为英式风格的花园更容易维护（专制主义风格的公园的致命弱点在于，它需要有人无休止地耙碎石头，在冬天用木板把不受欢迎的维纳斯雕像封起来，而且精心设计的喷泉系统的修理费用高昂）。

沃利茨宫廷花园充分体现了这种显而易见的人工性与来之不易、似是而非的自然性之间的对立。这座欣欣向荣的公园位于易北河畔，修建者是萨克森-魏玛-爱森纳赫大公的朋友安哈尔特-德绍公爵，他在当时被认为是一名伟大的园艺家，但也是一个冷漠的统治者。我在沃利茨逗留时，入住的是一家非常奇怪的酒店，这多少给我留下了阴影。这家酒店的餐厅里有一张桌子，八个真人大小的玩具兔子正围坐在桌边吃塑料食物，一台老式唱片机播放着《老橡树上的黄丝带》等流行的管弦乐曲，一名服务员负责在唱片播放完毕后将唱针移回最开始的位置，而老板在一旁看着这一切。我越来越担心，在这家没什么人的酒店里，以前的客人的尸体或许就藏在玩具兔子的衣服里，血随时会从它们的爪子里淌出来，像可怕的酱汁一样慢慢浇在塑料冰激凌上。这段想象模糊了我对花园的记忆，我只记得它们非常美丽。

追随歌德的脚步

就德国而言，在历史上没有受过大规模合理化管理的地区，通常遍布着宫殿和城堡，多到令人厌烦，因为每座建筑都千篇一律地包括了宴会厅、代表美德和仁慈的寓意性雕像、阴凉的步行道、礼品店和有醒目指示牌的厕所。巴伐利亚的安斯巴赫便是一个例子。我到那里时，已经将近傍晚，不过这让我松了一口气，因为我刚刚错过了最后的导游，不用去参观通常很无聊的镜厅或贵族遗孀的卧室。随着这些建筑距离其实际使用的年代越来越久远，其中很大一部分终有被淘汰的一天。我之所以对安斯巴赫印象深刻，倒不是因为那座外观呆板、大门紧闭的宫殿，而是因为一名管理员，他热情地为我打开教堂下面一扇阴暗、上锁的大门，使我有幸目睹历代勃兰登堡-安斯巴赫边疆伯爵的安息之地。这是一间彻底被遗弃、部分被水淹没的地下墓室，里面堆满了金属棺材，整个地方就像一个废弃的汽车修理店。阴冷潮湿、疏于管理的环境，使人清楚地意识到贵族统治早已成为往事，旧时的辉煌终究归于尘土。当安斯巴赫仍然保持独立时，它是纽伦堡西部和西南部一个分散的庄园群，其中一些庄园基本只是一片田地。1791年，当地居民经历了一次奇耻大辱,末代安斯巴赫边疆伯爵将领地卖给普鲁士,把钱装进自己的口袋,娶了自己的情妇,逃到了纽伯里(普鲁士在被拿破仑打败后,用安斯巴赫从巴伐利亚人手里换取了贝格公国,安斯巴赫人所剩无几的自尊再次遭到践踏)。勃兰登堡-安斯巴赫边疆伯爵的陵墓如此凄凉是可以理解的,因为安斯巴赫光荣独立的历史竟以这么屈辱的方式终结。安斯巴赫是宗教改革的主要参与者,也是凶残的"安斯巴赫之狼"的故乡,这头食人狼在17世纪末袭击并杀死了不少人,随后被抓住、杀死,尸体被戴上假发、穿上外套游街,然后被当作狼人吊在广场上。不过说实话,安斯巴赫并没有多少选择的余地,边疆伯爵当时把它卖掉或许是正确的,因为数百个像安斯巴赫一样的小邦国最终还是在拿破仑战争期间失去了独立地位。

另一个微不足道的德意志邦国是萨克森-魏玛-爱森纳赫公国,这个位于图林根的邦国很好地说明,在18世纪末缺乏选择的环境下,一个小邦国能做的到底多么有限。卡尔·奥古斯特(Karl August)公爵显然非常享受他的统治,他有穿着制服的狩猎队、情妇和迷人的公园(前文已经描述过)。由于热爱军事,他坚持要拥有自己的轻骑兵(有专门设计的制服),不过人数极少,原因是财力不足。他短暂地建立了一支稍微值得一提的微型军队,但由于债务所迫,他不得不将兵力减少到区区38名骑兵和136名步兵。这个和蔼、热情的人常年得到歌德的帮助,这个小小的宫廷显然有一种能够吸引最杰出的文学人才的氛围。

歌德在魏玛是一个极具喜剧性,但也很感人的主题。他经过深思熟虑,认真地试图帮助这个小邦国确定优先事项,设法终结它的

第九章

财政混乱，这着实令人感动。歌德提出的务实建议与他主人的滑稽行为，形成了令人啼笑皆非的反差。例如，公爵把野猪重新引入自己的领地，因为猎杀野猪非常有趣；他一直把狗带在身边，而它们在音乐会上肆无忌惮地嚎叫和咆哮。不过，公爵出于对猎犬的热情，培育出了漂亮的魏玛猎犬，这多少算一种补偿。

在魏玛以西的伊尔默瑙郊区，有一条穿过图林根森林的著名的徒步旅行路线，歌德曾经一次次经过那里，前往当地的铜矿，试图使其重新运作起来，希望由此带来的收入至少能为魏玛猎犬购买一些食物，但每次都以失败告终。沮丧的歌德总会爬上那座无比美丽的山，今天人们还能看到他研究过的那块已经风化的巨石，可以看到他当年看过的景色，还可以参观他在基克尔哈恩山写下短诗《浪游者夜歌（二）》的地方（那里有一座仿古的纪念小屋）。那时候我可能读了太多的《格林童话》，在歌德之路的每一个转弯处，我都觉得我可能看到一个突然出现的神秘的烧炭人小屋，或者一个必须以礼相待的身材矮小的白胡子老人。歌德为后来人营造的氛围，以及也许有机会遇到童话中的老人的期待感，使这条徒步旅行路线变得与众不同。

当然，没有人知道这个可爱、睿智、伟大的人在山中漫步时究竟在想什么（他最担心的可能是被伊尔默瑙无能的矿工嘲笑），但人们确实能感觉到，这条路（以及图林根的许多地方）和这种"小国寡民精神"，对歌德和其他使魏玛变得如此不凡的人（包括席勒、赫尔德、李斯特、瓦格纳、尼采以及包豪斯的艺术人才等）至关重要。拿破仑战争爆发后，公爵带着他的小部队加入了普奥联军（他和歌德都参加了围攻美因茨的战斗），但后来不得不站在法国一边与普鲁士战斗。拿破仑最终失败后，奥古斯特设法在一定程度上确保了萨克森-魏玛-爱森纳赫的独立性。萨克森-魏玛-爱森纳赫公国在1918年的德国革命期间灭亡，遭人厌恶、虐待成性的末代公爵被剥夺了权力。1919年，由于柏林时局动荡，德国国民议会改在魏玛召开，并在那里颁布了宪法，此后"魏玛"这个词在20世纪不幸且不公正地成了失败和灾难的代名词。

塞满知更鸟蛋的玻璃金字塔

我曾在脑海中一次次访问弗兰肯的班贝格。这座在七座山丘上建起的城市，几乎没有因为战火遭到破坏。除了宏伟的建筑和美妙的氛围，这里还是烟熏啤酒的故乡，这种啤酒值得耐心等待和尊重。

我在这里不得不顺便一提美丽的米歇尔山，它是班贝格的七座山之一，山顶上有一个修道院建筑群，在一定程度上体现了人们对中世纪美德的想象，古老的医院传统在那里延续了下来，如今它成了一座养老院。我不仅想住在班贝格，还想放弃未来几十年的生活（纯粹出于不耐烦），直接搬进这家地球上最幸运的养老院。能欣赏班贝格各式各样的屋顶（尖顶、红瓦屋顶等），这样的乐趣已经让我心满意足，更何况还有修道院花园，里面种着《圣经》提到的每一种植物，包括芦荟、黄杨、薄荷、牛膝草、苦艾、野瓜等。这座圣经花园甚至比不来梅那座著名的花园更美丽，不过二者遇到了相

第九章

似的问题——当花园里的植物发现自己被放逐到巴勒斯坦之外一个阴雨连绵的地方时，它们或许会很不开心。修道院教堂的穹顶覆盖着几十块嵌板，每块嵌板上都绘着草药的图案，因此在每天做弥撒时（时间通常很长），修士可以偷闲记下哪种草药能治疗哪种疾病。不过，除了一些令人惊叹的陵墓，最精美的艺术珍品保存在附属小礼拜堂里。这是一座巨型圣心雕塑，按照最初的设想，人们应该在摇曳的烛光中，伴随着修士的歌声欣赏这座雕塑。它让人想起一些老电影的特效，但现在显然效果不彰。小礼拜堂的天花板更令人叫绝，上面有用浅蓝色和白色灰泥绘制的洛可可风格的死亡之舞（中世纪晚期的一种艺术类型）。此外还有一些小画，其中一幅画画的是一个骄傲的艺术家在画架上完成了画作，而披着斗篷的骷髅死神则像艺术鉴赏家一样，在他背后露出嘲弄的笑容；在另一幅画中，穿着长袍的骷髅死神在天花板上画下了最后一个灰泥气泡。嘲笑人类的骷髅是德国一个常见的绘画主题，但这里的无疑是最好的。它们既让人毛骨悚然，又让人觉得好笑，足以让我一直乐在其中。

不过，提到班贝格的真正原因是，它可能拥有世界上最神奇的房间。这个世界上当然有许多更大、更独特或更华丽的房间，但如果我能随心所欲地为自己挑选一个房间，那必然是班贝格（和维尔茨堡）采邑主教弗朗茨·路德维希·冯·埃尔塔尔（Franz Ludwig von Erthal）的自然历史博物馆。他仿佛意识到法国大革命将使采邑主教彻底退出历史舞台，为了使一切恢复原状（虽然为时已晚），他认为自己必须教育信徒。因此，他决定采取一系列措施，包括建立一个博物馆，专门用于展示弗兰肯动植物的美丽和用途。在他于

1795年去世后（他是倒数第二代采邑主教，随后班贝格就失去了独立地位），这个小博物馆的建设工作仍在继续，直到1810年才有了今天的样子。我不知道它是如何幸存下来的。除了纯粹的美（评价美的标准可能随时尚的变化而变化），惯性一定也起了作用，后者挽救了德国的许多事物。

对这个房间的喜爱或许是我的一个怪癖。我对不可思议的伦敦历史博物馆最古老、被虫蛀过的展品同样有无限的宽容：我可以在离屋顶很近的地方蹲几个小时，只为俯瞰大厅里的梁龙；我曾花好几天时间在那里的图书馆翻阅印有动物、植物和原住民的古老画册。亚历山大·冯·洪堡（Alexander von Humboldt）是我的偶像，那么我喜欢采邑主教的博物馆也就顺理成章了。这里的游客稀少（这是德国许多最有趣的地方的另一个令人愉快的巧合），因此参观时会有一种回到过去的奇怪感觉（如果它有效发挥了最初设想的教育功能，这种感觉或许就不复存在了）。

除了挂在显眼位置的采邑主教的画像，整个房间连同房间里的所有展柜都被漆成白色和金色。这些柜子是设计史上特殊的新古典主义运动的产物，当时金字塔形或球形的柜子，以及放置在高处的小画廊大受青睐。这些展柜装满了动物标本、骨架和成堆的鸟蛋（主要是生活在灌木丛中的鸟）。在这样的博物馆里，人们总是试图给展品排序——原则上，这座博物馆应该为实用目的服务，应该展示弗兰肯具有代表性的野生动物的标本并加以描述。不过，一些有趣的小东西（如一只猩猩、一个装着各种蜂鸟标本的玻璃柜、一个不知为何会出现在这里的鲸鱼下颚骨）破坏了这种严肃的目的。许

第九章

多这样的房间需要用巴赫或莫扎特的音乐来凸显其悠久的历史，但这个房间根本不需要背景音乐，因为单单是动物标本和精致的装修，就能让你直抵启蒙时代理想主义的中心。一个小柜子陈列着弗兰肯所有可食用水果的蜡质模型（它们意外地提醒着人们，以前的水果多么小）。之所以制作这些水果模型，是为了厘清不同种类的李子或梨的民间称呼，确定标准名称和明确的外观。一些模型似乎有些破损，薄薄的蜡上出现了一些洞，这同时破坏和加强了这些水果已经成熟可以吃了的错觉。

喜欢这座博物馆的班贝格居民持有非常不同的政治立场，一个极端是"七月密谋"（一次刺杀希特勒的行动，但以失败告终）的领导人克劳斯·冯·施陶芬贝格（Claus von Stauffenberg）上校，另一个极端是纳粹德国主力战斗机 Bf-109 之父威利·梅塞施米特（Willy Messerschmitt）。但是，有一个奇怪的班贝格居民目睹了博物馆的建造过程，以及德意志因为拿破仑战争而四分五裂的惨状。他就是普鲁士的艺术大师 E. T. A. 霍夫曼（E. T. A. Hoffmann）。我不记得第一次读霍夫曼是什么时候的事了，但从青少年时代起，我就觉得自己一直受他影响。我冒雨前往他在班贝格的故居，却发现大门紧闭（当然，这让我松了一口气，因为作家的故居总是让人失望）。这似乎使我能够稍微分享我的英雄的痛苦——在一生的大部分时间里，他被社会排斥，他的思想不被接受。霍夫曼仿佛一直在被惊人的坏运气追逐，不停地更换职业，当过漫画家、剧院经理、散文家、作曲家、公务员（在普鲁士刚刚从波兰手中夺来的地区任职）、短篇小说家和剧作家。无论到哪里（从柏林到华沙），他都像其他许多德国人一样，最终总会被拿破仑的军队赶走。这种混乱局势带来的耻辱感和精神创伤将持续几代人的时间，是扭曲的德意志民族主义意识形态形成的原因之一。在班贝格，面对铺天盖地的诽谤中伤，霍夫曼只能徒劳地试图维持剧院的经营（与此同时，他无可救药地爱上了自己的一个年轻的音乐学生，这对经营剧院没有任何帮助）。不过值得庆幸的是，他终于找到了自己的天职。他开始写作，既是在心理压力下，也是受旺盛的想象力的驱使。而他的作品终将成为欧洲文学的里程碑。

在我看来，霍夫曼的世界观，以及他笔下挖出孩子眼睛的睡魔、发条娃娃、笑脸图案的门环、玻璃面罩和魔蛇等，都极具德国特色。他将曲折的小巷和倾斜的房屋生动而可怕地呈现在读者眼前，用想象力将一座座平淡的小城变成读者的乐园。同时，他的故事结构有时非常奇怪，常常完全没有意义〔他肯定走过一些灾难性的弯路，比如，威尼斯奇幻故事《布兰比拉公主》（Princess Brambilla）就非常无聊〕。霍夫曼之所以如此吸引人，或许是因为他无法被归类，而且对现实生活毫无帮助——他与外界隔绝，完全沉溺于自己的幻想世界。他的作品可以被配上插图或拍成芭蕾舞剧和电影，但这些改编作品无法再现那种使他的每个段落都变化多端、让人汗毛倒竖的皈依氛围。如果没有霍夫曼，卡夫卡或格拉斯就不会是现在这个样子，但霍夫曼就是霍夫曼，他使周围的一切变得阴森恐怖——透过窗户向外看的眼睛、在街头瞬间消失的人物和顺着楼梯往上爬的绝对恶意。

就这样，当拿破仑重新塑造欧洲格局，成千上万身着华丽制服

第九章

的人悲惨地死在战场上，普鲁士在灭亡的边缘徘徊，数百名德意志骑士、伯爵、主教和公爵准备逃难时，在一座小城里，一座献给启蒙运动的白色和金色的小型圣殿即将完工，而住在同一条街的一个人正在构思《法伦矿山》。

意外出现的海牛

如果说霍夫曼代表了普鲁士最畸形的一面，那么与他同时代的亚历山大·冯·洪堡则代表了最理性但也不乏浪漫的一面。霍夫曼和洪堡都不是军人，但他们的生活还是不可避免地被拿破仑战争打下烙印，好在不管时局多么混乱，他们还是取得了非凡的成就，得以名留青史。洪堡在新世界待了五年，随后在1804年，也就是拿破仑宣布建立法兰西帝国后不久回到欧洲，但那时他曾经熟悉的大多数德意志邦国已经从地图上消失了。

洪堡似乎没有负面记录，直到今天，他仍然是最受尊敬的人物之一。他不仅极大地拓展了我们对世界的认识，还通过他的工作开发了科学应用和国际探险旅游的一个新模式。他利用了德意志有趣但不算重要的全球科学经验——考虑到德意志从本质上讲属于大陆文明，这方面的经验匮乏不值得大惊小怪。离他最近的前辈是格奥尔格·威廉·斯特勒（Georg Wilhelm Steller），后者出生于纽伦堡附近的温茨海姆，在18世纪30年代和40年代曾为出生于丹麦、受邀为俄国海军服务的探险家维图斯·白令（Vitus Bering）工作，在北太平洋调查并绘制海图。他为欧洲人描述了无数新生物，如海獭和北海狮。我经常去美国的西北太平洋地区探望我妻子的家人，当我从英国飞到那里，坐在花园中，看着身形巨大、好斗、吵闹，但令人过目不忘的暗冠蓝鸦（又名"斯特勒蓝鸦"）时，我总感觉斯特勒正从另一个方向来与我相见。他还发现了斯特勒海牛。这些巨大但行动迟缓的海牛在西伯利亚的一些海湾幸存了下来，逃过了人类的捕猎，但由于斯特勒的发现，它们在大约30年的时间里彻底灭绝了。他还留下了"海猿"的谜团。据说他在北太平洋航行时，这种奇怪的动物曾在他的船附近活动，但人们一直没有找到能够证明海猿存在的确切证据。

还有约翰·福尔斯特（Johann Forster）和格奥尔格·福尔斯特（Georg Forster）父子，他们是苏格兰移民的后代，17世纪时曾在波属普鲁士生活。由于机缘巧合，福尔斯特父子以科学家的身份参加了詹姆斯·库克（James Cook）船长的第二次伟大航行（1772—1775年），因此成为有史以来第一批看到南极的欧洲人（不过这最终让人们深感失望，因为他们原本希望那里是新澳大利亚）。在德国，小福尔斯特的《环球航行》（*A Voyage Round the World*）至今仍然是一部受人尊敬的经典著作。读完这本书，人们很难不羡慕他。他在20多岁时就见识过环境迥异的冰山和长满棕榈树的岛屿，迷失在热带文明的小仙境中，远离狂风大作、以卷心菜为特产的北德平原。

小福尔斯特在卡塞尔和维尔纽斯任教，后来在美因茨大学担任图书馆馆长。在美因茨，他卷入了18世纪90年代初激动人心的事

第九章

件，宣布支持美因茨共和国（法国大革命时期，法军占领美因茨后，当地成立的共和国）。当革命遭普鲁士军队镇压后，他逃到巴黎，最后在那里病逝，终年 39 岁。小福尔斯特是年轻的洪堡的英雄和榜样。为了在世界范围内有所作为，洪堡去了南美洲，然后用数十年时间记录了这次探险之旅。这部包含科学和私人见闻的 21 卷本的长篇巨著，使南美洲和中美洲研究迈上了一个新台阶。他的《新大陆热带地区旅行记，1799—1804》（*Personal Narrative of Travels to the Equinoctial Regions of America, During the Years 1799-1804*）的每一页，都能让人感受到纯粹的快乐。他简直对所有事物都兴趣盎然——从委内瑞拉投票权的细节到河床的性质，再到山地植物的多样性。他谈到了食人鱼、美洲虎和凯门鳄（这些都是我从小到大一直感兴趣的动物），还讲述了尝试捕捉电鳗的经历。他跟着手持鱼叉、骑着马或骡子的印第安牛仔把电鳗赶到河流拐弯处，电鳗在那里反击，电击攻击它们的人，水里很快就有一大堆被电晕或淹死的动物，然后一些筋疲力尽、电力不足的电鳗会被拖上岸。洪堡先研究这些电鳗，然后把它们煮熟了。"它们的肉味道还不错，不过身体大部分由电器官组成，很黏，很难吃。"谁还能奢求更多呢？

洪堡度过了丰富多彩的一生，并将他在生物学、气象学、自然地理学和人类学（他普及了"阿兹特克人"这个词）方面的发现传播到了整个欧洲。他往返于巴黎和柏林，60 多岁时追随格奥尔格·威廉·斯特勒的先例，走遍俄罗斯，最远到达叶尼塞河。细数洪堡的成就便可以知晓，他显然是 19 世纪最激动人心的人物之一。

不仅如此，这个只比拿破仑小一个月的人，对世界的影响或许比那位伟大的法国人的影响更深远。

德意志人的受害者意识

哥达的弗里登施泰因宫有一项引以为傲的藏品——一顶拿破仑的帽子。摆在玻璃展柜里的实物跟我们在照片上看到的那顶帽子一模一样，它已经有将近 200 年的历史了。看到这种发霉的东西，我总能想起 W. G. 塞巴尔德（W. G. Sebald）的小说《眩晕》（Vertigo）的场景。在巴伐利亚阿尔卑斯山谷的谷底，"我"的一个阿姨家的阁楼上保存着一套蒂罗尔士兵的军装，军装的主人曾在拿破仑战争期间为哈布斯堡家族效力。这套军装披在一个假人身上，几十年没有人动过。"我"伸手碰了碰这套军装，灾难发生了，它在"我"的指间化为尘埃。拿破仑的帽子肯定也面临着同样的威胁，但历代馆长在温控系统和杀虫剂的帮助下，不断与不可阻挡的时间流逝做斗争。

这顶帽子想必已经在那里展示了很久，而大多数参观者在看到这位在 2 年、20 年或 50 年前经过哥达的伟大人物的帽子时，无疑会感到兴奋或不安。考虑到他对德意志的蔑视，再加上他是法国人，大多数德国人很难认为他是一个值得钦佩的人；但作为将军和实干家，只有弗里德里希大王能稍稍和他比肩。在德国人看来，拿破仑战争揭示了德意志民族的天命，他们在经历了失败、屈辱和无

第九章

奈之后,慢慢振作起来,找到新的盟友,最后在莱比锡战役和滑铁卢战役中彻底结束了这场折磨了一代人的噩梦。这多少有点像第二次世界大战中的英国人,不过不同的是,当时的德意志人做出的让步和蒙受的屈辱要大得多(领土被占领,还不得不参加与俄国的战争,损失了成千上万条生命)。但德意志人最终迎来的是一个与1792年完全不同的世界,一支普鲁士军队在不伦瑞克公爵的指挥下,自信地(事实证明,也是天真地)越过法国边界,终结了法国大革命。1815年的德意志人没有选择的余地,不得不接受一些相当新的事物。

1803年的德意志大重组是神圣罗马帝国历史的最后一幕,通常被视为拿破仑以压倒性优势击败德意志各邦国的军队和吞并莱茵兰的后果,对德意志造成了严重创伤。但在此之前,瓜分波兰已经在许多方面为德意志埋下了灾难的种子。如今看来,瓜分波兰是极其愚蠢的行为。从18世纪初,以及彼得大帝的胜利开始,明眼人一看便知(虽然可能带着一丝惊讶),俄国将和英国一样,在欧洲政治中扮演重要角色(这两个国家都位于欧洲边缘,并以不同的方式规避了常规攻击)。让波兰充当普鲁士和俄国之间一个幸福、繁荣的缓冲区,本来是符合所有人的利益的,但由于考虑不周和短视,普鲁士人、奥地利人和俄国人灭亡了波兰。这种盗贼行径不仅剥夺了波兰作为有几个世纪成功经验的古老国家的权利,还使德意志与俄国有了共同边界(在1945年苏联坦克开进柏林前,这是影响国际政治的关键因素之一)。1772年的第一次瓜分使普鲁士得到了但泽(波兰称"格但斯克"),奥地利得到了伦贝格(波兰和乌克兰称"利沃夫"），俄国得到了白俄罗斯和乌克兰的大片领土；1793年的第二次瓜分使普鲁士得到了波森（波兰称"波兹南"），俄国得到了明斯克和乌克兰大部分地区；1795年的第三次瓜分，面对波兰绝望的起义，三国决定彻底抹去独立的波兰，奥地利得到了卢布林和克拉考（波兰称"克拉科夫"），俄国得到了立陶宛，普鲁士得到了以华沙为中心的南普鲁士省（不久便被拿破仑并入华沙公国）。

瓜分波兰表明，暴力、侵略和重划边界将是未来的趋势。整个德意志都在担心谁会被谁吞并。邦国体系的担保人本应是神圣罗马帝国皇帝约瑟夫二世，但他对自己肩负的泛德意志职责感到厌烦，在吞下波兰这块肥肉后，一心想着继续扩大奥地利的势力。奇怪的是，充当忧心忡忡的小邦国捍卫者的竟然是弗里德里希二世，他在吞并了西里西亚和波兰西部之后，喜欢假扮成小人物的庇护者以激怒奥地利人。每当约瑟夫二世试图实施使自己的领地更合理的计划（比如，交换领土或吞并修道院）时，弗里德里希二世总是表示震惊和沮丧，假装要维护帝国的古老美德，甚至因为约瑟夫二世要夺取巴伐利亚而与他开战。但是，既然皇帝胆敢干涉一个像巴伐利亚这样拥有悠久历史、在帝国中处于中心地位的邦国，那么奎德林堡的女修道院院长或夸特-伊斯尼（Quadt-Isny）伯爵便更有理由担心了。操劳过度的约瑟夫二世在1790年病逝之前，一直忙着攻击和关闭教会机构（拿破仑在接下来的10年里，在更大的范围内做了相同的事情）。如果连神圣罗马帝国皇帝都不再保护毫无防卫能力的小领地（其中一些还相当富有），那就没有人能够保护它们了。

第九章

因此,拿破仑其实是向一个古老而腐朽的帝国进军,那里充斥着贪婪的而且往往很无能的小统治者,其中许多人兴高采烈地加入他的阵营,希望能得到一两座修道院的奖赏。德意志人没有太多理由反对拿破仑。他们对帮助路易十六不感兴趣,而且在大革命后的一段时间里,人们欣喜地(但错误地)认为,曾经荼毒欧洲许多地区的法国从此将一蹶不振。对于拿破仑留在哥达的帽子,普鲁士的许多高级军官肯定会高兴地表示敬意,他们可能讨厌这个外国人,但势必对他(开始和一群天才而热忱的年轻军官,最终和一些婚姻失败、疲惫不堪、体重超重的愤世嫉俗者一起)轻而易举地击败一支又一支军队着迷。战场条件或胜算大小似乎并不重要,拿破仑总能消灭好不容易集结起来的奥地利军队。英国海军军官在19世纪余下的时间里一直想再现特拉法尔加战役的辉煌,而毛奇等普鲁士将军则梦想着有朝一日能复制一场拿破仑的战役。他们确实做到了,而且就在这个以治理不善和血腥杀戮为特征的世纪里。普鲁士在1866年打败了奥地利,在1870年打败了法国。这些胜利接着为1914年老毛奇(Moltke the Elder)不幸的继任者[包括他的侄子小毛奇(Moltke the Younger)]设定了一个评价指挥官才能的新标准,而后者未能达到这样的标准(至少在西线如此)。

如果想知道德意志各邦国在拿破仑时代是如何疯狂改变阵营的,人们不妨看看小而富裕的黑森-达姆施塔特大公国。路德维希十世(Ludwig X)边疆伯爵在法国革命前的形象是传统的短假发、腰带和大氅,但随着拿破仑在德意志一路高歌猛进,他摇身一变,成为路德维希一世大公,丢掉了假发、腰带和大氅,在新的画像中留着实用的发型，穿着深色军装，看起来很像拿破仑。拿破仑重新分配德意志土地时，路德维希一世得到了莱茵河沿岸和威斯特发里亚的大片土地。拿破仑战败后，路德维希一世想方设法避免遭受与被没收领地的萨克森王国相同的命运。他虽然不得不放弃在德意志西北部轻而易举获得的一些土地，但还是保留了包括美因茨在内的很大一部分领地，以及"黑森和莱茵河畔大公"这个古怪的新头衔。

达姆施塔特一个美丽的公园里有一座拿破仑战争纪念碑，它说明了黑森人在这场战争中付出的代价。纪念碑上有一个全身赤裸、戴着角盔、用盾牌遮住下身的维京人雕像，碑身有点像教堂的塔楼，上面刻着当时身处不同阵营的黑森人参加的无数场战役的名称。关于这些战役的记录几乎没有专门提到黑森人，因为他们人数太少，只是毫无意义地死在西班牙、俄国、德意志或法国。这座纪念碑建于19世纪40年代，散发着与其他早期民族主义建筑物相同的魅力，远远胜过19世纪晚些时候德意志各地随处可见的新奥尔梅克风格的古怪建筑。当纪念碑揭幕时，站在它面前的身经百战的老兵想必十分尴尬。他们先是为反革命阵营而战，然后为拿破仑帝国而战，后来又重返反革命阵营。拿破仑为这些小邦国带来的威胁和机会，让它们手足无措。在拿破仑时代前往德意志各地的法国人产生的影响，与20世纪40年代后期的美国人相似。他们传播新思想，动摇既有的等级制度，重塑德意志世界，使古老的神圣罗马帝国显得与时代脱节。数百个领地永远消失了，幸存下来的邦国（如黑森-达姆施塔特、巴登和符腾堡等）可能保持了统治家族的连续

第九章

性，但所有人都知道，这往往是统治者做出极大让步的结果，这样他们才能生存下来并吞并邻邦。

猜测如果拿破仑没有决定在1812年入侵俄国或没有战败（1812年的俄法战争导致成千上万的德意志人死亡，几乎是1941年苏德战争的预演），德意志会如何发展，是完全没有意义的。在很短的时间内，整个中欧和西欧不得不动用它的一切来满足这支庞大的侵略军的需求，而当这支大军崩溃时，这些地区又遭俄国军队的入侵。拿破仑战争的一个关键因素是奥地利坚持抵抗，但其重要性往往被低估。由于奥地利的腹地远大于法国的，因此进攻奥地利并不是一件容易的事，而且奥地利人往往只有在深入德意志时才会被击败（但即便如此，奥地利军队仍然至少可以撤退和重组）。最后，奥地利和俄国率先攻入巴黎，取得了战争的最终胜利，这是巴黎在1419年以后第一次被外国势力占领。由于俄国沙皇的庇护，普鲁士安然无恙，而弗里德里希·威廉三世（Friedrich Wilhelm III）本不配享有沙皇的忠诚（要不是忌惮沙皇，普鲁士可能早就亡于拿破仑之手）。19世纪柏林盛气凌人的傲慢态度，与其说是因为普鲁士在最终战胜拿破仑的过程中扮演了重要角色，倒不如说是因为它强烈意识到普鲁士与灭亡近在咫尺（这样普鲁士就会成为一个只存在于历史中的邦国，类似于科隆选侯国，唯一的价值是满足人们的好奇心）。

不管是以卡塞尔为都城的威斯特发里亚王国，还是被改造得面目全非的莱茵邦联和北德意志，拿破仑的这些发明都只存在了几年，却使后世感受到了巨大的不确定性，他们无法摆脱对再次遭受羞辱的恐惧。一个法国人可以抹去如此多的历史，可以在很大程度上根据自己的意愿组建新的国家，给它们取可笑的新名字，把它们交给亲戚管理，可以根据自己的喜好派法军前往那些新国家。如此强烈的无力感自然会使人们联想到三十年战争，同样的噩梦再次上演，这加剧了德意志人对独立自主的渴望和对法国的情有可原的仇恨，这种仇恨将影响欧洲的未来。

听到拿破仑战败的消息，当时的德意志社会一定弥漫着兴奋和喜悦之情。但想到拿破仑的大业竟以如此悲惨的结局收场，人们恐怕还是会感到忧郁，感叹人生终是一场空。直到今天，班贝格的贝尔蒂埃（Berthier）元帅纪念碑仍然能让人感受到这种忧郁和徒劳感。贝尔蒂埃在法国军队中服役大约 35 年，在美洲与英国人作战，保护法国王室，囚禁教皇，参加对埃及的远征，积极参与了复杂的、最终将改变世界的路易斯安那购地案。他参加过奥斯特里茨战役、耶拿战役、弗里德兰战役以及在西班牙和俄国的战役。但在拿破仑从流放地归来后混乱的几个月里，在他重建的帝国被一支又一支盟军打败前，阅历丰富、充满活力的贝尔蒂埃发现自己被困在班贝格采邑主教坚固的宫殿里。他不知道该怎么办，也无法与拿破仑取得联系。在滑铁卢战役爆发两周前，他从高处坠亡。人们永远不会知道，他到底是死于意外还是暗杀。直到今天，他的尸体被发现的地方仍然打着标记，这让人感到惆怅，但不会觉得特别遗憾。不过，如果我们现在还有这样的感觉，那么不难想象当时的这种惆怅感多么普遍，不管是失败者还是胜利者（所有德意志邦国都曾在某个时刻在政治上面临灭顶之灾）都会有这样的感觉。一场吞噬了整整一代人的错综复杂的、奇怪的冒险终于结束了，留给幸存者的是一个陌生而脆弱的新世界。

划算的鸡肉

一天晚上，我在汉诺威街边的市场闲逛时突然高兴起来，心想此情此景与勃鲁盖尔的一幅画何其相似。在这里，轻信的人遇上了狡诈的人；在这里，小贩和骗子竞相兜售塑料娃娃、椰子水、奇怪的墙壁装饰品，只有老练商人的花言巧语才能使人相信买这些东西不是一件愚蠢的事。我花了很长时间看一个拿着麦克风的人在一个台子上走来走去，他的口才吸引了一大群人。他拿着装满鸡块的金属盘子卖力推销，但盘中的鸡肉似乎并不新鲜。虽然我基本听不懂他在说什么，但他张扬的眉毛、下流的手势和颇有喜感的口音，使我几乎忍不住想挥舞着钞票冲上前去，带着一大袋不知放了多久的鸡大腿离开。

约翰·彼得·黑贝尔（他是教师和诗人，一生基本都在卡尔斯鲁厄度过）在拿破仑战争期间编写的印在年历上的小故事，将这种典型的德意志艺术发挥到了极致。1811 年，这些作品以《莱茵家庭之友的小宝盒》为名结集出版。通过这些小故事、道德寓言和实用的信息，黑贝尔为读者描绘了一个由游手好闲之徒、聪明的仆人、狡猾的轻骑兵、忍气吞声的旅馆老板和强壮的刽子手组成的世界。许多故事有一种集市日的气氛，各式各样的骗子骗过了城里的卫兵,骗过了愚蠢的市民。勃鲁盖尔经常画的庸医、被藏起来的硬币、走进集市酒馆的可疑陌生人,同样出现在黑贝尔的世界里,而且似乎与汉诺威的现代街边市场和无数类似的市场相差无几。

德国市场的氛围与南方国家的市场截然不同,后者阳光更充足,更欢快。节奏更快或许是德国市场的一个优势,这是由天气决定的——大雨随时可能降临,这会赶走全部顾客。当地市场和区域市场的产品并不多。在达姆施塔特时,我在一个狂风大作的秋季周六去市场,却发现那里似乎只有南瓜和蜂蜜——看来满足当地人的需求并不是件难事。这种对季节的依赖在英国和美国都没有这么明显。10月,我在莱茵河畔散步时,看见的几乎都是出售难喝的苹果酒的摊位;5月,看见的几乎都是卖白芦笋的摊位,而白芦笋还会出现在几乎每家餐馆的菜单上。一连几年,我都觉得自己仿佛被一个复杂的占星时钟控制,它会告诉你现在应该吃鹅肉(阿尔滕堡地下餐厅的招牌菜),店主现在可以从盒子里拿出小精灵和女巫的模型,用它们装饰商店的窗户。这样的规律性很有趣,但也让人抓狂,因为会让人觉得每年都在重复上一年的生活。

大规模的年度集市加强了四季的规律感。不管是纽伦堡、埃斯林根和维也纳等地弥漫着不真实的快乐氛围的圣诞市场,还是科隆、法兰克福和莱比锡的集市,它们在德国的受欢迎程度都远超在其他许多国家的受欢迎程度。集市使更多的人参与加强了德国交通枢纽的地位。比如,几个世纪以来,莱比锡集市就是人们用德国、意大利、荷兰和法国的货物交换波兰和俄国货物的地方。在一个极其复杂的网络中,城镇市场、个人商店与流动商贩通过驳船、骡

第九章

子、马车联系起来,毛皮、马匹、气压计、剑、钉子、音乐盒等可以被运往任何需要它们的地方。规模庞大的莱比锡集市在 20 世纪经历了诸多变迁,但在民主德国时期仍然是东欧最重要的商品交易场所,直到今天仍在举办各式各样的商品博览会,如获奖鸡展览会、眼科产品博览会、新型污水处理设备博览会、户外花园家具博览会、冷冻食品博览会、世界浸信会大会,等等。

我对此最直接、最持久的经验是每年 10 月的法兰克福书展,来自世界各地的人聚集在法兰克福买卖图书版权,不过我们中的许多人在精神上其实与在汉诺威买卖肉鸡的商人并没有区别。有的人为书展的规模感到兴奋,有的人感到沮丧,这取决于你是否觉得与图书相关的商业活动有趣。来自世界各国的 25 万多人在似乎无穷无尽的展位间麻木地徘徊,试图找出下一本国际畅销书。就我而言,我认为没有比在各个展位间闲逛更有意思的事情了,这主要是因为《莱茵家庭之友的小宝盒》的精神是如此鲜活和美好。过去的行商和骗子如今可能换上了不合身的国际商业服装,但他们仍在寻找轻信或不了解行情的人。无数个实际上互不相关的世界在这里相遇,它们唯一的共同点在于所有东西都是纸制品,不管是穿得像花一样的幼儿照片书,还是身上涂油的半裸消防员的日历。有些展位有特定的主题,比如可爱的动物、切·格瓦拉、漫画、带评论的新版托马斯·曼作品集、复古摩托车、性感模特或廉价童谣集。这些展位摆满了各种图书,许多书似乎只有在成功引诱其他国家的人购买版权的情况下才不至于亏本。到法兰克福书展结束时,各国的书商已经达成了成千上万笔交易,毫无意义的书(如何用狗毛编织或如何用昆虫做菜）将被翻译成西班牙语或韩语。而隐藏在幕后的那些谨慎的人会安排把全部印刷品扔进拉各斯港的海里，然后与印刷厂平分事故保险金。出版商则将信将疑地继续着他们糟糕的工作，并利用中世纪交易会这种古老的形式，将印刷品传播到世界各地。

第十章

正在建设中的莱比锡大会战纪念碑。(*Deutsche Fotothek*)

《军队进行曲》

　　从 1815 年拿破仑战败到 1848 年革命之间的这段时间，一直受到左派和右派作家的轻视，左派作家轻视它是因为这段时间沉迷享乐、不关心政治的氛围在慢慢扩散，右派作家轻视它则是因为这段时间德意志似乎不再关注英雄主义，而且地方主义日益盛行。等到德意志帝国建立起来，毕德迈尔世代①就被当作附庸风雅的愚蠢之徒，而佩着剑、戴着特殊的帽子、发誓要建立一个统一的德国的英雄般的年轻学生，则被视为那个时代失意的先知，不为热衷精致的茶具、漂亮的餐巾纸和优美的钢琴曲的社会所接纳。当然，经历了 20 世纪的种种事件之后，人们对毕德迈尔世代的态度已大为改观，但那个时期的物品（细长的桌子、女式扇子、图案单调的盘子）仍然让人感到乏味，而且很容易损坏。人们必须努力避免落入民族主义的成见，后者认为这个时代是一个错误的转折，偏离了天定命运。实际上，在伦敦、巴黎、莱比锡和慕尼黑萌芽的，是走向资产阶级公民社会的第一次怯懦的尝试，是每个人都能坐在家里自由

---

① 19 世纪中前期的一代人，他们过着恬静的生活，崇尚颇具田园风情的艺术形式。——译者注

自在地看电视的现代生活的一次预演（当然，在实现这样的生活之前，我们走了许多可怕的错路和弯路）。

这个时期，由于拿破仑战争而化为焦土的中欧，致力于改革不合理的旧制度，重建国家。法国大革命的风暴在政治和地理上造成了严重破坏，无数人死于非命，因此和平和安宁是众望所归。就像第二次世界大战以后，如果条件允许，大多数欧洲人满足于和家人待在一起或外出购物一样，1815年以后的统治者面对的是一群厌倦了动荡，只想平静生活的人。事实上，人们完全可以用另一种写法写一部欧洲史，将家庭生活和日常工作视为欧洲大陆文明的常态，将战争和革命视为破坏社会规范的可怕例外。这样一来，历史学家就需要认真解释战争和革命的成因，而不是像现在这样，将温和内向的时期视为下一次惊心动魄的流血事件发生前的无聊插曲。

19世纪前期的毕德迈尔世界的中心无疑是维也纳。除了经历过几次屈辱的动荡，哈布斯堡家族一直是拿破仑的顽强对手，并在1815年得到了丰厚的回报。他们庞大的领地和他们在欧洲德语区的特殊地位（虽然神圣罗马帝国已经不复存在）得到了确认，他们的文化力量无人能及。一个始于贝多芬的《第九交响曲》、舒伯特的歌曲和奏鸣曲，终于约翰·施特劳斯的《拉德茨基进行曲》（当我的大儿子还是婴儿时，这是唯一能让他平静下来的音乐）的时代，不可能只有坏事发生。特别是舒伯特的《军队进行曲》这首节奏明快、非军事气息浓厚、适合在休息室弹奏的钢琴联弹曲，在许多方面概括了这个时代的特征——柔和、不具威胁性，你可以穿上漂亮的军装而不需要真的去打仗。

第十章

奥地利在意大利扮演的新角色，强烈地体现了其对未来的信心。拿破仑曾严重动摇哈布斯堡对意大利和亚得里亚海沿岸地区的控制，但此时奥地利再次加强了自己的统治，最引人注目的是取得了威尼斯的旧领地，包括威尼斯城、意大利东北部的大片土地和达尔马提亚海岸（包括位于其南部的拉古萨共和国，它试图独立，但失败了）。从长远看，这是一场灾难，就像英国在第一次世界大战后得到了中东殖民地一样，看似梦想成真，但很快发现只是多了一个白白消耗资源的包袱。奥地利的军人和官员都喜欢威尼斯，最高级别的军官通常要去意大利履职，这满足了德意志人向往阳光、格拉巴酒①、南方美女和舒适生活的夙愿。哈布斯堡家族一直在亚得里亚海北岸拥有一小块领地（所谓的"奥地利滨海区"），该领地以的里雅斯特（Trieste）为中心，一直没有得到开发。当奥地利人在亚得里亚海沿岸拥有了更大的领地后，他们不得不将更多的精力放在地中海地区，制订各种鼓舞人心的计划，包括修筑大量防御工事、设计特殊的军装、扩充海军等。这些措施削弱了奥地利在德意志的地位，几乎与普鲁士的卑鄙行为对其造成的伤害一样。虽然在战斗中击败意大利人很快成为奥地利人的一个乐趣［《拉德茨基进行曲》就是为了庆祝拉德茨基（Radetzky）元帅在库斯托扎战役的胜利而创作的］，但错误的努力并不会带来预期的结果，因为意大利更强大的支持者（尤其是法国）经常成功地将奥地利人再次赶出意大利。

---

① 一种意大利白兰地。——译者注

奥地利在亚得里亚海的存在带来了各种后果。意大利民族主义者认为威尼斯的领地属于意大利，因此当1866年普奥战争结束，奥地利被赶出威尼斯后，威尼斯统治过的达尔马提亚沿岸就成了一个极为动荡的地区。虽然那里讲意大利语的人很少，但意大利民族主义者仍然主张拥有该地的主权，而这在两次世界大战中都产生了破坏稳定的灾难性后果。不仅如此，占领沿海地区后，奥地利帝国主义者又盯上了内陆的波斯尼亚和黑塞哥维那地区（简称"波黑地区"）。1908年，奥匈帝国最终吞并了波黑地区，其本意是为了展示自身的强大实力和坚定意志，但此举实际上使哈布斯堡帝国和塞尔维亚之间再无缓冲地带，而这成为第一次世界大战爆发的原因之一。

中欧的历史一再显示，意外的后果总能产生惊人的涟漪效应。不管什么样的政策，最终往往以某种形式的政治瘫痪告终，这成了欧洲历史的一个奇怪的特征。这块狭小、分裂、人口稠密的大陆，没有能力像中国或美国那样团结和统一。我们甚至可以说，欧洲似乎对统一过敏。不幸的是，多样性在使欧洲变得如此吸引人的同时，也带来了无数的战争和死亡。每当一个欧洲大国似乎有发展成超级大国的苗头时，其他大国就会羞辱和摧毁它。拿破仑的命运是最明显的例子，而在更小的范围内，哈布斯堡家族（以及他们的许多祖先）同样看到了他们在1815年所取得的惊人成就如何迅速变成了令人沮丧的负担。

拿破仑战败后，新的政治哲学理论急需解决合法性的问题。如果说拿破仑重组欧洲的目的是在一定程度上建立贤能统治（虽然带着愤世嫉俗的意味），那么1815年的皇帝、国王和大公则是想一劳

第十章

永逸地终结这种想法。合法性原则（严格按照长幼亲疏的顺序继承家族的统治权）成为新（旧）秩序的根基。历史上，欧洲一直有不同的统治形式——从共和国到选举君主，再到世袭君主制。但在1815年，这种多样性消失了。大多数帝国自由城市及当地的商人寡头一去不复返，大量教会领地（其中一些等级森严，另一些则更加平等）同样如此，不过几乎所有教会领地此前都专注于真正的、严肃的信仰生活，而不是权力政治。还有一些古怪的存在，如奎德林堡皇家修道院，其独立性一直受到限制和威胁，最终被拿破仑扼杀，被并入普鲁士；埃森的老皇家修道院同样如此，它在普鲁士的统治下似乎将成为一个"伟大"的地方，富有创造力的克虏伯家族刚刚在那里起步。

因此，毕德迈尔时代的悖论在于，统治者仍然将古老的权利当作自身合法性的基础，而民众已经充分意识到这样的主张究竟有多么荒谬，这种情况令人不安。例如，无法有效行使自身权力的符腾堡公爵一直是人们嘲笑的对象，因为他们常常被自己领地的民众和几十块属于他们的飞地（这些飞地通常很繁荣）的居民的官司弄得焦头烂额。在拿破仑战争中，符腾堡公爵遭受了一次又一次的羞辱。他虽然最终守住了所有让他头疼的飞地（如海尔布隆、埃斯林根、施瓦本格明德、拉芬斯堡和施瓦本哈尔），但作为回报，他不得不支持拿破仑（最大的灾难是，他派约16 000名符腾堡人随拿破仑出征莫斯科，最终只有数百人生还）。符腾堡公爵虽然升为符腾堡国王，但他统治的是一个人口稀少、满目疮痍的地方，而且他还背叛了自己的人民。幸运的是，这个现在被称为弗里德里希一世的恶棍（顺便说一下，他的体重约为 190 千克）在维也纳会议后不久就死了，符腾堡王国可以从头再来。但从根本上讲，在这种绝望的情况下，"合法性"这个词没有任何实际意义。

新的德意志联邦虽然只有 39 个邦国，而不是拿破仑战争前的几百个邦国，但仍有各式各样的统治者提出五花八门的合法性主张，以证明其继续存在的合理性。不幸的是，其中有许多特别可怕或无能的人，他们的一举一动甚至能让最冷漠的学者或最顽固守旧的地方政治家质疑他们是否有资格统治。例如，汉诺威国王恩斯特·奥古斯特一世（Ernst August Ⅰ）就是一个真正可怕的人物。他是英王乔治四世的弟弟，维多利亚女王继承英国王位后，他继承了汉诺威王国，这意味着英国和汉诺威之间已经不存在父系血统关系。恩斯特·奥古斯特一世是一个极端保守的人，在离开伦敦时被英国媒体大肆嘲讽（他在那里曾被称为坎伯兰公爵，被怀疑有谋杀和乱伦之嫌）。他是爱尔兰新教政治团体的共同创始人之一，激烈反对天主教和任何形式的改革，扼杀了汉诺威居民为捍卫自身的政治权利做出的所有尝试，还卑鄙地驱逐了格林兄弟中的一人，另一人也随之离开汉诺威。恩斯特·奥古斯特一世是一个活生生的例子，说明了合法性的问题和限制。

糟糕的不伦瑞克公爵卡尔二世是另一个例子。虽然他的父亲（"黑公爵"）和祖父都在与拿破仑的战斗中牺牲，为家族赢得了民心，但在 1830 年，他还是被愤怒的民众驱逐，他的宫殿也被付之一炬。弗里德里希二世之后，普鲁士人显然用光了运气，接下来的两任国王都是优柔寡断的平庸之徒（根据个人的喜好，你也可以

第十章

说，直到1918年王朝灭亡前的六任统治者都是庸才）。而在维也纳，平平无奇、刻薄、沉闷的弗朗茨一世整天疑心重重，过着无趣的生活（即使是最谄媚的宫廷画师也能贴切地画出这个特征）。而他的继任者斐迪南一世智力低下，而且是一名癫痫病患者（这使合法性缺陷进一步受到嘲讽）。不过，据说斐迪南是一个和蔼可亲的人，在1848年革命中退位，在布拉格城堡的医生的陪伴下度过了漫长的余生。

这种令人绝望的模式可以部分地被更有价值的人平衡，如巴登大公利奥波德一世和巴伐利亚国王路德维希一世（不过他风流成性，最终因为与情妇的绯闻而招致民众的反对，在1848年革命中被迫退位）。但是，近亲结婚和厄运的阴影挥之不去，巴登和巴伐利亚的统治家族虽然不像汉诺威国王那么暴力和粗鲁，却受严重的精神疾病困扰。

卡尔和阿尔布雷希特

19世纪德意志的两位代表性人物，在繁荣的环境中出生，生日相差不到16个月，却走上了截然不同的人生道路。不过，他们有许多共同的兴趣（尤其是在科学和文明发展方面），而且最终都在伦敦度过了一生中的大部分时间。他们都在波恩大学接受教育，都曾是路德宗信徒。他们从未谋面，但如果有机会见面，他们肯定会一起抱怨英国人的缺点和恼人的口头禅等老生常谈的话题。

马克思位于故乡特里尔的故居经过了几次修缮和重建，在历史上经历了盛衰沉浮。联邦德国建立后，它成了西方左派的朝圣地。如今，这里已经没有了智利的托洛茨基主义者和意大利的斯大林主义者在狭窄的楼梯上争吵的热闹光景，来这里参观的热潮早已退去。唯一的例外是中国人，热情的中国旅游团每隔一段时间就会涌入特里尔的酒店。我想知道，这些旅游团在参观完略显单调的故居后会干些什么，毕竟这里除了这个普鲁士律师（马克思的父亲是一名律师）的家，只有隔壁的咖啡馆了。即便是附近的葡萄园或历史遗迹——罗马时代的"大黑门"，也算不上有趣。

可悲的是，我没有能力领悟抽象思想，因此难以胜任哲学向导的工作，而哲学是德国人生活中至关重要的一环。为了避免自取其辱，我选择完全避开这个领域。我很乐意阅读一些浅显的书，比如叔本华和尼采包含大量格言警句的著作，但仅此而已。马克思的政治经济学理论超出了我的理解范畴，但即便只是作为一名记者、论战者和评论家，他也是最尖锐、最辛辣和最有趣的，他在伦敦北部流亡期间冷静地观察着欧洲发生的所有大事。拿破仑三世（Napoleon Ⅲ）本来有可能（不过我承认，可能性不大）是一个富有创造力、深思熟虑和进步的人物，致力于推动法国的发展（他确实通过各种方法做到了这一点），但马克思对他冷嘲热讽，而且后来的事实证明，马克思是对的。马克思的思想非常重要。我们永远无法想象，如果没有他的著作，20世纪大大小小的革命会如何发展。人民当然还会起义，俄国或许还会在1917年崩溃，但马克思提供的意识形态为强大的国家的出现奠定了基础，而这种国家形态是19

第十章

世纪的人做梦都想象不到的。

德国人在第一次世界大战期间做过许多最终影响自身的事，其中最有名的是把列宁送上一辆封闭的列车，把他从瑞士转移到瑞典（然后再转移到圣彼得堡）。这项决定某种意义上影响了整个 20 世纪，而且在人类历史上，我们可能再也没有机会如此近距离地观察一种思想如何改变世界。列宁当然相信自己在实践马克思的思想（再加上自己的一些创新）。这些思想的内容、力量和整体性改变了政府管理国家的方式，传统的统治方式在这种新的管理方式面前相形见绌。马克思的父亲是一个皈依了路德宗的犹太人，而宗教在马克思的生活中基本没有发挥作用。但一些德国人固执地认为马克思的思想在某种意义上是渗透进德国人生活的犹太思想，这造成了一定的影响。

与马克思同时代的图林根人阿尔布雷希特（他后来改名为阿尔伯特），是萨克森-科堡-哥达公爵恩斯特一世（Ernst Ⅰ）的次子。传统上，英国王室成员一般娶德意志小邦君的女儿为妻，但由于维多利亚正准备继位，阿尔布雷希特不得不扮演女孩的角色，被带到英国，与表姐结婚，成为她的"王妃"。这个时期呆板无趣的宫廷肖像画，以及拍照时必须一动不动站立的要求，往往使阿尔伯特看起来像一尊浮夸的蜡像。不过，除此之外，照片有时也会意外地记录下这个德国人强硬、聪明和傲慢的形象。他在生前并不特别受欢迎，但由于在 1861 年死于伤寒后受人崇拜，因此这一点常常被人淡忘。在他之前，英国国王的德意志妻子们要么隐于幕后，要么因为花边新闻成为小报的主角，比如乔治四世的妻子不伦瑞克-沃尔芬比特尔的卡罗琳（她那口铺着红色天鹅绒的悲伤的小棺材就躺在不伦瑞克大教堂阴暗狭小的墓室里）。而阿尔伯特对政务的干涉和他的德国口音在政治上似乎引起了质疑——他以何种身份和权力改革军队，给他的外国亲戚写信，或筹划1851年伦敦世界博览会？阿尔伯特对自然科学和博物馆的热情，让我很喜欢他。他在筹划伦敦世界博览会（那一定是天堂！）和创办南肯辛顿博物馆时，充分考虑了英国人的喜好，但也没有忘记参考德意志的贸易博览会和珍宝阁（这些东西无论何时都能让我流连忘返）。建造博物馆的土地是用伦敦世界博览会的利润购置的。虽然博物馆在阿尔伯特去世后才竣工，但如果没有他，博物馆当然不会存在。一个可以多少说明阿尔伯特智力的例子是，1859年《物种起源》出版后，他提议册封查尔斯·达尔文为勋爵（不过由于教会的反对，达尔文没有被册封）。

阿尔伯特的兴趣令人高兴，这是英国王室贫瘠的知识生活中的一个亮点，但他在处理王朝事务时非常传统。他把十几岁的女儿维多利亚嫁给了普鲁士王储弗里德里希·威廉，从而引发了德意志王室生活的一场大悲剧。维多利亚和弗里德里希等了几十年，等待后者年迈的父亲威廉一世去世，这样他们就可以赶走俾斯麦，使德意志帝国自由化。但威廉一世十分长寿，弗里德里希继位成为德皇弗里德里希三世时，已经因为喉癌而奄奄一息。他统治了大约三个月，不能说话，处于绝望之中，只能用小纸片交流，然后就把皇位让给了他和维多利亚那不讨人喜欢的孩子，后者继位成为威廉二世。最后，弗里德里希三世和维多利亚的遗产只有一个脾气暴躁、

第十章

歇斯底里的继承人和在波茨坦的无与伦比的大理石陵墓。阿尔伯特的王朝构想就这样可悲地失败了。事实上,维多利亚女王外孙的身份反倒使威廉二世背上了压力,他体态臃肿,好色的舅舅爱德华七世居高临下的态度进一步刺激了他。

阿尔伯特还把圣诞树从德意志引入英语世界,这是另一件让他出名的事。在来自梅克伦堡-施特雷利茨的乔治三世(George Ⅲ)的妻子的要求下,英国王室在 18 世纪就已经有了圣诞树。但只有当英国的毕德迈尔式田园生活(维多利亚、阿尔伯特和孩子们一起在家里过圣诞节)被大肆宣扬时,圣诞树才真正开始在富裕人群当中流行开。我一直觉得装饰圣诞树是一个既让人高兴,又令人头疼的习俗。我的圣诞节任务之一往往是去买我们家的圣诞树,而停车场的商贩似乎有一种不可思议的能力,总能把隐藏着某种致命病害的松树推销给我。到了圣诞节早上,我们街上所有房子的前窗都闪烁着带着松树清香的喜悦,而我们家的树看起来就像被喷了橙剂。我们自制的五花八门的装饰品同样无法为我们挽回颜面。圣诞树上挂着乱七八糟的纸团、用棉絮包裹的皱巴巴的长方形纸板、我们的孩子上一年在幼儿园用广告颜料画的画,以及我们去西北太平洋旅行时买的一些古怪纪念品(如西雅图的小渡船或麋鹿玩具,如今这只麋鹿已经没有腿和鹿角,但仍然幽灵般地从枯萎的树枝上垂下)。从整体上看,我们的圣诞树(连同几条皱巴巴的彩条和一些不亮的灯)是一个发黑的、粗糙的金字塔形物体,上面有像圣诞恶魔坎卜斯呕吐物一样的东西。因此,甚至连我们这个简陋的家,也可以被视为一则阿尔伯特亲王试图塑造普鲁士王室或德国皇室未来的寓言。

在具有深远历史意义的1848年，马克思和阿尔伯特亲王的工作重点截然不同——前者忙着摧毁专制制度和撰写《共产党宣言》；后者则希望在苏格兰的巴尔莫勒尔购买土地，建造一座适合不断壮大的王室居住的新行宫。

1848年革命波及的范围很广，从爱尔兰到瑞典都爆发了不同形式的革命，不过其根源各不相同，而且随着时间的推移，跟风的成分越来越大。革命在几乎所有地方都以失败告终，也就是说它既未能争取到左派的支持，也未能争取到右派的支持。人们当然可以嘲笑像年轻的歌剧作曲家瓦格纳（他后来的名声确实要归功于赞助他的王公贵族）一样坚守德累斯顿街垒的革命者，这并不难。萨克森政府曾经发布了一张通缉瓦格纳的悬赏令，不过上面的画像不太可能让人从人群中认出他。实际上，革命者面对的风险是非常高的（当然，还有兴奋之情和对未来的期许），但很少有人能说得清革命的目的。除了反对残酷的镇压［如1815年以后，梅特涅（Metternich）政权在奥地利所做的］，人们在目标上并没有达成真正的共识。这与中产阶级的懦弱有关，他们希望获得政治代表权，但焦虑地拒绝将这项权利赋予工人阶级。

1848年革命的各方似乎有一种很强的自我意识，而这种自我意识常常造成伤害。这场革命的一个与众不同之处是，参与者仿佛在按照剧本行事，他们似乎希望自己的事迹被当时无数的廉价印刷品宣传。引领革命浪潮的是法国人，德意志人其实只是在模仿法国人。一方面，德意志人像法国人一样，痴迷于争论1789年法国大

第十章

革命做对了什么、做错了什么;另一方面,他们肯定无法忽视 1848 年 2 月法国人轻而易举地赶走了他们的国王路易-菲利普一世(Louis-Philippe Ⅰ),整个欧洲再次掀起波澜,欧洲所有君主都为此提心吊胆。就像国王们的眼前会不时浮现出路易十六和玛丽·安托瓦内特被送上断头台的骇人场景一样,许多参与革命的中产阶级同样焦虑不安,担心自己会被无产者撕碎。但他们还需要这些无产者来守卫街垒,这样才能让统治者真正感到威胁。反过来,工人阶级也一直在防备着中产阶级不可避免的背叛。这种既兴奋又畏首畏尾的矛盾心态,给 1848 年革命带来了变数,反动势力没有意识到自己实际上握有一手好牌,而中产阶级也没有想到,统治者只需要做出少许让步就会使他们改变阵营。最后,中产阶级的焦虑使封建势力得以发动反击,后者以温迪施-格雷茨亲王这样臭名昭著的人物为首,在布拉格和维也纳屠杀革命者,恢复了秩序。

在法兰克福召开全德国民议会的决定使人们不得不面对一个问题,这个问题将使德意志乃至整个欧洲分崩离析,直到 1945 年以后才建立起新秩序。这个问题是,如果要终结邦国林立的局面,建立统一的德国,那么这个德国应该如何定义?布拉格的德意志革命者认为,虽然波希米亚的大部分居民是斯拉夫人,但波希米亚应该是统一的德国的一部分,因为德意志人在政治上占主导地位。维也纳的德意志民族主义者希望将奥地利纳入其中,但哈布斯堡家族对他们的厌恶程度并不亚于对匈牙利革命者的厌恶程度——哈布斯堡家族或许可以算德意志人,但在他们的帝国中,德意志人、克罗地亚人和罗马尼亚人必须平等地服从他们,而德意志民族主义只会摧毁这个帝国（最后确实如此）。举行法兰克福国民议会的地点是圣保罗教堂，这座教堂在第二次世界大战中被夷为平地，重建后的建筑失去了原有的氛围。但那种氛围并不值得怀念，因为除了理想主义和民主的希望，那里充斥着反犹太主义的声音、鼓动与丹麦人和波兰人开战的咆哮，以及对少数族裔进行"德意志化"的紧急呼吁。国民议会请求普鲁士国王成为统一的德国的皇帝，但遭到拒绝，这既是因为国王对国民议会不屑一顾，也是因为这个机构的合法性成疑。当弗里德里希·威廉四世（Friedrich Wilhelm IV）拒绝接受"面包师和屠夫"奉上的皇冠时，几乎没有人感到惊讶。统治者意识到部分革命代表的胆怯和迷茫后，立即发动凶猛的反击。他们先用军队击败革命者，然后利用被煽动起来的民族主义狂热来转移革命者的注意力，并使革命者屈服。1849年6月，革命者在巴登山区发起了最后一次悲剧性的尝试。在那里，一支人数不多的革命军被普鲁士和巴登的军队击败，战败的革命军士兵中有十分之一被枪决，其余人在监狱里度过了余生的大部分时间。

对于德国的民主人士来说，1848年革命一直是一个非常重要和令人痛苦的话题，法兰克福国民议会的三色旗成为魏玛共和国和联邦德国的国旗。圣保罗教堂是1945年以后法兰克福第一批重建的建筑之一。但是，如果认为德意志本可以在1848年变得民主、包容与和平，而这个机会却被自私、顽固的统治阶层扼杀，等到他们在1918年被消灭，德国落入了更邪恶的力量之手，这样的想法肯定是错觉。政权更迭频繁的法国的例子说明，德国没有错失所谓的"黄金机遇"。人们甚至可以说，1848年革命被镇压后，

第十章

德意志是一个非常和平的地方，除了俾斯麦短暂发动的战争，几代人都没有卷入严重的暴力冲突。但 1848 年革命提出的问题（无论好坏），使德意志的许多左派人士和右派人士感到深切的不安。

马克思用漫长的余生来思考这些问题，而他的看法受到人们的重视，特别是当鲁尔区迅速发展，先使普鲁士然后使德意志帝国变成一个比以前更强大的地方的时候。阿尔伯特亲王死得太早，没有看到德意志在他死后十年间的惊人变化。看到他的长兄恩斯特二世（Ernst Ⅱ）巧妙地使萨克森-科堡-哥达成为俾斯麦的新德意志帝国的一个适当（即使很小）的部分，而不是被普鲁士吞并，他本来会感到高兴。没有子嗣的恩斯特二世死后，公爵爵位由阿尔伯特亲王的次子爱丁堡公爵阿尔弗雷德继承。阿尔弗雷德热衷旅行，去过澳大利亚、印度和非洲等地，喜欢拉小提琴和收集玻璃制品，娶了一名俄国妻子，并拒绝了希腊王位。在生命的最后九年，他一直待在小小的科堡。阿尔伯特对孙子查理·爱德华（Charles Edward）就不那么满意了。在阿尔弗雷德的儿子自杀后，所有比查理·爱德华更有资格的人都拒绝接受这个头衔，还在伊顿公学上学的查理·爱德华则成了这块小领地的公爵。由于在第一次世界大战中站在德国一边（这是完全合理的决定），卡尔·爱德华（他此时的名字）受到一系列极不公平的对待，被剥夺了所有英国头衔。1918 年革命中，他被废黜，最终成为希特勒的坚定支持者，并穿着纳粹制服参加了乔治五世在伦敦的葬礼。他在第二次世界大战期间的所作所为是可鄙的，作为德国红十字会主席，他至少应该清楚纳粹的"安乐死"计划（秘密杀害有智力缺陷、身体残疾或罹患精神疾病的人）。

但是，阿尔伯特家族的这项耻辱是遥远的未来的事情，而且只是不可想象的命运转折的结果，其根源绝不是1848年革命的失败。1848年，维多利亚和阿尔伯特搬到怀特岛，以防伦敦发生暴乱，但暴乱并未发生。阿尔伯特一家继续在英国生活，就像马克思一样。

塔楼中的姑娘

一次，我静静地站在雷根斯堡的一家烤肉店外，突感头疼欲裂，耳边传来可怕的嘶嘶声。我一开始没意识到嗞嗞声来自一个出了故障的霓虹灯，而不是我的大脑，就在这空白的一小段时间里，我突然感到非常孤独和恐慌，我认识的人甚至都不知道我所在的这座小城的名字，而我的手机也像往常一样处于关机状态。在那一刻，让我感到无比快乐的与世隔绝似乎受到了威胁，而且显得很愚蠢——好在这个念头只是一闪而过。

我认为每个人都应该试试独自旅游。当然，这不是真正的孤独。它之所以有趣，是因为它允许你在有限的时间里放下一切，躲进你的快乐之源。在工作时，我多少算一个"话匣子"，在不同的人面前谈论书籍和它们的优点，以此获得报酬。家里的情况也差不多，每个人都大喊大叫，乱成一团，每个决定都要经过类似联合国

第十章

会议的那种激烈磋商才能做出。然后突然间，我来到维也纳，独自站在一座怪异的、废弃的高射炮塔的阴影下。一个人旅游的优点是它永远不会让人觉得无聊。结伴旅行时，我经常陷入焦虑，担心同伴可能对行程不感兴趣，不喜欢我选的饭店，因为对我们走的路感到不满而暗自生气，对我的兴趣嗤之以鼻。如果你一个人旅行，这一切都不会发生。如果一座博物馆无聊得要死，那么你不必假装感兴趣，离开就好了。我很喜欢在陌生的城市漫无目的地闲逛几个小时，因为下一个转角处说不定就有让我感兴趣的东西。我相信我总能遇到感兴趣的东西，而且事实确实如此。但如果每条街道、每个酒吧、每座民俗博物馆都要成为安排行程时争论的主题，那么情况将完全不同。

孤独的乐趣之一是，你对动物的了解会变得更加深入。当你在公司百无聊赖时，你可以不出声，站着不动，这没有任何困难。我记得在吕贝克的时候，我在一棵开花的海棠树下避雨，树上的蓝山雀在我头顶跳来跳去。还有一次，我花了很长时间观察一只鸲鹟在一处斜坡上捕食昆虫。在我看来，这只是一座山丘，但对它来说，那是喜马拉雅山的安纳布尔纳峰。一次，我走在希尔德斯海姆一条阳光明媚的长街上，一只怕光的蝙蝠在我附近飞来飞去。它先快速飞到一辆汽车下面，受惊后从我头上掠过，这使我看上去像一个女巫，正驱使着一只相当无能的妖精。

《自然笔记》[①]（*Nature Notes*）就写到这里，但在这些和类似

---

① 完成于20世纪初的自然绘画记录。——译者注

的快乐时刻，我知道我希望独处的简单愿望是合理的。出于给自己找乐子的需要，我为这本书构想过无数个主题，但都半途而废，这些主题包括占星术、装饰、对熊的恐惧、德国文化中的冰、未建成的雕像、魔法和炼金术、对德意志雇佣步兵（尤其是长矛兵）的崇拜、禁止杀戮动物的标本制作、可怕的巴伐利亚鹿角翼兔[①]、两次世界大战期间维也纳的小说、阿尔滕堡和它的扑克牌工厂、阿尔布雷希特·阿尔特多费尔的绘画等。我想出了无数琐碎的话题，但也有少数有用的想法。

独自在其他国家旅行可能没有这么有趣，特别是像意大利等更热情、人际交往更活跃的地方。短暂而戏剧性的孤独是德国文化的一部分，这或许是一份伟大的礼物。当我陷入某些情绪时，我觉得自己什么都不需要做，只要读读 19 世纪上半叶德国作家的作品就可以了。它们非常适合不时想独处的人，那是一个记录着人类各种情绪、信仰和行为的宝库。每个人都或多或少地想在一个没有楼梯和门的高塔里生活和思考，就像长发公主（《格林童话》里的人物）一样，单是这个念头就让人兴奋不已。德国有许多爬满常春藤、让人产生孤独感（能够联想到开普勒盯着布拉格天空中的行星，浮士德召唤恶魔）的塔楼，其中绝大多数可能是在 19 世纪建造的，以回应讨论孤独这个话题的大量文学作品。吕贝克有一座建在城市警戒塔上的假得令人发指的塔楼，不过它非常适合我度过余生。

独守书斋的独立学者、走街串巷的手艺人、城堡里的少女、想

[①] 一种传说中的生物，据说体形像兔子，头上有鹿角，身上有翅膀。——译者注

第十章

要扬名立万的江洋大盗等典型的孤独形象在英国文学中并不常见，这可能是因为英国没有那种数百个小邦国和帝国自由城市并存的特殊政治结构。无数条大路、土路、山路［比如阿达尔贝特·施蒂夫特（Adalbert Stifter）在《水晶》（*Rock Crystal*）中描写的那些可怕的山路］和几乎没有标记的小路组成了德意志的交通网，这个交通网可以把劳工、商人、托钵修士、庸医、士兵从人口最稠密、最安全的地方送到最危险、最闭塞的地方。虽然《格林童话》基本上取材自相对平静和安全的黑森地区，但有些故事会提到主人公在没有道路的森林中迷路，沦为男巫或女巫的受害者，这会让读者感到毛骨悚然。不过总的来说，我和德国人一样喜欢孤独感十足的森林。如前文所述，英国的森林很快便可以穿行而过，而且每隔很短的距离就能遇到卖茶点的摊贩——如果你扔一块石头，你几乎肯定会砸到卖咖啡或核桃蛋糕的人。在德国的森林里散步，即使树木得到了精心照顾，而且有明显的标示牌，你仍然躲不开拥有悠久历史的传统——迷路。"从前有一个国王，他在一个大森林里打猎，拼命追一只野兽，他手下的人没有一个能够跟得上他。到了晚上，他停下向周围看，才知道自己迷了路。"（《六只天鹅》，收录于《格林童话》）还有哪个故事的开头比这个更漂亮？让我们再来看看富凯（Friedrich de la Motte Fouqué）等人的经典作品《水妖》（*Undine*，1811 年）里的这段话："黑山谷在山的深处，至于它为什么有现在这名字，不得而知。当时这里的乡民这样称呼它，是因为从山上到山下全是高大的树木，特别是枞树，遮天盖日，深不见底。甚至潺潺流于巉岩之间的小溪也是那么幽暗，不像一般直接暴露于蓝天之下的水流那样欢畅。"当你读到这样的句子时，你要做的就是坐下来，等待一名落单的骑士驰骋而来。

关于这个主题的诗歌达到了最朦胧、最遥远的境界，并为一个世纪的德国歌曲提供了素材，其中最伟大的或许是古斯塔夫·马勒（Gustav Mahler）的《绝迹于尘世》，这是马勒根据吕克特的诗改编的声乐套曲《吕克特之歌》中的一首。"绝迹于尘世，光阴曾虚掷"，这是一首令人痛苦的歌曲，只适合在情绪稳定的时候听。不管是歌德、默里克（Mörike）、吕克特还是海涅，孤独都是不变的主题，是在回归爱情和人类正常活动的世界之前，在林中、山上、某个绿意盎然的花园里，甚至只是在自己脑海中的片刻停留。这种不自觉的习惯当然带有非政治性的意味，一些作家认为它是消极的，体现了德国人典型的服从性和对未来可能发生的灾难的逃避。但同样地，它也是一种反政治的、激烈的个人态度，本质上是对群体性狂热和煽动民众的抵制。一些人认为，舒伯特的歌曲很早便预示着，德国人将不会挺身反抗纳粹主义，这并不公平。

这个话题到此为止。我当然想用大量篇幅讲述遥远的城堡的故事；或者是在路边发现的老妇人或小个子男人的故事，他们可能心地善良，也可能不是；或者是表现孤独的森林的音乐作品，特别是舒曼以森林为主题创作的绝美音乐《森林情景》（创作于1848年，一共九首钢琴曲）中的《可怕的地方》，它在三分钟内接连创造了优美、危险、不安和哀伤的氛围。但我现在真的必须停下来了。

不过，最后还是要破例稍微说说约瑟夫·冯·艾兴多夫（Joseph von Eichendorff）于1826年出版的小说《一个无用人的生涯》

第十章

(*Life of a Good-for-nothing*)。艾兴多夫是另外一个亲切和蔼的普鲁士人，但被征召进军队后，他比所有剃着短发、带着锃亮马刺的军人表现得更出色。他参加了拿破仑战争，这是洪堡或霍夫曼没有过的经验。他写了大量作品，其中不少诗歌被从门德尔松到理查德·施特劳斯等的作曲家谱曲传唱。不过随后这个传统就终结了，艾兴多夫的《在夕阳中》于 1948 年被施特劳斯谱成音乐，作为后者《最后的四首歌》中的一首。

《一个无用人的生涯》既是一个荒诞不经的故事，也是一个叙事的奇迹。第一人称叙述者是一个喜爱唱歌和拉小提琴、不求上进、四处游荡的人，经历了各种神奇的冒险。这个故事充斥着各种浪漫的元素，包括马车、宫殿、美丽而神秘的女人、流氓、花园和森林。"于是我走进屋子，从墙上取下我的小提琴，我非常擅长拉小提琴。父亲给了我几个铜板让我上路，于是我顺着长长的路，慢慢走出村庄……"书中描写城堡的场景，以欢快和怀旧的笔调〔默里克在几十年后用同样的笔调创作了《莫扎特在去布拉格的路上》(*Mozart's Journey to Prague*)〕使前拿破仑时代小宫廷的世界及其平淡的烦恼、美丽和情事永远被人们记住。随后，在一个令人惊讶的转折中，艾兴多夫把他的主人公送到了意大利，这几乎是在嘲弄德意志人对那片"葡萄干会自己掉进你嘴里"的土地的向往。阅读这部作品，你会觉得自己在一个色彩斑斓的梦境中，那里有羽毛鲜艳的鸣禽，有神秘、危险的陌生人，有在废弃的街道上发生的莫名其妙的追逐。每个段落似乎都包含着更多让人愉悦的理由，叙述者像一只小狗一样在自己快乐的漫游中打滚。

在多瑙河畔或哈茨山区徒步旅行时，我从来没有被送上马车，没有遇到过神秘烧炭人的小屋，也没有机会决定是否要彬彬有礼地对待路边身材矮小的白胡子老人，但这并不重要。不过，我每走一步，都感觉自己像一个将要浪迹天涯的手艺人，或者一个奉命执行某些不可能完成的任务的骑士。当我一个人在森林中漫步时，即便感受不到龙的气息，我也总会哼唱起《西格弗里德》的前奏曲（可能有些跑调）。而只要在科隆郊外登上巴士，前往位于山谷中的阿尔滕贝格修道院（Cloister Altenberg），我总会在检票的时候不由自主地吹上一两声《西格弗里德的莱茵河之旅》的口哨（事实上，乘电车在科隆和波恩之间通勤的乘客也必然一边左右摇晃，一边轻声哼唱这首曲子，这使整个旅程变得十分嘈杂）。跟其他人分享这些音乐、画作（卡斯帕·达维德·弗里德里希！）和阅读的记忆（无论多么不成熟或印象多浅），便不再是真正意义上的孤独了。

英雄和橡子

德国人对集体活动的夸张热情，与注定孤独的愿望形成了鲜明对比。旅游团挤得历史中心区水泄不通，城市甚至因此变得几乎无法通行；小型歌唱俱乐部和教区远足旅行团塞满了大教堂；在一些山区徒步旅行时会发现，路上几乎全是装备精良、成群结队登山的德国人，很少能看到独自一人的旅行者。在德国的地下餐厅，拼桌十分容易，你可以随意加入一个小团体，这时每个人都会微笑着腾

第十章

出空间，这种开放和友好的姿态会使英国人惊慌失措。不过这些友好的小团体总带着些许专制的色彩，他们穿着相同的上衣，拿着贴着金属徽章的手杖，这让我有点担心，仿佛上一刻他们还在聊旅游的见闻和趣事，下一刻就会发狂，就像《发条橙》描写的那样。

这种集体行为的一个奇怪的表现是，人们似乎对乘船沿河而上或沿河而下有着无限的热情。在莱茵河或多瑙河的一些地方，全通透观光船毫无意义地来回航行，途经不算特别无聊的峭壁或多少有些吸引人的城堡废墟（不过由于数量太多，吸引力越来越低）。当然，在这些短途旅行中，人们其实根本不关心这些名气不大的景点，它们只是借口，人们真正的目的是三五成群地围坐在桌前，大嚼香肠和蛋糕，喝着大杯的啤酒，疯狂地抽烟。我常常惊叹于这种场合下微妙的化学平衡——香烟的余烬在富含甲烷的空气中发出耀眼的光芒，庆幸地烧掉了人类在吃完香肠、啤酒和蛋糕后不可避免产出的危险的副产品。我几乎开始期待看到朱红色信号弹在暮色中突然升起，散落在河边——当船上积累的致命的甲烷被一个孤独的吸烟者引爆时。

冒着这样的危险，我去参观了瓦尔哈拉神殿。在19世纪初欧洲的希腊热中，巴伐利亚王储路德维希决定，成为国王后，他将在多瑙河畔的山上建造一座帕提侬神庙的复制品，并将其打造成一个英雄的殿堂、一座英灵殿，里面将摆满他和他的朋友们认定的德国历史上最伟大的人物的半身像，这些半身像将由最伟大的雕塑家制作。

从闷热的船内往外看，这座建筑的造型很奇特，周围种着郁郁葱葱的落叶树，与干燥的雅典截然不同。不过，它足够吸引人，而且与原型相比，有一个巨大的优势，那就是它看起来没有那么悲伤和破败。船靠岸后，一些人下了船，其他人则吃光了船上的糕点，在其他地方自娱自乐。去往瓦尔哈拉神殿的路并不好走，一大群打着饱嗝、穿着休闲装的人，在被无数橡子覆盖的小路上艰难跋涉，四周到处都是橡树。爬上山顶，欣赏了不算有趣的风景，对神殿里的地暖（对原型的另一处明显改进）赞许有加之后，一切都变得严肃起来。

神殿内部大概有三分之二的雕像是启蒙时代的风云人物，剩余三分之一是日耳曼历史中的传说英雄。光线照进一个新希腊式的长方形房间，照在表情肃穆的女像柱和华丽的大理石上，照着路德维希一世的全身坐像。稍稍集中精神后，人们才可能关注到这个地方的重点。那一排排白色大理石半身像，就像是一些经典科幻小说中被低温冷冻的天才，一旦大脑收到信号，他们就可以重新启动。看到最初的名单，路德维希一世一定很开心，那份名单包括了中世纪早期嗜血的荒唐人物［东哥特国王托提拉（Totila）和传说中英格兰第一批盎格鲁-撒克逊移民的首领亨吉斯特（Hengist）］、一些他欣赏的将军和许多君主（"捕鸟者"亨利一世、奥托大帝、查理大帝、弗里德里希大王）。路德维希一世理解的"德意志人"指的是"日耳曼人"，甚至只是"跟日耳曼沾边的人"，因此瑞士、荷兰和比利时的英雄也可以包括在内（佛兰德斯画家鲁本斯尤其不合理）。神殿建成以后，每隔一段时间就会增加新的半身像，而且不管是不是名不副实，每座半身像都像诺贝尔得主一样被展示出来。从一开始，参观者就抱怨明显的、恶意的或无知的遗漏［比如，没有作曲家舒曼，没有发明家、企业家戈特利布·戴姆勒（Gottlieb Daimler），没有海涅（2009年被允许加入），没有托马斯·曼或他的兄弟亨利希·曼（Heinrich Mann），等等］。一个有意思的地方是，雕像的位置非常随意，科学家和作曲家同俾斯麦或中世纪的疯子和怪人快乐地摆在一起。虽然女性凤毛麟角，但被列入其中的一位女性便可以相当于其他所有人的总和，因为她肯定是最成功、最强大的德意志人。她就是叶卡捷琳娜大帝。加入现代人物是必要的，而且整座神殿的幼稚风格确实受到了质疑。但像往常一样，人们必须专注于一些事，没有必要求全责备。这是一个可怕的地方，但也能让人感到振奋和愉悦。

近几十年来，人们一直在小心翼翼地引入非政治人物（包括一座几乎无法辨认的爱因斯坦半身像），以平衡君主和将军的数量。但是，真正伟大和令人感动的改变是2003年加入的索菲·朔尔（Sophie Scholl）半身像，这名勇敢的慕尼黑学生在1943年被纳粹以叛国罪送上断头台。朔尔加入了反抗组织"白玫瑰"，积极散发反纳粹传单。她是纳粹时代德国少数值得引以为傲的人之一。虽然这座半身像的艺术性不高（它看起来像一个"哭泣娃娃"玩偶），但这并不重要。朔尔证明了德国并未完全失去其伟大的文化和道德传统，她完全有资格站在康德、格奈瑟瑙①（Gneisenau）、凡·戴

---

① 普鲁士陆军元帅，推动普鲁士军事改革，在滑铁卢战役中做出了重要贡献。——译者注

克①（van Dyck）和施特劳斯中间。临刑前，朔尔留下遗言："在这样一个阳光明媚的日子，我却必须离开。但今天有多少人要死在战场上，要失去多少年轻的、充满希望的生命……如果我们的行动能让成千上万的人醒悟，我的死又有什么关系呢？"她的遗言告诉人们，她和她的战友清楚地知道他们在做什么，知道他们正在用洋溢着道德勇气的行动实实在在地拯救他们的国家。对于这个封存了近两个世纪的德国民族主义的奇怪的时间胶囊而言，朔尔的存在使它再次成为一个真正的英雄殿堂，压倒和否定了"希特勒时代"的力量。

当我顺着铺满橡子的小路跟跟跄跄地回到山下时，我仍然被路德维希一世异想天开的设想的奇怪结果感动。然而，19世纪的许多其他德国纪念碑并没有以相同的方式解放自己。

距离路德维希一世建于19世纪30年代的这座怪异神殿以北120英里（不到200千米）的地方，有一个更糟糕的东西，它仿佛在告诉人们，德国在随后的60多年里出了什么问题。如果说本书的大部分内容是在感叹人们普遍缺乏对德国的自然地理和文化历史的了解，那么在这里，我们都应该庆幸自己对莱比锡大会战纪念碑了解不深，这是欧洲最大、最重、最丑陋的纪念碑。这个具有历史意义的怪物是为了纪念1813年莱比锡战役100周年而建造的，莱比锡战役是迄今为止欧洲历史上规模最大的一次战役，有50多万名士兵参加，是导致拿破仑帝国崩溃的决定性事件。1913年，军

---

① 佛兰德斯画家。——译者注

第十章

人和皇室成员身穿插着鸵鸟羽毛的制服,参加了这座纪念碑的落成仪式。建造纪念碑的倡议是私人发起的,这使整件事变得更糟。莱比锡是一座以音乐和商业闻名的城市,距离舒曼最喜欢的餐厅(这里的气味有点难闻)仅仅几站远的地方,就矗立着这样一个巨大的、没有幽默感的、阿兹特克式的阴郁物体,这让人不寒而栗。

这座饱经风霜的纪念碑是德国最具历史意义的景点之一,这既是因为它纪念的那场战役及其代表的价值观,也是因为它是威廉二世在和平时期最后接受人们欢呼的地方,是希特勒发表演讲的地方,是民主德国举行阅兵式的地方。这座纪念碑出自世界上最拙劣的建筑师布鲁诺·施米茨(Bruno Schmitz)之手,他用自己的平庸毁掉了一些曾经极具魅力的地方(如屈夫霍伊泽山、位于莱茵河和摩泽尔河交汇处的科布伦茨),用工业化的伪神话遮蔽了原本的自然之美。

在莱比锡,公园美丽的风景和公园里用粗糙的黑色花岗岩制作的畸形纪念碑之间的对比,实在令人不安。它本来应该被隐藏在丛林深处,碑身上长满爬山虎和毒花,蝙蝠和蛇在纪念碑附近出没,却被人们安放在一个类似于纽约中央公园的安静之所。庞大的体积其实并无必要,因为它基本上不是一座有明确形状的建筑。走近纪念碑时,你会自然而然地感到不安,你知道自己将看到一大堆可笑的寓意性雕塑(将抽象思想人格化的雕塑)。进入纪念碑内部,迎接你的是令人窒息的巨大石像,其中最糟糕的是四个穿着疯狂的中世纪盔甲、高18英尺(约5.5米)的"亡者守卫"。这里就像一些无聊的恐怖电影中常见的场景一样,巨大的石像似乎正等着被激活来攻击你。唯一能带给人快乐(不小的快乐)的是随处可见的腐朽和疏于维护的迹象——老旧的脚手架和木板、水不断滴落的声音。1945年以后，民主德国政府决定保留这座纪念碑，因为它虽然具有帝国主义性质，但也象征着"德俄兄弟友谊"（在莱比锡战役中，俄国军队曾和一些德意志邦国的军队并肩作战）。两德统一后的德国政府以其一贯的过分严肃的态度认为，他们应该对子孙后代负责（这些后人的审美很可能会退化到不觉得这座纪念碑丑陋），因此决定花费数百万欧元修复它。一名莱比锡的牧师提议，用一小部分修缮资金来建造一个可以俯瞰纪念碑的咖啡馆，这样在下一个世纪，幸运的客人或许有机会目睹纪念碑的坍塌，这会使这座建筑从一个昂贵的、迎合大众口味的失败品变成一座象征着战争徒劳无益的真正的丰碑。但是，没有人理会他的想法。如今，德国政府不得不雇用几十个石匠来修缮巨大的"力量来自信仰"雕像的胡须或胸肌，或者修补"亡者守卫"的剑。

在第一次世界大战爆发前的那段时间里，整个德语世界出现了一系列与莱比锡大会战纪念碑风格类似的可怕的纪念碑和建筑，如柏林大教堂或维也纳新皇宫。唯一值得庆幸的是，如今它们被当作失败的象征，因为产生它们的文化已经过时。维也纳新皇宫注定要面对一座永远不可能被重建的广场，那座广场之所以出名，只是因为希特勒曾在那里宣布吞并奥地利。至于柏林大教堂，像威廉二世这样的人物也许并没有人们认为的那么愚蠢，修建无趣、丑陋但成本高昂的建筑或许是他们秘密的、永远不会说出口的乐趣，因为他们知道这些建筑很快将成为王朝徒劳无功的象征。霍亨索伦王族墓室有大约80名普鲁士王室成员的棺材，拥挤而呆板的氛围使其看

第十章

上去像一个地下停车场，几十口几乎一模一样的棺材像汽车一样排成几排，似乎象征着整个王朝在掌权 500 年后在这里寿终正寝（不过，德意志帝国的皇帝并未安葬在这里，威廉二世被葬在流亡地荷兰）。人们可以轻而易举地感受到这座墓室的畸形——这里躺着一个具有非常强烈的传统意识的家族的成员，他们希望用现代的资金、材料和规模来表达他们的思想和态度。汉堡市政厅和汉诺威市政厅也采用同样可怕的风格，这些巨大而丑陋的建筑不禁让人觉得，它们的存在（更不用说在战后的重建）似乎只是为了让后人感到羞愧和不安。但是，这种糟糕的品位和世界末日之间并没有直接联系。在 1914 年之前不久，欧洲各地掀起了修建沉闷、过时的巨大建筑的风潮，它们大煞罗马和布鲁塞尔的风景。然而，当你站在这些可怕的建筑前时，你至少会庆幸，在德意志帝国和奥匈帝国，尤其是魏玛和维也纳，决心终结这种疯狂风气的建筑师已经蓄势待发了（毕竟，当身躯庞大的三角龙还在平原上横行时，小型哺乳动物已经到处乱窜了）。

胜利纪念柱

德国有那么多王公贵族，因此自然有大量纪念碑来纪念伟大的个人和家族。这些纪念碑由石头或青铜制成，目的是要永久保存，其中一些纪念碑的寿命确实非常长。不伦瑞克怪异的青铜狮子雕像是罗马帝国灭亡后欧洲北部的第一座独立雕像，建造于 1166 年，不过现在丹克沃德罗德城堡内部和不伦瑞克大教堂前的雕像是后来重新铸造的仿制品。13 世纪的班贝格骑士雕像和马格德堡骑士雕像也幸存下来。狮子雕像的含义仍然不明确,它显然是指"狮子"亨利和韦尔夫家族的权力,但我们已经不知道它是在什么场合下被制作的。两座骑士雕像是罗马帝国灭亡以后,北方出现的第一批真人大小的骑马雕像。人们可能觉得两座雕像令人印象深刻,也可能觉得它们证明了中世纪德意志的雕像只是在复制意大利的原型。至于这两名骑手的身份或为什么要制作雕像,人们只能做一些猜测,但找不到确凿的证据。不知何故,在某个时刻,由于灾难、意外或单纯的忽视,这些无疑非常重要的人物的名字被遗忘了。

我花了太多时间去参观这样的纪念碑,去探访陵园,去破译碑文。我最喜欢的一篇散文是托马斯·布朗(Thomas Browne)爵士的《瓮葬》,它是 17 世纪的奇迹之一。在这篇文章中,布朗引经据典地论述了所有人类纪念碑的无用和无意义。每当看到风化的柱子、石碑和战争纪念碑时,我总能想起布朗的思考——"金字塔、凯旋门、方尖碑不过是自负的畸变和对过去野蛮行为的宽容"或"但遗忘的罪恶盲目地抛撒它的罂粟花,不加区分地对待人的记忆,无论其是否值得永存。那么谁能不怜悯金字塔的建造者呢?"。这些纪念碑以残破的形象生动地向后人讲述了人类的脆弱。这方面最好的例子无疑是教堂的墓碑,墓碑上的字迹已经完全磨损,只剩下装饰用的头骨或沙漏。随着碑文的消失,墓碑透着一股虚无的气息,甚至比死者家人想象的更加强烈。

纪念碑有两个功能,最主要的功能是让后人知晓建造纪念碑的

第十章

人的生平和成就。纪念碑的建造者会严格挑选建筑材料，目的是使纪念碑永远保存下去。这当然不可能，建造者对此也心知肚明。不过，纪念碑真正重要的功能是，战争的幸存者或刚刚过世的王公贵族的直系亲属想在当下寄托哀思。从这个意义上讲，我们都是无知的看客，只看到了其中的讽刺意味，却忽略了真正重要的事情。这方面最好的例子是，人们在拿破仑战败后，为支持新王国而建造的大量纪念碑。这些王国真正独立的时间很短，非常弱小，不受欢迎，因此这些胜利柱或纪念柱看起来并没有多少说服力。但它们的真正价值在于，它们传递了经历过相关事件的人的悲伤。汉诺威高大的滑铁卢胜利纪念柱或不伦瑞克狮子墙广场的黑金方尖碑，是为两位在与拿破仑的战斗中战死的公爵建造的。它们具有双重意义，既是以传统的民族主义方式纪念为建立新国家而付出的血的代价，也为成千上万失去亲属或朋友的人提供了一个哀悼的场所。英国的两次世界大战纪念碑也有类似的功能。在我小的时候，每当人们在这些纪念碑周围举行活动时，参加过第一次世界大战的老人便会聚集在那里，如今则是参加过第二次世界大战的老人，他们同样很快会离开我们。当未来的人看到这些由坚固材质建造的纪念碑时，他们自然无法产生相同的感情。

在幸存的纪念碑中，最奇怪的是柏林胜利纪念柱（它的底座有苏军的炮弹碎片留下的痕迹）。这个丑陋的、令人厌恶的东西，体现了人们在很长一段时间里的各种希望和恐惧。它本来是为纪念1864年的第二次石勒苏益格战争和普鲁士击败丹麦而规划的。这场战争是普鲁士军队在1815年以后打的第一场真正意义上的战争，因此需要一座合适的大型纪念碑。当这座纪念柱还在设计中时，普鲁士人和奥地利人反目成仇（与石勒苏益格-荷尔斯泰因的归属问题有关，但主要还是为了争夺德意志的主导权）。在1866年奥地利惨败后，这座纪念柱被赋予了更多的意义。但一切都发生得太快，纪念柱还没来得及建成，便迎来了1870—1871年的普法战争和德国的统一。这意味着它不能只纪念与丹麦的一场小冲突，而要纪念具有惊人的世界历史意义的大事件，因此本就笨重的柱子上又被放上了一座巨大的铜像。纳粹把柱子移到新址，又为其添加了自己的色彩，还开通了地铁，方便人们前往参观。1945年，法国人利用战胜国对柏林分区占领的机会，抹去了底座上一些纪念他们早先耻辱失败的幸灾乐祸的浮雕。经过了这么多改动，胜利纪念柱已经完全摆脱了其沙文主义的起源，或者说变得与当初在周围举行的纪念活动毫无关系。当时那个时代的大人物，包括威廉一世、弗里德里希皇储和德意志帝国三元勋俾斯麦、老毛奇、罗恩（Roon）会聚集在纪念柱旁，纪念与他们关系密切的事件。胜利纪念柱内部一个朴素的展览旨在告诉游客，它可以与那个时代任何宏伟的建筑，如自由女神像或伦敦塔桥相媲美，但它比那些建筑可怕得多，而且完全是因为它自己的原因——不是因为它纪念的那些事件，而是因为它在由德国制造的灾难中经历的种种变异。如今，它仍然作为人类愚蠢、浪费和妄想的一个冷酷且破败的警示物而存在，这与规划者和设计者的意图完全相反。不仅如此，这里每年都会举行"骄傲游行"，这是一个典型的柏林式的颠覆行为，而且以一种漂亮的、恰当的方式抚平了纪念柱代表的创伤。

第十一章

位于里雅斯特的米拉马雷城堡收藏的一幅作品,作者是切萨雷·德尔·阿夸(Cesare dell' Acqua),描绘了马克西米连皇帝的神化情景,周围是一群不穿衣服的墨西哥女孩。这是一幅讽喻画。(Alinari Archive, Florence)

民族主义的两面性

当然,我也无法完全对民族主义情绪免疫。只要听到芬兰音乐家西贝柳斯的《芬兰颂》中平和、崇高的部分,我就会激动不已。我想象着我在短暂的采摘云莓的季节,愉快地享受着从无数芬兰湖泊吹来的凉爽夏风,舌尖回荡着熏驯鹿肉的香味,与芬兰人民并肩捍卫那个我实际上从未去过的国度。

民族主义是 19 世纪最令人困惑的话题之一,而且随着思考的深入,它看起来愈发糟糕。核心问题在于,人们相信民族主义是欧洲特有的、充满活力的新事物,在那里结晶,然后在 20 世纪传播到世界其他地区。但是即便只是简单回顾历史,人们也会发现情况并非如此。17 世纪以三十年战争为背景的小说《痴儿西木传》中的人物,显然已经有了民族意识。他们以自己是善于交际的、友好的、公平的巴登人、瑞典人或法国人为荣,蔑视心胸狭窄的、吝啬的、恶毒的其他人——巴登人、瑞典人或法国人。虽然从理论上说,由于统治者家族将领地视为私产,其属民似乎不会有国家的概念,不会觉得自己是某个国家的一员,但实际情况并非如此。如果认为不伦瑞克的军队在与巴伐利亚的军队交战时,士兵们对其对手的宗教、社会、语言和道德没有自己的看法，而只是作为卑躬屈膝的属民在忠实履行自己的职责，那简直是对历史的侮辱。

民族主义的论点对普鲁士人及其分散在德意志各地的盟友（无论是自由派，还是保守派）极为有利，因为它意味着建立一个统一的德国是必然的（尽管如此，它还是遗漏了哈布斯堡家族统治下的一些德语区）。混乱、相互仇视和以民族主义的名义进行的杀戮，使民族主义在德国成为一个非常严肃的话题，但其荒谬的主张仍常常引发人们的嘲弄。19世纪最成功的欧洲国家无疑是英国，它认为自己从本质上说是多民族的。不管是在本土还是在殖民地，虽然英国人非常傲慢，而且不时做出可怕的暴行，但他们总是依靠甚至敬佩其他群体的合作者。19世纪初，葡萄牙和西班牙已经是古老的民族国家，但它们都拥有规模庞大的海外领地，居住在那里的不同民族影响并塑造着这两个国家的民族观念。法国在经历了几个世纪的战争之后，本可以慢慢成为使用同一种语言的地方，但它似乎被一种贪得无厌的欲望驱使，觊觎莱茵兰的部分土地，即便那里的人完全不会说法语。哈布斯堡家族将自己定义为一个多民族的帝国，在这点上甚至超过英国。俄国是一个民族大杂烩，而意大利在罗马帝国灭亡后一直处于分裂状态。邦国林立的状态在德意志持续了几个世纪之久。虽然德意志经历了兴盛和衰败，但没有人能说这个四分五裂的德意志取得的惊人成就完全是无意义和不重要的。最有条件利用德意志民族主义为自己服务的是普鲁士，但它还统治着数百万波兰人，而且内部被分割为不同家族的领地。

今天，随着可怕的、好战的民族主义热潮已经从欧洲消退，冻

第十一章

结民族主义的"冷战"也已经终结，人们似乎更清楚地意识到，特定的知识分子或政治家的构想对建立一个统一的德国的贡献微乎其微。1817年，为纪念莱比锡战役四周年，聚集在爱森纳赫的瓦尔特堡的学生团体和其他人展示了黑红金旗（"黑红金"是曾与拿破仑作战的吕措志愿军制服的颜色），这通常被视为德意志民族主义正式开始形成的标志。但那些学生其实只是一些非常冲动、相当可悲的人。他们的观点在当时并未引起重视，而且遭到不同阶层、不同背景的人的批判。经过无数扭曲和转折之后，他们的观点变得"正确"（这不是他们的功劳，但他们也几乎不需要承担任何责任），这对每个人来说都是一种损失。

德意志民族主义的奇怪之处在于，它发展得非常缓慢，而且不完整。德意志民族是以语言来定义的，这意味着只有在1938—1945年将奥地利纳入德国时，它才是完全体，而其他时候一直有变化和例外，因为德皇统治下的德意志帝国仍有许多相对独立的邦国。更极端地说，真正的德意志民族国家只存在于1938年3月吞并奥地利和一年零两天后占领捷克斯洛伐克西部剩余部分之间的这段时间，因为在那以后，语言上的民族主义再次变成了混乱的、可憎的帝国主义。到德国入侵波兰，"收回"但泽、波森等德语区时，它已经走上了一条嘲弄以语言来定义民族国家的道路。可以说，在从奥托大帝去世到今天的漫长时间里，除了这367天，欧洲以德语为主的地区一直受错综复杂的政治安排的影响，这成了它们正常生活的一部分。这里，我又忘记了瑞士，它的联邦制、多语言，以及对侵略人民完全不感兴趣，是对所有19世纪民族主义梦想家的嘲弄。

德意志的统一很难说是必然的，统一的过程中有大量偶然事件，充斥着不确定性。拿破仑战败后仍然保持着独立的邦国，如巴登大公国，很容易稳定下来，成为与瑞士差不多的国家。其他一些邦国，如由巴伐利亚选侯国升格而成的巴伐利亚王国，也可以保持独立——虽然巴伐利亚国王挥霍无度，但巴伐利亚一直很富有，在21世纪初的欧洲，它完全可以像拉脱维亚或斯洛文尼亚一样成为独立的国家。19世纪初幸存的小领地，如罗伊斯亲王国或（我最喜欢的）绍姆堡-利珀，总是会受到最轻微的风吹草动的影响。但同样地，它们也可能成为像列支敦士登、安道尔或摩纳哥那样不会对任何人构成威胁的反常存在。这虽然非常困难，但并非完全不可能。

拿破仑战败后，普鲁士的收益比其他德意志邦国都多。它在拿破仑战争期间沦为法国的附庸国，一度险些灭国，但当拿破仑在俄国遭遇惨败后，它趁机摆脱了拿破仑的控制，而且由于柏林与巴黎距离遥远，因此它不用担心会立即遭到报复。一些普鲁士军官勇敢地（或者说鲁莽地）决定撕毁与法国的盟约，迫使犹豫不决的国王采取了行动。事实证明，他们的决策是正确的，但主要是因为他们得到了其他国家军队的帮助。在拿破仑战争的最后阶段，普鲁士发挥了不小的作用，但比不上俄国、奥地利或英国的作用。

战利品的分配对普鲁士极为有利，这就是它为什么在遭遇严重挫折后，仍然能够在19世纪余下的时间里扮演重要角色。虽然拿破仑被彻底击败，永无翻身之日，但所有人都认为，法国只是暂时蛰伏，而19世纪将像之前的将近两个世纪一样，被法国极具侵略性的扩张主义主宰（有趣的是，人们在1919年也对德国做过类似

第十一章

的预言，但并没有采取适当的预防措施，结果预言变成了现实）。为防止法国人东山再起，英国人将原来的奥属尼德兰（比利时）与荷兰合并为尼德兰联合王国，在法国北部建立了一个统一的、稳固的缓冲国，英国承诺为其提供援助，以抵御未来任何来自法国的进攻。为了在法国东部也建立一个类似的缓冲国，在此之前只在德意志西部拥有零星领地的普鲁士，被划分了大片有价值的土地，目的是使其永远肩负起守护者的职责。

维也纳会议的参与者并没有意识到这些安排将造成多么大的问题，这是一个非常缓慢的认识过程。随着时间的推移，巴黎变得越来越受欢迎，但法国已经失去了对地缘政治的兴趣，不再构成严重威胁。在北方，强大的尼德兰联合王国因为叛乱而解体，南部的比利时独立为一个易受攻击的诱人的小国，在两次世界大战中成为一个让人头疼的地方。此外，普鲁士得到了整个鲁尔河流域（在一定程度上出于偶然），这里以前属于一些没有威胁的小邦国，如科隆选帝侯的维斯特-雷克灵豪森领地和林堡-斯蒂鲁姆-斯蒂鲁姆伯国。普鲁士在与拿破仑关系尚可时，从拿破仑那里得到了这里的一部分领地，后来在维也纳会议上通过协商获得了剩下的部分。不幸的是，没有人能想到，这个与波兰相距不远、资源匮乏的尚武国家，居然会意外得到鲁尔区这个钢铁和煤炭生产中心，那里日后将成为工业革命的心脏地带。

普鲁士在接收新领地时，玛丽·雪莱（Mary Shelley）正在创作《弗兰肯斯坦》(*Frankenstein*)。这是一个奇怪的巧合，因为《弗兰肯斯坦》里的怪物和普鲁士都是由不相关的部分拼凑起来的。

雪莱的灵感主要来自她参观因戈尔施塔特医学院的经历，那里有用最新技术保存起来的尸体，尸体上用彩线表示静脉和神经，还有常见的保存着人体组织标本的可怕的瓶子。这些都还在那里，透着无与伦比的恐怖气息，但同时让人感到兴奋（那里还有一组患各种眼病的眼球模型，根据疾病类型，模型呈现变色、膨胀、渗漏、混浊等不同的状态）。当然，这又跑题了，让我们说回普鲁士。普鲁士包含拥有不同文化的组成部分，不过这不是根本性问题，毕竟其他国家曾成功应对过这个挑战（尤其是奥地利，它曾统治过从奥斯坦德到杜布罗夫尼克的大片领地，内部文化千差万别）。在此之前，普鲁士领有德意志西部一些面积很小但极有价值的领地（如马克伯国）。没有人认为普鲁士必然会成为一个弗兰肯斯坦式的怪物，它也可能只是一个温和的、精神分裂的混乱国度。而且在普鲁士王室内部，一直存在着一种有影响力的、相当令人感动的倾向，即唾弃或担心普鲁士在德意志的优势地位。弗里德里希·威廉三世和他的儿子弗里德里希·威廉四世或许不是称职的国王，在1857年后者中风之前，他们的软弱作风一直深刻影响着普鲁士。两人都以自己的方式对一个统一的德国抱有戒心，认为这样的国家可能会抹掉他们珍视的普鲁士的存在（事实确实如此）。他们敬畏哈布斯堡帝国，如果知道他们的继任者威廉一世在位时发生的事件，他们想必会惊恐不安。

不幸的是，民族主义并不会按照君主的意志发展，而是与工业化齐头并进，碾压挡在它面前的一切。运河、铁路和河流，尤其是铁路，使小邦国很难再像以前那样收取关税和过路费。新的交通运

第十一章

输方式与小邦国不相容，人们要求获得尽可能大的无关税区。截至1852年，绝大多数德意志邦国已经加入了德意志关税同盟，它成了一种政治武器。一开始，关税同盟加强了各邦国的实力，因为它增加了各邦国的关税收入，使邦君们有钱修建新的宫殿和在那个时代随处可见的滑稽的雕像及柱子。但等到关税同盟稳定下来后，它使金融家和商人开始从全德意志的角度思考问题。

另一个重要因素是德国人对法国人持续的恐惧。虽然当时法国人内耗严重，但他们似乎仍对莱茵兰虎视眈眈。成立于1815年的德意志联邦规定成员有军事合作的义务，这本来应该足以保障各邦国的安全，但莱茵兰都是小邦国（如巴登大公国和黑森大公国），因此在紧急情况下，只有普鲁士军队有能力抵御法国人的进攻。此外，在德意志领地重划的过程中，奥地利失去了比利时和黑森林地区等飞地，再加上它将活动重心转移到巴尔干和意大利，因此哈布斯堡家族在莱茵河"前线"的利益不大，莱茵兰各邦国很难指望它全心全意对抗法国。虽然德意志联邦将大量资源投入卢森堡、美因茨和拉施塔特等战略要地，但如果法国真的发动大规模攻势，每个人都知道，他们会尖叫着跑到普鲁士人那里寻求帮助。

在这个时期，人们花了大量时间为从未发生的战争做准备。英国人和美国人都相信，虽然他们在1814年签署了《根特条约》，结束了始于1812年的战争，但他们将再次交战，并在19世纪的大部分时间里都在为此制订计划。英国人和法国人为他们的舰队投入了巨额资金，他们都焦虑地认为某些海军创新会使对方获得压倒性优势，从而在第二次特拉法尔加海战中消灭自己，但这并未成为现实。同样地，德意志人也一直在为法国人随时可能发动的新一轮入侵提心吊胆，尤其是 1840 年，当时法国政府轻率且无理地表示，它将莱茵河视为法国东部的"天然边界"，这激怒了全体德意志人，并催生了在 20 世纪被无数德国士兵传唱的歌曲《守卫莱茵》（"如同你河床上奔腾着不绝的河水，德意志土地上流淌着的是英雄的鲜血"）。法国人有时就像在诱导德意志赶紧统一，因为像"天然边界"这样的说法无疑会使符腾堡和黑森-达姆施塔特等邦国惊恐万分。当 1870 年普法战争最终爆发时，英国人保持中立。他们绝望地认为法国人会赢，但希望普鲁士人至少能够重创法国人。英国人将德意志人视为一种恒温器，作用是使法国保持适当的温度。但随着普鲁士军队大举进攻诺曼底（莫泊桑以此为背景创作了不少优秀的短篇小说），英国人发现自己误判了形势。但这样的结果确实令人惊讶，甚至出乎许多德意志人的意料，他们在此之前一直对正在发生的事持反对和怀疑的态度。

邦国主义的末路

德国西北部的一个角落，隐藏着前绍姆堡-利珀公国。这是一个荒唐的小邦国，人口不到 5 万，凭借智慧和运气一直生存到 1918 年革命，前统治家族至今仍然居住在其位于美丽的小城比克堡的宫殿里。就像德国的其他统治家族（如雷根斯堡相当富裕的图尔恩和塔克西斯家族，我再也不会去参观那些陈列着发霉的老式马车和雪

第十一章

橘的博物馆了）一样，绍姆堡-利珀家族的历史清楚地表明，如果直到今天他们仍然掌握着权力，那将是一件多么无聊的事。我们很幸运，他们在1918年被全部赶走了，只给后人留下了瞪大眼睛、蓄着八字胡、穿着军装的形象。现代的绍姆堡-利珀夫妇住在他们美丽的宫殿里（那里有在护城河中嬉戏的鸭子、建于19世纪末的丑陋舞厅和摆满神话人物雕像的私密的会客厅），向外人展示他们与约旦国王侯赛因谈笑，或与他们可爱的拉布拉多犬坐在一起的照片，但这些照片都带着同其他更重要的欧洲统治家族一样的单调乏味的气息。在宫殿的商店里，你可以买到绍姆堡-利珀巧克力、在那间丑陋的舞厅里播放的音乐CD和以比克堡宫为主题的圣诞玻璃雪花球（我有点好奇，这是宫殿的主人亲手做的吗？）——我一直把它摆在我的电脑桌上。

比克堡的火车站外（这座城市非常小，哪怕只是片刻失神，你都会发现自己已经走过了宫殿），有一座看起来很笨重的雕像，显然出自一名缺乏才华的艺术家之手。这座雕像是为纪念普法战争而制作的，五名比克堡人在那场战争中战死沙场。我必须承认，我对德意志人纪念战争的方式非常感兴趣，如果有机会，很想写一本关于战争纪念碑的书。位于比克堡的这座纪念碑很有意思，因为它以缩影的方式展示了德意志统一的特殊性。它不是一座简单的由城市树立的战争纪念碑，而是为了纪念德意志帝国的一个创始国的牺牲而树立的纪念碑。统治者阿道夫一世（Adolf Ⅰ）在19世纪60年代准确地判断局势，明智地与普鲁士结为盟友，因此没有被比他的公国大数千倍的普鲁士吞并。而它强大的邻居汉诺威王国在其昏庸专制的统治者格奥尔格五世的带领下走错了每一步，因此永远消失了。

在德国历史上，19世纪60年代是一个激动人心的变革时期。普鲁士已经取得了对比它小得多的北德意志各邦国的绝对优势，此时将目光投向南部的德意志王国及其保护者奥地利和法国。从今天的角度看，傲慢、强硬的普鲁士首相奥托·冯·俾斯麦做出的通过战争实现德意志统一的决定，似乎可怕地预示着20世纪的所有问题，但他的决定在当时并未引发太大的争议，毕竟改变盟友和发动战争在那个时代并不罕见，各国很乐意对敌人做出一些令人发指的事情。贪婪的土地掠夺在各地屡见不鲜。19世纪40年代的一个典型例子是美墨战争，或者说"美国入侵"，后一种是墨西哥人的说法。美国以刻板和荒谬的新教正统精神，通过战争从墨西哥手中夺取了大片新领土（如加利福尼亚和得克萨斯）。英国人几乎每年都会以维护自由贸易和尊严的名义，在某个地方杀死许多人。当19世纪50年代，英国、法国和撒丁王国的军队进攻俄国南部和堪察加时，他们制定目标的草率程度不亚于俾斯麦在19世纪60年代战争中做法的草率程度。

因此有理由说，在19世纪的欧洲（和其他地方），战争虽然有风险，但确实是可以接受的。当时的统治阶层基本都是军事精英（英国人之所以没有意识到这一点，只是因为他们的统治者是一位在大部分统治时间里都穿着丧服的女性，而她的男性后代则总是佩戴着勋章、马刺和军刀，不过他们在历史上并不出名）。做出开战决定虽然不容易（除了在非洲和亚洲），但战争始终是一个选项，而增加国家收入的呼声通常是在需要更多钱购买更先进的武器时出

第十一章

现的。19 世纪日新月异的发明大幅增加了购置武器的成本，因为每个新的武器系统很可能在十年内就会被淘汰。一些国家被远远甩在后面。哈布斯堡家族的领地仍然是欧洲一个充满活力的、辉煌的和（从后来的事件来看）值得钦佩的组成部分，但已经彻底失去了霸主地位，因为它缺乏工业或税收基础（这主要是由于许多反对启蒙运动的匈牙利贵族的阻碍），无法与法国或普鲁士竞争。

一些隐藏的优势和劣势，如军队动员速度、是否有秘密武器、能否保持士气等，意味着 19 世纪中叶每一场战争的结局都可能出乎人们的意料。欧洲统治者将大量时间和金钱花在军事演习（和狩猎）上，但这远不足以确保胜利。在所有重要战役前，双方都信心满满，不过究竟哪一方只是在盲目自信，则只能通过结果来判断。一些战争的过程令人感到莫名其妙，1866 年在达尔马提亚海岸发生的利萨海战便是一个例子。在这场混战中，哈布斯堡海军最终战胜了意大利海军（双方都没有光荣的海军传统），因为前者用自己的战舰撞击意大利人的战舰——这是古代大帆船时代的战术。在这场战役结束后的一段时间里，多数国家都给自己的船装上了撞角。但事实证明，这种花费不菲而且需要大量训练的战术，此后再无用武之地。利萨海战只是 1866 年普奥战争的一部分，哈布斯堡人虽然击败了意大利人，但最终被普鲁士人击溃。不过利萨海战并非全无意义，此战过后，哈布斯堡人继续统治着达尔马提亚海岸，而旧威尼斯的其他领土则在普鲁士的要求下，被移交给了意大利人。一名船长使用撞角侥幸赢得了一场战役的胜利，并顺便改变了南斯拉夫和克罗地亚未来的历史走向。

普鲁士通过三场战争（与丹麦的战争、与奥地利及其虚弱的德意志盟友的战争、与法国及其最后的德意志盟友的战争）使自己成为军事天才的代名词。但我想再次强调，这对普鲁士而言是一个新的声誉。每个人都知道丹麦人不可能获胜，但大多数观察家认为，奥地利人和法国人将击败普鲁士人，而且事实上，如果多一点运气、情报和计划，这很可能会成为战争的结局。罗恩和老毛奇缔造的普鲁士战争机器根基不稳。弗里德里希二世在18世纪中期的防御战是很久以前的事了，而且在今天看来，他的战争目标非常有限。他从未想过让哈布斯堡家族屈服，只想保住西里西亚。他没有能力进攻维也纳，更不用说巴黎或圣彼得堡了。在与拿破仑的战争中，普鲁士同样表现平平，不管是在与法国人作战时，还是与法国人一起同俄国人作战时都遭遇了耻辱的失败。普鲁士人在战争期间实行了改革，从而成为联盟中一个引人注目、勇敢但显然不算重要的成员。更广泛地说，现代德国的军事经验的奇怪之处在于，除了1864—1871年这短暂的几年，德国的战略家根本没有赢得战争的能力，包括两次世界大战。如果说战争的意义是改善胜利者所处的政治经济环境，那么德国的军事政治计划一定存在着根本问题，因为它不仅无法帮助德国人实现这个结果，反而为其招致了最可怕的灾难。

19世纪60年代的战争后来被称为"内阁战争"，因为它们持续的时间很短——与丹麦的战争耗时九个月，与奥地利的战争耗时不到两个月，与法国的战争持续了十个月。在第一次战争中，普鲁士与奥地利并肩作战，阻止丹麦吞并石勒苏益格-荷尔斯泰因地区，

第十一章

该地区一直是一半丹麦人、一半德国人，此时却被双方越来越激进的民族主义者视为眼中钉。另外两场战争更为重要，它们实际上是德国历史的核心，因为剩下的德意志独立邦国全部卷入了这两场战争。从巴伐利亚到绍姆堡-利珀的每个邦国都要在支持普鲁士和反对普鲁士之间做出抉择，每个邦国的统治者都必须迅速做出决定。在军事上，尤其是考虑到战争持续的时间，没有一个小邦国有能力改变战局，不过普鲁士为打败它们也投入了不少资源。南方的天主教邦国，尤其是巴伐利亚和巴登，有充足的理由拒绝被普鲁士吞并。不仅是上层，实际上所有人都是在仇恨普鲁士的氛围中长大的。（弗里德里希二世曾经说过："巴伐利亚是一个被野兽占据的天堂。"）但每个地方都有亲普鲁士的组织，以及更为重要的，支持德意志统一的组织。

结果，维护邦国独立的力量在普鲁士军队面前溃不成军（普鲁士得到了不伦瑞克和奥尔登堡等小邦国的帮助，它们因此愉快地保住了自己的未来）。法兰克福自由市拒绝支持普鲁士，随后被普鲁士军队占领，成为普鲁士的一部分。支持奥地利的汉诺威王国同样被普鲁士吞并（俾斯麦还抢走了格奥尔格五世的庞大财产，将其作为收买记者的秘密基金）。列支敦士登突然宣布自己独立并保持中立，这才逃过一劫。随着小邦国的大保护国战败，以及随之而来的政局变化，德意志各地都在惊慌失措地做决定。在1866年的克尼格雷茨战役中，奥地利及其盟友萨克森被击败；在1870年的色当战役中，法军大败，皇帝拿破仑三世被俘。

在与奥地利和法国的战争中，普鲁士人和其他人一样，对战争在这么短的时间内结束感到惊讶，而这同样是一份有毒的遗产。在短时间内快速结束战争的闪电战战术，开始得到欧洲各国军队的追捧。相较于痛苦的克里米亚战争或美国内战，拿破仑的模式更受青睐，而战绩辉煌的普鲁士－德国军队成为竞相效仿的榜样。一代代的德国将军不得不生活在老毛奇和他的参谋们的阴影之下，但在法国战败后的 40 多年里，他们并没有大展拳脚的机会。兴登堡在十几岁时就参加了克尼格雷茨战役，到了 1914 年，在 60 多岁时被再次征召进军队，在东线指挥军队与俄国人厮杀。阿尔弗雷德·冯·史里芬（Alfred von Schlieffen）一生的大部分时间都在计划和期待下一场大规模战争，但在第一次世界大战爆发前不久就去世了，终年 80 岁。他对第一次世界大战产生了深远影响，但事实证明，他的计划不仅没有帮助，而且具有破坏性。

因此，这些所谓的"内阁战争"只是因为机缘巧合才在短时间内结束。但是它们灾难性地暗示着，未来的战争也可能如此。德国绝不是一个奉行军国主义的黩武国家，而只是迷恋不费吹灰之力的胜利。志愿者组织、退伍军人协会和射击俱乐部在全国遍地开花，任何穿军装的人都享有特权，哪怕他们实际上只有十分有限的军事经验。不过，大多数这样的组织或协会，实际上只是酒友俱乐部，肥胖的预备役军人这个典型的形象就是专门用来讽刺他们的。从未亲身参加过战斗的俾斯麦和从未上过军校的威廉二世，带头穿着可笑的胸甲，佩带华丽的宝剑，戴着越来越愚蠢的头盔。如果能从这些乱七八糟的东西的设计者或专门出售用来装饰头盔的鸵鸟羽毛的商人的角度出发，写一部德意志帝国微观史，那想必会十分有趣。

第十一章

即便是在这些迅速结束的战争中，死亡者也不在少数。但不管死者的家人和朋友多么痛苦，在狂热的爱国主义氛围中，这些牺牲都被认为是为了统一而不得不付出的"血的代价"。当我在德国各地寻找第二帝国古怪的纪念物时，我在米尔豪森一座教堂的阴暗角落里发现了一块靠在墙上、半毁坏的大木板，木板上用哥特字体的白字写下了在普奥战争中牺牲的当地人的名字。对于这样一座小城来说，名字的数量实在惊人。据我所知，用木板记录死难者名字的例子非常罕见，但每座小城都有普法战争纪念碑。考虑到这场战争持续的时间不长，纪念碑上的名字已经相当多了——这座城市有50名牺牲者，那座城市有100名牺牲者。虽然普鲁士赢得了最终的胜利，但在几场残酷的战役中，许多普鲁士人死在战场上。这充分说明，在不是一边倒的战争中，杀伤力越来越大的现代武器可能带来可怕的后果。克尼格雷茨战役和色当战役的胜利者的孙辈，以及19世纪80年代那些表面上耀武扬威，实际上只是聚在一起喝啤酒的军事俱乐部的成员的孩子们将切身体会到这一点。在19世纪六七十年代取得奇迹般的胜利后，德国的军政领导人自然不用去思考在一场长期战争中会发生什么，付出如此可怕的生命代价是为了什么。

但普法战争中一些令人不安的迹象表明，普鲁士和后来的德国（在战争结束时成为德国）的军队领袖很难将政治和军事截然分开。由于普鲁士军队在色当战役中的出色表现，普鲁士本应在战后同法国签署条约以结束战争。但普鲁士军队反而在没有明确目标的情况下围攻巴黎，而且很快陷入日益愤怒的法国民众的游击战中。到战争最终结束时，法国已经成为一个动荡不安的痛苦之地，而普鲁士做出的吞并阿尔萨斯-洛林的决定更是一场灾难。这个决定既是出于战略安全这个似是而非的理由（希特勒最终吞并了欧洲大部分地区，但这并没有提高其战略地位），也是因为历史的诅咒——太多痴迷中世纪的民族主义者想收复这个被路易十三、路易十四和路易十五偷走的神圣罗马帝国的古老组成部分。奥地利并未因为1866年的战败而耿耿于怀，后来反而成为德国的重要盟友。但法国无法轻易与德国冰释前嫌，双方在随后的80年里走上了一条灾难性的道路。无论沙文主义的军人崇拜在建立统一的德国的过程中造成了怎样的伤害，与吞并阿尔萨斯-洛林的原罪相比，这都不算什么。

普法战争的结果是，1871年，威廉一世在凡尔赛宫宣布德意志帝国成立。仪式地点的反常经常被人评论。这既是因为战争尚未结束，大多数德意志王公还在法国，也是因为德意志境内没有一个可以被所有人接受的合适地点。如果在柏林这个普鲁士主义的神圣殿堂称帝，巴登人、萨克森人或巴伐利亚人绝不会感到喜悦，并发誓永远忠诚于帝国。

虽然新皇帝恰好也是普鲁士国王，但至少在王室层面上，新帝国将继续保持某种程度的联邦制，这使安然度过19世纪60年代动荡期的各邦国松了一口气。在新成立的德意志帝国境内，各地仍会交换使节，仿佛巴伐利亚或施瓦茨堡-鲁多尔施塔特仍然是独立的。莱比锡火车站成为当时世界上最大的火车站（如今，它是一个有200多家商店的购物圣地），但理由十分荒唐——它同时是帝国和萨克森的总站，因此分别为德皇和国王建了一座庄严的入口门厅。

第十一章

三位德皇没有加冕,因为这样的仪式必然是不伦不类、令人困惑的。因此,即使在"统一"之后,德国仍然顽固地保持着蒙昧主义和联邦制,而它们正是使今天的德国成为一个如此有吸引力的地方的原因。只有在1933—1945年的短暂时期,德国才被赋予了某种统一性。不过,虽然纳粹使中世纪的"大区"(Gau)重新成为一个看似合理的行政单位,但事实证明,这样的临时安排并未消灭原有的地方主义传统。

现在,让我们再回头看看绍姆堡-利珀。这个荒唐的公国如今只是下萨克森州一个无关紧要的小地方。狡猾的阿道夫一世设法使它安然度过了统一前的风云突变,他可以和德皇威廉一世并肩作战,或者和巴伐利亚的路德维希二世(Ludwig II)谈笑风生。但是,当地不起眼的普法战争死难者纪念馆及其象征着胜利的简陋的寓意性雕像,最终蕴含的意义远超建造者的初衷。它们在对世人述说,即使是最偏远、最微不足道的乡村地区,也在德意志的统一过程中付出了高昂的代价。

与墨西哥的意外相遇

维也纳圣斯蒂芬大教堂外的大空地是最糟糕的旅游区之一,同伦敦的考文垂花园或巴黎的蓬皮杜广场不相上下。那里甚至能让人对人性产生怀疑。无所适从的游客、扒手和打扮成莫扎特雕像的人仿佛在开一场"黑猩猩茶话会",相互无法沟通,也找不到什么乐子,只能无精打采地四处游荡。我这么说并不是为了教育谁——我刚刚把巧克力雪糕掉在我的鞋上。大部分游客似乎是意大利人,他们或许是受意奥两国不愉快的历史纠葛吸引,这种纠葛常常使奥地利人和意大利人彼此对立,不过老对手心脏地带的脏乱似乎完全出乎他们的意料。

我本来认为见识过考文垂花园的街头艺人后,不管再见到多么奇怪的事情,我都能见怪不怪。但圣斯蒂芬大教堂外的街头艺人表演显然愚蠢到了一个全新的高度。一个男人一边头顶地跳霹雳舞,一边假装对着观众放屁,同时还唱着贾科莫·普契尼(Giacomo Puccini)的歌。后来我看到他和一个全身涂成银色的人吵了起来,后者估计是一个下了班的莫扎特雕像扮演者,两个人明显都喝醉了。同属于这场闹剧的一部分,但更值得一看的是,一群大块头的墨西哥印第安人,只穿着华丽的羽毛、皮革和贝壳,在那里抗议奥地利抢走了"蒙特祖马头饰",要求物归原主。这件头饰虽然可能并不属于蒙特祖马,但无疑是一件非常古老和美丽的墨西哥工艺品,至少从斐迪南二世大公在阿姆布拉斯宫时起就在哈布斯堡家族手中,而斐迪南二世曾认为这是一件"摩尔人"的头饰。以前的统治者总是分不清人种。英国国王詹姆士一世拥有一套日本盔甲,但他认为那套盔甲属于"大莫卧儿人"。人类相互间的误解和对他者的无知足以写成一部有趣的世界史。无论如何,这些墨西哥人先跳了一段舞,然后激动地斥责一头雾水的旁观者,他们的激情让表演吞火的杂耍者和扮成约瑟夫二世皇帝雕像的歌唱者感到羞愧。

哈布斯堡家族很早就参与了墨西哥事务,但该家族的奥地利分

第十一章

支（其中许多人是在西班牙长大的）对新世界兴趣寥寥，把钱和麻烦都留给了他们在西班牙的表亲。这种情况在19世纪60年代发生了变化，当时拿破仑三世想出了一个巧妙的主意，让弗朗茨·约瑟夫一世（Franz Joseph Ⅰ）的弟弟马克西米连到墨西哥当皇帝。拿破仑三世是一个了解得越深入，越觉得可怕的人物，他的愚蠢幼稚和他在19世纪中期扮演的"失序之王"的角色对欧洲的伤害不亚于俾斯麦的伤害。甚至可以说，正是这个时期法国的混乱、活跃和无能，才使俾斯麦的出现变得可能和必要。

无论如何，墨西哥冒险是拿破仑三世的得意之举，它源自一个看上去确凿无疑的事实——南北战争将使美国解体。大多数欧洲国家为美国可能的分裂感到高兴，但拿破仑三世看到了一个机会。他认为自己可以在墨西哥建立一个法兰西帝国，并与南方的美利坚联盟国达成协议，这将为他提供一个全新的、广阔的行动空间。法国从农村征召了数千名士兵，把他们送到墨西哥，这种轻率的行为在今天看来实在匪夷所思。不过，好在我们知道，拿破仑三世完全错判了局势。对于一个迅速走出战争阴影、愤怒和统一的美国来说，一个在法国支持下成立的墨西哥君主国无疑是对自己最大的侮辱。随着普鲁士的威胁日益加深，拿破仑三世不得不撤回大部分军队，孤立无援的马克西米连最终被处决。

马克西米连似乎是哈布斯堡家族少数聪明人之一〔事实上，一直有传言说他的亲生父亲是拿破仑一世的儿子、短命的赖希施泰特（Reichstadt）公爵〕。他过着惬意的生活，开发的里雅斯特港，统治意大利的小块领土，管理哈布斯堡家族的海军，在亚得里亚海岸设计了一座宫殿，但未能看到宫殿完工。同意接受墨西哥皇位时，他还不到30岁，刚刚结束快乐的巴西之旅。他并非完全不可能建立自己的帝国，但他一定多少意识到，拿破仑三世只把他当作一枚粉饰无能的侵略行为的棋子。他统治了三年，但由于政治动荡，从未加冕。他的统治几乎没有任何值得称道的地方，留给后人的只有墨西哥城的雷福马大道、一些好看的军装和莫奈的名画《马克西米连皇帝的处决》（完全是意外的产物）。主持修建雷福马大道的是一名奥地利工程师，这条大道曾被短暂命名为"皇后大道"，以致敬马克西米连的妻子夏洛特（Charlotte）。维也纳无与伦比的军事史博物馆收藏着一些普鲁士式样的钉盔，它们是马克西米连的保镖使用过的，不过钉盔上的尖刺换成了墨西哥的鹰、蛇和仙人掌的组合，整个头盔被镀了一层金。这些华丽的物品（加上一顶货真价实的墨西哥帝国宽边帽）让人觉得，马克西米连为设计哈布斯堡装饰品花费的时间，远多于研究如何统治一个巨大的、分裂的古老国家的时间，这个国家对一个得到法国军队支持、娶了一名比利时妻子的奥地利皇帝毫无兴趣。

令人遗憾且毫无必要的处决，使弗朗茨·约瑟夫一世失去了一个有用的兄弟，使他们的母亲巴伐利亚的索菲陷入抑郁，再也没有恢复过来，使马克西米连的遗孀精神失常。当时，弗朗茨·约瑟夫一世正渐渐从奥地利军队在克尼格雷茨战役中的惨败和失去意大利的痛苦中恢复过来，但马克西米连的死开始了一个漫长而奇怪的过程，弗朗茨·约瑟夫一世发现自己由于运气不好、长寿和沉闷的性格，竟然无法得到几代哈布斯堡人的帮助。他的近亲属有的开枪自杀，有的成了异装癖，有的被暗杀，有的死于伤寒，而这个喜欢穿军装的工作狂则几十年如一日在美泉宫和霍夫堡宫处理公务（偶尔会去打猎，但同样无聊），直到第一次世界大战中期。

单调乏味或许是弗朗茨·约瑟夫一世对摆在他面前的棘手问题的一种巧妙回应。马克西米连的功绩至少让人觉得新鲜，而弗朗茨·约瑟夫一世则注定要用一生的时间来处理大量民族问题，这些问题永远无法得到解决，反而愈演愈烈。不知道如果他花更多的时间去了解正在瓦拉几亚人当中兴起的达西亚-罗马尼亚浪漫主义精神，会不会对解决民族问题有所帮助。自从在维也纳战役胜利后被不明智地从奥斯曼人的束缚中解放出来，匈牙利贵族的蒙昧和狭隘一直是哈布斯堡生活中令人厌恶的常态。但对于弗朗茨·约瑟夫一世来说，斯洛伐克人、罗马尼亚人、克罗地亚人和塞尔维亚人对匈牙利人的憎恨对他的帮助十分有限。唯一的好处是，他不需要担心他们会联合起来对付自己。鉴于帝国的维系全靠戴着多个王冠的君主，弗朗茨·约瑟夫一世和他越来越强硬的政权不得不像怀疑罗马尼亚民族主义一样怀疑德意志民族主义，这使讲德语的波希米亚人和奥地利人的特权地位变得岌岌可危。

人们无休止地争论：到底是弗朗茨·约瑟夫一世的漫长统治成为维系奥匈帝国统一的关键，就像在一堵本来已经破烂不堪的石灰墙上糊上一张壁纸，使其勉强不倒塌一样；还是说更正常的政权更迭〔假如弗朗茨·斐迪南（Franz Ferdinand）在 1900 年左右继位〕能够拯救它？这个问题永远不会有答案，但考虑到威廉一世的漫长统治，尤其是其后期昏庸的表现，可以被视为普鲁士的灾难（俾斯麦的半独裁统治显然会在威廉一世的儿子继位的那一刻结束），弗朗茨·约瑟夫一世的长寿很难被认为是一件好事。在他的统治下，布拉格和普雷斯堡（今天的布拉迪斯拉发）等城市出现了一个新的、不会讲德语的工人阶级，这是一个惊人的变化。识字不再意味着用德语（在匈牙利用拉丁语）书写，本地语言，尤其是民族语言，变得越来越普及，斯美塔那和德沃夏克等人完全凭毅力学会了捷克语。这些都是19世纪最具戏剧性的事件，而它们一直不可预测地有时暴力地发展到了今天。考虑到第一批民族主义者的后代遭遇的诸多灾难，人们很难不认为哈布斯堡帝国直到最后都是一个有价值的组织。可惜的是，它亡于一场它其实并不想要的世界大战。

我像许多人一样怀念哈布斯堡帝国，在阅读罗特和茨威格的作品时会感慨万千，想象着最后一次收起我的轻骑兵制服的场景，突如其来的忧郁感让我不可自拔，眼泪扑通掉进面前的浓咖啡中。当我在20世纪90年代初第一次访问维也纳时，它仿佛是一座让时间静止的城市，一个古老而悲哀的地方，只是刚刚开始感受"铁幕"消失的影响。到2009年，它再次扮演起了地理位置赋予它的角色，成为德国、意大利、匈牙利和斯拉夫罪犯的聚集地，而欧盟仿佛是哈布斯堡帝国的翻版，只是没有那么强硬，也没有蓄胡子。这似乎是一个幸福的结局。无数历史的扭曲和转折使哈布斯堡帝国显得距今非常遥远，而不是令人遗憾。不过，在圣斯蒂芬大教堂外闲逛时，我很难不去想象穿着真正漂亮的军装（由弗朗茨·约瑟夫一世批准）的士兵用霰弹枪在游客和放屁的霹雳舞者中间开出一条路的快乐。

第十二章

正在建设中的新天鹅城堡(从海德克悬崖俯瞰)。(akg-images)

小羊与瓢虫

"德国货"的爆发式增长,反映了德意志统一带来的令人担忧的喜悦情绪。以前只在某个地方受欢迎的物品和饮料,此时可以通过新的交通运输系统运往各地,成为流行全德国的口味和品牌(而且一直持续到今天)。

其中我最不喜欢的是杏仁蛋白软糖。这是一种非常特殊的物质,如果用来做英式圣诞蛋糕,我还勉强可以应付,但除此之外,它让人联想到了猫的排泄物。这只是我的偏见,其他人并不会这么想。但无论如何,糖显然被以各种方式滥用,人们因此浪费了许多宝贵的时间和金钱。不过,与牛轧糖、爱丁堡岩糖或糖衣果仁之类可怕的糖果相比,最恐怖的非吕贝克的尼德雷格杏仁蛋白软糖莫属。尼德雷格杏仁蛋白软糖是一个典型的例子,说明一个地方品牌在19世纪如何通过铁路和广告,将其产品推向更广阔的世界。托马斯·曼在一封信中写道,当他全家从吕贝克搬到慕尼黑后,他收到了一盒尼德雷格杏仁蛋白软糖,顿时兴奋得要命,圣诞节也因此变得美好,这使我与他本就不融洽的关系变得更加糟糕。

尼德雷格糖果店的装潢给人一种特别矫揉造作的感觉,也许三分之一是开玩笑,三分之二是为了美感。商店的橱窗里摆着巨大的勃兰登堡门、埃菲尔铁塔和英国议会大厦模型，这些是用大量杏仁蛋白软糖制成的，而商店里则摆着一排排杏仁蛋白软糖做成的微型水果、农场动物、龙虾等。我很喜欢吃糖，但杏仁蛋白软糖做成的土豆让我瞬间失去了食欲。杏仁蛋白软糖花椰菜或小篮子里的杏仁蛋白软糖鱼倒是让我有试一试的冲动，但我的五脏六腑敏锐地察觉到即将到来的危险，立即开始颤抖和战栗。

但在吕讷堡的一家糖果店里，我意外地发现了一只杏仁蛋白软糖做的小羊，并不无自责地买下了它（它愚蠢又快乐的表情，让我不由自主地想把它带回家）。这是一张它的照片，背景是印着威廉二世像的火柴盒。过去几个月里，孩子们轮流把它藏在家里一些荒唐的地方（比如，马桶上、冰箱里、麦片盒里。它还在汽车仪表盘上待了很长时间，稍稍有些融化）。不过，它也有一定的家庭教育价值，因为它可以被当作进化论的一个例子——小羊天生是用难吃的杏仁蛋白软糖做的，多亏了这个出色的遗传诡计，才逃过被吃掉的命运。

第十二章

不管怎样，在德国新兴的市场网络中，像杏仁蛋白软糖一样不受欢迎的物品不在少数。比如，一种名为"斯卡特"（Skat）的令人难以忍受的纸牌游戏，它是19世纪初在阿尔滕堡被发明的，这座迷人的小城从那时起就变得异常繁荣；再比如，从图林根涌向四面八方的胡桃夹子玩偶和花园小精灵，在此之前它们只能"为害一方"；还有令人难以下咽的纽伦堡姜饼（不过公平地说，也可能只是因为我第一次吃的时候运气不好）。许多商品并没有在全国范围内流行，例如，直到今天，德国喝葡萄酒的地区和喝其他酒的地区仍然有明确的分界线。同样地，离开了以沃尔姆斯为中心的椒盐卷饼带，或者从萨克森到黑森的德国中央地带，你就知道自己肯定能在街头买到好吃的烤香肠。当然，这种无法抹掉的地方特质是德国重要的魅力源泉。不管在哪里，你或许都能买到杏仁蛋白软糖和姜饼。但与此同时，各地的人仍然坚持喝本地的啤酒、本地的葡萄酒，吃某个类型和口味的蛋糕。进化的原则同样适用于各地特产，有些风靡全国，有些则仍然局限于当地。例如，不来梅有一种奇怪的黑白相间的蛋糕，与纽伦堡姜饼相似，但除了不来梅大教堂以东几家无人问津的面包店，其他商店都理智地避开了这种蛋糕。

各式各样的高度数酒也基本上是19世纪的工业产物。此前一直是小规模、地方化生产的杜松子酒，突然能够在全国范围内生产，这使它走上了同钢琴和枪械一样的量产之路。作为一名谨慎但坚持不懈的高度数酒爱好者，我喝过太多烈酒，现在除了口感（灼热或醇厚），已经几乎注意不到它们之间的差异了。在不来梅时，我在弗里德里希恺撒酒店一家环境舒适的酒吧度过了几个夜晚，一杯接一杯喝着酒吧老板推荐的酒。其中最令人难忘的是一种名为"普鲁士一口"的酒，它鲜为人知但令人愉悦。那天晚上，我实在太兴奋了，甚至想把它的名字用作本书的书名。我随后打消了这个念头，不过现在想想，这或许是个错误。它喝起来就像用来给金属大梁除锈的除锈剂，你可以自己试试，但不建议推荐给别人。

许多年前，我去了趟当时还是苏联加盟共和国的拉脱维亚，带回了一瓶里加黑药酒。据说它是一个德国化学家在18世纪意外发明出来的，这次却成了我送给父母的一件错误的礼物——他们是不折不扣的苏格兰酒、苹果白兰地和君度酒爱好者。我们偶尔会倒出一点儿这种酒（它看起来像中质原油），倒进一个小杯子里，并讨论它是否需要与其他东西混在一起喝，或者它的黏度是否意味着它已经变质了，要赶紧扔掉。我的厨房堆满了曾短暂打开但很快重新密封的科恩酒、茴萝利口酒、阿夸维特酒和其他各种酒的瓶子。如果我现在再建议打开一瓶梅酒，全家小酌一番，估计没有人会同意。使我彻底放弃烈酒冒险的是巴伐利亚水果白兰地。这种酒装在盐釉的石瓶中，打开瓶子后，空气中弥漫着难闻的气味，就像瓢虫受到伤害时分泌的液体的味道。

这些酒的神奇之处在于，它们是全国性的。但它们没有越过德国国境，这当然与20世纪的历史有关——如果在德国的邻国，一个人选择在一个有纪念意义的场合打开一瓶名为"俾斯麦亲王"的酒来庆祝，那实在是太奇怪了。不过考虑到德国人对饮用这种工艺简单（只需要处理谷物，或许还有一些不走运的水果）的产品的热情，不能出口的影响并不大。在所有德国酒精饮品品牌中，最值得

第十二章

骄傲的是野格（德文原名的意思是"狩猎大师"），这是由一家位于沃尔芬比特尔的工厂生产的一种草药酒。那里还有一家颇具喜剧色彩的野格商店，出售野格牌运动服、野营装备、睡衣等。野格首次上市的时间是1934年，历史并不算长。新饮品当然不管什么时候都可能被发明出来，但野格与纳粹之间千丝万缕的联系让我们看到，一件再平常不过的事，如果发生在一个不正常的时代，会变得多么奇怪。

野格是你在机场商店里唯一能买到的德国酒。在机场商店，你通常能买到覆盆子味的古巴兰姆酒或名为"狂野非洲奶油"的南非利口酒之类的劣质酒，但买不到经典的"俾斯麦亲王"酒，不知道这是不是因为不管到哪里，德国人都想远离这些东西。我经常想，是不是只有我还在吃烤香肠，而德国人实际上都在愉快地吃着加了鱼露或咖喱的菜肴，或者德国人是不是都在喝智利的西拉红葡萄酒或意大利蓝带啤酒，而我则是唯一会被那种名为"普鲁士一口"的酒呛到的人。

拼图王国

我从来不觉得山区特别有趣，山很少出现在我的生活中。一次，我沿着一条少有人走的偏僻小径，筋疲力尽地登上了英格兰最高峰斯科费尔峰。一路上，我感到我的肺在燃烧，气喘吁吁。但当我挣扎着到达目的地时，我看到一群孩子（其中一些看起来刚学会走路)、老人、病人、体弱的人（和被遗弃的手推车）挤在山顶（"山顶"这个词似乎有些言过其实了），那种"努力做最好的自己"的心态瞬间崩溃。这时我突然意识到，我最好还是忠于家庭传统，老老实实地待在酒店里看书，顺便来几杯，这才是更明智的选择。我们的文明存在于图书馆和酒吧，而不是没有文化价值、只有风景的山头。

登上开往位于萨克森-安哈尔特的布罗肯山山顶的蒸汽机车后，这种感觉变得更加强烈。随着汽笛声响起，煤炭燃烧的气味飘散出来，火车开动了，旁观者欢快地挥手，这无疑是一种享受（持续时间约为四分钟）。但当我们快到山顶时，相同的徒劳感再次笼罩着我。山是敌人，是散布在地表、不适合人类居住的沉闷的和半贫瘠的突起。布罗肯山尤其如此，它看起来就像一个被肮脏的冰块覆盖的可怕的肿瘤，而从山顶往下看，你可以看到一片美好的田园风光，农场和小镇点缀其中（不过不得不承认，从布罗肯山上倾泻而下的水也为这里增色不少）。布罗肯山一直与巫术和不可思议的现象联系在一起，但这些都是坐在远处平原上的酒吧里的人想象出来的，他们只是为了找点乐子。山顶唯一的乐趣是，人们可以反复思考，为什么会有人愿意在那里的旅馆住宿，并欣赏安装在建于 20 世纪 30 年代的电视塔上的大型电子设备。德国人痴迷于将所有路标设计成纯粹的象形文字，而这里有一个独一无二的红边怪物，它旨在通过一个图像传达这样的信息：离电视塔太近是危险的，因为附着在塔上的巨大的、形状怪异的冰块可能会突然落下，砸中你，造成可怕的伤残或死亡。走在结冰的小路上，时刻小心着可能突然

第十二章

飞来的奇形怪状的冰块，看着钻进酒店垃圾桶的狐狸，我拿定主意，以后再也不去山区了。

不幸的是，在德国，这根本不可能。虽然我在德国大部分地区都小心翼翼地避开它们（令人身心愉悦的哈茨山和图林根林山是例外，不过它们与布罗肯山完全不同），但山是巴伐利亚南部和蒂罗尔的核心。这么多年来，我一直设法远离那里。当有人自作聪明地建议我去贝希特斯加登看希特勒建在山顶的别墅时，我再次确认了自己的观点，即山的美学价值被大大高估了（希特勒喜欢它们），为满足纳粹的娱乐需求而建的地方在任何名单上都应该排在后面。

一年夏天，某个不怀好意的亲戚送给我妹妹（她只比我小一点儿）一幅睿思玩具公司出品的巨型拼图，主题是最常见的阿尔卑斯山风景——一座洋葱顶教堂，周围是在阳光下的茂密整齐的树林，背景是高低起伏的白色山峰和蓝天，下方是一片沉寂的水潭，倒映着上面提到的这些景物。从那以后，我妹妹把所有精力都放在这个近乎自虐的玩具上。整个夏天，这幅该死的拼图占满了整个桌子，她从早到晚都在疯狂地琢磨着这几千块碎片中的每一块。这不禁让人联想到安徒生的《红舞鞋》里穿着红鞋子跳舞到死的女王。这个与毫无意义的拼图相关的悲剧，当然无法激发我对阿尔卑斯山的热爱。事实上，像施特劳斯的《阿尔卑斯山交响曲》或马勒的《第三交响曲》中更加清新、更具泛神论色彩的部分，在我听来仿佛是音乐版的睿思拼图，这彻底毁了我欣赏它们的心情。我甚至希望有人在1945年的波茨坦会议上派一些士兵到拉芬斯堡，去关闭那里的睿思拼图工厂。

最终，我别无选择，只能直面我的心魔，向山区进发——要写一本关于德国的书，至少要看看新天鹅城堡和因斯布鲁克。火车大部分时间在浓雾中穿行，远处的阿尔卑斯山若隐若现，这和乘火车经过奇尔特恩丘陵的体验相似。阿尔高地区有成群的非常漂亮的奶牛，它们有着可爱的眼神，伴随着叮叮当当的牛铃声。但你很快就会意识到，这是一种单调的文化，就像摩泽尔河谷的葡萄园一样令人不快。只不过在这里，棚架换成了牛蹄，中央还有一个冒着烟的大型雀巢工厂。但是，由于我对牛奶巧克力的喜爱程度不亚于对葡萄酒的喜爱程度，因此我很乐意对工业化的入侵视而不见，假装这里仍然是可爱的山地。

新天鹅城堡既是路德维希二世献给瓦格纳的最恢宏的致敬之作，也是一座耗资巨大的城堡，巴伐利亚国库因此空空如也。路德维希二世被迫退位，然后神秘地死去——他和他的医生一起死在施塔恩贝格湖中，可能是路德维希二世在屈辱和绝望中投湖自尽，并连累了医生。自那以后，再没有人在新天鹅城堡住过，它从未完工，在路德维希二世去世几周后才向公众开放。新天鹅城堡是迪士尼城堡的原型，如今它反向复制了迪士尼的限时门票策略和各式各样的小玩意儿。路德维希二世与瓦格纳的关系显然是一个非常重要的话题，前者投资修建了拜罗伊特节日剧院，不过我不会在本书里探讨瓦格纳对路德维希二世的感情。参观新天鹅城堡时你会发现，路德维希二世只保留了瓦格纳的一些非常俗气的糟粕——一个由假笑的少女和迟钝的英雄构成的世界在城堡的墙壁上铺展开来，而这些壁画的创作者显然缺乏绘画天赋。每个房间都以一部不同的歌剧

第十二章

为主题，猜测每个房间的主题出自哪部歌剧，能让人感到片刻的快乐。这片令人窒息的大森林是出自《西格弗里德》，还是《帕西法尔》？那个戴着面纱、面目模糊的女孩是谁？（选项太多！）即便算不上瓦格纳的狂热粉丝，我也肯定很喜欢他，因此不想回答这个问题：瓦格纳会喜欢这些壁画吗？如果你认为，这位作曲家会觉得路德维希二世平庸的壁画准确描绘了他的音乐（其无与伦比的想象力有时会给人极大的压力），那么我无话可说。不过让我隐隐感到不安的是，他或许真的会喜欢这些东西——《罗恩格林》的原始布景草图看起来和这里一样令人昏昏欲睡。或许舞台布景很容易过时，就像电影特效一样，但我宁愿相信瓦格纳脑海中的音乐图景比舞台上实际能实现的东西要超前许多。我不想知道答案，除非是好消息。

不管怎样，作为对瓦格纳的致敬之作，新天鹅城堡是一个令人绝望的失败作品。城堡的商店里充斥着与路德维希二世有关的垃圾（鼠标垫、茶巾、长篇传记、冰箱贴和烟灰缸上等都印着他的脸，让人觉得毛骨悚然），但几乎没有任何关于瓦格纳的东西。一批又一批奇怪的人来到这里，继续崇拜着这个活在童话世界里的疯国王。人们不禁怀疑，他们到底为什么要来阿尔高地区？他们为什么对这个可悲的人物感兴趣？好在对路德维希的浪漫崇拜似乎从未真正传到英国。和路德维希二世相反，瓦格纳几乎没有存在感，这座名义上献给他的圣地仅仅是一处过度奢华的遗址——一个已经灭亡的王朝永远未完工的觐见室里的数千块镶嵌画、一座又一座永远不会建成的塔楼，以及摆着丑陋木雕的房间，当路德维希二世被告知他必须退位时，他正在这个房间里读书。

路德维希二世做过的唯一值得赞许的事是，他在签署了实质上终结巴伐利亚独立地位的文件之后，拒绝前往凡尔赛宫参加德皇的加冕仪式。他还是一个"有趣"的人，不过仅仅是因为你可以从他身上看到一些德国人对中世纪的狂热崇拜。他在林德霍夫宫（我绝对不会去那里）建了一座《女武神》中的"洪丁的小屋"，打算在那里举行日耳曼人的宣誓仪式，这个想法简直愚蠢至极。

维特尔斯巴赫家族仍在挣扎求生。继承路德维希二世的是他的弟弟奥托一世，奥托患有严重的精神疾病，国政实际上由摄政王卢伊特波尔德处理，后者理智地与普鲁士保持距离，特别是在俾斯麦荒谬地推动反天主教政策时。接着是年迈的路德维希三世（Ludwig Ⅲ），他在位时间很短，在 1918 年革命中被迫退位。维特尔斯巴赫家族的统治就此告终，而这个家族对巴伐利亚的统治可以追溯到 12 世纪（一些极端的人甚至将其追溯到 9 世纪）。维特尔斯巴赫家族的统治经历了高潮低谷，不时出现一些没有信仰或无能的统治者，但令人悲伤的是，他们最终因为这些幼稚的阿尔卑斯山白日梦而被人铭记。

狩猎大师

在英格兰东南部长大的我，偶尔会和家人一起去乡下散步，有时只是漫无目的地闲逛，有时则有明确的目标，比如寻找各种野

第十二章

花。我父亲有许多令人愉快的习惯，其中一个是让这些相当枯燥的出游变得更加刺激。只要灌木丛发出沙沙声，他就会突然停下脚步，向我们所有人打手势，示意我们不要说话。然后我们会屏住呼吸，等着看那里有什么。我们在英国，当然什么都没有，甚至连只是稍稍令人兴奋的东西都没有。事实上，每次都是寻食的鸫鸟。但在那一瞬间（我当时还很小），我父亲的手势让我以为，小山楂树上真的可能会跳下一只可怕的美国毒蜥。

因为小时候的经验，所以即使到了现在，我还是认为散步时可能会遇到一些可怕的事情。在德国的林间或山地漫步时，这种感觉使我无法全身心享受自然。哈茨山区警告游人当心猞猁和野猪的大牌子总让我提心吊胆，我会立即联想到我一个人在路上喘着粗气，甚至没有一根手杖用来自卫的场景。事实上，想到我为了野猪浪费的时间，想到我在林间没过脚踝的山毛榉果实（野猪最喜欢的食物）的海洋中一步步往前挪，透过树干间的缝隙寻找野猪的情景，如果哪天野猪真的杀了我，那就有点"情死"的味道了。即使是被开膛破肚，我也只能笑着说，我终于、终于见到了那位长着獠牙的落叶林领主。

在德国中部的森林里，你仿佛可以隐约看到数以万计的树木。单单是森林的广袤似乎就在暗示，这里同古代欧洲巨型动物的联系比英国同其联系紧密得多。英国的情况是，早在中世纪，比獾或鹿大的动物基本都被消灭了。而在德国，直到17世纪，人们仍然不得不生活在狼和熊的阴影下。达姆施塔特的黑森州州立博物馆有一个悲伤的小型石头纪念碑，纪念黑森州最后一只被杀的狼。锡格马林根保存着多瑙河上游地区最后一只狼的标本，不过它看起来经过了大量的修补，使用的是像大规模工业化生产的廉价泰迪熊毛一样的东西。不过在更东和东南的地方，直到 19 世纪，狼仍然是一个严重问题，尤其是在战争之后。1718 年，当奥土战争结束时，据说有 1 000 多只狼徘徊在军事区（今天的塞尔维亚）外人口大幅减少的地区，少数旅行者只有在军队的护送下才能安全通过那里。每场长期战争都会使狼的数量迅速增加，紧接着人们会在战后捕杀狼群。德国中部、奥地利和波希米亚都有一些无人居住的森林，狼群可能在林中躲藏几代人的时间，然后在合适的时间再次快速繁衍。不过，对于大多数德国人来说，最迟到 17 世纪，狼只存在于各种民间故事和传说中。但它们无疑非常重要，被以各种方式吸收进 19 世纪的传说和故事中。即使到了今天，图林根森林中阴森的空地、令人窒息的寂静和精心标示的徒步旅行路线，也足以让人感到紧张和兴奋。

东普鲁士曾经有壮观的大型动物群，特别是罗明滕荒野（该地区如今分属波兰和俄罗斯的飞地加里宁格勒，位于以前的德国城市柯尼斯堡附近）。几个世纪以来，条顿骑士团和立陶宛人就在这个由迷雾重重的茂密森林和沼泽地组成的地区战斗。虽然本身没有任何价值，但这个地区可以被当作屏障，小股进攻部队会在其中迷路、发疯、挨饿。像这样的森林和再往南似乎无限延伸的地区，庇护着壮硕的欧洲野马、欧洲原牛和欧洲野牛等神奇的生物，狼、猞猁和野猪等在面对它们时几乎讨不到便宜。

东普鲁士在 17 世纪发展成一块相当和平的德意志领土，但对

第十二章

于欧洲野马来说，这实在太晚了。最后一次在东普鲁士发现原始欧洲野马还要追溯到 1627 年（最后一匹欧洲野马在 1918 年死在乌克兰的一家动物园，它可能是野马与家马的杂交种）。体型惊人的原始欧洲原牛甚至在此之前已经在普鲁士灭绝，最后几头在 17 世纪初被发现于波兰，目前仅剩下几具骨架。普鲁士最后一头欧洲野牛被发现于 1755 年。

对这些大型动物的记忆一直萦绕着罗明滕，19 世纪的插画师喜欢以黑牛击退狼群为主题作画。德皇威廉二世痴迷罗明滕，在那里建造了一座奢华的狩猎小屋，还花了不少时间毫无意义地射杀麋鹿等大型动物。威廉二世狂热而略显压抑的性格，再加上枪油、酒精、特殊的羽毛帽和一小时接一小时的男性笑话，很可能使罗明滕成为一个有趣的地方。但威廉二世在那里看到的是一个阴暗、封建、只存在于神话传说中的德国，一个由条顿骑士团和《西格弗里德》中的森林组成的德国，在那片森林中，一条龙藏在遥远的山洞里。

疯狂迷恋中世纪的德国人不知道的是，森林的开放完全得益于电话、电力、内燃机和庞大的税收。事实上，威廉二世之所以显得奇怪，一个原因或许是在他统治期间，对马、军装和顺从的推崇被一些发明取代。这些发明在第一次世界大战期间达到顶点，但在战争爆发前十年已经颠覆了一切。直到 19 世纪 80 年代，绝大多数欧洲人仍在与马打交道（东普鲁士的养马业非常发达），而到了 1918 年，未来显然属于在斯图加特发明的汽车和摩托车。希特勒几乎没有接触过马，他的幻想是建立在汽油的基础上的。虽然东线需要大量的马充当驮兽或用来牵引大炮，但马很少出现在德意志第三帝国的宣传画中，更不会有人想用骑马雕像来纪念希特勒（这是 20 世纪军事雕塑不得不面对的问题，因为铜参谋车和铜司机显然无法让人感到震撼）。

但是，当威廉二世带着枪和侍从在罗明滕沼泽地猎杀雄鹿时，他绝不会想到一个与王权观念同样古老的王室传统即将结束。事实上，德国的许多统治者（包括以前的邦君）花在打猎上的时间甚至超过了花在统治上的时间，这不禁让人对王权的真正意义产生怀疑。18 世纪中期的许多德意志统治者效仿路易十四的榜样，除了打猎，几乎什么事都不做。由此带来的后果是，国家大部分地区遍布着漂亮的旅馆，却没有动物的踪迹。如果说威廉二世用大型步枪打乱了人与动物之间的关系，那么这些巴洛克时期的狩猎活动同样荒唐。通常情况下，统治者会带着受邀的客人，站在围栏边缘，等鹿被放进围栏时，用弓箭射杀它们。此外，还有一些已经消失的奇怪的狩猎方式，如萨克森王室的"掷狐狸"——当着数百名快乐的旁观者的面，几十只狐狸在德累斯顿宫殿的院子里被一次次掷向空中，直到它们死亡。

罗明滕的结局很糟糕。第一次世界大战期间，该地区一度受到俄军的威胁，而躲在波兰森林中无所事事且饥肠辘辘的德军士兵效仿普鲁士的传统，用榴弹炮杀死了许多幸存的欧洲野牛。想到现代大炮与古老的食草动物居然以这种方式相遇，人们不免觉得痛心。

纳粹时期的赫尔曼·戈林（Herman Göring）最直接地继承了普鲁士人对狩猎的渴望，并宣称自己是"帝国狩猎大师"。痛苦地在荷兰过着流亡生活的威廉二世（他在那里花了许多时间射杀庄园

第十二章

里的每一个活物）拒绝将狩猎小屋卖给戈林，后者不得不重新建造一个狩猎小屋。在距离东普鲁士将近1 000千米的吕讷堡（许多东普鲁士难民在1945年逃离故土后在此定居），有一座东普鲁士国家博物馆。这座博物馆相当沉闷，但并非完全找不到乐趣——它收藏着戈林的客人在第二次世界大战后期杀死的鹿的巨大鹿角（包括"猛犸象"的鹿角，据说它是在1942年被射杀的）。戈林对早已消失的大型动物非常着迷（顺便说一句，他的狩猎服和威廉二世的一样愚蠢），并参与了慕尼黑的黑克兄弟从20世纪20年代开始的异想天开的计划——试图通过选择性育种来"复活"欧洲野马、欧洲原牛等已经灭绝的动物。这项计划带来了一些长相奇怪的马和大公牛，但从遗传学角度看，当然是一个笑话。

威廉二世的狩猎小屋旁边有一座皇室小教堂，里面供奉着猎人的守护神圣胡贝图斯（St Hubertus）——这是典型的威廉二世式的无聊想法。教堂里有一尊雄鹿的铜像，它在战争期间经历了不可思议的冒险，最终成为斯摩棱斯克一个儿童游乐场的装饰品，这多少算是一个圆满的结局。被流放的威廉二世在1941年夏天去世。三年多后，德国在第二次世界大战的战败，抹去了德国人在罗明滕存在的痕迹（最初在那里建造狩猎小屋的是威廉二世的先祖、普鲁士国王兼勃兰登堡选帝侯弗里德里希·威廉一世）。

鲁里塔尼亚、西尔达维亚和它们的朋友

在德国，有几十座城市会让你立即联想到鲁里塔尼亚。鲁里塔

尼亚是开朗而聪明的英国律师安东尼·霍普（Anthony Hope）虚构的王国，他喜欢写发生在虚构的地方的故事。虚构一个国家当然不是霍普首创（在他之前有虚构的乌托邦、小人国，甚至连加利福尼亚最开始也是一个虚构的地方的名字），但1894年出版的霍普的《曾达的囚徒》(The Prisoner of Zenda) 确实引起了轰动，为这个幻想的小国注入了活力。霍普不仅变得十分富有，还塑造了人们对德意志小邦国的记忆，而这些政治体在不久之前被一扫而空。当然，鲁里塔尼亚的确切位置从未得到明确说明，而且它的政治混乱不太可能出现在现实中拥有无数规矩、毫无生气的德意志小邦国中。霍普在很多时候并不是在取笑德国（不过其文化背景无疑取材自德国），而是在取笑东南欧新生的国家。一些细节与其说像德国，倒不如说像塞尔维亚或希腊。

《曾达的囚徒》的巨大成功带来了无数的舞台剧、电影和大量的模仿者，他们采用了《曾达的囚徒》的故事框架，构想了无数荒诞的城堡、有趣的古老习俗和阴险的王太后，所有这些故事都与真实的历史事件毫无关系。每个人都能列出一份书单，比如，埃尔热（Hergé）《丁丁历险记》系列中的《卡尔库鲁斯案件》(The Calculus Affair) 和《奥托卡王的权杖》(King Ottakar's Sceptre) 便能看到鲁里塔尼亚的影子。西尔达维亚王国的主要特征是有跟的鞋、副官、柠檬黄色的制服，以及戴着单片眼镜、穿着宽大衬衫、密谋夺取巨大铀矿的革命者（见《奔向月球》）。邪恶的博尔多利亚共和国（主要特征是土黄色的服装、短发、巨大的雕像、秘密警察和阴郁的社会氛围）多次试图破坏西尔达维亚的稳定，而西尔达维

第十二章

亚依靠一个年龄不明的比利时记者,每次都挫败了它的阴谋。

托马斯·曼的《陛下》(*Royal Highness*)是一部轻松的小说,与他的其他作品风格迥异,同时也是一部典型的鲁里塔尼亚式的作品。这部小说的有趣之处在于托马斯·曼对大公的宫殿格里姆堡宫(不要与位于赫勒布伦的"美丽而呆板"的夏宫混淆)、廷臣的华丽服装、风俗、专用房间等大段大段的描写,所有这些在遭到嘲笑的同时也得到尊重,单纯被视为一些令人愉快的发明。另一部鲁里塔尼亚式的作品是 W. E. 约翰斯(W. E. Johns)上尉的《比格斯当兵》(*Biggles Goes to War*),书中可敬的英国飞行员比格斯帮助勇敢的马尔托维亚居民抵御强大而邪恶的邻国洛维茨纳的入侵——这可能是这位硬汉上尉和"吕贝克的主人"(约翰斯小说中的人物,是一个强大而无情的德国间谍)唯一有交集的地方。鲁里塔尼亚式作品的例子数不胜数,甚至连温斯顿·丘吉尔也对鲁里塔尼亚感兴趣,他出版的唯一一部小说《萨伏罗拉》(*Savrola*)便是这种风格的作品。我或许应该只提及最有趣的鲁里塔尼亚式作品,如乔治·麦克唐纳·弗拉泽(George Macdonald Fraser)的维多利亚风格小说《权贵幻觉》(*Royal Flash*,出版于 1970 年),其背景是虚构的斯特拉肯兹公国("'你这个吃白菜的混蛋竟敢对我发号施令,'我说,'我是英国军官'。"),还有安塔尔·塞尔布(Antal Szerb)很有亲和力的小说《欧利韦尔七世》(*Oliver Ⅶ*,出版于 1942 年),书中出口沙丁鱼和葡萄酒的小国阿尔图里亚有各种令人愉快的美好事物("就一个阿尔图里亚人而言,他的头发太直了"),它的邻居诺兰迪亚阴暗的天空和拜金的氛围则让人感到压抑。

鲁里塔尼亚等虚构的国家飘忽不定的位置，反映了德国贵族当中普遍的鲁里塔尼亚式的行为举止，而这样的行为举止在 19 世纪欧洲许多君主国的王室当中非常普遍。霍亨索伦-锡格马林根是一个典型的德意志小邦国，在多瑙河上游的岸边拥有一小块领地。一想到自己只是统治整个普鲁士的霍亨索伦家族的分支，它的统治者便觉得受了奇耻大辱，于是抓住机会登上了罗马尼亚王位。黑森-达姆施塔特家族的一个年轻人试图在保加利亚建立一个王朝，但没有成功。小小的韦廷领地萨克森-科堡-哥达在葡萄牙、保加利亚和比利时建立了王朝，还为维多利亚女王贡献了一个丈夫。事实上，就血统而言，韦廷家族已经完全超越了老对手普鲁士的霍亨索伦家族。他们至今仍是加拿大和澳大利亚等地名义上的元首，更不用说他们在保加利亚的分支完成了惊人的逆转——末代沙皇西美昂二世一度被迫流亡，后来以西美昂·萨克森-科堡-哥达之名当选为该国总理。

巴伐利亚国王路德维希一世收藏了大量古希腊艺术品，后来又支持希腊的独立战争。他的次子奥托在 1832 年成为新独立的希腊的国王，这是一个典型的鲁里塔尼亚式的行为。他的长期统治堪称一场灾难，是德意志统一前半帝国主义的一个奇怪的例子。巴伐利亚试图以高压方式治理希腊，但极不成功。最终，奥托一世和他的妻子（奥尔登堡大公的一个争强好胜的女儿）遭到驱逐，取而代之的是丹麦王室的一个 17 岁的年轻人（历史有时候看起来越来越奇怪）。奥托夫妇回到班贝格主教古老而早已被人遗忘的宫殿，在那里过着忧郁的流亡生活，他们居住的房间成了一个鲁里塔尼亚式的

第十二章

圣地。在那里，他们坚持每天说希腊语，穿希腊传统服饰，无望地等待着复辟的一天。从地处内陆、信奉天主教的巴伐利亚到拥有漫长海岸线、信奉东正教的希腊，在灿烂的阳光下生活了 30 年，疏远了所有人，然后又回到阴冷的巴伐利亚宫殿，对于他们来说，这一定是一次非凡的冒险。

班贝格主教宫殿里的一尊奥托穿着希腊服饰的白色大理石半身像，或许让人感到心酸。但像许多王室成员一样，奥托显然没有充分利用自己的先天优势。事实上，精力充沛、聪明、勇敢和爱好艺术的君主极为稀少，绝大多数人傲慢无礼，不太聪明，出现在官方画像和照片里时眼神十分可怕，在棘手的政治问题面前左支右绌。不管扮演鲁里塔尼亚的鲁道夫五世（Rudolph V）的是斯图尔特·格兰杰（Stewart Grainger）、罗纳德·科尔曼（Ronald Coleman），还是克里斯托弗·普鲁默（Christopher Plummer），他们都有一点远胜真实的君主，那就是他们的时间被冻结了，他们看上去总是很潇洒，总是穿着贴身的制服，身材笔挺，总是想要追求某个女孩。但在现实世界里，统治总是失望的代名词，总是意味着体重增加、没有子嗣、兄弟阋墙、可耻的外遇、无政府主义者的匕首和资产阶级的骚动。或许有人可以拍一部残酷的续集，将真正的奥托一世的命运搬到鲁道夫五世身上，让他在班贝格来回踱步，对着并不存在的臣民发表演说。《曾达的囚徒》之所以如此精彩，是因为它只截取了历史的一个断面，并未展示英雄完整的人生轨迹，许多曾经风光无限的人晚年凄凉落魄，比如衣衫褴褛、无精打采的罗宾汉或絮絮叨叨、骗吃骗喝的老年汉尼拔。

缺　席

不伦瑞克有一座小型博物馆，位于圣吉尔斯教堂后面的旧修道院里。这座博物馆的藏品向人们讲述了几个世纪以来犹太人在德国的生活。它的前身是建于19世纪的不伦瑞克爱国博物馆，其中的珍品或者被毁，或者已经入库，或者被转移到其他地方。这座博物馆的核心展品是一些彩绘木板和家具，来自附近霍恩堡的一座已经被废弃的犹太教会堂。1925年，它们被从那座犹太教会堂送到不伦瑞克，后来侥幸逃过了纳粹德国时期的浩劫。

在本书中，我主要谈的是今天在德国仍然可以看到的东西，而与犹太人相关的东西如今几乎看不到踪影。意外保存下来的霍恩堡犹太教会堂孤零零地立在那里，与周遭环境格格不入。沃尔姆斯古老而压抑的犹太人墓地依然存在，柏林潘科区有规模更大的犹太人墓地（布拉格的犹太人墓地也没有被毁，因为纳粹计划在那里建一座种族灭绝博物馆，布拉格因此保存了许多犹太人的物品）。除此之外，德国犹太人数百年的生活痕迹几乎被抹得一干二净。第二次世界大战后建造的纪念馆、纪念碑和重建的标志性建筑对填补空白有所帮助，但它们实际上只是在强调犹太人的缺席。在另一座德意志人的城市、位于奥匈帝国边境的艾森施塔特，一座小型犹太教会堂幸存了下来。但这只是因为纳粹德国吞并奥地利之后，当地政府立即赶走了在当地生活了很长时间的犹太人，并在主要道路上挂起

第十二章

了常见的"此处不欢迎犹太人"的指示牌。在 1938 年 11 月 9 日德国掀起大规模捣毁犹太教会堂的风潮时，这座犹太教会堂已经是政府财产，因此受到了保护。听说它曾经被苏联军队的犹太士兵集中使用，直到他们在 1955 年撤出奥地利。这让人稍感欣慰，但仅此而已。它旁边的博物馆有一个以犹太人的节日为主题的展览。介绍普林节的部分选的是一张拍摄于 1946 年的大幅照片，照片上大屠杀幸存者正在一个集中营里庆祝普林节，他们穿着原来的囚服，其中一个人穿着纳粹制服，假扮成希特勒。化装舞会的创意、拍摄照片的手法和照片上人物的表情，使这张照片成为一件表现了不安、反抗和痛苦的杰作，把黑色幽默演绎到极致。

这些片段以及犹太人在纳粹统治下的命运，使人们很难不将在此之前的德国历史看成是灾难的前奏，是不怀好意者图谋不轨的阶段。抵制这种后见之明虽然不容易，但必须要做。如果说本书有什么严肃的观点，那就是我将不遗余力地反驳这种先入为主的看法。如果我说我们在纳粹问题上过于认真了，这听起来可能非常草率，但我认为这是事实。对欧洲犹太人的杀戮源自一小撮狂热分子可悲的意识形态。军事上的惨败和经济崩溃导致德国统治阶级（他们多是传统意义上的反犹太主义者）的大多数成员要么被杀，要么名誉扫地，于是狂热分子乘虚而入，掌握了权力。激进的反犹太主义是纳粹党维护内部团结的重要工具，但纳粹党之所以能够赢得大众的支持，主要是因为希特勒承诺使德国再次伟大，反犹太主义只是一个次要因素。这个时期的德国人普遍感到茫然和绝望，这就是为什么那么多德国人愿意相信 1918 年的失败和共产主义的兴起在某种程度上与犹太人有关，但这与认可后来在奥斯威辛集中营发生的一切还有相当长的距离。那么多德国人最终要么参与犹太人大屠杀，要么对大屠杀视而不见，可以被视为一个可怕的例子，说明一个群体是如何被引导和误导的。但是，我们很难认为只有德国人特别容易受影响，也很难认为这是一种不可避免的德国现象。

我之所以在本书专门讨论19世纪的一章提到这个问题，是因为我只打算写到1933年，而且由于非常明显的原因，这个问题一定要涉及。必须说明的是，19世纪德国和奥地利的犹太人虽然一直遭受歧视，但他们的生活大体上还是不错的。当然，人们总是倾向于将其视为具有欺骗性的表象，并指出毁灭的种子已经埋下。但这并非事实。只有在战败的德国分崩离析，一代人被战争摧毁，经济陷入瘫痪，道德、政治和社会结构瓦解的条件下，一些可怕的东西才有机可乘。如果没有1914年那场出人意料的血腥战争，后面的一切都不会发生。我们的看法形成于第二次世界大战后，但更客观的做法是，我们必须站在19世纪的角度看待19世纪的世界，我们对当时的人物和事件的看法不应受第二次世界大战以后形成的观点的影响。

为了证明我的观点，我想举一个例子，即拿破仑战争后，许多德国城市发生的反犹骚乱。实际上，人们一直没有弄清楚，这些可怕的事件究竟为什么会发生。当时的人大惑不解，而且类似事件在19世纪再也没有出现。普鲁士的城市完全没有受到影响，这种暴民仇恨来得突然，消失得同样突然。1819年夏，骚乱始于维尔茨堡，向西扩散到法兰克福和达姆施塔特，然后向莱茵河上下游蔓

第十二章

延，吞噬了卡尔斯鲁厄、科隆等倾向自由主义的城市，甚至连北方的汉堡都受到波及，许多犹太人因为担心自己的生命安全而逃往丹麦。在骚乱中，商店和房屋被烧毁，犹太人被杀害，更多的人遭到殴打，大多数人因为受到恐吓而选择离开。军队迅速恢复了秩序，各地官方似乎对这些事件感到震惊和愤怒。骚乱显示了犹太人在德国社会中的角色仍然很奇怪。各地的暴徒高喊："Hep！Hep！杀光犹太人！"其中的"Hep"似乎是"Hierosolyma est perdita"（"耶路撒冷丢了"）的缩写，这是 700 年前"十字军"在莱茵兰大屠杀中的口号。这个例子很好地说明了，痴迷历史可以是一件多么令人毛骨悚然的事情，而且这次的骚乱与在瓦尔特堡宣誓建立永远的兄弟关系的学生们一样，都透露着一种暴力、右翼的伪中世纪的狭隘态度。

骚乱在某种程度上似乎是对犹太人在德意志的未定地位的反应。拿破仑一度解放了他们，但他失败后，德意志的许多邦国重新推出了一系列限制犹太人的规定，法兰克福等地的规定甚至达到了中世纪的歧视水平。虽然德意志的许多统治者将拿破仑同解放犹太人联系在一起，但其实早在法国大革命之前，不少开明的邦君已经取消了大量歧视性规定。德意志各邦国仍然以基督教定义自己（这既是传统，也是为了凸显与法国大革命中的无神论者的区别），而这个非基督教少数群体似乎"令人尴尬"，如何处理他们成了一个棘手的问题。平庸但虔诚的普鲁士国王弗里德里希·威廉三世拒绝提拔一名犹太士兵，这倒不是因为他怀疑这名士兵的勇气或爱国精神，而是因为他认为这名士兵必须先皈依基督教。事实上，由于痴迷这个想法，他甚至滥用自己作为犹太人名义上的保护者的身份，阻止柏林犹太人改革习俗的所有尝试，因为他担心如果他眼中的犹太教的蒙昧落后减少了，犹太人会更不愿意改变信仰。弗里德里希·威廉三世的想法从表面上看非常疯狂，但符合长期传统。

在1933年之前，德国与犹太人的关系一直处于这样的别有用心、冒犯和困惑的旋涡中。1871年，德国最终解放了犹太人，但犹太人仍然在保持自身独立身份的愿望与通过皈依基督教来消除生活中的无数限制的现实考量之间纠结。与流传了几个世纪的反犹太主义的恶意流言相反，德意志的大多数犹太人在19世纪初非常贫困。罗斯柴尔德家族是一个惊人的例外，他们不需要忍受法兰克福犹太区的苦难生活，但这并不能掩盖大多数犹太人从事着低端、边缘的工作，在法律上被排斥在主流社会之外的事实。犹太人摆脱这些歧视性规定和禁令（这个过程起初进展非常缓慢，随后突然加速）是19世纪的一个伟大的故事，但它常常被孤立地看待。对于许多德意志人来说（无论其宗教信仰如何），这个世纪是一个激动人心的时期，人们得到了大量过上富足生活和改变阶级的新机会，这是生活在以前那个割裂、腐朽、封闭的世界中的人们无法想象的。经济停滞了几个世纪的城市焕然一新，教育从根本上发生了变革。银行职员、医生、科学研究者、士兵和律师等职业大受青睐，在19世纪70年代从事这些工作的人与18世纪70年代无知落后的前辈们几乎没有共同之处。犹太人进入这些行业并成名与当时的时代背景息息相关，更何况这样的犹太人只是少数人。他们所谓的"显赫地位"只是小范围内的或地方性的。

第十二章

随着19世纪的发展，犹太人越来越难以被视为一个自成一体的群体。传统主义者与急于融入主流社会的人基本分道扬镳，但他们都对东欧犹太人感到失望，后者在19世纪末乘火车前往港口城市汉堡或不来梅，再从那里移民美国。对于许多犹太人来说，拥有犹太人和德国人的双重身份完全不是问题，特别是在宗教与国家日益分离的情况下（这是当时欧洲各国的普遍趋势）。犹太人当然习惯于做犹太人，统治者之所以为如何处理犹太人而头疼，并不是因为犹太人自身，而是因为统治者的疑惑和焦虑，他们认为自己代表耶稣行使统治权。如果你不再理会这件事（无论你是拿破仑还是俾斯麦），压力自然就消失了。只有当民族主义成为一种宗教时，而且只是在它被注入了一些关于种族和语言的可悲想法后，才有人怀疑犹太人是否真的像路德宗信徒一样是德国人。

一幅著名的版画充分体现了这种双重身份，其主题是在普法战争期间，在梅斯郊外的一个战场上，犹太军官和士兵一起纪念赎罪日，这是犹太人一年中最重要的圣日。这幅版画是根据一件真实事件创作的，只是做了合理的夸张。它曾经是德国犹太人家庭常见的装饰品。在这幅版画中，大量犹太士兵聚集在一个巨大的约柜周围祈祷，基督教士兵站在远处守卫着他们。有成千上万名犹太士兵（其中373人获得了铁十字勋章）参加的普法战争和德意志统一的整个过程似乎表明，没有什么可以阻止犹太人成为德国人。

不过，反犹太主义同样在德国社会根深蒂固。"反犹太主义"这个词是由威廉·马尔（Wilhelm Marr）发明的，他在1879年出版的小册子《德意志对犹太教的胜利》（*The Way to Victory for*

Germanness over Judaism）中第一次使用了这个词。他是一个混乱、可怜的人。马尔出生在马格德堡，后来去了奥地利、瑞士、法兰克福、汉堡和哥斯达黎加等地，在不同时期曾声称自己是无政府主义者、共产主义者或民族主义者。他曾是1848年法兰克福国民议会代表，而且以一种令人极为不快的方式表明自己是瓦尔特堡学生的继承人。他的思想和他创立的反犹联盟从未产生过太大的影响。到了晚年，他放弃了反犹太主义，因为经过进一步的思考，他认为反犹太主义显然是不真实的。但他开启了一个邪恶的进程，其他人将为之做出贡献。

虽然有偶发的反犹事件和官方的种种限制，但总体而言，德国为犹太人提供了一个相对稳定和安全的生活环境。在19世纪末充满活力的、多元的普鲁士，各种思想纷纷登场，那里既有最激进的德国民族主义者，也有最猛烈批评和嘲笑他们的人。德国犹太人的立场同样千差万别，既有国王的坚定支持者，也有共产主义者，但大多数人只想平静地生活。这个混乱而多元的世界也是犹太复国主义的诞生地，奥地利人西奥多·赫茨尔（Theodor Herzl）提出了犹太人应该拥有自己的家园的惊人主张。这个想法在许多方面似乎根植于传统的德意志邦国主义，赫茨尔起初只是希望德皇可以在巴勒斯坦建立一个犹太人保护国，这显然源自皇帝作为犹太人名义上的保护人的传统。

威廉二世很认同这个想法，但他的动机复杂。最重要的原因是，他认为自己从此可以摆脱那些认为他邪恶、愚蠢的犹太共产主义者、讽刺作家和知识分子。不过，威廉二世的认同没有任何作

第十二章

用,犹太复国主义思想在德国受到普遍嘲讽,真正支持它的是饱受迫害的东欧犹太人。1897年,赫茨尔在巴塞尔市立赌场召开了第一届犹太复国主义者代表大会,代表们在会上达成了在巴勒斯坦建立一个犹太国家的决议。赫茨尔的继任者是激进的东普鲁士犹太人库尔特·布卢门菲尔德(Kurt Blumenfeld),他于1911年成为世界犹太复国主义组织的秘书长,布卢门菲尔德的职业生涯充分体现了犹太复国主义思想的传播和发展速度。他在1933年逃出德国,流亡到巴勒斯坦,从而避免了被纳粹杀害的命运。最终,他于1963年在以色列去世,而这个国家的存在既得益于德国人最具创造性和想象力的一面,也源自其最糟糕的一面。

一些犹太家庭皈依了基督教,或者干脆不再遵守严格的犹太教习俗。从这个意义上讲,过于强调马克思、马勒、哈伯和维特根斯坦等人的犹太人身份(他们以相当不同的方式,在相当不同的程度上是犹太人)是非常奇怪的,甚至可能会让他们本人感到厌烦或不屑。不断追问一个人的成功与他的犹太人身份之间的关系是不可取的,不会得到任何答案,甚至有陷入一种变异的反犹太主义的风险。毋庸置疑的是,在20世纪初的德国和奥匈帝国,或多或少具有犹太背景的人对当时灿烂的文化做出了杰出贡献。无论是在文学、哲学、医学、音乐还是科学领域,当时的文化都是欧洲历史上最具活力和创造力的文化之一,而它可以被看作德国人和犹太人的联合项目(不过有时我认为,完全不关注它似乎更重要)。无论如何,当时背景各异的人在用德语以革命性的方式改变世界。1914—1918年的灾难对德国文化造成了严重破坏,但即便如此,德国人仍然提出了非凡的想法。可惜的是，随之而来的是大萧条和一个喜欢做白日梦的疯子的登场，他厌恶这种文化，希望摧毁所有非军事形式的现代性成就，并对德国到底哪里出了问题有着非常独特的看法。

我坐在冰冷的、落满灰尘的不伦瑞克博物馆里，看着老霍恩堡犹太教会堂的遗物，不觉悲从中来。我与犹太教没有任何关系，我正盯着我不理解的东西，而能够向我解释它们的人早已离开人世。

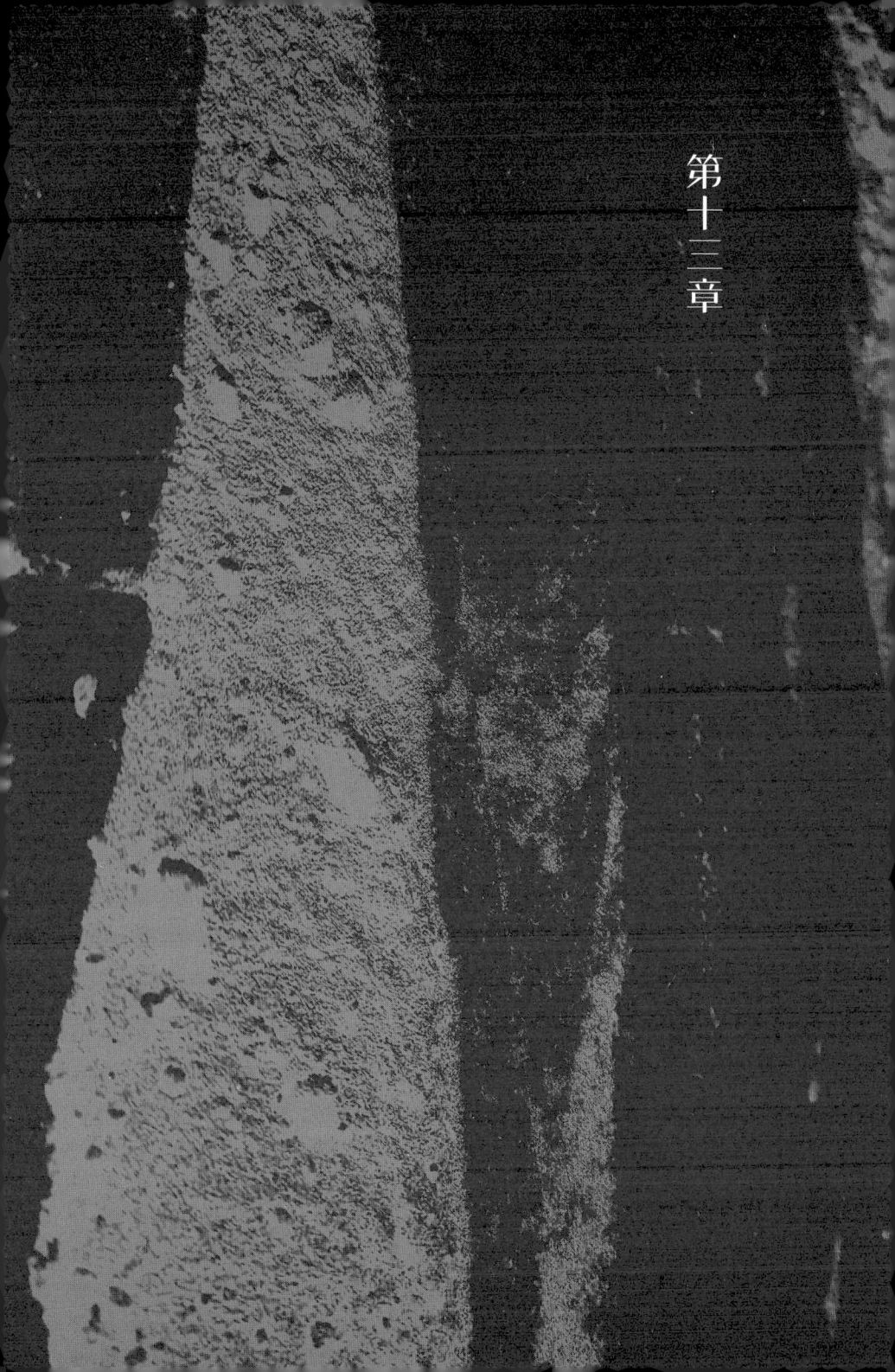

第十二章

海岸线之外

　　一想到德国，许多外国人的脑海里立刻浮现出一片荒凉的景象。事实上，在不受欢迎的旅行目的地排名中，波美拉尼亚或勃兰登堡的一些地方，确实与加拿大的萨斯喀彻温省或英国的凯斯内斯郡不相上下。但在我看来，最让人难以忍受的地方非威廉港莫属。这个曾经满目凄凉，让人看不到希望的地方，是德国误入歧途，走上毁灭之路的开端。

　　威廉港的诞生源自这样一个想法——普鲁士如果想得到其他大国的重视，就要拥有一支符合其地位与国力的海军。19世纪50年代，普鲁士在认真思考德意志的统一，并越来越将其视为自己的使命。当时它似乎面对着无数艰难险阻，但事实上，在不到20年的时间里，所有障碍都将被克服。首先，普鲁士知道自己易受海上封锁的影响。无论它的军队多么优秀，法国只要威胁少数几个河口，普鲁士日益增长的海外贸易就会停滞。其次，普鲁士的港口都在丹麦东侧，而对普鲁士抱有敌意的丹麦很容易将普鲁士的船只困在波罗的海（这个威胁将通过两次石勒苏益格战争得到解决）。因此，建立一个北海港口成为普鲁士的当务之急。从地图上看，新港口的选址有一定的合理性。被选中的翡翠湾是一个巨大的半圆形北海海湾，仅仅从狂风大作的海滨大道朝那里望上几眼，大多数人就会立即打消在那里住下的念头，更何况在到达那里之前，他们还不得不穿过一个破败的购物中心，里面有一个穿着巴伐利亚服装的人在用萨克斯管吹奏《阿拉伯酋长》。翡翠湾属于缺乏活力的小邦国奥尔登堡。德意志真正的北海港口掌握在半独立的不来梅和汉堡手中，但它们未必会同意普鲁士出于军事目的使用这些港口。而修建威廉港遭遇的困难和波折，恰恰是自由主义者渴望德意志统一的理由。为了这座港口，普鲁士不得不进行一系列痛苦而棘手的谈判，先从奥尔登堡租借土地，然后再在汉诺威王国的领土上修一条路，以输送修建新港口所需的建筑材料和补给。

奥尔登堡收下了钱，但汉诺威拒绝批准修那条路（没有给出任何明确的理由），这意味着修建港口所需的全部石料和工人都只能通过海上运输，整个项目需要多年才能完成。在此期间，普鲁士在1864年的第二次石勒苏益格战争中打败丹麦，得到了波罗的海良港基尔港（基尔港最初由普鲁士和奥地利共同管理，但在1866年的普奥战争之后被普鲁士吞并）。汉诺威因为在普奥战争中支持奥地利而被普鲁士吞并，后者终于可以修建一条合适的道路来建设其军港。但到了1871年，随着德意志统一，不来梅和汉堡成为德意志帝国的一部分，这座专门修建的、以威廉一世的名字命名的普鲁士港口变得毫无意义。

如今，在这座小城漫步，看着一排排整齐的行政人员的住宅、驻军的教堂和古老的雕像，人们仍然可以感受到这座普鲁士新城市的自豪感和重要性。然而，这将被证明是一个巨大的错误。建设了军港之后，就需要建立一支海军，而为了证明如此庞大的支出是合理的，就需要一个令人信服的敌人。等到港口建成时，国际关系正经历着剧烈的变化，人们甚至不知道怎样使用威廉港才是合理的。从港口建成到建成两周年之间，普鲁士轻松击败了它的三个主要敌人——丹麦、奥地利和法国。从 19 世纪 70 年代起，海军技术的进步几乎和国际关系的变化一样令人眼花缭乱，花费巨资建造的军舰很快就过时了。当时德国之所以夺取了一些无关紧要的海外殖民地，其中一个原因恰恰是让它的海军有一些事情可做，威廉港的驻军教堂里堆满了在纳米比亚和中国进行的可耻的侵略战争的纪念物。

但在威廉港，人们怀着更大胆的梦想。新开凿的基尔运河原本被视为一个超自然的奇迹，此时却无法满足体积越来越大的军舰的使用需求，因此威廉港被进一步扩建。到了 1900 年，一些海军空想家认定英国将成为敌人。这并不是因为某些具体的原因（英国和德国的利益总体上是互补的），而是因为除非英国是敌人，否则远洋海军就没有存在的必要——传统的军事力量完全可以对付一般的敌人。

于是，一个建在偏远荒芜的海岸的港口，成了一场海军军备竞赛的焦点。德国与英国的关系急剧恶化，而后者曾以友善和克制的态度对待德国的统一战争。长长的伤亡名单足以说明接下来的故事。德国海军从头到尾都是一个代价高昂而愚蠢的错误，德国根本没有足够的资金、钢铁和人力与英国竞争，后者几个世纪以来完全以其海军的全球存在来定义自己，德国的空想家们（比如，留着奇怪胡子的阿尔弗雷德·冯·蒂尔皮茨元帅）想出的五花八门的理论终究无法改变这个事实。

威廉港在 20 世纪初还遇到了一个近乎黑色幽默的问题——它其实不适合用作军港。港口的沙洲导致大型军舰只有在涨潮时才能进港或出港，这意味着整支舰队需要两次涨潮才能完全驶离威廉港。从理论上说，英国人可以先消灭第一批出港的舰队，然后以逸待劳，静候其余的战舰出港即可。虽然这样的噩梦从未成为现实，但从根本上讲，德国的舰队实力不足，难堪大用。1916 年，德国海军在日德兰海战中做过一次认真的尝试，但令德国指挥官们懊恼的是，虽然他们在技术上明显优于英国人，但后者的规模要远远超过自己。德国舰队只是因为英国人的胆怯和混乱才侥幸逃过被全歼的命运，但再次尝试完全是不可想象的。一名历史学家不久前不无嘲讽地评论道，德皇以其无与伦比的虚荣心和无数金钱打造的远洋舰队，最终摧毁了他的帝国。1918 年，眼看败局已定，德国制订了一个典型的疯狂计划，派全部海军出海作战，若失败就"光荣地沉没"。结果水手们拒绝执行命令，军队哗变。一些精彩的照片显示，整个威廉港挤满了愤怒的水手，看上去就像所有雕像和官员的房屋都漂浮在哗变者的海洋中一样。水手们的行动意味着帝国很可能会全面崩溃，威廉港创始人的孙子威廉二世不得不退位并流亡荷兰。

威廉港在建成时似乎预示着德国的新起点，结果不到 50 年就使普鲁士王室丧失了权柄。当然，威廉港的历史还没有结束，纳粹的超级战舰"蒂尔皮茨"号战列舰就是在威廉港的造船厂建造的。但第二次世界大战再次表明，由于缺乏资金，再加上地理条件的先天不足，德国根本无力维持一支海军。U型潜艇是一种令人畏惧的武器，但德国人之所以研发这种武器，完全是出于无奈——在战争最初的两年里，德国的水面舰艇彻底沦为成群的英国军舰的靶子，不是被击沉，就是无法行动。由于容易定位（位于岸边），威廉港在战争期间成为轰炸机的首选目标，它们每隔一段时间就来这里投下炸弹。战争结束前夕，这座满目疮痍的小城（四分之三的建筑被毁）向波兰第一装甲师投降。接下来，港口剩下的一切都被德国战俘拆下，作为赔款被运往苏联［负责监督这项工作的是年轻的英国人约翰·哈维-琼斯（John Harvey-Jones），他后来担任过英国帝国化学工业（ICI）公司董事长］。

由于德国在"冷战"期间的地理位置，威廉港再次成为一个大港口，但实际上它根本就不应该存在。在这座诞生于一个灾难性错误的小城散步，你会冒出一个奇怪的念头——这里实际上只应该是一片足够满足当地人需求的盐碱化农田。威廉港有一段非常不幸的历史，但在20世纪，这样的城市不在少数。

得克萨斯文德人

之所以建设威廉港这样一个令人沮丧的地方，另一个原因在于，普鲁士和后来的德国都认为它们必须建立一个世界帝国，世界帝国似乎是19世纪欧洲强国的标准配置。从历史上看，德国因为不是世界帝国而少做了不少坏事，不过这主要出于地理原因而非道德原因。16世纪，一群奥格斯堡的银行家曾试图殖民委内瑞拉（"小威尼斯"），但失败了。17世纪末18世纪初，普鲁士曾在西非海岸短暂拥有过一个奴隶转运点（自豪地称其为"大弗里德里希堡"），但一直入不敷出，严重依赖在丹属维尔京群岛上租用的少数几个仓库，而且极易遭受荷兰人的攻击。奴隶贸易的大部分赃物先被运到西班牙，然后是英国。德意志始终专注于中欧，因此主要通过伦敦或阿姆斯特丹获得海外商品。

然而，像许多欧洲国家一样，德国及其前身对各种形式的内部殖民并不陌生，它对待波兰人、捷克人和斯洛文尼亚人的方式就像大英帝国对待爱尔兰人一样——自认为高他们一等，歧视和压迫他们，让他们和自己混居在一起，但同时也将他们视为重要的文化、思想和军事力量的来源。不过，少数族裔主要居住在普鲁士和奥地利（以及瑞士），大多数德意志邦国不受他们的影响。德意志人并不是不知道更辽阔的世界，他们只是由于在地理上不占优势而无法在政治或经济上利用它。格奥尔格·福斯特的《环球航行》可能是德国科学旅行文学的经典，但他是库克船长的客人，而库克船长的航行使英国得到了澳大利亚、新西兰和太平洋上的许多岛屿。福斯特回国后定居在黑森-卡塞尔，这里的沉闷乏味想必与面包果、赤裸的乳房和烤飞鱼形成了鲜明的对比。

受到许多人喜爱的普鲁士人亚历山大·冯·洪堡在19世纪游历了南美洲和中美洲，与食人鱼和电鳗度过了一段奇妙的时光，秘

第十三章

鲁和智利海岸附近的寒流甚至以他的名字命名。不过，无论我们多么感激他对自己冒险经历的精彩描述，我们都不得不承认，他的旅行没有产生任何政治影响。1817年，巴伐利亚王室探险队在巴西发现了轰动一时的斯比克斯金刚鹦鹉，这种鹦鹉以探险队队长约翰·巴普蒂斯特·冯·斯比克斯（Johann Baptist von Spix）的名字命名。1842年，普鲁士王室探险队远征埃及，卡尔·里夏德·莱普修斯（Karl Richard Lepsius）教授在胡夫金字塔刻下了颂扬普鲁士国王的文字（"向雄鹰、十字架的保护者，向普鲁士的国王、太阳和磐石致敬，向解放了他的祖国的'太阳中的太阳'弗里德里希·威廉四世致敬……"）。不过，这两次探险虽然有趣，却没有明显提升巴伐利亚或普鲁士的全球影响力。19世纪70年代，奥地利人探索了北冰洋的部分地区［克里斯托夫·兰斯迈尔（Christoph Ransmayr）在其精彩的小说《冰与黑暗的恐怖》（The Terrors of Ice and Darkness）中再现了这次探险］，并绘制了地图，将一片无人居住的荒岛命名为"弗朗茨·约瑟夫群岛"。但德国人仍然只敢设立非政治性的贸易站，如汉堡于19世纪70年代在喀麦隆建设的杜阿拉港。

德意志对抢夺殖民地的谨慎态度并非出于道德考量，而是由于政治上的软弱。像黑森-卡塞尔这样的邦国自然不可能有建立一个世界帝国的野心，而汉堡和不来梅在1871年以前一直是具有真正全球视野的独立城市，致力于自由贸易，与英国保持密切的关系，对疯狂的民族主义幻想完全不感兴趣。这是一个汉堡与世界各地的贸易往来不断扩大的时代，也是一个人们会在制作精良的德意志地图上精确地标注旧金山、加尔各答、开普敦、新奥尔良、桑给巴尔、新加坡和上海等贸易城市的时代。与德意志邦国明显缺乏建立世界帝国的野心形成鲜明对比的是，大量德意志人移民海外。他们可能无法占据被他们当作移民目的地的国家，但他们对这些国家的成功至关重要。

部分移民形成了一些微型社区，如澳大利亚南部的普鲁士人社区或牙买加中部的威斯特发里亚人社区（这个社区在重要的日子仍然做传统的德国烤肉，不过经过 250 年的通婚，它成了一个黑人社区）。大规模移民同样存在。乔治·华盛顿和他的朋友们用大笔金钱和大量土地引诱为英国人作战的黑森雇佣兵，几千人接受了条件，前去帮助建设匹兹堡和底特律。与英国人一样，德国的许多宗教团体也去了美国，希望在那里找到可以让他们不受干扰地追求各种古怪启示的地方。他们往往是成功的，他们的后代仍然隐居在宾夕法尼亚州或加拿大马尼托巴省的一些地方，这证明了他们的毅力。除了这些人，还有数以百万计的普通德国人涌入北美。作为少数族裔，他们把政治权力留给了讲英语的人，但往往成功地使自己生活的地方变得繁荣且强大，并大量定居在曼哈顿的约克镇、辛辛那提的日耳曼敦等地。移民有时会有意识地保持德国人的特质。1845 年，也就是得克萨斯共和国加入美国的那一年，索尔姆斯-布劳恩费尔斯的卡尔亲王（"得克萨斯-卡尔"）在得克萨斯东部建立了新布劳恩费尔斯，人们至今仍能在这座小城感受到德国人的勤劳。

数以百万计的美国人在家里或和朋友在一起时讲德语，在其他

第十三章

人面前或公共场合讲英语，这十分常见。考虑到保持对像施瓦茨堡-鲁多尔施塔特这样的地方的思乡之情并不容易（甚至连记住它都不容易），德国移民终究会选择忠于美国。但德语社区在第一次世界大战期间陷入困境，因为战争导致德语不再为美国公众所接受，德语报纸随之歇业。随着禁酒令的颁布，第二场灾难接踵而至，一个拥有大型酿酒厂，围绕着啤酒节和葡萄酒节组织起来的社会团体就这样瓦解了。类似米勒（或者穆勒）、帕布斯特、施利茨、安霍伊泽和布施这样的名字仍然存在，但使他们变得富有的社交活动消失了一段时间。禁酒令结束后，这些社交活动再次出现，但变得更加美国化，不再具有古老的德国风情。因此，德国人和英国人一样，是极少数不在纽约举行年度游行的族裔之一。在纽约时，我曾花费大量时间与朋友们兴奋地讨论花车的主题，那些愚蠢的花车本来可以用来举行英国人骄傲的游行。但在 20 世纪，没有人想让德裔的花车经过市中心，这或许是一件好事，因为它们肯定不会像其他许多族裔的花车那样让观众由衷感到快乐。

圣安东尼奥的得克萨斯文化研究所的事情一个悲伤的故事。这个神奇的博物馆以聊胜于无的乡土气息成功地告诉人们，得克萨斯移民有多么与众不同。我在这里第一次听说了得克萨斯文德人的情况。文德人是一个讲索布语的斯拉夫群体，生活在施普雷河上游，如今主要在萨克森州，尤其是卢萨蒂亚的褐煤开采区。19 世纪，他们中的一部分受普鲁士统治，一部分受萨克森统治。在德意志统一前 20 年的民族主义浪潮中，他们发现自己很难不受干扰地使用自己的语言和信奉自己的宗教，他们的经历与英国的威尔士人或法国的布列塔尼人类似。19世纪50年代，在富有魅力的牧师扬·基利安（Jan Kilian）的带领下，他们决定移民得克萨斯，以拯救自己的文化。当他们到达利物浦时，霍乱已经夺去了其中大约600人的生命。在得克萨斯的加尔维斯顿，更多人染上了黄热病。但幸存者在内陆的新布劳恩费尔斯附近建立了一个名为瑟宾的小镇，在那里定居下来。他们的努力被证明是徒劳的，这个社区最终被周边说英语和西班牙语的社区吸收。最后一份索布语报纸停办于1921年，但早在1917年，它就因为使用哥特式字体而招人憎恨，原因让人哭笑不得——人们以为它使用的是德文。

文德人最终定居在得克萨斯州的金三角地区（濒临墨西哥湾，位于得克萨斯州与路易斯安那州的交界处），这里的城市在两次世界大战间歇期越来越繁荣（顺便一提，金三角地区是一个可怕的地方，被飓风蹂躏的海滩上到处都是被冲上岸的僧帽水母、成团的焦油和骇人的大蟑螂，而且水里散发着硫黄的味道）。从德意志第二帝国到德意志第三帝国再到民主德国，留在卢萨蒂亚稀疏的森林中的文德人，在各种形式的德国民族主义的冲击下度过了一段艰难的时期。他们被赶出村子，因为人们在那里发现了露天煤矿。而居住在1945年以后被划入波兰的领土上的文德人，则全部被驱逐到了新生的民主德国。但与扬·基利安的信徒不同，他们总算幸存了下来，如今生活在几代人以来第一个不歧视他们的政权下，希望能够有所成就——这对文德人的凝聚力的威胁将不亚于得克萨斯这样的外来诱惑的威胁。

得克萨斯州的文德人虽然没有形成一个独立的文化社区，但像其他数百万德国移民（最开始是经英国港口中转，后来直接从不来梅乘北德意志劳埃德航运公司的船或从汉堡乘哈帕格公司的船）一样，他们在美国有机会过上一种快乐和简单的生活。事实上，由于离开德国的人过多，当希特勒提出其可怕的想法，打算重启中世纪德意志的东向殖民计划（"日耳曼东扩"）时，几乎没有"多余"的德国人可以做这件事，因为许多人正安全地生活在美国，他们和他们的后代不需要像留在德国的人那样经历即将到来的道德灾难。

德国的殖民梦

在 19 世纪 80 年代争夺小殖民地的混乱斗争中，德国加入了国际竞争，从而进入了一个新的不幸的时代。如果说法国可以被形容为拥有一个由英国不想要的地方组成的帝国，那么新统一的德国拥有的则是连法国人都避之唯恐不及的地方。这种奇怪的、完全不合常理的对世界帝国的追求，在某种程度上与威廉港的建设一样，是一个令人不安的信号，表明新统一的德国变得越来越自大和滑稽——它一心想要遥远、荒凉的土地，仅仅是为了在看地图的时候向别人炫耀。

在因戈尔施塔特无与伦比的巴伐利亚军事博物馆里，除了许多珍品，还有一个可笑的锡钟，上面画着简陋的棕榈树和海滩，还配了一行文字——"日不落的德意志帝国"。这很容易让人联想到一个阴谋论，即这个锡钟的制造商秘密贿赂俾斯麦，说服他去建立一个德意志世界帝国，因为这些制造商或许是唯一能从中获利的人。德国抢夺西萨摩亚这样一块偏远领土的唯一理由可能就是使太阳永不落下（无论如何，它肯定会落下）。当萨摩亚人发现威廉二世成了自己的新主人时，他们一定感到莫名其妙。

统治西萨摩亚和在南太平洋地区取得合理地位所需的军力投射，为建立一支远洋海军提供了理由——其实只要一开始不卷入争夺殖民地的竞争，这个理由就不会成立。从雅浦岛到新波美拉尼亚，俾斯麦能承诺的仅仅是，太平洋殖民地能为德意志帝国提供一定数量的咖啡和无限的椰衣垫。对于实际生活在那些岛屿上的人来说，受德国人统治可能并不比受其他人统治差，更何况其他欧洲人带去的致命疾病已经消灭了岛上大部分人口。许多殖民地行政人员其实并没有做错什么，他们本来打算在明斯特或伍珀塔尔的地方行政部门大显身手，也许会与一个当地女孩结婚成家，却突然发现自己被派到特鲁克群岛或布卢普布卢普岛，身患重病，带着无用的药品、成箱的香肠罐头和一套匆忙设计、很难保持清洁的白色制服。

唯一的例外是德国在中国东部沿海的租借地胶州湾，这是其在太平洋地区的核心，但只占据了很短的时间。这仍然是一个令人困惑的地方。有好几年，我在办公桌上摆了一张老青岛的明信片，上面有总督楼、路德宗教堂和将巴伐利亚啤酒酿造工艺引入中国的啤酒厂（今天的青岛啤酒应用了这种工艺）。德国原本想把这里变成德国的香港，但前提是德国能够成为一个真正的全球大国，否则它的实际作用非常有限。1900 年，在一场极为可耻的行动（八国联军侵华战争）中，这看起来并非完全不可能。八国联军由英国、日本、美国、俄国、法国、意大利、德国和奥匈帝国的海军陆战队组成，后来的经典电影《音乐之声》中的特拉普上校的原型，正是参加过此次侵略战争的奥匈帝国的格奥尔格·路德维希·里特尔·冯·特拉普（Georg Ludwig Ritter von Trapp）上校。威廉二世对参战的德国士兵发表了一次臭名昭著的演讲，要求他们在中国不要手下留情，对待中国人要像"对待匈人一样"（德国士兵确实这么做了，像其他人一样）。威廉二世的讲话是一个明显的例子，说明德国的世界观正变得越来越危险。在德国，人们举行游行和纪念活动，狂热地纪念这次野蛮的入侵和抢劫，还发行了具有异国情调的明信片。我看过一张德国骑兵在中国长城上的照片，它显示了欧洲人的极度自我膨胀。

但是，欧洲人达成的一起用机枪扫射义和团的协议并没有维持多久。由于混乱和无能的外交，1914年之前，德国在太平洋地区根本没有盟友，英国及其盟友在第一次世界大战期间轻而易举地占领了德国投入巨资开发的租借地，而且永远没有把它们还给德国。事实上，德国的海外扩张从一开始就反映了其战略思维的混乱。这个海外帝国只能靠必须偷偷经过无数英国基地的船只来管理，只要英国人稍稍流露出敌意，德国在远东（被夹在印度和澳大利亚之间）的野心就会化为泡影。但后来西太平洋地区的悲剧是，由于该地区各个政治参与者的轻率和疏忽，德国掠夺的许多土地最终落入日本之手，这反过来促使日本走上了自己的灾难重重的野心之路——这是德意志第二帝国留给20世纪的许多离别礼物之一。

德国在非洲的殖民地更具有实质性，而且是欧洲范围更大、更无情的压榨的一部分。欧洲曾短暂在非洲建立起脆弱的霸权，并以种族优越性的幌子，对其进行经济和技术剥削。德国在非洲的殖民地大多非常贫瘠，因此当英国人令人发指地吞并了布尔共和国并垄断了世界上大部分黄金和钻石的开采时，威廉二世的愤怒是可以理解的。他自己的帝国开拓者们或死于疟疾，或湮没在分散、荒凉的非洲领土的沼泽中，没有拿出任何证据来证明对非洲的投资是合理的，毕竟与当地人做生意的成本要低得多。在整个 19 世纪，德国人一直在沿海地区从事小规模的贸易，但只是仍然由英国人主导的大规模贸易的一个环节。一个令德国人恼火的耻辱是，德国在加勒比海没有生产蔗糖的岛屿，因此不得不用朗姆酒做交易，这种酒实际上是有颜色的普鲁士马铃薯烈酒。特定的公司主宰着各个海岸，不来梅的公司主宰着多哥，汉堡的公司主宰着喀麦隆，莱茵兰的传教士与纳米比亚关系密切，但所有公司的活动范围都局限在面积很小的沿海地带。俾斯麦在做出吞并这些地区的决定时，几乎没有考虑过它们的边缘性。他只是单纯地认为，这些地区尚未被殖民对手夺取，这使他可以以一种令人愉快的方式让德国国旗在这些地区飘扬。但这种所谓的令人愉快的方式，对成千上万的非洲人造成了灾难性的影响。

如果说屠杀义和团清楚地表明德国乃至欧洲出了问题，那么 1904 年发生在西南非洲贫瘠的殖民地上的事件则说明问题变得更加严重。洛塔尔·冯·特罗塔（Lothar von Trotha）出生在普鲁士统治下的马格德堡，加入了普鲁士军队，参加过普奥战争和普法战争，但随后便无所事事，因为俾斯麦后来对战争失去了兴趣。由于

第十三章

很长时间没有作战机会,军队产生了一种奇特的挫折感,并在20世纪以非常可怕的方式将这种挫折感发泄出来。在1871—1914年的漫长时间里,德国军队长期处于蛰伏状态,这会不会是招致第一次世界大战的关键原因?这当然没有办法证实,但极高的声望、日益沉重的负担和在三场迅速获胜的战争中取得的惊人成就,以及随后43年的彻底沉寂,这些因素的结合必然起了一定的作用。

不过,特罗塔抓住了为数不多的机会,先在东非的坦噶尼喀屠杀抗议德国统治的人,然后参加了八国联军侵华战争。在德属西南非洲(纳米比亚的前身),他完全失控了。他以连德兰士瓦的英国人都会觉得残忍的野蛮手段镇压了反抗德国统治的赫雷罗人和纳马人,将成千上万的非洲人赶到沙漠中等死,他的行为完全可以被视为种族灭绝。唯一可以为德国人"辩护"的是,柏林得知发生的事情后感到愤怒,但屠杀背后的心态并没有改变。人们在事后将这次大屠杀归因于德国人固有的残暴,但事实上欧洲人在非洲其他地方的行为同样凶残。不管在哪里,一种邪恶的技术和道德氛围似乎使欧洲人失去了理智。无论是在德兰士瓦、刚果、摩洛哥还是在苏丹,他们都热衷暴力,而且受一种可鄙的宗教和"爱国主义"优越感的驱使。这种公然掠夺其他人土地和在遭到反抗时以暴行回应的无耻行径,从未得到深刻的思考。在第一次世界大战爆发前,许多国家对电报、炮舰和机枪的狂热,在整个欧洲形成了一个低谷,成为笼罩着欧洲大陆大部分地区的一种疾病,并最终殃及欧洲自身。

德国的"世界帝国"发生了太多怪事,这里仅提及两件。一个会令非洲西海岸汗流浃背的行政人员气愤的事实是,由于英国几个世纪的奴隶制和贸易，德国殖民地多哥和喀麦隆使用的是一种英语和当地话混杂形成的语言。德国人因此做出了一种典型的德式愚蠢行为，他们通过长期认真的工作，创造出了一种由德语和当地话混杂而成的新语言，并强制德国沿海地区的殖民地使用。这种由一名慕尼黑律师发明的"殖民地德语"被精简为1 000多个单词，发明这种语言的目的自然是要改变现状。这种德语的唯一价值在于其实用性，但想到所有德国殖民地的行政人员都要学习一种简化版的德语，然后还要教给商人和不识字的渔民，人们不免觉得整件事实在滑稽。就在"殖民地德语"即将被引入殖民地前夕，协约国占领了德属西南非洲和德属西非，德国人再也没有回来。富有进取心的英国探险家玛丽·金斯利（Mary Kingsley）在1895年成为第一个登上喀麦隆火山的欧洲人。她在其不朽的名著《西非游记》（*Travels in West Africa*）中提到，她看到几个金发的德国人在丛林中辛勤地修路，但这些道路似乎不会通向任何地方。德国对非洲的短暂统治最终沦为一场闹剧，而其他欧洲人在试图模仿德国人的方式"统治"这些地方时，同样以失败（和不时的暴行）告终——"继承"德国殖民地的英国人、法国人和比利时人在一代人之后就被赶走了。

另一件怪事是1890年德国和英国之间的岛屿交换。德国人对位于刚成立的德属东非沿海的桑给巴尔岛提出了模糊的领土主张。英国人提出了类似的主张，因为桑给巴尔岛名义上的主人是遥远的马斯喀特苏丹国（后来的阿曼），而后者处于英国的势力范围内。英国人认为桑给巴尔岛（和岛上的肉豆蔻）非常有价值，为了确保该岛的所有权，把北海的黑尔戈兰岛送给了德国人。黑尔戈兰岛是英国人在拿破仑战争期间从丹麦人手里抢走的战利品，是一块所有权有争议的土地，不适合作为海军基地，但如果英国人在第一次世界大战期间还拥有它，那么他们就可以从那里严重威胁德国人。当然，没有人在 1890 年能够想象到 20 世纪会发生什么。真正悲惨的是黑尔戈兰岛上无辜的居民，那里在 1945 年最终成为一片废墟，而无论它属于英国还是德国，结果很可能都不会有任何区别。年复一年，人们在做着奇怪的决定，造成了不可估量的后果。花太多时间思考这些问题，你可能真的会发疯。

托马斯和厄尼

在不断寻找廉价而有趣的住处的过程中，我把不少时间花在了德国城市的郊区，或者说 19 世纪末的住宅区。通过市郊，你可以看出，许多城市在经过了几个世纪的停滞之后，重新在经济上活跃了起来。市郊的住宅本来是为律师、银行家、大型工厂的经理等富人建造的，因此显得气派而庄重。住宅看起来各不相同，但其实只是拥有不同的装饰，如民间韵文、新艺术运动的元素、高大的柱子和大量彩色玻璃。在这些房子之间来回走动，我觉得自己仿佛变成了 20 世纪的德国银行家，穿着一件紧紧贴在身上的燕尾服，用细麻布手帕擦拭剃光了头发的后脑勺，领口的纽扣随时可能崩裂，因为我对那些背叛祖国的社会民主党人非常气愤，想知道电击疗法是否对我的妻子多少有点儿好处，以及我的女儿为什么把头发剪得那么短，还开始抽烟。

这些房子流露着一种悲伤的气息，毕竟它们是那个短暂的繁荣时期的见证者。那个时期的人对未来充满信心，而迎接他们的却是各种可怕的政治思想、传来意外消息的电报和对采取入侵私人领域的公共行动的不断呼吁。德国人对小仙人掌的喜爱也无法让未来变得更美好，这些小仙人掌被摆在不计其数的郊区住宅的窗台上，就像一个微型的巨人柱国家公园①。在曾经属于民主德国的地区，郊区的悲伤还要更深一层。或许只有在像爱森纳赫、艾斯莱本和迈森这样的小城，德国灾难的全貌才变得清晰。1900年以后，人们仿佛被困在一个接一个的噩梦里，一直持续到柏林墙倒塌。在原属于民主德国的地区的市郊，你会看见一些废弃的房屋（新艺术风格的建筑很快显得丑陋不堪），由于法律上的不确定性只能维持原状，它们仿佛在嘲笑街道其他地方繁忙的修复工作。

通过商店，你也能看出这些房子的建造年代。现存的大部分建筑都建于疯狂的繁荣时期，甚至连最古朴美丽的老药房也是19世纪90年代历史主义热潮的残余。在第一次世界大战、大萧条、第二次世界大战和社会主义时期，除了以功利的方式修补炸弹造成的损坏外，人们几乎没有机会更换或维护任何东西。

今天看来，这个战前的德国是一个令人心碎的悲哀之地，那些建筑对其主人的悲惨经历无动于衷，依旧冷漠地矗立在那里。这个时期最重要的两名总理莱奥·冯·卡普里维（Leo von Caprivi）和

---

① 位于美国亚利桑那州图桑西部的沙漠里，以独特的巨人柱仙人掌闻名。——译者注

第十三章

伯恩哈德·冯·比洛（Bernhard von Bülow）也有一种带着自信的天真。他们一共担任了大约 13 年的总理，制造了一个咄咄逼人、过度膨胀的德国，但至少国家还能正常运转。

这种气氛在托马斯·曼的早期小说中得到了完美的体现。我和托马斯·曼的关系一直比较复杂。我记得读《魔山》时，我正在戈壁沙漠的东南边缘，那里的骆驼、炖羊肉、蒙古包和一个亲切的中国导游（法语不错，但不会说英语）的吸引力，很快超过了托马斯·曼的巧妙的哲学讨论。最大的挫折无疑是，当我每天乘坐火车在英格兰中南部的一个沉闷地区通勤时，我决定利用这个机会读完他的长篇小说四部曲《约瑟和他的兄弟们》（*Joseph and His Brothers*），该书以戏剧性的手法描述了《创世记》的世界。我记得，当火车驶入沃金站时，我带着羞愧和胜利的心情，受内心的驱使，跳下火车，把《约瑟和他的兄弟们》扔进站台的垃圾箱里（发出令人满意的哐当声），然后跳回火车。

不过，除了上述挫折，我总是一次次重读他的书，尤其是《布登勃洛克一家》《陛下》和第一次世界大战前的短篇小说。它们以不同的方式说明了一个时代的快乐和问题，那个时代有如此多的有利条件，但考虑到接下来 30 年发生的事，它的希望和吸引力让人感到痛苦。这些作品代表的德国，与阅兵场上那个戴着钉盔、面色绯红的德国有着天壤之别——德国生活的许多方面都是如此。

但毫无疑问的是，那个绯红脸的德国在第一次世界大战之前确实有很强的存在感。在魁梧的俾斯麦的刺激下，那个时期的德国领导人追求夸张的大块头，身上的装饰品也越来越怪异，这使他们看起来与众不同。结果，男性和女性在外观上的区别越来越明显。女性愈发瘦小、憔悴，穿着紧身胸衣，看起来病恹恹的，似乎需要经常去做水疗。相反，男性由于常常胡吃海喝而身材走样，他们留着大胡子，戴着鸵鸟毛装饰的帽子，穿着中世纪风格的制服。男人们一定经常聚在一起，滔滔不绝地谈论德国的伟大、它的独特使命，以及犹太人和波兰人的可恶，等等。他们的形象过于鲜明（蒂尔皮茨标志性的胡子、小毛奇的肚子），让人一眼就能联想到那个时代。当然，希特勒刻意将自己塑造成相反的形象，以小胡子、雨衣和素食为特征。那些习惯了威廉二世的小胡子的人，甚至在希特勒开口之前就能立即看出他的激进。

虽然这些人物对德国来说既重要又是灾难性的，但他们只代表了德国的一个方面，而这个国家的其他方面更值得钦佩或激动。德国到处都是给世界的提醒，无论它们在后来的灾难中遭受了多么严重的破坏。这方面的例子很多，但达姆施塔特给我留下的印象最为深刻。许多年前，我在参观完法兰克福书展之后第一次去那里，因为离得很近，而且韦娜头发护理博物馆似乎是一个有趣的地方。结果我没有去博物馆，因为那座城市的其他地方更吸引人。达姆施塔特是黑森-达姆施塔特的旧首都，北面是老对手黑森-卡塞尔（黑森在1567年被黑森方伯腓力一世的子女分割）。使对方屈服的可怕尝试与合作或冷漠地共存的阶段交替出现，最终达姆施塔特获得了胜利。黑森-卡塞尔在拿破仑战争期间严重受挫，虽然设法幸存了下来（在这个过程中，它帮助附近法兰克福的罗斯柴尔德家族成功崛起），但最终在1866年因为支持奥地利而被普鲁士吞并。黑森-达

第十三章

姆施塔特更加灵活，作为一个独立的政治体一直延续到魏玛共和国时期。

在第二次世界大战期间，卡塞尔和达姆施塔特再次遭受毁灭性打击，它们成为盟军的轰炸目标。在一次可怕的空袭中，16 000 名达姆施塔特人在短短几分钟内丧生，老城被毁。和其他德国城市一样，轰炸达姆施塔特的理由有很多，但至少在 1914 年之前，它代表了托马斯·曼在《陛下》中赞美的那种略显呆板的内敛。痛苦不堪、对死亡着迷的同性恋大公恩斯特·路德维希（Ernst Ludwig，昵称"厄尼"）是少数能使人对近现代的王室感兴趣的人物之一。我无法在本书中详细介绍他悲惨的成长经历，值得一提的是，他认为自己对母亲的死负责，他的一个兄弟（遭遇了一场可怕的事故）和一个姐妹（得了白喉）死在他之前。他娶了维多利亚女王的孙女维多利亚·梅丽塔（Victoria Melita），后者不得不忍受丈夫的风流韵事和痛苦的忧郁。他们有两个孩子，一个是死胎，另一个女儿在梅丽塔与"厄尼"离婚后不久死于伤寒（达姆施塔特的一个公园至今仍在纪念这位公主，公园里有一个感人的但略显奇怪的小浮雕，公主打扮成白雪公主的模样，身边是悲伤的小矮人）。

这个家族在 19 世纪 90 年代横遭变故，最终在 1918 年革命期间被赶下台。不过，像往常一样，家族虽然已经不在，但建筑仍然保存了下来，或者更准确地说，是为数不多的经过重建的建筑。恩斯特·路德维希的长期贡献是他对新艺术运动的热情和他创立的达姆施塔特艺术家村，后者使达姆施塔特成为 1914 年以前现代设计的圣地，就像 1918 年以后的包豪斯一样。当然，达姆施塔特艺家村和包豪斯在许多方面与当时的社会迥然相异。艺术家们通过在非常不同的媒介上工作而获得的纯粹快乐，以及他们受委托在德国各地创作的作品（委托人为了自己的热情而付出了大笔金钱）与 20 世纪前期的德国格格不入，他们时髦的时钟、字体、雕像、橱柜和挂毯有时甚至让人觉得难以忍受。这些设计及其创作者无法与纳粹的崛起完全撇清关系，纳粹的审美深受他们的作品的影响。今天看来，像约瑟夫·玛丽亚·奥尔布里希（Joseph Maria Olbrich）这样没有卷入世事且早逝的人是幸运的，他先设计了维也纳分离派建筑，然后又设计了达姆施塔特一些最有趣、最奇怪的建筑，如婚礼塔，塔上有伟大的字体设计师和图形艺术家弗里德里希·威廉·克洛伊肯斯（Friedrich Wilhelm Kleukens）设计的神奇的日晷。彼得·贝伦斯（Peter Behrens）在达姆施塔特建造了一栋房子，房子从外到内的一切都是他设计的，甚至连毛巾也不例外（这实在是太了不起了！），然后他又设计了柏林 AEG 涡轮大厅，发明了企业设计和企业标识的概念，指导了勒·柯布西耶（Le Corbusier）、瓦尔特·格罗皮乌斯（Walter Gropius）和路德维希·密斯·凡·德·罗（Ludwig Mies van der Rohe）。他与纳粹主义的关系暧昧，不过幸运的是，他在 1940 年去世，无须目睹后来的灾难。如果没有这些人，现代世界的面貌必然大不相同，而"厄尼"的艺术热情在其中功不可没。威廉二世时期的王公贵族似乎全是性情古怪的士兵，浑浑噩噩地等待着自己的死亡。他们要么暴饮暴食，醉到不省人事，要么射杀孩子们喜欢的各种动物。但"厄尼"与他们不同，他是三个世纪前热衷收藏的斐迪南二世大公的继承人，即便他的私生

第十三章

活不无可指摘之处。

事实上，我越是思考这个问题，就越觉得有趣。这个略显边缘的德国的成就再怎么强调也不为过，因为这个德国存活了下来，而那个政治和历史的德国却自我毁灭了。我必须在这里打住，但最后我还要再提及几个人。阿尔弗雷德·巴林（Alfred Ballin）是世界上最大的航运公司之一汉堡南美航运公司的老板，是一个身家百万的犹太人。在1914年之前的一个世纪里，大部分前往美国的德国移民（总人数约为550万）通过这家航运公司离开了自己的祖国，从而彻底改变了他们及其子孙后代的命运。顺便说一句，我们不妨想想，我们做过什么明智的决定，可能带来如此戏剧性的幸运或不幸的结果吗？另一个是葆拉·莫德松-贝克尔（Paula Modersohn-Becker），她是一名画家，生活在不来梅郊外的沃普斯韦德艺术家村，创作了一系列精彩的自画像、风景画，以及以小女孩和田园生活为主题的画，然后在31岁时因生下第一个孩子后的并发症而死。她以赤身裸体的孕妇形象在艺术史上留下了自己的印记。在这幅伟大的自画像中，她显得既骄傲又焦虑。当然，我们已经知道了她不久后的命运。还有出生于乌尔姆的阿尔伯特·爱因斯坦。或者古斯塔夫·马勒，他是讲德语的摩拉维亚人，受雇于哈布斯堡宫廷，于1911年去世，幸运地躲过了德国对犹太人的迫害、哈布斯堡帝国的灭亡和德国人被驱逐出摩拉维亚等一系列事件。在他死后，他的遗产被抹掉了许多，我们甚至得为自己生活在一个仍然与他有关的文化中而感到庆幸，这很像文艺复兴时期的居民被黑死病切断了与中世纪的联系。如果要用一张照片来概括1914年以前的那个世界的活力和生活乐趣,那无疑是 1905 年马勒和施特劳斯在斯特拉斯堡的一家钢琴店里,愉快地弹奏后者的歌剧《莎乐美》的乐谱的照片,这部歌剧不久后举行了首演。它在提醒我们,即使在被占领的阿尔萨斯,也会发生妙趣横生的事情。还有我最喜欢的德国画家奥古斯特·马克(August Macke),我甚至想用一整章来介绍他。如果有人问我最喜欢哪一幅画(这当然是一个毫无意义的问题),我会选择挂在法兰克福施泰德博物馆里的《小沃尔特的玩具》。在这幅画中,马克用一些简单的颜色和形状画出了桌子和桌垫的一角以及放在上面的一组物品,包括一个俄罗斯套娃、两个球、一个花盆、一只玩具兔子和一只小豚鼠。世界上有成千上万幅更大、更有力、更巧妙的画,但我一定会选择《小沃尔特的玩具》,尤其是因为它革命性地使豚鼠出现在绘画作品中。马克在其短暂的一生中,创作出了许多让人感到幸福的画。他用最令人惊讶的美丽颜色描绘商店、露天市场、公园、鹦鹉和美丽的帽子。第一次世界大战爆发两个月后,他死在法国的香槟地区,而那只是一连串灾难的开始。

柏林的波茨纳普先生

夏洛滕堡宫最初建在柏林郊外的一座村庄里,虽然街道、房屋和工厂早已建到了它的周围,但它的乡村气息尚未彻底消失。德国的"英国公园"往往比大多数英国的公园更具英伦特色,夏洛滕堡宫也不例外。这里有隐蔽的雕像和亭子,有散发着浓郁香气的灌木

第十三章

丛，还有吓人的冠小嘴乌鸦和几乎不怕人的红松鼠（它们有蓬松的毛和发红的眼睛，和柏林的流浪汉有某种相似之处）等奇怪物种（在英国人看来）。

夏洛滕堡宫有各种有趣的东西。自从17世纪末建成以来，它就代表着普鲁士愉悦、正常的一面。安放在陵墓中的几位普鲁士君主的石棺，既不疯狂，也不浮夸。卡尔·弗里德里希·申克尔（Karl Friedrich Schinkel）在19世纪初参与设计了包括夏洛滕堡宫在内的柏林的一系列建筑，他的全部作品（他死于1841年）代表了普鲁士文明、优雅和迷人的一面，就像海因里希·冯·克莱斯特（Heinrich von Kleist）、洪堡和霍夫曼等人一样。他的许多遗产毁于战火之中，但现存的每一处建筑都令人喜爱，而且仍然令人惊叹。不过，他的那些只存在于图纸上的建筑或许更有意思，比如，他在希腊独立不久后为希腊国王奥托制订的建造一座大型宫殿的疯狂计划。根据他的计划，帕提侬神庙将成为这座宫殿的一个小小的装饰品。申克尔也是一名出色的画家，他的《海边岩石上的哥特式教堂》包含了让德国人心跳加速的中世纪的一切，如勇敢的骑士、巨大的旗帜、城堡、彩虹、古老的德国森林和最不可思议的光影效果。这幅作于1815年的画似乎与希姆莱想象中的那个幼稚的、淫秽的中世纪世界有着天壤之别，但是就像卡斯帕·达维德·弗里德里希的作品一样，人们可以从中看到令人担忧的东西（虽然作品本身没有任何过错），而它们将被后来的德国民族主义者进一步发展。

申克尔为夏洛滕堡宫设计的建筑，给整个建筑群定下了基调，尤其是他为弗里德里希·威廉三世建造的意大利风格的新馆，在所有德意混合风格的建筑中几乎是独一无二的，完全没有常见的那种忧郁感和不和谐感。游客在宫殿里闲逛时，还能惊喜地看到雅克-路易·大卫（Jacques-Louis David）的名画《跨越阿尔卑斯山圣伯纳隘口的拿破仑》，它是格布哈特·冯·布吕歇尔（Gebhard von Blücher）元帅作为战利品带到这里的，如今挂在一面墙上（与这幅画夸张的尺寸相比，这面墙显得太小了）。但在进入一个令人窒息的房间后，喜悦之情瞬间烟消云散。这个房间陈列着一套可怕的银器，它是1905年威廉王储结婚时收到的礼物。这套无比沉重、丑陋、无法使用和毫无意义的餐具，让人觉得自己仿佛置身于《我们共同的朋友》（Our Mutual Friend，狄更斯的长篇小说）中波茨纳普先生的令人厌恶的世界，他在餐桌中心摆放的银餐具太沉，他的勺子对正常人的嘴来说太宽，他的民族优越感和对穷人的鄙视令人难以忍受。

我或许过于关注那几把刀叉了，但那个房间透着的臃肿感确实令人震惊，而且可以与那个时期德国官方自我认知中的不安感联系起来。这方面最突出的例子还是柏林大教堂，它是奉威廉二世之命建造的，旨在展示霍亨索伦家族的虔诚，并被当作以前散落在各地的众多霍亨索伦家族铅制棺材的最终安放地。面对这个令人毛骨悚然的历史主义怪物，人们当然可以想到，它颂扬的统治家族在大教堂建成不到十年后便不得不退位。这虽然颇具讽刺意味，却只够让你有勇气踏上门前的台阶。第二次世界大战期间，这座大教堂遭到轰炸。战争结束后，民主德国政府本应炸毁教堂的剩余部分，但不知何故，它幸存了下来，并在统一后得到了精心修复。

我想说的其实是，威廉二世的柏林完全没有申克尔构想中的建筑奇迹或夏洛滕堡宫主建筑群的欢快气氛。普鲁士官方世界的单调乏味，清楚地体现在拍摄于这个时期的许多照片中。威廉二世可能对发明（齐柏林飞艇、无畏舰和电影）很感兴趣，但就像罗曼诺夫家族或哈布斯堡家族一样，他和他周边的人似乎被困在一种僵化的审美中，与日新月异的现代世界断绝了联系，与德国充满活力的消费主义、社会民主、艺术和科学完全脱节。不稳定的、令人不安的民族主义当然不是普鲁士统治者及其军队的专利，但德国官方显然有一些狂躁的、极不招人喜欢的东西，这至少体现在它对制服、平庸的大型建筑、华而不实的餐具、无休止的仪式、空洞的演讲、妄自尊大和沙文主义的不可救药的迷恋上。

军国主义

第一次世界大战爆发的原因是一个令人绝望的论文题目。参加过那场战争的一代英国人，以及不得不面对接下来更糟糕的战争的人，都将第一次世界大战看作德国军国主义的结果。任何有价值的历史叙事必须找出1914年的罪魁祸首，因为如果将这么大规模的杀戮仅仅归咎为环境和意外，那实在是太可怕了。在一张著名的美国海报上，德国被画成一只戴着钉盔的狒狒，一只手抱着一个女孩的尸体，另一只手拿着一根沾满鲜血的棒子，棒子上写着德语单词"文化"，四周一片断壁残垣。自从我小时候在历史书上第一次看到这幅海报后，它就一直困扰着我。德皇威廉二世在战争期间是一个相当压抑和边缘化的人物。但在不计其数的讽刺画中，他总是被画成在庆祝杀戮，或者试图吞噬世界，或者类似的形象。

随着对那个时代的仇恨的冷却，越来越多的人开始质疑这种观点。战争的灾难性后果是毋庸置疑的，它破坏了世界经济，滋生了各种病态的、令人毛骨悚然的民族主义，这些进而导致了由可悲而邪恶的希特勒策划的另一场世界大战。在写作本书的时候，我必须决定写到哪个时期结束，最后我把时间定为1933年左右，那也是我最敬佩的大多数德国人选择放弃的时候。从那以后，德国进入了真正可怕的黑暗时代，但1914年距离那个黑暗时期还很遥远。

从今天的视角看，真正奇怪的是，德国的军国主义多少有些名不副实。德国虽然具有侵略性，但自1871年成立以来，除了几场小规模但令人厌恶的殖民战争（英国和法国在这方面的表现更加恶劣），它没有和其他人打过仗。相比之下，俄国人打了两场重要战争，其中一场是1876—1877年同塞尔维亚人、罗马尼亚人和保加利亚人一起对抗奥斯曼帝国的战争，另一场是1904—1905年的日俄战争。这两场战争的规模都很大，参战国的战争动员几乎达到极限，甚至连战胜国也难以承受战争的重负。日本人在短时间内全歼了一支俄国舰队，这让全世界的海军将领为之颤抖。黑山为了表示对俄国的声援，对日本宣战。这虽然没有任何实际效果，但可以被视为一个小小的警告，告诉世人俄国和巴尔干小国之间神秘而非理性的联系。在这个时期，俄国吞并了中亚大部分土地，工业化也以惊人的速度发展——这在很大程度上得益于法国的投资。而军队是

第十三章

俄国统治阶级的核心,军费在国家财政支出中占比极高。

我在这里讨论俄国,并不是要再一次泛泛地总结战争的原因,而是要把德国不可否认的军国主义置于更大的背景中。德国崇拜自己的军队,为军队提供巨额资金和漂亮的制服,但并没有像俄国一样使用它。另一个有趣的对比是英国。对于英国来说,海军是最重要的,而且它确实拥有世界上最庞大的海军。为了确保世界上大部分的黄金和钻石生产,英国挑起了与布尔人建立的奥兰治自由邦和德兰士瓦共和国的冲突。大约 75 000 人在战斗中丧生,许多布尔平民被关进集中营,目的是挫败布尔正规军战败后的游击战。德国人在布尔人的国家有大量投资,但在战争爆发前,英国派使者告诉德国人,如果他们胆敢干涉,英国将对德国宣战,摧毁德国的舰队,封锁汉堡和不来梅,困死德国。这几乎是英国人在 1914 年采取的行动的预演。英国的威胁促使蒂尔皮茨元帅等人积极推动德国发展自己的海军,以防止这种情况的发生(德国政府确实投入了巨资,但德国海军并未实现这个目标)。

塞西尔·罗兹(Cecil Rhodes)和狂热的殖民官员米尔纳勋爵(奇怪的是,他其实是黑森-达姆施塔特出身的德国人)等令人讨厌的人物或许会觉得,英国重新崛起为一个海洋强国是一件美妙和光荣的事,但其他地方的反应并没有这么正面,全世界的政治家又想起了咄咄逼人、巧言令色的英国人的传统形象。威廉二世和其他许多人对英国人的伎俩感到愤怒和厌恶,他们也想分一杯羹,但无奈实力不如英国,只能作罢。

在这里,我不会详细谈论法国对摩洛哥或东南亚的殖民,或意大利对利比亚的入侵，或英国对苏丹的报复性"远征"（在苏丹，被俘的马赫迪派信徒被匆匆处决，马赫迪的陵墓被炸毁），或英国对中国西藏的侵略。我在前文已经谈到过1900年的八国联军侵华战争，它充分说明欧洲国家非常乐意动用军队，并一直将其视为出现令我们吃惊（或者说，我们假装会吃惊）的情况时贯彻国家意志的正当手段。

考虑到时代背景，我们可以说，德国对军人的热情虽然值得担忧，但并不比其他国家更甚——法国军人占总人口的比例更高，英国有一支更庞大的海军，俄国在被日本打败后的重整军备计划可能使其他国家相形见绌。奥地利是一个例外。由于政治分裂和工业基础羸弱，奥地利人跟不上其他国家的脚步，这使他们在1914年之前的尴尬处境显得有些凄凉，约瑟夫·罗特等人的作品在这方面有所体现。当然，这同样是出于无能，而非道德高尚。如果奥地利人有能力在军事上表现得更加凶狠，那么他们无疑会这样做。事实上，在第二次世界大战期间短暂回归德国，负责管理其旧帝国部分地区的德裔奥地利人，根本没有表现出丝毫的软弱和胆怯。当时几乎所有国家都崇拜军装，喜欢听老兵讲战斗经历，并向下一代灌输军人的荣辱观和牺牲精神。不同国家的侧重点当然有所不同，但从道德的角度看，很难说哪个国家明显优于其他国家。1914年，参战各方都是在充分理解局势严重性的情况下走上战场的，没有哪个国家是草率做出决定的。当然，没有人事先能够猜到战争竟会如此残酷。虽然每个人都把军事冲突视为本国经受的最严峻的考验，但没有人想到战争可能会摧毁整个欧洲。

第十三章

在这一点上，我不妨讲一个我本人的尴尬故事。19 岁那年，我和几个朋友去湖区徒步旅行。我们爬过几座山头，然后下山，走进一家报刊亭，想买些吃的。在那里，我们听说阿根廷"入侵"了马尔维纳斯群岛的消息。我基本上没听说过这个群岛，但是我立即想志愿参战（我完全没有夸张）。与我对外展示的轻蔑态度不同，一个小小的米尔纳勋爵已经在我内心深处成长起来，这一点完全没有人察觉到。在以威灵顿和丘吉尔命名的学校宿舍住宿的那些年，那些《突击队员》（Commando）漫画，那些历史书，使我变成了一个可笑的民族主义者。我希望布宜诺斯艾利斯化为焦土，这样以后就没有人敢挑战英国，没有人能够从英国手中夺走亚南极区几个灌木丛生的小岛而不受惩罚。

后来，每当我读到第一次世界大战的爆发时，我都会想起自己站在湖区，想跑到最近的征兵站的往事。征兵站当然不会在乎我的动机，我没有接到征召通知书，报名成功的可能性为零。欧洲的帝国竞争体系曾经诱导了这种冲动（这种冲动又反过来加剧了帝国间的竞争），但它早就不存在了。然而，作为一个愚蠢的注脚，刚到参军年龄的我，在狂热的民族主义的刺激下变得异常兴奋。19 世纪，人们对民族主义的反应，以及报纸的煽风点火，基本上不受欧洲领导人控制。政治家们密切关注并试图操纵民族主义，但它在现实中创造了一个实质性的爱国心强烈的公共领域，该公共领域非常强大，且容易失控。在德国，19 世纪 60 年代的战争引发的歇斯底里的欢呼，只是 1914 年前后公众渴望战争的一个预兆。政治制度的基础一方面是皇帝和等级分明的军队，另一方面是一群深受民族主义熏陶的不安分的平民政治家。这种安排和平地持续了一代人的时间，但威廉二世、小毛奇等并没有充分意识到，对该体系施加过大的压力可能会释放出怎样的力量。

通过海因里希·霍夫曼（Heinrich Hoffmann）拍摄的慕尼黑音乐厅广场的著名照片，人们能够感受到战争爆发时德国人的兴奋之情（所有主要交战国都弥漫着类似的情绪）。甚至在那时，这座宏伟的广场被赋予的意义就已经大到令人崩溃。广场一侧是巴伐利亚选帝侯的宫殿，许多不明智的战争都是在这里策划的，许多王朝的交易也是在这里进行的。广场的另一侧是铁阿提纳教堂。这座教堂建于17世纪末，为的是感谢期待已久的选帝侯继承人，即后来的马克西米连二世的降生。马克西米连二世是伟大的艺术赞助人，在对抗奥斯曼帝国的战斗中功勋卓著。但在英国人的记忆里，他是在布伦海姆战役和拉米伊战役中被马尔伯勒公爵击败的巴伐利亚统治者。为庆祝他的出生而建造的教堂，最终也成为他（和一群往往同样不幸的后人）的安息之所。广场南侧是统帅堂，这是路德维希一世国王在19世纪40年代建造的一座赏心悦目的建筑。统帅堂里只有两位在巴伐利亚历史上赫赫有名的将领的雕像，其中一位是不受欢迎的"穿盔甲的僧侣"、三十年战争中新教徒的死敌蒂利伯爵（他其实是比利时人），另一位是在拿破仑战争中先与法国人为敌，然后为法国人作战，后来又再次对抗法国人，最后在哈瑙战役中被拿破仑击败的卡尔·菲利普·冯·弗雷德（Karl Philipp von Wrede，他实际上是海德堡人）。

统帅堂中央有一组纪念普法战争的雕像，在霍夫曼那张著名的

第十三章

照片中，挥着手或挥舞着帽子的狂热人群看的想必就是这组雕像。作为人群中的一员，站在三十年战争、西班牙王位继承战争、拿破仑战争，尤其是在一代人以前摧毁法国并缔造了德意志第二帝国的重要战争的纪念碑旁，为百年来最激动人心的历史时刻欢呼，这种感觉肯定让人感到无比兴奋。霍夫曼的照片之所以有名，不仅是因为它捕捉到了当时席卷整个欧洲的民族主义癫狂，还因为第一次世界大战后霍夫曼和慕尼黑的煽动家阿道夫·希特勒之间的一次对话。希特勒说那天他也在音乐厅广场上，然后霍夫曼再次拿起照片，仔细查看照片中的每一张面孔，发现希特勒真的在那里，留着浓密的胡子，戴着黑帽子，面露喜色。

第十四章

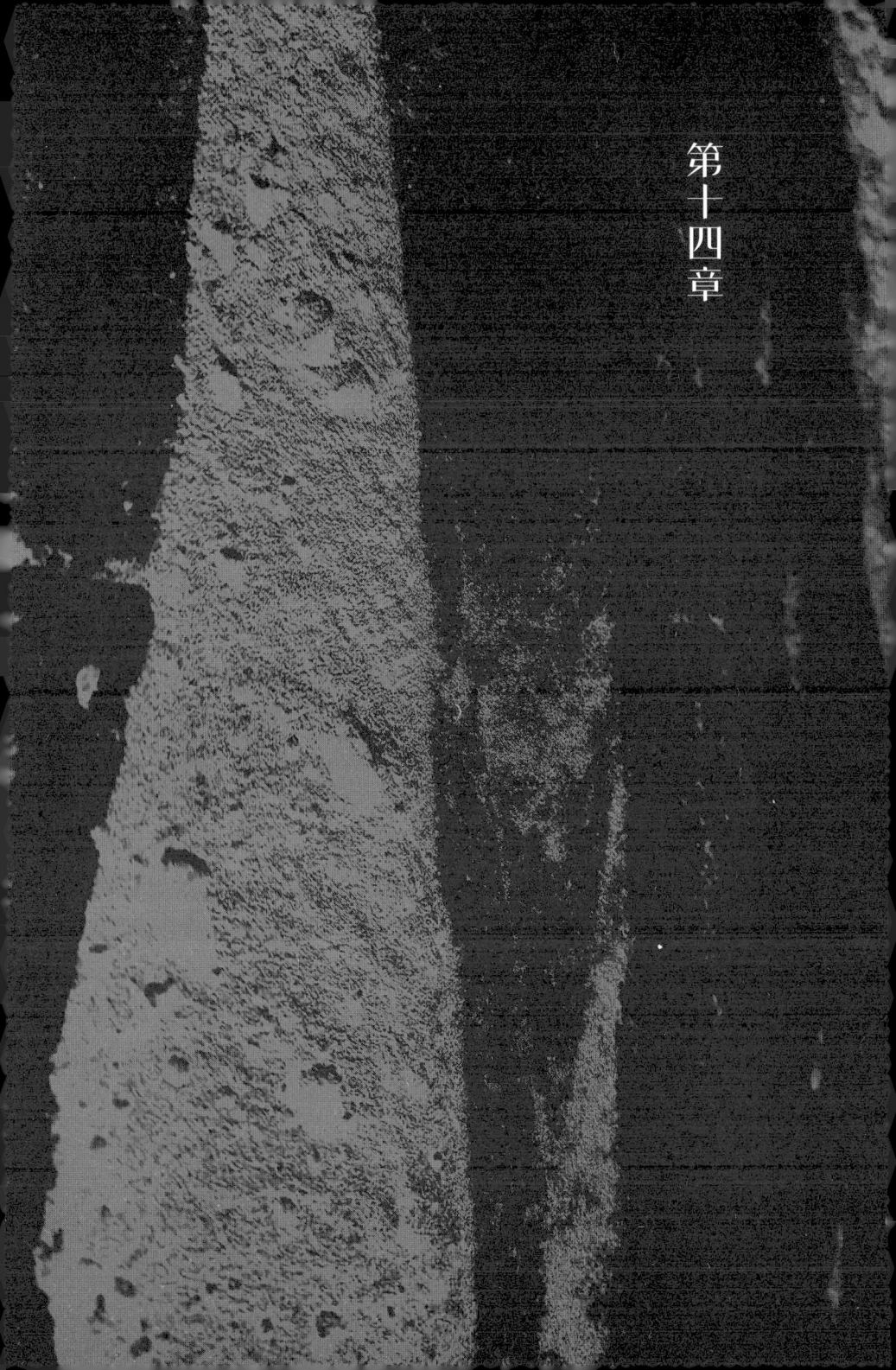

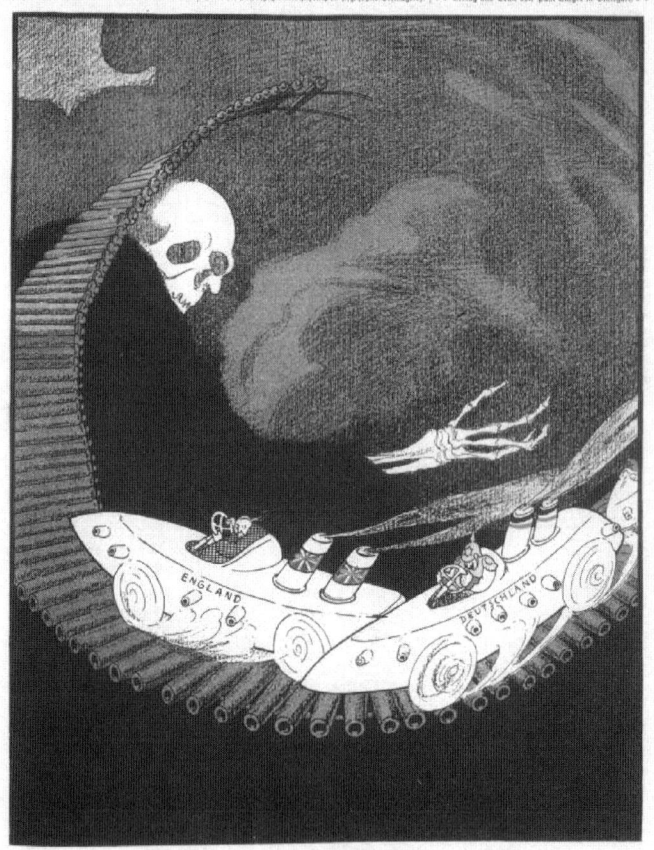

这是一幅作者匿名的版画，摘自1909年版的《真正的雅各》（*Der Wahre Jacob*），描绘的是德国和英国之间的海军军备竞赛带来的令人毛骨悚然的结局。（akg-images）

失　　败

　　弗朗茨·斐迪南在成年后的大约 25 年里，一直在等待皇帝弗朗茨·约瑟夫一世的死亡。就像德国的弗里德里希皇储（或英国的查尔斯王子）一样，在位君主的长寿对他影响极大。作为皇储，他为终结奥匈帝国的乱局制订了一份详尽的计划，打算用联邦制来回应民族主义的挑战。如果计划成功，哈布斯堡帝国将变成奥地利合众国。由于弗朗茨·约瑟夫一世惊人的长寿（自 1848 年以来一直在位），斐迪南只能做一些诸如访问原本属于奥斯曼帝国，不久前才正式并入奥匈帝国的波斯尼亚和黑塞哥维那首府萨拉热窝之类的事情。事实证明，由于最不幸的巧合（行凶的塞尔维亚民族主义者几乎没有暗杀能力），准备多年的斐迪南等来的不是皇位，而是自己的死亡。

　　萨拉热窝事件立即引起了其他君主的愤怒，这种感情是真实的，因为许多人很了解斐迪南，而且像他一样对年老昏聩的弗朗茨·约瑟夫一世感到不耐烦。这样一位重要人物的死是自十多年前意大利国王翁贝托一世（Umberto I）和美国总统麦金莱（McKinley）被暗杀后的又一次重大犯罪，但这次暗杀的国际影响要大得多。按照德国人的设想，每个人都会趁这个机会兴奋地拿出他们准备已久的战争计划。如果奥地利人对塞尔维亚展开军事报复，那么俄国人将不得不支援后者。这样一来，法国人就必须履行与俄国人的同盟义务，而德国人要么坐视其主要欧洲盟友一败涂地，要么直面不可避免的战争，也动员起来。

德意志帝国的不幸在于，它的重要性不如它的邻居们。无论它建造了多少大型冶炼厂、足以媲美无畏舰的巨舰、化工厂或俾斯麦的雕像，德国都还不是一个世界强国。因此，毁灭欧洲文明的并不是德国凌驾于其他国家之上的实力，而是它的相对弱小。法国、俄国和英国都拥有庞大的、有价值的海外帝国，并竭尽全力防止其他国家染指。俄国和英国已经解决了它们在中亚的分歧，英国和法国也解决了它们在非洲的纠纷，而德国在其中扮演的角色微不足道。经过多年的相互敌视，英国终于意识到，继续与美国作战对自己毫无益处，因此决定缩减驻扎在加拿大的海军规模，从而可以将更多的船和水手投入未来在其他地方的战争。这或许是20世纪最重要的决定之一，它缓和了英国和美国的关系，此后两者的合作越来越紧密，德国甚至无法插足。由于只要阿尔萨斯-洛林还在德国手中，法国就不可能与德国合作，因此法国非常乐意维持与俄国的同盟，因为它确信这是德国最大的噩梦。法国在俄国的大量投资使俄国不可避免地远离了德国（在历史上，俄国经常与德国保持良好关系）。因此，德国绝不是传说中的怪物，它已经很久没有大规模动用军队，四周都是心怀敌意的敌人，只有奥匈帝国，也许还有意大利和奥斯曼帝国（德国在那里有大量投资）可能成为它的盟友。此外，

第十四章

在 1914 年之前的几年里，德国人在外交上毫无必要的侵略性无疑加剧了紧张气氛和敌意，使他们的所有欧洲敌人的关系变得更加牢固。至于德国人，他们的"收获"仅限于从法国人手里得到了刚果盆地的一小块领土（新喀麦隆，一个比法国大革命时期的南普鲁士还要短命的政治体）。

欧洲大陆的所有国家都意识到，动用军队是迟早的事，它们都制订了旨在消灭敌人的详细的军事计划。同时，它们此时可以支配的资源因工业化而大幅增加，远超 1871 年普法战争结束时的水平。没有人知道哪个国家会赢得最终的胜利。除了一些奥地利人，其他人在宣战时并不认为自己真的会输。

德国人相信，史里芬计划将使他们能够像 1870 年那样迅速击败法国，只是这次规模要大得多。然后，他们将转头击败俄国。不过该计划完全遗忘了英国，没有想过英国在这场战争中的态度，只是假定英国的中立声明是真诚的。德国人知道，英国没有与法国签订互助条约，在 19 世纪 60 年代和 70 年代一直保持中立，而且英国王室和德国皇室之间的亲戚关系意味着两国有许多共同利益。虽然有这样想法的英国人确实不在少数，但无论是他们，还是德国人，都低估了蒂尔皮茨元帅主导的海军军备竞赛对两国关系造成的破坏，而且没有意识到由此造成的英国人对德国的敌意，将使英国在局势急剧恶化时站在法国一方。虽然 1914 年的战争主要是因为德国人的鲁莽，以及他们急于在俄国和法国变得更加强大之前打败两国的心态，但同样致命的是英国人迟迟没有表明态度。或许可以说，英国的参战使德国的作战计划变得毫无意义。德国地处强敌环伺的欧洲中部，而英国在战争中的第一个行动就是切断德国的海底电报电缆，并毫不费力地使德国人的全球通信网络瘫痪，这样地球上的通信系统此时全部掌握在英国人手中。德国通过海军军备竞赛和殖民地野心激起了英国的敌意，但从来没有制订严肃的计划来应对可能的不利局面。在史里芬计划中，英国的军事干预只是一个次要因素。只要德国能够迅速击败法国和俄国，英国用海军长期封锁德国的危险将被证明是无关紧要的。

在因戈尔施塔特令人难忘的巴伐利亚军事博物馆，第一次世界大战分馆令人长久驻足。根据那里挂着的一张当时的地图，1914年秋发生的事件并不是德国人执行史里芬计划（德国人未能通过该计划击败法国军队），而是德国人成功抵御法国人和俄国人的同时入侵。对于像我这样读着《国家地理看与学：第一次世界大战》（*Look & Learn Book of the First World War*）长大的人来说，这种类似"镜中世界"（英国作家刘易斯·卡罗尔在儿童奇幻小说《爱丽丝镜中奇遇记》中创造的一个虚构的世界）的事情是闻所未闻的。战争爆发后，法国人立即入侵阿尔萨斯-洛林，俄国人则攻入东普鲁士，而这正是让一代德国人夜不能寐的情景。俄国人的动员速度远超预期，因此德国先打败法国再打败俄国的计划在几天之内就被扔进了废纸篓。事实证明，法国人和俄国人对德国小块领土的占领只是暂时的（不过，这造成了东普鲁士的大规模恐慌，德国人把行李装上马车，奔向西部——1944年重演了这一场景）。法国人在阿尔萨斯的米卢斯（德国称"米尔豪森"）待了几天（这激起了巴黎街头歇斯底里的狂欢），随后便不得不再次放弃这座城市。

第十四章

法国人的入侵虽然彻底失败了（考虑到法国人在战前拟订的如同儿戏的"第十七号计划"，这不足为奇），但这对德军来说是一场真正的灾难，因为幸存的法国士兵接到返回法国的命令（否则他们可能会继续进军），为马恩河战役的胜利做出了贡献。在东线，德军在后来被统称为"坦能堡战役"的一系列遭遇战中击败了俄国的两个集团军，消除了东部遭遇打击的威胁。这场战役使兴登堡和鲁登道夫声名鹊起，他们在战争后期几乎成了军事独裁者，后来又在不同时期为希特勒的掌权铺平了道路（部分是自愿的，部分是不自愿的）。

"坦能堡战役"这个名字体现了德国令人唾弃的中世纪狂热。坦能堡与这场战役几乎没有关系，这个名字只是为了让人们联想到15世纪初条顿骑士团败给波兰-立陶宛人的那场战役。按照某种疯狂的逻辑，1914年的战役纠正了一个古老的错误，德国人终于征服了斯拉夫人。此外，坦能堡战役被狂妄而扭曲地认为是要告诉德国人，他们生活在一个新的英雄时代，像克尼格雷茨战役或色当战役那样的歼灭战仍然是可能的，而且未来每个人都可以分享这场战争带来的更多荣耀和荣誉。坦能堡战役的胜利，使许多德国人没能完全理解几天后的马恩河战役的全部意义。实际上，马恩河战役摧毁了德国人在未来赢得更多荣耀的前景，并阻止了德国对法国的入侵。坦能堡战役被人们赋予了不同的意义。对于东普鲁士人而言，它意味着他们免于被俄国人奴役。对于纳粹而言，它被视为东线神话中的一个关键事件（不过很快就被他们自己的胜利掩盖了）。它出现在各种意想不到的地方和各个角落，从希特勒上台后设计的优美但令人不安的坦能堡字体，到柏林的坦能堡大街，再到纳博科夫的小说《礼物》（*The Gift*）中主角（一名俄国移民）的地址。

随着第一次世界大战的展开，俄国被德国军队蹂躏、羞辱，最终在沙皇政府被推翻后，投入共产主义的怀抱。虽然俄国远非德军参谋在1914年之前设想的超级大国，但在一场接一场的失败中，它还是成功摧毁了哈布斯堡帝国。德国人虽然在第一次世界大战中失败了，但在东线并没有失败。而德国在1917年对乌克兰等地的短暂占领，预示着一个可能的未来，这使纳粹的战略家产生了错觉。他们根据一些看似可靠的证据，误以为自己可以在1941年实现相同或更好的目标。

英德反目

没有人能够想到，英国和德国之间的敌意和对抗，最终决定了20世纪上半叶欧洲灾难深重的历史。人们非常感兴趣的一个假设性问题是：如果英国在1914年保持中立，第一次世界大战会怎样发展？德国或许能在几年内以相当常规的方式赢得战争，这样欧洲就无须遭受随后发生的无尽灾难。毕竟在普法战争之后，欧洲每个人基本上都只忙着过自己的生活、买东西和组建家庭。顺便说一句，一个由1914年的德国主导的欧洲会比一个由1939年的德国主导的欧洲好得多。

几代的英国战略家一直在制订与法国的战争计划，他们对法国的恐惧程度与德国人对法国的恐惧程度不相上下，德国的统一在很

第十四章

大程度上正是由这种对法国的恐惧促成的。只要对欧洲历史稍有了解的人就会知道，法国似乎每隔一段时间就会发狂，攻击所有人。英国持续为明确以法国为假想敌的海军投入大量资金。和以前战争中的情况一样，英国的天然盟友是普鲁士或奥地利（最好两个都是，不过这只有在普鲁士和奥地利相安无事时才有可能）。到了19世纪，这些国家的关系仍然非常复杂，但基调几乎没有变化。这些关系都是由过去伟大的同盟促成的，比如，1704年英国人和奥地利人在布伦海姆战役中战胜法国人，1815年英国人和普鲁士人在滑铁卢战役中大胜法国人。滑铁卢战役后的欧洲新秩序，主要是英国政治家和奥地利政治家通过谈判建立的。事实上，一个有趣但很少有人研究的问题是，为什么到了第一次世界大战爆发时，曾经在很长时间里密切合作的英国人和奥地利人，似乎生活在完全不同而且几乎没有关系的世界里。如前所述，英国人不仅帮助普鲁士扩大其在西欧的影响力，还在德国统一战争中保持友善的中立。此外，英国人和德国人一直对法国的统治者和意识形态深恶痛绝，那些不称职的国王和自立的皇帝，以及那里的动荡和革命，都是对英国和德国的合法统治家族（而且经常通婚）的侮辱。

德意志帝国与英国的关系以惊人的速度恶化，但双方都没有令人信服的对抗对方的战略。英国在普利茅斯和朴次茅斯的主要海军基地在几个世纪里一心对抗法国，而此时对德战争需要用到的新北海港口从未得到认真对待，而且非常脆弱。英国虽然继续承诺捍卫比利时的中立地位，但只是为了当法国人再次发动进攻时，从侧翼牵制他们。这是一个有200多年历史的传统策略，在比利时还在奥地利统治下时就有了雏形。没有人认真考虑过比利时被从东部入侵这样疯狂的事，但它居然真的发生了。英国和德国之间的战争还没有真正开始，双方就已经下定决心要置对方于死地。除了德国入侵比利时的消息，英国公众还听说了一系列奇怪的故事，这进一步激怒了他们。比如，据说比利时的修女被德国人绑在教堂钟的钟锤上，在敲钟时惨死。德国军队在比利时确实犯下了暴行，但英国人对这种事情并不陌生，毕竟他们在中国和南非做过类似的事。德国公众（和政府）开始痴迷于这样的说法：德国人是带着对英国中立的充分信心去参战的，却被卑鄙无耻的"店主"在背后捅了一刀，后者虚伪地以维护比利时的中立为借口，真正目的是阻止德国成为欧洲领导者。德国人对英国保持中立的信心是毫无根据的，而且近乎幼稚——似乎人们只要足够努力地希望英国不站在法国一边，德国的战争计划就会成功，因此有必要假设英国会保持中立。不过，英国确实发出了矛盾的信号，而且它的陆军规模不大，即便战争持续一年，它的影响也十分有限。

这些都是棘手的问题，但不容忽视的是，英国的世界霸主地位无疑是造成1914年紧张局势的因素之一。在拿破仑战争后期，一些有远见的俄国军官曾建议俄国停止战斗，因为俄国对拿破仑的每一场新的胜利都会使世界进一步向英国开放。类似的事情在七年战争中也发生过，当时普鲁士在激烈的战斗中苦苦挣扎，而英国则在地球上其他地方疯狂地攫取大片土地。因此，虽然失去了美国，但维多利亚时代的英国还是成功地崛起为一个无人可比的大帝国。然而，英国的属地在任何时候都会遭到新的掠夺者的觊觎。整个19

第十四章

世纪，英国人通过复杂的谈判和威胁让一切维持原样。1900年，当英国彻底占领南非时，人们开始思考大英帝国（实际上是世界上相当大的一部分地区）将如何发展，以及在这个过程中它是否会衰落。英国上层社会的许多成员对布尔战争（即"英布战争"）感到震惊，它使英国受到世界的蔑视并遭到孤立。英国为了对付这样一个弱小对手花费了巨额资金，做出了野蛮的暴行，还付出了大量伤亡。未来是否会有越来越多此类战争？这种担心正是导致英国与俄国和法国达成殖民地协议的原因，即希望在不需要流更多的血的情况下，解决非洲和亚洲未来可能出现的问题。但结果是，三个国家被以同盟的形式拖入欧洲更严重的流血冲突中。

德国人对英国人的优势地位非常不满，而且越来越觉得自己束手束脚，无法在世界上发挥任何作用。今天法国反美主义的性质与此如出一辙，法国文化的许多问题被莫名其妙地归咎于美国。但在德国，对英国的不满逐渐呈现病态的特征，这通常被解释为德皇对英国王室（他母亲的家族）及其居高临下的态度感到自卑和厌恶的结果。威廉二世是一个重要因素，一个更和蔼、更胖、更放纵的君主可能会把德国引向一个不同的方向，但威廉二世的态度也反映了大量愤怒的德国民族主义者的想法。

1914年以前，德国凭借着销往世界各地的商品，不需要和任何人打仗，就已经在欧洲占据了主导地位。汉堡的老自由港港区至今仍然能唤起人们对那个时代德国的记忆。在谈判加入德意志帝国时，汉堡坚持要求保留一个独立的自由港，以确保这座城市能够继续保持其作为欧洲大陆重要转口港的优越地位。自由港将是一个免税岛，货物可以被储存起来，并根据价格和需求向市场投放。为这个目的而建的仓库城，被运河（和警察）与城市其他部分隔开（即便在一个统一的德国，飞地仍然存在）。散发着淤泥气味的大型仓库（其中一些仍在使用，主要用于存放波斯地毯），是一个由狭窄的走廊和钢制防火门组成的迷宫。古老的商品能勾起我的怀旧之情，我非常喜欢陈列着咖啡、茶叶和生橡胶的仓库城博物馆。博物馆里其至还有一张不算旧的图表，列出了一艘德国商船驶向远东时装载的货物（机械设备、栅栏、加工品）和返航时装载的货物（铝矾土、椰果、橡胶）。德国的未来本应以度量衡、滑轮、梯子、起重机、装卸工人用的钩子、独轮车、麻绳为基础，而不是以军用列车和攻城炮为基础。货运清单和仓储清单可以在很大程度上帮助人们了解世界历史。在古老的汉堡自由港，你可以看到大多数人看重的一切，它是1900年的德国的缩影。它接收了不计其数的热带商品，将这些商品运往无数的专业化工厂加工，再将制成品销往世界各地。这个过程是由无数的中间商通过正常的贸易完成的，德国的殖民帝国在其中的贡献微乎其微。

不幸的是，德国人总认为自己在与英国激烈竞争，而且德国在这场竞争中有望获胜。德国的工业正逐渐超越英国，但在一个迅速扩大的全球市场中，这几乎不需要被视为一个问题。然而，在英国和德国的一些圈子里，一种相互加强的意识形态的影响力越来越大，这些人认为英国和德国在未来无法和平共处。这种看法在海军军备竞赛中表现得最为突出。德国建造了巨大的新战舰，其唯一的用途似乎就是在军事上对抗英国；英国将政府全部收入的四分之一

第十四章

用来确保自己将赢得这场竞赛，而它确实做到了。但是，英德两国因此变得越来越偏执。如果有人在19世纪90年代做民意调查，两国人民都会觉得英德战争是无稽之谈。但到了1910年，战争看起来很有可能成为现实。

第一次世界大战的爆发加深了英国人对德国是不可理喻的恐怖国家的认识。在那之前一直与许多德国人保持着亲密关系的英国王室，认为有必要迅速改变自己的形象。乔治五世戴着钉盔的照片几乎消失，萨克森-科堡-哥达家族突然变成了温莎家族。当威廉二世听到这个消息时，他以罕见的机智提议将莎士比亚的戏剧《温莎的风流娘儿们》德译本的名字改为《萨克森-科堡-哥达的风流娘儿们》。巴腾贝格的路易斯亲王（巴腾贝格蛋糕的名字就是这么来的，这是一种奇怪但令人上瘾的亮黄色和粉红色相间的蛋糕）是一名聪明能干的王室冒险家，职业生涯的大部分时间都在皇家海军度过，并在1914年成为第一海务大臣。但他突然发现自己不得不退休，并将姓氏改为蒙巴顿。他是一个再典型不过的英国人，14岁成为英国公民，并与维多利亚女王的孙女结婚，却突然被认为是不受欢迎的德国人。

1914年的战争可能是由鲁莽和错误的决定促成的，但战争爆发后，为开战决定辩护的理由一下子变得单一而坚定。人们被告知，德国人是激进的军国主义者（尽管其军人占总人口的比例低于法国的）、专制主义者（尽管其专制程度明显低于俄国的专制程度）和物质主义者（尽管协约国比同盟国富裕得多）。以前受人尊敬的德国哲学家被视为失去思考能力的神棍；曾经流行的德国葡萄酒突然远远不及法国葡萄酒受欢迎,并被禁止摆上餐桌;美丽的德语成了阅兵场上的军靴声。这是战争中不可避免的一部分,就像穿军装一样自然,但这并不意味着它不令人沮丧。从那以后,英国人就生活在这种环境中,在知识和文化上彻底排斥德国的一切。直到今天,对于我们当中的许多人来说,德国仍然是一个陌生的地方。纳粹党人从各个方面证实了英国人的这些看法,如果不考虑其灾难性的结果,人们甚至可以认为他们是在模仿1914年以后英国人眼中的"丑陋的德国人"。

最终,旷日持久的战争摧毁了一切。直到1945年之后,人们才重新开始考虑汉堡的未来;直到那时,1914年初正常的消费社会才逐步复苏,而汉堡在此之前已经遭受了严重的破坏。但是,即使是在第一次世界大战最黑暗的时刻,至少在西方和意大利战线上,这仍然是一场纯粹的军事冲突。虽然战争非常残酷,但没有人预料到这场战争将彻底激发德国特有的恶。

在第一次世界大战中,德国人认为自己是欧洲遗产的保护者,对抗一群庸俗的物质主义者(英国人)、明目张胆的复仇主义者(法国人)和酗酒的野蛮人(俄国人)。德国人用瓦格纳和中世纪的语言来表达这一点——德国士兵是游侠骑士,是有文化和有思想的人,不得不为保卫祖国而拿起武器。在1914年之前,大多数英国知识分子会否认自己是庸俗的唯物主义者,但他们会同意德国人对他们的新盟友的描述,并承认德国在欧洲文化中的核心地位。但到了1914年,英国各大学开展了一场清除"德国"思想的运动,并禁止暗示德国文化是一种主要文化(也许除了在遥远的过去)。由

第十四章

于显而易见的原因，对德国感兴趣的人都会受到怀疑。英国人（和后来的美国人）对德国人所谓的"文化"嗤之以鼻，用吃婴儿和残害修女等来反驳古代的史诗和骑士精神。这激怒了德国人，促使他们制作了一张奇怪的海报（现存于因戈尔施塔特博物馆），比较了德国和英国识字的小学生的人数、毕业生人数和出版新书数量（再配上适当的装饰元素，如代表智慧的密涅瓦的猫头鹰），以证明德国更有文化，更爱创新，对新事物更敏感——这可能是真的。如今，随着1914年的激情已然褪去，人们只是单纯震惊于当年这个过程竟然造成了这么大的损失。汗流浃背的军人和紧张的政客基于非常具体的（而且事实证明是荒唐的）原因做出的决定，以总动员的形式渗透进生活的各个领域，影响及于今日。

灾　　难

1914年8月，每小时都有可怕的军事突发事件。只有各国最高指挥部中最自大的人，才会认为战争很快会结束。但每个人都在期待着产生一场决定性的胜利，让事情在之后几个月内解决。事实证明，以火炮为代表的技术已经失控，可以杀死数量惊人的部队。各方发起的所有攻势，无论规模多大，都在枪林弹雨中崩溃。

在最初的几周里，战争的发展与军事领导人的计划背道而驰，甚至连奥匈帝国对塞尔维亚的攻势也彻底失败了。正是在这个时候，对德国的批评变得尖锐起来，它被认为在现代史上扮演了独一无二的阴险角色。在法国人赢得马恩河战役后，德国人再未制订任何新的战争计划，以使他们能够获胜。即使德国人能够打败法国人，接下来也还要面对拥有近乎无限资源的大英帝国，其背后可能还有美国人的支持。数十万人的伤亡令所有人震惊，德国人本来应该在这个时候提议举行和谈，他们有一大块法国领土可以用来讨价还价。但他们没有那么做，所有人的命运就这样注定了。公众舆论使各方都无法结束战争，而德国人甚至没有拒绝讨论一个越来越显而易见的事实，即他们不可能在这场战争中获胜，这充分表明他们是多么顽固和危险。德军的出色防守和凡尔登战役等伤亡惨重的血战，在不断增加战争死伤者的人数，数量多到使德国自普鲁士时期以来一直倡导的勇气和战斗精神变得荒谬可笑。就像三十年战争中的神圣罗马帝国皇帝斐迪南二世一样，德国总参谋部抱着一种妄想，认为自己能够在接下来的战役中取得重大突破，而这实际上只会使战争变得更加血腥和可怕。

为了使本书的内容不致失衡，第一次世界大战就写到这里。令人震惊的是，战前德国制定的"世界战略"的目标（这也是英国在战争期间同法国并肩作战的原因）被证明完全失败了。德意志帝国根本没有任何价值。对于英国人来说，为数不多的罪恶的乐趣之一就是迅速摧毁这个帝国。英国的盟友日本占领了德国在中国的租界和许多太平洋岛屿，德国失去了非洲的殖民地，取代它的是其他同样残酷的宗主国。只有德属东非一直坚持到1918年停战，但除了给无数非洲人带去痛苦和死亡，这没有任何意义。

德国的水面舰艇在战争中的表现令德国人失望。德国投入了大

第十四章

量钢铁、人力和智力资源，但它们在战争中发挥的作用非常有限。英国人利用庞大的舰队扼住了英吉利海峡和北海北部通道，从而轻而易举地封锁了德国，而德国人则用U型潜艇反过来封锁英国。但无论U型潜艇给英国造成了多大的损失，它都是一种极其脆弱的武器。世界各大洋到处都是英国的船只，但到1914年底，德国水面舰队已经很少出航，而U型潜艇无法对英国大部分贸易路线构成威胁。事实证明，英国的封锁要有效得多，同盟国在战争的第三个冬天已经在挨饿了，而英国人只是不得不比以前节俭一些。与封锁北海对应的是亚得里亚海的一条惊人的船阵，它位于意大利和科孚岛之间，困住了奥匈帝国的海军，使其在整个战争中基本上无法行动。U型潜艇可以避开封锁，而哈布斯堡家族花费巨资建造的战舰却无能为力。这只是战争中一个插曲，但它说明了同盟国面临的问题——在历史上，他们花了几个世纪时间争论谁应该统治内陆地区的这个或那个地方。当时拥有阜姆（今天克罗地亚的里耶卡）的匈牙利人，花费巨资建造了他们自己的无畏舰"圣伊斯特万"号，但这艘巨舰后来被一艘意大利鱼雷艇击沉。奥匈帝国海军的唯一成果是，匈牙利海军指挥官霍尔蒂（Horthy）上将在1918年该国沦为内陆国后，统治匈牙利将近25年之久，他的执政成绩好坏参半。从根本上讲，第一次世界大战之所以被称为"世界大战"，并不是因为德国或奥匈帝国——它们几乎无法走出其位于中欧的狭小领土，而是因为协约国——它们统治着世界上的大部分地区。

地理上的局限性注定了德国人每隔一段时间就会遭受挫折。1916年的日德兰战役本应是英国舰队的一次压倒性胜利，但一个世纪没有遇到真正对手的英国海军在战斗中表现糟糕。不过，事实证明，这无关紧要。德国战舰最终撤回港口，不再出航。这场战役实际上是英国的胜利，因为德国的舰队指挥官承认他们永远无法冲出北海。在1914年之前严重破坏国际关系并促成英德反目的德国海军，此后只有一个任务——闷闷不乐地待在威廉港和基尔，等待着背叛和推翻在它身上投入巨资的帝国政权。最后，包括像"王储"号这样的大型战舰在内的大约50艘船，被英国人扣押在斯卡帕湾。1919年6月，根据德国指挥官的命令，这些舰船被凿沉。这是德意志帝国最后的徒劳行为，它想象着自己是一个海军大国，即便几个世纪的历史证明它不是。如果没有把这么多资源浪费在海军上，它本来可以轻而易举地制造出几乎无穷无尽的火炮（试想像"王储"号这样移动的钢铁城市可以制造多少野战武器），这样它很可能在马恩河战役中获胜。

战败与革命

经过四年多令人疲惫不堪的血腥战斗，战争最终以德国的失败告终，而这样的局面在1914年秋就已经形成了。此前的战争通常被当作获取政治利益的手段，而这场战争则截然不同。德国人甚至都不知道他们实际上想通过战争得到什么，除了一个定义模糊的中欧权力集团。而对英国人和法国人来说，目标显然只是打败德国人，解放法国北部和比利时。德皇威廉二世在战争初期就基本上失

第十四章

去了战争的实际指挥权,德国则成了一个彻底的军事国家,唯一的目标是赢得胜利,为此把数百万年轻人送到不同的战线,并为他们提供了适当的训练和装备。由于最初的战斗环境和战壕的防御属性,这场冲突与传统的欧洲战争完全不同。在传统的欧洲战争中,来自欧洲大陆不同地区的军队一经挑衅就会踏上德国的土地。从这个意义上说,德国的统一是成功的,因为在打退法国和俄国的进攻后,德国在整个战争期间从未被占领。大多数德国人对战争的唯一感知是,他们因缺乏食物而越来越虚弱,再就是传来越来越多死亡消息的可怕的电报雨。德军最终伤亡人数约为 650 万人,这意味着差不多每十天他们的死伤人数就和整个普法战争的死伤人数相当。

奥匈帝国在崩溃前的伤亡人数约为 500 万人。不过,奥匈帝国在 1914 年之前很脆弱的说法,并没有事实依据。它显然必须在弗朗茨·约瑟夫一世死后(1916 年,已经太晚了)进行一次根本性的重组,但没有任何迹象表明它将解体为众多具有侵略性的小国。奥匈帝国的统治基础是哈布斯堡家族和帝国的军队,150 万名战死者中的许多人是真正珍视这个帝国的,而这些人是无可替代的。随着军队的毁灭,一切都不复存在,奥匈帝国解体为数个国家,而这些国家又反过来开展内部殖民——波希米亚的捷克人吸收了摩拉维亚人、斯洛伐克人和鲁塞尼亚人,塞尔维亚人吸收了斯洛文尼亚人、克罗地亚人和波斯尼亚人。哈布斯堡家族在中世纪晚期的说德语的世袭领地,成为一个新的国家——奥地利。随着奥地利的出现,小德意志民族主义长期被压制的、可能招致危险的梦想变成了现实,奥地利的首都维也纳突然成了一座只具有区域重要性的城市。第一次世界大战前的文化生活并没有完全消失，但甚至在被纳粹德国吞并之前，这里就已经开始日益萧条。维特根斯坦曾在奥匈帝国军队中英勇作战，在俄国和意大利战场上表现突出。在意大利战场，他离年轻的隆美尔和年轻的保卢斯（Friedrich Paulus）只有一点距离，隆美尔和保卢斯将在第二次世界大战中发挥重要作用；与罗伯特·穆齐尔擦肩而过，穆齐尔描写自己在意大利前线经历的文章［收入《在世遗作》（*Posthumous Papers of a Living Author*）］是关于这场战争的最伟大的文学作品之一。维特根斯坦后来去了英国，勋伯格（Schönberg）和罗特搬到了柏林，阿道夫·路斯（Adolf Loos）过着悲惨的、与世隔绝的生活，古斯塔夫·克利姆特（Gustav Klimt）和席勒已经去世。人们试图建立一个能够独立发展的奥地利，但这个国家饱受政治动荡之苦，而且德意志民族主义者从未放弃加入德国的梦想——哈布斯堡家族一直在努力阻止这种民族主义的逻辑。

西线和意大利战线的战斗结束后，一场革命席卷中欧。英国人一直无法理解这场革命，但它确实为其后 20 年发生的事件埋下了悲剧的种子。

除了在 1914 年被迅速消灭的法国和俄国士兵、零星的间谍和一些战俘，在整个战争过程中，再没有其他协约国的军事人员踏上德国的土地。1918 年 11 月的停战协议实际上相当于承认了进攻德国本土永远是一项过于艰难的任务。德国人无疑被打败了，他们的军队在解体，但德国不会像以前的战争失败者那样遭受袭击（比如，在拿破仑战争或普法战争之后）。这反过来又对 1939—1940 年

第十四章

的英国和法国军事指挥官（他们几乎都参加过 1918 年的战争）产生了深远影响，他们在心理上非常排斥用小规模部队进攻德国本土的想法。"停战"听起来比"投降"好得多，但这种模糊的说法后患无穷。鲁登道夫已经辞职，而且预料到战争失败后德国会爆发社会革命，因此去了瑞典，在那里安静地阅读侦探小说。对叛徒的追捕几乎是立即展开的。德国统治阶级显然已经失败了，他们被扫地出门。惊慌失措的威廉二世选择流亡荷兰（不过他或许不需要逃走。如果他选择战斗，不知道事情会如何发展。他仍然掌握着相当多的资源，而柏林的革命者很快就遭到残酷镇压）。所有其他德国王室成员要么逃走，要么通过谈判获准在乡下某个地方安静地生活。1914 年看起来无比强大的政权，就这样以惊人的速度彻底崩溃了。

1919 年，外人逐渐可以进入曾经遭到封锁、被严密防守的封闭的德国，但整个国家已经面目全非。流感肆虐、相当多的人处于半饥饿状态，再加上数百万战争伤亡者，这些无疑都显示出德国已经被打败了。但在德国，"背后一刀"的说法变得越来越流行，甚至连流亡在外的威廉二世也在大力宣扬这种说法。根据该理论，德国军队不是被打败的，而是被"共产党人、发战争财的奸商和社会寄生虫"背叛了；叛徒不是真正的德国人，而是犹太人。几乎在一夜之间，一个小群体（这个群体虽然一直遭受歧视，但仍然涌现了一批德意志帝国最聪明、最有创造力的人）被贴上了"非德国人"的标签。

许多大城市爆发了混乱的战斗，尤其是柏林和慕尼黑。慕尼黑的骚乱尤其令人震惊。一座以等级制度、秩序、天主教及法律至上主义遗产、美丽的商店和公民空间为荣的城市，变成了一个混乱无序的地方。封锁早就使慕尼黑陷入瘫痪，成千上万的市民死亡。随着路德维希三世宣布退位并流亡海外，在停战前的一周，慕尼黑爆发了巷战。许多人担心慕尼黑将倒向布尔什维主义（包括反对布尔什维主义的人在内的许多人，都认为它是未来不可阻挡的潮流），这使局势更加混乱。1914年以前，中欧真正的革命团体实际上掀不起任何风浪。保守派之所以常常危言耸听，只是因为这在政治上对他们有利。当时甚至连无政府主义都比革命更引人注目。无政府主义固有的低效至少带来了一些奇怪的、意想不到的成功，如刺杀伊丽莎白皇后。罗特的讽刺小说《沉默的先知》（*The Silent Prophet*，写于20世纪20年代末）通过不安分及不成熟的加利西亚共产主义者柴金（Chaikin），形象地描述了1914年以前革命者的失败。柴金试图在哈布斯堡边境小城推动暴力革命，嘲笑当地政府的警卫是"资本家的走狗"，并试图发动"无产阶级群众"（120名制刷工）。借用罗特的话来说："没有什么会比被逮捕更让他高兴的事情了。但没有人认为他是危险人物。"到1918年冬，德国即将崩溃时，德国政府实施了一项最重要的革命措施，他们决定允许列宁离开瑞士，前往彼得格勒（同一批官员想出了无数"金点子"，比如，他们在不久之前试图与墨西哥人联系，邀请他们进攻美国，并承诺支持他们收复得克萨斯、亚利桑那和新墨西哥。德国人的荒唐的电报被英国人截获，并被交给愤怒的、越来越不中立的美国）。

但到了1918年，德国各地爆发的社会革命是真正的革命，慕尼黑更是如此。经过几个月的暴力抗争，巴伐利亚苏维埃共和国于1919年春宣布成立。它持续了不到一个月，只在很小的范围内有

第十四章

影响力（它无力向瑞士宣战），最终遭到残酷镇压，上千名支持者死于战斗中，几百人在被捕后被处决。此外，巴伐利亚苏维埃共和国的支持者中有许多犹太人（就像 1919 年 1 月失败的柏林斯巴达克团起义一样），这为那些试图编造一个听起来令人信服的故事，来向受创伤的民众解释为什么德意志帝国会输掉战争并陷入无政府状态的人提供了口实。人们当然可以强调，巴伐利亚苏维埃共和国绝大多数支持者并非犹太人，但没有人在意这一点。

如今，慕尼黑已经完全恢复了其自我感觉良好的外表，再也辨认不出昔日所谓"毒城"的痕迹——这种痕迹直至 1945 年慕尼黑遭到严重破坏和美国人到来后才最终被清除。今天，它经过重建，已经成为一个令人愉悦、充满校园气息和繁荣的地方，是托马斯·曼在 1914 年以前的小说中描述的那座城市的 21 世纪版本（包括出售没有天赋的画家的画作这一点）。但比起柏林，在慕尼黑发生的一切才是摧毁欧洲的根本原因——一个两极分化、崇拜暴力的社会，摒弃了巴伐利亚王国奉行机会主义但无法在政治上取得成功（这相当令人满意）的老传统，却根本不知道应该如何成为一个正常的德国地方城市。

20 世纪 20 年代和 30 年代定期在德国和奥地利（以及其他前哈布斯堡国家）发生的暴力事件，也许最好被看作一系列内战。不过与最终在西班牙爆发的内战不同，这些内战基本上都是右派占上风。建立另一个苏联的尝试惨遭失败，"秩序的力量"只需要几个星期就能摧毁左派。慕尼黑是一个完美的例子，一方面它体现了左派的徒劳无功，另一方面它也表明了中产阶级和一部分工人阶级的态度，他们宁愿忍受街头的无法无天和暴力，也不愿让布尔什维主义掌权。魏玛共和国虽然做出了种种努力，但始终无法消除人们的这种内在恐惧，以及对军事保护的渴望，以对抗那个在慕尼黑短暂出现的政权。许多德国人仍然认为自己生活在第一次世界大战前那个守法、彬彬有礼、等级分明的社会中，但这只是他们毫无意义的习惯和愿望。

从严格的意义上说，英国在1914年实施的封锁是非法的。英国之所以这么做，完全是为伤害德国，并使自己有机会使用其主要武器——海军。作为一个纯粹的军事权宜之计，封锁增加了德国长期作战的难度。就像与战争有关的其他事情一样，这个一开始看似聪明的举措最终失控了。到了1918年，自由贸易的主要倡导者已经事实上摧毁了自由贸易。1914年之前，德国是全球贸易中的一个重要参与者；到了1918年，德国只剩下一堆破旧的工厂，专门用来生产合成食品和用于堑壕战的武器（它们足够自由军团和同盟国使用许多年）。它以前主要的贸易伙伴此时要么穷困潦倒（前哈布斯堡帝国的国家），要么成为敌人（英国、法国和意大利），转而向美国购买同类商品。对世界贸易的另一个打击来自新兴的自给自足的苏联，这意味着许多国家的另一个重要市场向它们关闭了大门。

国际贸易的这场灾难直到1989年才真正得到解决，从那时起，世界上大多数国家都像1914年以前那样，以传统的方式从事正常的贸易和竞争。然而，在1919年，一切突然变得不一样了。一个强大的竞争对手被淘汰了，而且显然是彻底退出了竞争，协约国中的许多人认为这是一个惊人的机会。他们的想法在《凡尔赛和约》中得到了体现，除了其他许多条款，该和约还要求德国承担巨额

第十四章

"赔款",这是德国人在1871年要求法国支付的赔偿金的一个极夸张的版本。索取赔款的依据是德国的"战争罪"——这是所谓的"胜利者的正义"的一个重要例子,它使协约国免除了对1914年的任何责任,但德国国内认为这是对事实的不可接受的歪曲,怨恨之情在社会的各个阶层发酵。

赔款和1921—1923年的恶性通货膨胀之间的关系尚待进一步研究,但在不得不向盟国委员会支付所有出口收入的四分之一,同时又要稳定一个不断出现新的经济问题的国家的双重压力下,再加上战争死亡、流感和革命斗争,德国人仿佛置身一部时长两年的恐怖电影中,最终失去了对任何政治体的归属感。每个小型地方博物馆都有关于通货膨胀对当地人生活造成的可怕影响的展览。就像标志着白垩纪和古近纪边界的含铱黏土层一样,严重的通货膨胀也许标志着一种比战争本身更根本的变化。如果说战败表明德国领导人的无能,失败的革命表明德国的社会结构非常脆弱,那么严重的通货膨胀则摧毁了家庭和个人生活的基础——养老金消失了,储蓄成了一个笑话,整个德国的节俭传统和国家银行的权威荡然无存。在人们烧纸币取暖(因为烧纸币比烧木材划算),或用纸币糊墙的著名照片的背后,隐藏着一段创伤性的经历,其伤痕直到今天仍未愈合。这个时期的通货膨胀也暴露了历史叙事的缺陷。历史叙事会将事件推进到20世纪20年代末,然后进入20世纪30年代,但那时的许多人仍然保留着对1923年恶性通货膨胀的强烈记忆。

为了索取赔偿金,法国和比利时军队在1923年1月占领了鲁尔区。与其等待德国经济复苏,不如将货物和物资装上火车,运往西方。德国在1918年曾成功守住了鲁尔区，而此时的占领无疑是对德国的侮辱，它既使德国一个原本倾向自由主义的地区变得激进，又让德国人联想到德国无力抵抗法国掠夺的历史噩梦。法国对萨尔地区的占领同样加剧了德国人的焦虑。萨尔地区面积不大，但煤炭储量丰富，经过诸多曲折，直到1957年才最终回归德国。此外，法国还试图将莱茵兰从德国分离出来，建立一个独立国家，但并未成功。对于许多人来说，这意味着德国不必惧怕法国的时间还不及他们的一生长。

当德国的货币在1923年底最终稳定下来时，伤害已经酿成，许多人的生活被恶性通货膨胀毁掉。但也有人受益，就像1918—1919年的革命一样，其中一些受益者是犹太人。在极右和极左的圈子里，在日常谈话和报纸的讽刺漫画中，充斥着犹太人在背后操纵一切、他们是外国人和阴谋家、他们是德国屈辱的根源等一系列可怕的诽谤，而越来越多的德国人认同这些说法。群众运动虽然已经出现了，但左派仍然软弱无力。1933年在德国，1934年在奥地利，共产党人和社会民主党人都被轻而易举地赶出了舞台。这就是右翼反犹太主义之所以那么重要的原因，不过纳粹主义也吸收了左派对资本主义的一些旧看法。

悼念亡者

我每到一座新的德国城市，总想立即去寻找它的第一次世界大战纪念碑。由于显而易见的原因，除了笼统地表达痛苦和遗憾，几乎没有纪念第二次世界大战的纪念碑。1918年以后的耻辱感来自战败，而不是道德上的自责——没有一个被打败的强权会从道德上反省自己。奥地利的一些战争纪念碑（如位于布尔根兰州鲁斯特市的纪念馆）令人不安地沿用了英国的模式。在那里，你可以看到一尊士兵雕像和一份战死者名单，第二次世界大战的战死者也被加入其中，仿佛这是一件再自然不过的事。在德国，我遇到的唯一类似的例子是达姆施塔特的一尊咆哮狮子的美丽雕像，它的胸口插着一根断矛（至少是从正面刺入的）。这座纪念碑由于刻上了1939—1945年的战役名称而被无可挽回地玷污了，第一次世界大战的军事灾难被与第二次世界大战的屠杀平民和种族灭绝排列在一起。1945年以后，德国国内私人哀悼的表现形式是私人纪念碑、纪念册、市政厅保存的名单和宗教仪式，而不是大型公共纪念碑。

在1918年以后的痛苦时期，每座城市都想出了自己的解决方案，以纪念其数量惊人的战争死难者，于是有了一些特别有趣，或者平淡无奇有时甚至能引发后人惊叹的石头、木头、玻璃和金属雕像。雕像原本是为了表达深深的痛苦，但迅速变得高度政治化，引发很大争议，然后在1939年以后更大的灾难中被遗忘。由于没有像英国和法国一样发布国家纪念碑设计准则，德国纪念碑的多样性远超英法纪念碑。它们通常以既有的普法战争纪念碑为基础，后者倾向于使用大量青铜，并配有恼人的寓意性形象，以及威廉一世和俾斯麦的浮雕。但它们建造的氛围完全不同，它们是在国家遭遇失败和危机的情况下建造的。其中一些是令人愉快的倒退（如马背上的骑兵），另一些是疯狂的复古（如吕贝克一个新亚述时期的碗），还有一些试图遵循民间装饰物的伟大传统（如施派尔的一处美丽但偏离主题的喷泉）。这么多年来，我觉得最宏伟的纪念碑当数位于沃尔姆斯一片绿地上的黑森第118步兵团纪念碑，它是五个穿大衣、戴头盔的石头士兵。令人感动的是，从雕像头盔下方靠近额头的地方长出的黑色苔藓，已经遮住了这些士兵的眼睛。作为一名编辑，我曾经参与恩斯特·容格尔（Ernst Jünger）的《钢铁风暴》(*Storm of Steel*)新译本的出版工作。在设计封面时，我曾疯狂地试图寻找这些被苔藓遮住眼睛的雕像的照片（它们传达的悲伤信息其实与文本相反），但没有找到。在最近一次访问沃尔姆斯时，我沮丧地发现，这些雕像已经被清理过了，没有苔藓的雕像看起来相当笨拙，毫无创意。

意外的决定可能对纪念碑的耐久性产生重大影响。沃尔芬比特尔一座主要教堂里的一份战死者名单仍然清晰可辨，而奥格斯堡一座教堂外的一份名单则风化严重，许多名字已经无法辨认。尽管如此，奥格斯堡的那座教堂还是给人留下了深刻的印象，因为教堂里有一张1914年夏天巴伐利亚国王路德维希三世来这里为新军团授勋的照片，那天在教堂里的许多士兵的名字在不久之后肯定被刻在了外面的大理石名单上。就像所有这类纪念碑一样，参观者会觉得哪怕多看一眼，也会打扰死者的清净。这些纪念碑不太可能具有永恒的意义，其中大多数是在20世纪20年代初类似内战的内部动荡结束，秩序恢复后建造的。新的事件层出不穷，纪念仪式的氛围实在让人难以想象。魏玛共和国的政治家们一直希望人们能够向前看,但他们的愿望落空了。数百万人的死亡、流感的暴发、国土的丧失和恶性通货膨胀,使人们很难对未来产生希望。每年,全城的居民都会聚集在纪念碑周围,纪念德国、他们的城市、他们的家庭遭遇的灾难。这些纪念碑后来被纳粹滥用,又因为更后来的事件而遭到冷落。

最伟大的德国纪念碑仍然是我在1991年第一次访问德国时参观的第一座纪念碑。由于一些我早就想不起来的原因,我在汉堡待了一段时间,随后又在马格德堡待了几天。当时两德统一进展不大,苏联风格的广场一片荒凉,广场旁的商店只有肉罐头可售。马格德堡是这些城市中最荒凉的一个,但我非常喜欢在那里逗留。这座城市积累了太多的历史地层,两德统一似乎给它带去了希望(而且在很大程度上变成了现实),德国的黑暗年代终于要结束了。新政府已经做出了一些微小的改变来提振人心,但这些尝试似乎相当可怕。不管是被煤烟熏黑的、令人沮丧的老威廉邮局,还是邮局门前奥托大帝和他的朋友们的摇摇欲坠的雕像,都被贴上了贴纸,贴纸上有一只带眼睛的黄色手套的卡通形象,目的是劝德国人使用他们的邮政服务。

在经历了几乎令人难以置信的挫折之后,这座饱经风霜的大教堂幸存了下来,而恩斯特·巴拉赫(Ernst Barlach)为马格德堡大教堂创作的雕塑《战争纪念像》虽然经过多年的争议,而且一度被搬到其他地方,但最终也幸存了下来。巴拉赫是魏玛共和国众多极具吸引力的人物之一,他与1914年之前的达姆施塔特艺术家一样,给德国艺术带去了全新的方向,尽管新方向同样被军国主义埋没,最终一无所获。巴拉赫被 1914 年的战争热潮冲昏了头脑，但服役归来后，他成了一名坚定的和平主义者。《战争纪念像》没有颂扬战争，这组不朽的木人雕像塑造了悲哀、惊恐或死亡的士兵形象，他们聚集在一个十字架周围。晚上，在昏暗的大教堂里，当《战争纪念像》前摆满蜡烛时，第一次世界大战造成的震惊和恐惧仿佛活了过来，就好像罗伯特·格雷夫斯（Robert Graves）的《向一切告别》（*Goodbye to All That*）一样（这本书出版于 1929 年，巴拉赫的雕像在这一年揭幕）。随着德国的社会氛围越来越具有威胁性和两极化，这座雕像引起了人们的愤怒，在 1933 年纳粹夺取政权后被迁移到了其他地方。后来，它在民主德国重新出现，被安置到原来的地方，并在 1989 年被人们用来表达支持统一的情感。就像德国许多伟大的纪念碑一样，它展示了一条没有人走过的路，并且具有让人几乎难以承受的额外意义。

贵族的末日

当我背起装满书和随身衣物的猪皮包，再次从一个小火车站走下火车时，我突然意识到，在陌生的小城里熟练地找路几乎成了我的第二本能。从火车站出发的主要街道通常远离城镇广场，这是因为当地贵族希望与火车的噪声和危险保持一定距离。尖顶或塔楼通常意味着主教堂就在附近，它往往靠近主要的（或者说，唯一的）广场，而领主的城堡则在几条街之外。当我吹着口哨，背着背包时

第十四章

（我的腰因为那个背包受损之后，我换了一个小行李袋），我感受到的是不会造成任何伤害的纯粹快乐。这些迷人的小城市多少平衡了更残酷的历史潮流，让人感到愉悦，即使个别贵族领主可能是普鲁士的军官。如果说萨克森为我们展示了政治无能的极限，那么这些小城市似乎在庆祝一种纯粹的、真正的无关紧要，这是一个被历史学家严重低估的重要品质。这些地方就像薯片一样，人们可以愉快地想吃多少就吃多少，没有上限。实际上，单是这些停滞不前的地方就足够让我写一本书，其中每一个地方都具有独特的价值及其特别之处。

例如，我无法阻止自己回到我最喜欢的比克堡，它曾是微型邦国绍姆堡-利珀的首都。除了小争吵，这里几乎无事发生。原因很简单，人太少了。但是像往常一样，这里也有一些奇怪的东西。城堡里有一座装饰着鲜花、水果和丘比特壁画的矫饰主义小教堂，有你能想象得到的最好的、最疯狂的纹章，还有一座祭坛，由两个巨大的金色天使托起，他们守护着埋葬在那里的历代绍姆堡-利珀统治者。参观这种地方的行程总是很紧张，因为无论单个房间多么无聊，你在下一个转角处总有机会看到一些奇怪的东西，因此很难不想着赶紧去前面寻找能带来惊喜的意外之物，比如，一只狼的标本、一门微型大炮、野兽的獠牙或本地艺术家失败的寓言画。比克堡的亮点是一连串绍姆堡-利珀统治者的画像，人们因此可以快速浏览从17世纪到20世纪初的小专制君主的时尚变迁——全黑的假发让位于白色的短假发，实用的发型和立领之后是体现男性气概的胡子和军装，然后是单片眼镜、小胡子和晚礼服。比克堡真正令人不安的是一些椅子，座椅垫的图案是由统治者的新婚妻子绣制的，这不由得让人想起《格林童话》里的蓝胡子国王，不过这些笨拙地拿着针线的女孩早已成为往事。

我之所以提到这座城堡，是因为一直到非常晚近的时期，它们还是每座小城市的中心，尤其在经济上更是如此。住在比克堡或锡格马林根或阿尔滕堡的人，大多通过为贵族家族服务而获得收入，而且必须恭恭敬敬地服务。19世纪后期，工业在各地蓬勃发展，有些地方的工业非常繁荣。随着1871年德意志帝国的建立，地方统治家族失去了真正的权力。不过，幸存下来的许多统治家族一直掌权到1918年。他们拥有恢宏的城堡，去过那些地方的游客自然会知道，他们中的许多人一直在积累财富，直到第一次世界大战之前，他们仍在扩建和改建城堡。根据与德意志帝国达成的协议，1871年幸存下来的统治家族将留在原来的地方，听命于新皇帝，而他们确实如此，并继续相互通婚。通过老照片，你还能看到规模惊人的阿尔滕堡宫的巴赫厅，这个新古典主义风格的大厅功利、沉闷。在1900年左右的一场大火之后，它被按照工业化时代的新文艺复兴风格重新装修，大厅里有大量木质浮雕、精心设计的壁炉和奇怪的野人。如果萨克森-阿尔滕堡公爵在被赶走之前能更多地使用这个大厅，那么一百年的擦痕和磨损可能会使它看起来真实得多。锡格马林根宫同样经历了火后重建，那里有一间绅士的游戏室，里面有极具创意的黑色石墨天花板，可以吸收香烟散发的烟气，房间的氛围很容易让人联想到爱德华时代留着大胡子的肥胖绅士。顺便说一句，在这些大同小异的宫殿之旅中，最大的亮点总是

第十四章

皇室/邦君/贵族的浴室，它们永远保持着 19 世纪 90 年代或 20 世纪流行的风格。

我需要在此打住，以免我会忘乎所以地描述齐塔（Zita）皇后的浴室设施，它们是在第一次世界大战期间被安装到美泉宫的。我真正想说的是，在德皇威廉二世和奥地利皇帝卡尔一世退位后混乱、可怕的几周里，一切都崩溃了。随着皇帝失去合法地位，存在了几个世纪的贵族家族突然无力再维持下去。这些贵族家族曾自欺欺人地认为他们保持着某种自主权，这当然不是真的。他们和表面上更强大的皇帝一样，都是一个失败的、遭人嫌弃的体系的一部分，这个体系使同盟国走向灭亡。一些人拒绝变革，逃到国外；一些人举行了简单的退位仪式；还有一些人设法通过谈判达成合理的协议，此后闭门索居。在宣布停战的同时，同盟国发生的这些政治变革，似乎既有积极的革命意义，又奇怪地没有任何意义。人们显然无意挽留这些无所事事的人，靠仪式、象征和联姻维系的整个体系瓦解了（在许多方面可以说是意外的）。在很短的时间内，发生了一些怪事，比如短命的罗伊斯人民共和国，它在 1920 年被并入魏玛共和国。

一些家族在 1918 年以后设法调整了自己的方向，为自己找到了新的公共角色。例如，黑森－卡塞尔的弗里德里希·卡尔（Friedrich Karl）亲王当了几个月的芬兰国王，他的儿子菲利普（Philipp）亲王在德意志第三帝国中扮演了不光彩的角色。许多人在退位后过着富足的生活，还有一些人坚持在一定程度上维持着原先作为统治者时的生活。例如，霍亨索伦-锡格马林根家族不得不在位于多瑙河上游的美丽城堡中，看着他们家族的另一个信奉新教的分支成为普鲁士国王。1848年革命之后，他们失去了对自己领地的控制，被普鲁士吞并，几乎没有人提出异议。好消息是，他们被允许保留城堡和霍亨索伦亲王的头衔，他们明智地使用这些筹码。该家族的卡尔·安东（Karl Anton）亲王设法将一个女儿嫁给了葡萄牙国王，将另一个女儿嫁给了比利时国王的儿子，一个儿子在普奥战争中战死，另一个儿子受邀继承西班牙王位——这最终引发了普法战争。从19世纪40年代到19世纪70年代，锡格马林根的邮递员肯定没有一个星期是无聊的。在一场跌宕起伏的王朝政变中，另一个儿子卡罗尔（Carol）首先成为罗马尼亚亲王，然后成为国王卡罗尔一世。奇怪的是，当罗马尼亚在第一次世界大战中加入协约国阵营时，罗马尼亚霍亨索伦家族发现自己与普鲁士霍亨索伦家族成了敌人。虽然战争是一场灾难，但罗马尼亚人得到了回报。威廉二世在外流亡期间，罗马尼亚得到了大片哈布斯堡和俄国的旧领土，霍亨索伦-锡格马林根家族将势力扩张到了黑海。卡罗尔一世出生在锡格马林根的事实，被骄傲地记在城堡上庭院的一块牌匾上。这块牌匾是在1939年安放在那里的，以纪念卡罗尔一世100周年诞辰，而不久之后爆发的战争将最终摧毁这个王朝。

在第二次世界大战期间，锡格马林根获得了恶名，但并非出于自愿，而是纳粹把它作为维希政府的最后一个流亡地——诺曼底登陆后，维希政府无法继续留在法国。霍亨索伦家族剩下的人被赶走，搬进附近的施陶芬贝格家族的一座城堡（由于克劳斯·冯·施陶芬贝格参与了1944年的"七月密谋"，城堡被没收）。维希政府

第十四章

的成员在那间绅士的游戏室里,或在波希米亚玻璃制成的沉重吊灯下来回踱步,假装自己仍在统治法国,并为这一切是谁的错而互相指责——没有什么比这更能说明政治权力的无聊和恐怖了。贝当(Pétain)的私人医生、通敌者、天才的小说家路易-费迪南·塞利纳(Louis-Ferdinand Céline)也在那里,他根据自己的经历写了一部出色但晦涩的小说《一座城堡到另一座城堡》(*Castle to Castle*)。

维希政府表现得仿佛自己仍然在法国人的生活中发挥着某种作用。但事实上,它的成员此时不得不忍受噩梦般的城堡旅行的折磨——这里是金色客厅,因为金丝雀黄色的家具而得名;这里是亲王遗孀的房间,她曾经在这里和她的朋友们一起吃巧克力;这里是绅士的游戏室,请注意黑色石墨天花板,这是划时代的发明。日复一日,他们就这样在城堡里等待盟军的到来,等待被流放或被枪毙的命运。

事实上,随着时间的推移,随着人们真正在这些城堡里居住的时代变得越来越遥远、越来越不可理解,它们可以全部合并成一次旅行,你看到的永远是单调的彩色玻璃、手工缝制的垫子、戴着饰带的人的画像、无法冲水的厕所、破烂的床架、可笑的旧武器、被虫蛀的麋鹿头,最后随着一句"穿过这扇门,就是金色客厅",所有这些都慢慢向一边倾斜,坠入城堡下方的护城河/河流/花园。

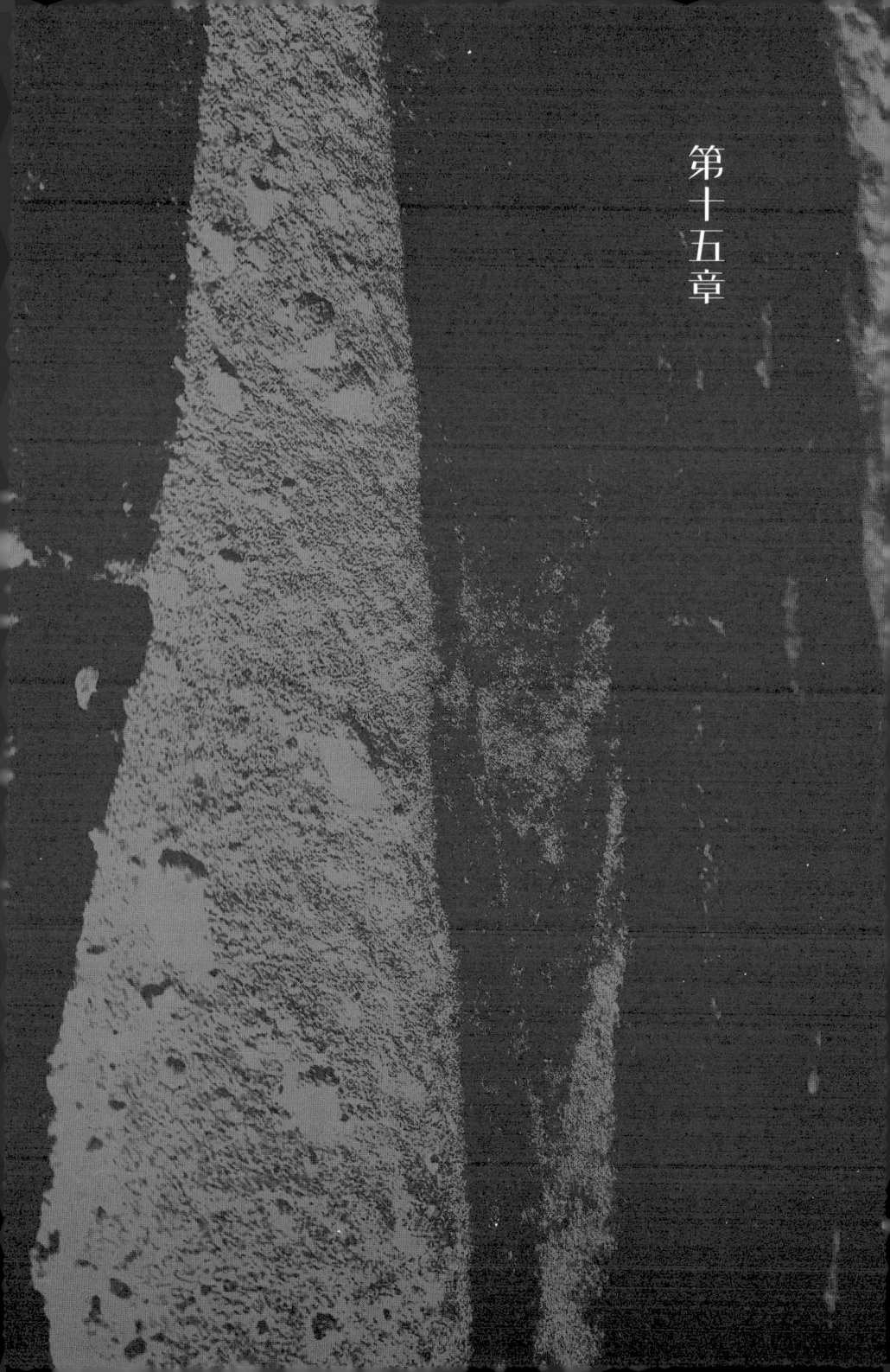

第十五章

在保罗·威格纳导演的德国电影《泥人哥连》中，惊慌失措的人群在中世纪布拉格的街道上狂奔。(*Ullstein Bild/United Archives*)

无聊的湖泊

我曾为不得不在乏味的波罗的海岸边度假的欧洲人感到遗憾，但当我看到生活在芦苇丛生、昆虫成群结队的新锡德尔湖岸边的家庭时，我改变了同情的对象。新锡德尔湖位于奥地利和匈牙利边境，看起来很不自然，而且非常浅，浅到偶尔会消失。当你乘船驶过它时，湖水看起来就像亮晶晶的鸡汤柔和地来回荡漾。在一个干燥的内陆世界，这片水的天堂无论多么无聊，都会受到追捧。它周围的小城在芦苇和泥土中造出一条路来，还在岸边用混凝土修筑了一个度假平台，使度假者可以享受湖水带来的相当有限的快乐。在它的反衬下，波罗的海似乎与夏威夷怀基基海滩一样美丽。

湖的南岸属于匈牙利，虽然可能不适合游泳，但那里的景色相当迷人。作为匈牙利王国的旧属地（1526年奥斯曼帝国消灭匈牙利君主和贵族后，这里归哈布斯堡家族所有），这片湖及岸边的土地是1918年奥匈帝国解体时无数的牺牲品之一。如今，它是德语区的最东端，是伟大的语言边界之一。在过去几年里，如果没有充分的理由，我坚持不到德语核心区之外的地区旅行。对中欧文化不感兴趣的人，自然无法理解这是多么困难的一件事。我一直想去看看罗特的加利西亚、雷佐里的布科维纳、基什（Kiš）的伏伊伏丁那、汉德克（Handke）的卡斯特，以及为鲍尔托克（Bartók）的夜曲带来灵感的乡村。在德语区的最东南端，我发现把自己局限在一个语言圈似乎是不公平的，也是疯狂的，没有任何意义。坐在奥地利的小村庄鲁斯特，喝着南瓜汤，看着无数小虫子在我的衬衫上交配，听着鹳鸟在烟囱顶的巢穴里大声喧闹，我切身感觉到了匈牙利的神奇魅力。鲁斯特距离费尔特拉科什只有一步之遥，但我已经故意把护照留在了维也纳，以防自己真的去那里。我对平静的新锡德尔湖的敌意，可能多多少少与这种困惑和自责有关。

匈牙利王国的居民虽然受匈牙利贵族统治，但他们经常讲德语，从北部的普雷斯堡到厄登堡，还有其他无数的小城市都是如此。这些城市的名字经常以"堡"（burg）结尾，这足以证明1918年奥地利新发明的"布尔根兰"（Burgenland）这个地名的合理性。第一次世界大战结束时，中欧这些地区的居民遭受了非常悲惨的命运。这些地区基本是停滞的农业区，要么位于奥匈帝国内陆，要么像苏台德地区一样，位于和平的、没有威胁的边界。但突然间，它们成了关键的语言和民族的冲突区。新锡德尔湖周围说德语的地区和不说德语的地区的交界处，充分说明了其中的戏剧性。湖的西侧是艾森施塔特，那里有古老的匈牙利贵族和他们的德国、犹太、克罗地亚属民（其中最著名的是海顿和李斯特，不过他们是在更快乐的时期住在那里的）。但在湖的另一侧与更东边的草原之间，坐落着几个种满了葡萄和向日葵的微型城镇，那里有明显的匈牙利特征。那片地区基本就是中世纪德意志移民和匈牙利移民相互冲突的

第十五章

地方，德意志人将那里的斯拉夫人赶到北方（成为捷克人和斯洛伐克人）或南方（成为克罗地亚人和斯洛文尼亚人）。

1918年停战后，哈布斯堡帝国刚刚解体，新锡德尔湖地区就因为归属问题引发了严重的暴力事件和骚乱，因为协约国试图在弱小的新奥地利和同样士气低落的匈牙利之间做出裁决。捷克人玩了一个奇怪的把戏。他们假装自己一直站在战胜国一边，抢占了布尔根兰北部的普雷斯堡，将其改名为"布拉迪斯拉发"。在紧张气氛下举行的剑拔弩张的公投，使厄登堡成为匈牙利领土，改名为"肖普朗"。1921年的海报和传单提醒着人们，政治的变化可以多么迅速和惨烈。奥地利人和匈牙利人的关系一直紧张而尴尬，但他们曾携手打败奥斯曼人，在四个世纪里，对欧洲文化发挥了不可估量的重要作用，并且刚刚一同打了一场世界大战，付出了巨大的牺牲。奥匈帝国的解体在几周内就毁掉了上述的一切。亲奥地利的势力向厄登堡/肖普朗的选民暗示，他们必须在奥地利的"自由、民族团结、繁荣"和匈牙利的"残暴、战争、饥饿"之间做出选择。在另一份传单中，匈牙利被画成一个穿吉卜赛服装的骷髅，正用小提琴弹奏音乐，诱惑天真的厄登堡人，让他们投票加入可恨的匈牙利。这一切与舒伯特的《匈牙利旋律》体现的略显呆板的美感有着天壤之别。成千上万的人最终离开了他们的家园，这种事在此后几十年间变得司空见惯，但对当时的德国人来说还是前所未有的新冲击。随着"冷战"的到来，布拉迪斯拉发和肖普朗的居民过着痛苦的生活，他们意识到这源自他们的父母和祖父母做出的决定。在布尔根兰的其他地方，等到苏联人在1955年离开后，人们又可以开着昂贵的汽车飞驰，享受着洗衣机和冰箱带来的幸福。

新锡德尔湖地区的遭遇只是当时无数灾难中的一个。在1914年之前的世界，语言虽然重要，但不是决定性的；第一次世界大战结束后，出现了以语言统一性为基础的民族国家。人们通过语言民族主义创作了一些优美的歌剧、修建了一些雕像、变更了一些路名之后，就开始积极反对一切被认为不属于民族的东西。语言是捷克斯洛伐克等民族国家存在的唯一理由，但事实上，这个新生的国家使用的语言仍然是大杂烩。即使是相对温和的捷克人，也不得不根据自己的语言民族主义逻辑，严厉打压被视为他者的德语、斯洛伐克语、匈牙利语、波兰语和鲁塞尼亚语。这种有毒的关系最终通过最极端的暴力得到解决。虽然灾难的罪魁祸首是纳粹主义，但无法否认的是，这些新国家的民族主义者从未成功地为他们的国家提供一个稳定、合法的基础。

在奥匈帝国时期，军官们仍然讲各种不同的语言（至少是方言），但语言的多样性逐渐消失。1918年以后，罗马尼亚人强迫匈牙利人和德国人讲罗马尼亚语，捷克人歧视讲德语的人，这样的例子不胜枚举。原本与其他国家关系密切的地区或省份突然变成了被敌国包围的国家，这些新国家的经济实力从来不是特别强大，而且已经遭到战争的削弱，基本陷入崩溃。摆脱经济困境的常规方法（迁移到城市或移民到美国）不再适用，因为城市同样陷入衰退（维也纳在1918年后失去了大约30万居民），而美国则限制了移民。

每个小国都有自己的专制主义意识形态，这种意识形态既令人

第十五章

反感，又非常危险。讲德语的人突然震惊地发现，他们的沙文主义统治语言被新生的国家视为耻辱的标志。在从但泽往南到后来的南斯拉夫的广大中欧地区，德语社区成为被隔绝的少数群体。由于民族主义的影响，各个语言群体相互鄙视。犹太人、吉卜赛人等历史上的边缘群体受害最深。德国人的组织经常在新的边界举行精心设计的仪式，以表达他们的蔑视。布拉迪斯拉发、波森、里加和肖普朗等被认为理应属于德国的城市的命运，总能引发德国人怀旧的泪水，与1871年阿尔萨斯-洛林成为德国领土时法国人的反应并无不同。

即使过了这么长时间，人们仍然对第一次世界大战的结局感到绝望。提到这场战争，人们总是把德国与腐朽的哈布斯堡帝国联系在一起。但就战争的影响而言，更符合逻辑的说法是，哈布斯堡帝国受制于德国愚蠢的、不切实际的目标。哈布斯堡家族只想为杀害皇储并试图破坏波斯尼亚稳定而惩罚塞尔维亚。这可能会引发俄国的干预，之后哈布斯堡家族将败给俄国，然后像往常一样起草条约。但德国狂妄地试图击败统治着世界大部分地区的国家（甚至包括德国军队无法到达的大片重要地区），这注定将给哈布斯堡家族带来灾难。虽然奥匈帝国的军队经常击败意大利人，也遭受了从普热梅希尔围城战（15万人死亡或被俘）到布鲁西洛夫攻势（150万人死亡、受伤或被俘）的一系列惨败，但这些都没有产生太大的影响，这场战争的结局是在其他地方决定的。

虽然哈布斯堡帝国无论如何都会在未来某个时刻崩溃，但在1914年，几乎没有迹象表明它将以如此毁灭性的方式解体。第一次世界大战前的维也纳在任何意义上都不是一座落伍的城市，它看上去很可能有一个美好的未来。它甚至创造了自己的"豪华现代主义"，克利姆特、弗洛伊德、阿尔本·贝尔格（Alban Berg）、约瑟夫·霍夫曼（Josef Hoffmann）、阿道夫·路斯等人在维也纳塑造了欧洲未来流行几十年的艺术风格和思想。一场莫名其妙的战争居然终结了这一切，人们似乎更应该感到愤怒，而不是遗憾。贝尔格在1914年春夏创作的《三首管弦乐小品》的最后一个乐章，以及它拖沓、可怕的军事进行曲的旋律，通常被认为是对即将到来的冲突的精彩预言。但事实是，当时没有人能够真正预见战争的爆发。人们可以批评克利姆特缺乏预见性，因为他的画作错误地预示着，未来将属于半裸的贵妇。第一次世界大战结束后中欧的大多数伟大作品，都或多或少地忽视了政治氛围。仅就音乐而言，鲍尔托克、席曼诺夫斯基（Szymanowski）、雅那切克（Janáček）和勋伯格等在战前或战中已经创造出了属于他们的奇妙的新天地，后来与他们的国家相关的政治安排完全是意外。不管民族主义者如何庆祝新国家的诞生，如果奥匈帝国没有解体，而且俄国没有发生革命，那么这些作曲家很可能只会更加快乐，取得更大的成就。鲍尔托克肯定不会在纽约抱怨美国的早餐麦片，勋伯格也不会在洛杉矶的花园里浇花。

暴动和背带裤

20世纪20年代的柏林是现代社会的经典形象之一。本来死板无趣的普鲁士军事重地，几乎在一夜之间变成了一个罪恶的仙境。

第十五章

格罗斯（George Grosz）、迪克斯和贝克曼（Max Beckmann）的画作中纯粹的暴力能量，以及他们笔下像机器人一样的暴发户、身材臃肿的站街女和在战争中受伤致残的乞丐，生动地定义了那个时期，人们甚至很难想起那可能并不是普通人生活的世界。就我个人而言，我很担心，如果我穿着背带裤，戴着旧式自由军团头盔，笨拙地涂着腮红，站在某个嘈杂房间的角落里，我可能坚持不了多久，而且我显然不会是唯一这么想的人。但是，20世纪20年代更有代表性的形象或许是一个贫穷的家庭，他们在1913年许下的愿望已经破灭，家庭成员的死亡（可能死于战壕、内战、流感或饥饿）和失业使他们的生活一再沉沦。20世纪20年代的柏林，无论在私人层面还是公共层面上，都是一座"鬼城"，它的军事和帝国的心脏都被扯掉并丢弃了。这座城市深受外国人喜爱的狂欢的感觉没有任何根基。

20世纪20年代的柏林至今仍保持着惊人的魅力，这在很大程度上是因为后来发生的一切过于骇人听闻，这十年被看成是一个虚幻但令人愉悦的泡沫，而不是滋生后来事件的温床。这个时代的一些文化成就无疑是值得赞许的，但它们源自柏林奇怪的道德真空，而且肯定无法被视为德国大部分地区的典型特征，有人认为柏林的活力是令人厌恶的松懈和堕落，并加深了魏玛共和国缺乏合法性的印象。弗里茨·朗（Fritz Lang）引人入胜且非常成功的电影（《马布斯博士的遗嘱》《M就是凶手》，特别是令人神魂颠倒的《间谍》），都将柏林和魏玛共和国描绘为推崇罪犯、吸毒和滥交的地方。这样的形象，再加上经济不景气和受挫的民族自豪感，使一些农村和小城市的居民转而支持强调纪律的纳粹。类似地，这个时期的主要艺术家，由于强调邪恶的、色情的、扭曲的或被谋杀的人物形象而使许多德国人感到震惊。后来纳粹禁止所谓"堕落艺术"的展览、移除表现主义的绘画和雕像的做法，得到了普遍支持。精神紧张、不宽容和急于诉诸暴力，是德国先锋派艺术家和纳粹街头暴徒的共同特点。有思想、真正民主的政治家很难大展拳脚，即便是在从德国1926年加入国际联盟到三年后纽约股票市场崩盘之间的短暂时期也不例外。1929年的华尔街股灾意味着，魏玛共和国没有任何机会变得"正常"。

如果想追溯魏玛时期，你应该走走希特勒和他的追随者在1923年11月政变失败时穿过慕尼黑市中心的路线，这是最令人不快的魏玛遗迹之一。希特勒的政变完全是一个笑话，几乎没有人注意到这件事。希特勒宣布巴伐利亚和柏林政府已经不复存在，但除了挟持几名巴伐利亚官员，他和他的同伙在啤酒馆外没有掀起任何波澜。希特勒受到墨索里尼上一年"向罗马进军"的启发（意大利政府在这次行动中垮台），觉得自己可以实现类似的目标。希特勒当时只是一个来自地方的边缘人物和可笑的狂热主义者，但令人惊讶的是，鲁登道夫也是政变中的一个关键人物。鲁登道夫放下了他的侦探小说，在他认为安全的时候从瑞典返回德国。在注重身份的德国世界，一个吃素食的前下士居然能和一个在五年前已经成为德国事实上的军事独裁者的人密谋，这表明在军事失败和经济崩溃之后，生活变得多么混乱。

鲁登道夫意识到现实世界的人对政变漠不关心，于是试图通过

第十五章

在慕尼黑游行来吸引人们的关注。大约 2 000 名纳粹分子聚集在市中心，在游行队伍抵达音乐厅广场和统帅堂之前，警察利用一条狭窄的街道挡住了人群的去路。双方都开了枪，与希特勒牵手往前走的人被打死。考虑到希特勒对第二次世界大战期间数以百万计的人的死负有直接责任，这条阴郁、狭窄的街道或许是世界上最糟糕的地方之一。一个不知名的巴伐利亚警察仅仅射偏了几厘米，否则他有可能阻止此后世界上难以想象的暴力事件的发生。

政变以一种奇怪的方式结束。鲁登道夫以一种古怪的勇气继续前进，直到被捕，希特勒却逃跑了。鲁登道夫从那时起就深深鄙视希特勒。鲁登道夫在审判中被宣告无罪，此后便与纳粹分道扬镳。希特勒触犯了大量法律，本应在监狱里待到 20 世纪 50 年代，但已经渗入德国生活方方面面的有毒思想救了他。一个过分偏袒他的法官给他判了很短的刑期，显然是出于对一个反共、反犹和支持军国主义的右翼分子的认同。公众对审判的关注使希特勒得到了他梦寐以求的舞台，一场近乎滑稽的失败却奠定了欧洲毁灭的基础。

柏林的灯红酒绿和慕尼黑的未遂政变看似是两个极端，但其实都是对 1918 年国家崩溃的典型反应。在英国和美国，数以百万计的战争幸存者回归生活，只是偶尔在聚会饮酒时表现得像老兵。少数人从未从他们的经历中恢复过来。他们或者在巨大的专用医院中度过余生，或者因为永远无法融入战后的世界而倍感痛苦。但大多数人为战斗的结束感到欣慰，对那个可怕时代的价值观没有更多的兴趣（除了被后来人嘲笑的简练的说话方式和整齐划一的行为举止）。这些国家遭受了痛苦，也取得了胜利。但各国对战争结局的反应不尽相同。虽然意大利是战胜国，但许多意大利人认为他们的战争死亡（战死者比例甚至高于英国）象征着政府领导层的可耻失败，这导致了意大利政府的崩溃和墨索里尼的崛起。在1938年之前，墨索里尼在欧洲发挥了比希特勒更可怕的破坏作用，他对和平的威胁不亚于19世纪50年代和60年代的拿破仑三世。

德国人对战败的反应是愤怒和不相信。新政府决定允许从前线返回的士兵在停战后穿过柏林，仿佛他们是胜利者，而不是即将永远被废除的军事传统的残余。这显示了当时混乱的局面，这种混乱直到1945年才平息。当然，德国有许多热爱啤酒、不具威胁性的退伍军人协会，但像慕尼黑聚集在希特勒身边的小团体那样的激进团体无处不在，类似于1918年11月的事件一再上演。如果经济持续好转，这些团体可能会逐渐消失；如果再加上点运气，希特勒可能会被杀或遭监禁（令人吃惊的是，在希特勒入狱期间，原先聚集在他周围的人顶多表现得像南美的军事独裁者，并没有表现出后来的特征。希特勒混乱、疯狂的想法对后来的发展至关重要）。

与这些愤怒的德国人不同，过着安静生活、喜欢反思的德国人仍然存在，但他们没有发挥任何实质性作用。所谓的"候鸟运动"一度风靡德国，成千上万的人徒步旅行，唱歌，点燃篝火。虽然该运动在第一次世界大战之前就出现了，但它在20世纪20年代吸引了大量参与者，当时每条远足小径都挤满了带着特殊的登山杖、吹着口哨的人。（这场运动的余波一直持续到今天，它使徒步旅行成了一项危险活动。在哈茨山区的小城塔勒的山上，我曾试图追随歌德的脚步。开始时，一切都令人愉悦。但到了上午10点左右，许多穿着特殊的荧光登山服的徒步旅行者从山上涌了下来，就像一支滑稽版的兽人军队，我不得不紧紧贴住山崖，给他们让路。）

"候鸟运动"既是对战争的直接回应，也再次表达了大众的浪漫憧憬，同时又得益于此时更便利的交通。火车曾将数百万名士兵送往东线或西线，而此时则装满了快乐的徒步旅行者。"候鸟运动"后来和童子军一起被纳粹禁止了。一些成员热情地转向第三帝国提倡的户外运动，其他人则回归自己的生活。正如德国历史上经常发生的那样，一些人选择住在安静的地方，但不幸的是，这不足以应对其他人的激进行为。

先锋派艺术仍然存在，但能动用的资源大幅减少。德国音乐的活力从不依赖无聊的柏林宫廷，因此人们不觉得有任何损失。1921年，马克斯·埃贡·冯·菲尔斯滕贝格（Max Egon von Fürstenberg）亲王在德国西南的一座小城创办了多瑙埃兴根音乐节，人们在第一届音乐节上第一次听到了魏玛音乐的代表作——保罗·欣德米特（Paul Hindemith）的《室内乐作品一号》。这首节奏欢快的曲子让听众感到幸福。在因为大萧条停办前，音乐家们在音乐节上演奏了各种非凡的音乐。20 世纪 50 年代，音乐节重新举办，人们在音乐节上为马克斯亲王举杯，在他的诞辰日演奏斯特拉文斯基（Stravinsky）、布列兹（Boulez）等的作品。这个奇怪的例子表明，纳粹的统治其实非常短暂。要让人们记住这些文化潮流，而不是仅仅把它们看成是两次世界大战之间无关紧要的小插曲，当然不是一件容易的事；但为了保持理智、分寸感和自身价值，这样做又是至关重要的。

"5，4，3，2，1……"

　　虽然影响范围不及 1914 年，但这个时期德国的文化成就依然可观。包豪斯成功地奠定了现代设计的基础。即使在今天，走在德绍绿树成荫的街头，走过大师们的住宅，人们仍然激动万分。这种轻盈的、不锈钢版本的瓦格纳"整体艺术"式的生活方式，在其他国家也有不同的流派，但很少有人像包豪斯学派的艺术家们这样全心全意投入，这至少部分继承自第一次世界大战前达姆施塔特艺术家村的传统。包豪斯风格塑造了整个时代，从书写纸到工厂无不受其影响，艺术家们疯狂穿梭于不同的学科和思想之间。奥斯卡·施莱默（Oskar Schlemmer）是包豪斯黄金时期的大师之一。他是一名画家和雕塑家，所有作品都采用了包豪斯风格。他与欣德米特合作创作了"三人芭蕾"，舞者穿着色彩鲜明、风格独特的半机器人服装（其中一些服装如今收藏在德国斯图加特新国立美术馆）。施莱默创造了一个具有很强的实验性和创新理念的世界，将包豪斯风格同许多其他艺术实践和价值观联系起来，所有这些都相互交融。

　　像机器人一样的三人芭蕾舞者是对自动装置的普遍热情的一部分，这似乎也是那个时期的特点。1921 年，卡雷尔·恰佩克（Karel Čapek）在捷克语剧本《罗素姆万能机器人》中首次使用了现代意义上的"机器人"一词，而机械的或断断续续移动的人物形象也出现在德国文化中，使其变得新奇、令人震惊和有趣。纳博科夫在小说

第十五章

《王，后，杰克》中设想了一种机器人商店橱窗模特，而施莱默、克莱（Paul Klee）等画家把人画成人体模型或自动装置。两部给人留下深刻印象的德国电影《泥人哥连》和《卡里加里博士的小屋》，营造了恐怖的氛围。当然，最惊悚的非《大都会》莫属。在那部影片中，邪恶的科学家罗特旺制造了一个看起来与女主角玛丽亚一模一样的机器人。

人们当然可以把这些看成是对一个分崩离析、正在走向灾难的世界的回应，而且其中肯定有一些令人不安的东西，尤其是弗里茨·朗的精彩作品。它们还让人们产生了一种德国电影的兴盛期即将结束的绝望感——德国出品优秀有声电影的时间甚至比德国留在国际联盟中的时间还要短。甚至在纳粹上台之前，伟大的导演要么去了好莱坞，要么已经去世。朗的所有电影都超乎寻常地好，不管是默片还是有声片，但最出色的无疑是他的最后一部默片《月里嫦娥》（1929年）。这是一部严肃的科幻片，是根据赫尔曼·奥伯特（Hermann Oberth）的想法拍摄的。奥伯特是一个奇怪的特兰西瓦尼亚萨克森人，他提出了一些突破性的认识——要前往月球，需要用到多级火箭，而且宇航员会在火箭飞行的过程中处于失重状态。这部影片借鉴了这些思想，因此看起来具有极强的现代感（但也有一些奇怪的情节，比如月球有大气层，火箭里的人穿着斜纹软呢的旅行装和实用的鞋子等）。朗对奥伯特的火箭模型给予了极大的关注，并得到了奥伯特所在的太空旅行协会的帮助和建议，该协会一直在柏林郊外的田野上用装满化学物质的小火箭做实验。

该协会得到了《月里嫦娥》的部分营销预算，这使它能建造一些更有野心的东西，如实验性火箭。建造实验性火箭的计划虽然无疾而终，但在对《月里嫦娥》感到兴奋的协会成员中，有一个来自波兰的少年天才沃纳·冯·布劳恩，他是一名难民（移民到其他国家的德国人在火箭研究中发挥了重要作用），此时得到了与奥伯特一起工作的机会。《月里嫦娥》在某种程度上是后来布劳恩的职业生涯的写照，布劳恩取得了辉煌的成就，但在道德上有缺陷。这一点在影片中火箭发射时的"5、4、3、2、1"倒计时中得到了最奇怪的表现，据说这是朗的发明，却成了布劳恩的V-2火箭、双子星座计划和阿波罗计划的一个关键环节。观看《月里嫦娥》是一种复杂的文化体验，这部电影刻画的现代世界比朗的《大都会》真实得多。观众可以通过这部电影联想到北豪森附近V-2火箭工厂的工人墓地，或真正的世纪奇迹——登月。不管是这部在许多方面都显得愚蠢的电影，还是布劳恩的整个职业生涯，乃至在魏玛文化的许多方面，似乎都隐藏着一系列高度复杂、令人不安、而且永远不会得到解决的问题。

科学之死

无论魏玛德国在某些方面有多么强的吸引力，但从总体上看，它给人一种与19世纪末的德国截然不同的停滞感和失败感。一个痛苦而明显的例子是，德国科学技术的神奇世界已经成为过去式。通过怀旧的回顾可以看出，在1914年以前，现代生活在很大程度

第十五章

上是由聪明的个人在大型实验室里创造出来的。德国人在成堆的化学品、机械工具和电气设备中努力从事发明创造。除了像发明了摩托车和汽车的戴姆勒和卡尔·本茨（Karl Benz）、发明了氮肥的哈伯、发明了柴油发动机的鲁道夫·狄塞尔（Rudolf Diesel），或爱因斯坦这样的著名人物，我最喜欢的科学家是恩斯特·海克尔（Ernst Haeckel）。海克尔作为达尔文在德国的主要支持者度过了漫长而成就斐然的一生，并确保进化论在德国被广泛接受（他的作用类似于托马斯·赫胥黎在英国的作用）。他积极、猛烈地抨击宗教，就像今天的理查德·道金斯（Richard Dawkins）一样（在德国，道金斯被称为"新海克尔"），还给人们带去了一些让人非常反感的种族理论。海克尔对显微镜的研究造诣颇深，他热情洋溢的演讲和科学畅销书使业余爱好者和专业人士都开始使用这种仪器。此外，如果科学家的水彩画和素描画可以被视为绘画的一部分，就像"正常"画家的风景画一样，那么他有资格说自己是 19 世纪后期最伟大的德国艺术家，<u>丝毫不逊色于 17 世纪末的梅里安</u>。他画的令人着迷的原生动物、海绵和水母，成了德国新艺术运动的重要灵感来源，它们足以使他在艺术史上占有一席之地。由于从加那利群岛附近的海里捞出的一些与政治毫无关系的柔软的生物，德意志帝国日益僵化的军事氛围被一种飘忽不定的、柔弱的，几乎是装饰性的气氛渗透和破坏，这着实让人心情愉快。

德国科学的优势在于，它是在国家和全球范围内一个极其复杂和顺畅的网络中运行的。实验者可以在耶拿等地找到热情的学生、业余爱好者和资金雄厚的实业家。他们用化学制剂或透镜发明的东西，被转化为越来越复杂的产品，销往世界各地。德国和美国一样，向世界其他国家出口了一系列令人眼花缭乱的实用的商品。这个高度关联的网络在第一次世界大战中被摧毁，几乎没有留下任何痕迹。只有回过头来看时，你才能发现究竟缺失了什么。

让我们继续怀旧。一个有趣而且光荣的遗留物是维也纳自然史博物馆中几乎没有变化的长廊，它保存着1914年以前的重要知识。读者想必都知道，装着奇珍异宝的展示柜对我有莫大的吸引力，而维也纳自然史博物馆则是令人屏息的顶峰（它对自然史的意义相当于埃森一座巨大的高炉对工业史的意义）。如果不考虑入口大厅那头笨重的海象（"1901年在马尔维那斯群岛射杀的"），以及很可能是世界上最大、最可怕的尼罗鳄、恒河鳄和凯门鳄的标本，房间的装饰恐怕才是最令人吃惊的遗迹。装饰风格是维多利亚时代晚期风格，还有一些有趣的自然史笑话，比如恐龙区墙顶的女像柱，她们用肌肉发达的手臂抱着扭动的翼手龙和蛇颈龙。

不过，博物馆的核心展品是矿石，那一箱箱从地表下挖出的坚硬物体令人震惊。这些矿石是许多矿工、研究人员和科学家的工作成果，它们以坚实的形态为人们展示了使德国科学变得伟大的那个复杂世界。墙上挂着一系列以奥匈帝国矿区为主题的画，包括斯洛文尼亚的喀斯特地区、塔特拉山脉、加利西亚的盐矿、1866年落在匈牙利的陨石等，所有这些不同的区域以不同的方式让对矿物感兴趣的人感到兴奋。看着这些画作，我们能够清楚地意识到，世界的分裂是1918年的真正灾难之一。曾经为整个欧洲的工业提供原料，并随着工业革命而不断发展的动脉此时被切断了，原材料无法运出各个自给自足的小国的国界，这些小国此时深陷经济危机的泥潭。这些画展示的、曾经为奥匈帝国的工业扩张提供动力的整个中欧的资源都消失不见了。更糟糕的是，德国的汽车工业虽然在20世纪20年代初经历了快速增长，但这只是回光返照，它的供应商已经消失，原来的市场或者敌视德国汽车，或者已经崩溃。德国的科学-工业-商业梦就这样化为泡影。掌权后的纳粹试图通过卑鄙的暴力，并借助德国科学残余的机器和燃料来重新创造它，但最后以失败和道德灾难收场。在1914年之前使欧洲变得富有创造力和繁荣的统一市场，直到1989年以后才在完全不同的条件下逐渐重新回到人们的视野中。

在魏玛时期，科学并没有完全消亡，人们试图通过许多善意的行动和国际会议复兴科学。爱因斯坦成为瑞士公民后，仍与魏玛共和国保持着频繁的接触，但衰落感、反犹太主义和挫折感使他难以忍受，最终在1933年移居美国。虽然纳粹一再申明他们不反对现代性和科学，但反犹太主义是他们更核心的价值。虽然一再遭受挫折，而且身处经济危机中，但犹太裔科学家和一些更信奉自由的同事仍然努力保持德国科学的高水准，然而这些人后来都逐渐离开了德国。这种技术转移对英国和美国而言是非常重要的，这两个国家的科学甚至因此走上了不同的发展道路。

最后的阵痛

大萧条不仅使德国迅速失去了用以维持自身稳定的美国贷款，

还使许多公民失去了对魏玛共和国本就薄弱的义务感，这场经济危机是导致德国最终毁灭了欧洲和它自己的一个决定性因素。这场灾难在兴登堡惊愕的目光中一步步发展，他从1925年起开始担任德国总统。其他国家也有军人在重要选举中获胜的例子，如法国的戴高乐，英国的威灵顿，美国的杰克逊、扎卡里·泰勒（Zachary Taylor）、格兰特（Grant）和艾森豪威尔（Eisenhower），这未必是坏事。然而，兴登堡的奇怪之处在于，他和鲁登道夫曾经在第一次世界大战中把德国引向灾难。在战争后期，他们本来有机会缔结一份比最终的停战协定好得多的和约，但他们没有这么做。虽然鲁登道夫帮助在巴伐利亚默默无闻的希特勒获得了全国性的关注，但真正赋予希特勒权力的是兴登堡，虽然他确实犹豫了很长时间。对兴登堡的崇拜表明，魏玛共和国继承了对战争的危险和愚蠢的看法，并进一步强化了德国没有真正失败的想法。兴登堡认真对待自己的工作，既不信任，也不喜欢希特勒，并试图保持某种形式的民主政府。但他已经筋疲力尽，而且年事已高，健康不佳。他在1932年参加选举只是因为他是唯一有能力阻止希特勒的人，这无疑表明在1933年初希特勒夺取政权之前，共和国已经名存实亡。

战争、《凡尔赛和约》、恶性通货膨胀、大萧条……一个接一个的灾难足以使许多德国家庭陷入集体精神崩溃，深入挖掘根源完全没有意义。1914年的德国是一个正常国家，基本上和欧洲大陆其他国家一样，存在着种族主义、军事崇拜和对丑陋的公共建筑的喜爱。而在之前的几十年里，神秘主义、宿命论或疯狂的运动在欧洲无处不在。我们不妨玩一个奇怪的想象游戏，假设1918年落魄的是英国，那么德国作家同样会为唯我论、中世纪主义和拉斐尔前派的傲慢与反民主的态度感到不寒而栗，为布尔战争中展示的对人类生命的惊人漠视、暴力、虚伪和贪婪感到深恶痛绝，会在纽博尔特（Newbolt）、吉卜林、丘吉尔、吉尔伯特（Gilbert）和沙利文（Sullivan）的作品中发现绝对无法接受的迹象和象征。在许多方面，英国和德国曾是一对疯狂的双胞胎，这两个欧洲新教大国共享许多思想，都痴迷经济和科学，并且有着与蒙古人一样的优越感。它们同情非英国或非德国的国家，有着强烈的帝国使命感（奥地利人和英国人的使命感更强，但德国人也不遑多让），对军事有着令人恐惧和愤怒（对不喜欢军事的人而言）的热情——英国是海军，德国是陆军。

两国截然不同的命运可以归于第一次世界大战的过程和后果，而不是德国人或奥地利人走了什么"特殊道路"。虽然从1914年开始，欧洲大部分地区遭受了令人震惊的挫折，但总有许多德国人拒绝将暴力当作打破越来越可怕的僵局的手段。雷马克的《西线无战事》与容格尔的《钢铁风暴》都反映了许多德国人对战争的态度。相当多的德国人厌恶当时社会日益普遍的暴力行为。当战争结束时，随着数百万名士兵返乡，德国很容易再次成为一个军国主义国家，无论这些退伍军人是支持还是反对战后的革命。但实际上，大多数退伍军人组织只是大家聚在一起喝酒的俱乐部。虽然许多人相信"背后一刀"的传说，但这不一定伴随着恶行。

一个奇怪的例子是库尔特·冯·施莱歇（Kurt von Schleicher）。他是一个诡计多端的君主主义者、前将军，是希特勒上台前的最后一位总理，是他自己上台前的高度不稳定的政府中的实权人物。施莱歇本来可以成为中欧或南美式的军事独裁者。他对军装和游行的痴迷程度不亚于纳粹，但实际上他试图与左派合作，并认为德国可能需要霍亨索伦家族的回归才能恢复正常。施莱歇缺乏追随者，也没有足够的魅力，而兴登堡错误地解雇了他，这是一个可怕的错误。经过一番波折后，兴登堡用希特勒取代了他，因为传统右翼认为他们可以控制希特勒，但他们显然高估了自己的实力。施莱歇的德国肯定有侵略性，会破坏《凡尔赛和约》，也可能威胁邻国，但肯定没有纳粹政府的"巴巴罗萨行动"、强迫劳动和毒气室。顺便说一句，纳粹党在 1932 年仅相隔三个月的两次选举之间，失去了大约 200 万名选民，如果不是外部环境对它有利，它完全有可能逐渐消亡。1934 年，施莱歇与希特勒的许多其他主要敌人一起被谋杀。

人们反复强调，20 世纪 30 年代德国的悲剧在于绝大多数人未能合作抵制纳粹。无法做到这一点的根源当然是共和国的性质，但这更像是一个可悲的既定事实，而不是制造悲剧的材料。这一点在约翰·哈特菲尔德（John Heartfield）的蒙太奇摄影作品中表现得再清楚不过。这位杰出的共产主义艺术家在第一次世界大战期间改名为赫尔穆特·哈特菲尔德（Helmut Heartfield），以抗议德国狂热的民族主义和反英情绪。这种古怪但可爱的姿态表明，即使在爱国主义的旋涡中，也有比乍看起来更大的多样性。他为《工人画报》（AIZ）拍摄的照片先在柏林出版，在纳粹夺取政权后又在布拉格出版。这些照片仍然是反抗希特勒的那个德国最痛苦、最有说

第十五章

服力的图像——戈林是一个疯狂的屠夫，一棵圣诞树的树枝被折成了纳粹的标志，希特勒的身体里塞满了金币。

他的许多摄影作品是伟大的艺术，但他的看法几乎全是错的。按时间顺序看他为《工人画报》拍摄的作品，人们可以发现，他认为社会民主党和纳粹党一样坏，希特勒只是大企业的傀儡，希特勒（用"鬼脸天蛾"表示）是其魏玛时代的前辈艾伯特（用"毛虫"表示）和兴登堡（用"蛹"表示）的直系后代，等时机成熟，希特勒将被愤怒的工人推翻。1933年初，哈特菲尔德用通过蒙太奇摄影手法表现的梦境向《工人画报》的50万名左右的读者祝愿新年快乐，在梦中，社会民主党人特奥多尔·莱帕特（Theodor Leipart）和希特勒同时从山坡上滚下，而这是希特勒夺取政权，逮捕莱帕特，关闭《工人画报》，镇压反对他的社会民主党人和共产党人几周前的事。莱帕特和希特勒应该遭遇相同命运的一厢情愿的想法，反映了德国生活中一个强大而毫无益处的部分。

德国在1919年的共产主义革命经验，以及有产阶级对苏联的恐惧意味着，如果国家打算对付他们，德国的共产主义者实际上是非常脆弱的。在通过完全非法的手段巩固了自己的权力之后，希特勒通过镇压共产党人和结束魏玛时期的分裂，成为数百万人的偶像，而这些人以前做梦都不会想投票给他。《工人画报》的部分读者被捕，部分读者逃亡，还有一部分转向纳粹。一些人经过无数波折发现自己得到苏联的保护，在1945年甚至处在可以实施自己的想法的位置上，但他们的国家和大陆早已面目全非，无法辨认。

结　语

　　行文至此，落笔为终，正如使德国成为这样一个卓越国度的每个人都有结束的一天一样。1933年初在德国夺取权力的势力是善的绝对对立面，他们与过往的一切彻底决裂。1931年春，纳博科夫在柏林创作的小说《黑暗中的笑声》，使我们有机会看这个旧德国最后一眼（出于相同的原因，20世纪20年代末和30年代初的电影同样具有极高的价值，远远超出其创作者的意图）。《黑暗中的笑声》讲述的是一个残酷的爱情故事，但在背景中出现了魏玛时代的柏林，出现了电话、冰箱、有声电影、摩托车、霓虹灯和舞厅。人们总希望能绕过小说中的人物，多看看他们生活的那个相对美好的柏林。他们去柏林体育宫只是为了看一场冰球比赛，而不是参加纳粹的群众集会。他们仍然是一个四分五裂、不快乐但多元的德国的公民，这个德国的总理布吕宁是天主教徒，辛勤工作，蔑视纳粹，但就像同时代的美国总统胡佛一样，被大萧条搞得焦头烂额（而且后果更严重）。此时的柏林体育宫仍在为处于政治光谱不同位置的大量政治团体举办集会，这里还不是戈培尔发表那篇臭名昭著的演说的舞台，也还没有成为停放着一排排空袭遇难者尸体的地方。事实上，《黑暗中的笑声》只是轻描淡写地提到了来自愤怒的共产主义团体的政治威胁，而这是当时常见的灾难性的错误判断。

　　纳博科夫在柏林一直待到1937年，然后不得不再次踏上旅程，这将使他成为伟大的英语作家。但早在希特勒上台后不久,第一批不情愿、受惊吓的流亡者便陆续离开了德国。贝托尔特·布莱希特(Bertolt Brecht)去了斯堪的纳维亚半岛,马克斯·贝克曼去了阿姆斯特丹,瓦尔特·格罗皮乌斯去了伦敦,托马斯·曼去了瑞士,拉斯洛·莫霍利-纳吉(László Moholy-Nagy)和约瑟夫·罗特去了巴黎,布鲁诺·瓦尔特(Bruno Walter)去了维也纳,约翰·哈特菲尔德去了布拉格。一些人最终在美国或英国顺利地开始了新的职业生涯,另一些人则被纳粹驱使着从一个国家搬到另一个国家,还有一些人从此一蹶不振。我们同样无法忽视那些可怕的悲剧。1942年,斯蒂芬·茨威格和他的妻子在巴西双双自杀,他那些杰出的小说和传记未能挽救他的生命;1940年,瓦尔特·本雅明(Walter Benjamin)在法国和西班牙边境自杀;达达主义重要的艺术家库尔特·施维特斯(Kurt Schwitters)被迫与妻子分离,与整个世界隔绝(这个世界曾使他成为"战间期"最和蔼可亲的人物之一),于1948年在英国湖区默默无闻地去世。

当然,这些人物无法被视为代表性人物,因为他们的名气和工作至少使他们能够移居海外。但考虑到本书阐述的是我个人的观点,我非常喜欢这些人创造的东西,无法想象如果没有他们,我的生活会变成什么样子,因此我只能对在这里结束本书表示遗憾。德国现代史上的许多东西,比如创造性的讽刺、紧张的能量、旺盛的精力和奇怪的情绪,在短短几周内就消失了,取而代之的是一种相信救世主的幼稚思想。纳粹政权的极端暴力是直接的、全新的,但当时的人无法理解这一点,因为等到政权真正稳定后,接下来的事情变得更加糟糕，所有德国人（然后是大多数欧洲人）被分为肇事者、旁观者和受害者，这样的残酷分类令后人痛苦不已。纳粹主义将对历史的怀旧与工业化融合在一起的做法是前所未有的。几个世纪以来在德国土地上发生的暴行、屠杀和瘟疫，远远无法与新时代的邪恶相提并论。讲述逸事和开玩笑已经不可能了，我只能就此打住。

尾 声

在 山 中

本书可以在很多地方结束,古老的哈茨小城哈尔伯施塔特便是其中之一。在第二次世界大战最后的日子里,这个在当时还十分美丽的地方挡在美军前进的道路上。战争大局已定,盟军撒下传单,要求该市在市政厅挂上白旗,表示它已经投降。管理哈尔伯施塔特的纳粹分子做出了一个现在看来让人难以理解的决定(不过当时类似的决定数不胜数),他们拒绝投降。盟军出动一架飞机飞到城市上空，发现没有挂白旗后，在几分钟内几乎摧毁了这座小城。这片废墟随后被移交给苏联人，成为民主德国的一部分。如今，哈尔伯施塔特看起来就像哈雷、克滕或勃兰登堡等东部城市一样，永远无法恢复原貌。这里的居民经历了太多，太多人只想一走了之。人们花了许多时间来重建老城区的部分地区，但他们缺乏资金，而且力量有限。当地人在一座教堂里举办了一场非常奇怪的管风琴音乐会——以极慢的速度演奏音乐家约翰·凯奇（John Cage）的《尽可能慢》（或《越慢越好》）。音乐会始于 2001 年，计划于 2640 年 9 月 5 日结束。为了确保在下一次换调时在场，你必须提前几年订票。值得说明的是，这首曲子是由机械而不是几个世纪以来那些平庸的管风琴师演奏的。虽然凯奇的作品非常出色，但对于现代的哈尔伯施塔特来说，它相当残酷。

这座小城的南部是明镜山，海拔不高，有着德国常见的令人愉悦的林地景观，常见的小动物在灌木丛中窜来窜去。但在那里，你也可以找到德国各种令人悲伤的主题。山上有 18 世纪普鲁士诗人路德维希·格莱姆（Ludwig Gleim）提议建造的公园，他的《掷弹兵的普鲁士战歌》（*The Grenadier's Prussian War Songs*）颂扬了弗里德里希二世在七年战争中的胜利，并为接下来两个世纪的德意志民族主义诗人提供了灵感。他的诗歌中，有些美丽，有些空虚，有些糟糕，但几乎所有诗都被后来的事件玷污了。当年的建筑和公园已经被泥土、枯叶和苔藓覆盖，甚至难以确定它们原来是什么。格莱姆受沃利茨如梦如幻的大公园启发，建造了一座小公园供他的朋友们玩乐。岁月的流逝使昔日美丽的公园变得面目全非，人们很

尾　声

难不感慨逝去的时间和事件的残酷。

与俾斯麦相比，格莱姆在明镜山留下的遗产就显得微不足道了。俾斯麦死后，德国各地兴建了数百座所谓的"俾斯麦塔"。如今，它们已经被遗弃、被封锁，完全不受关注和喜爱。这些塔看起来就像中世纪城堡和灯塔的混合体，其中一些出自世界上最糟糕的建筑师布鲁诺·施米茨之手，就像他在科布伦茨修建的无聊的威廉一世雕像一样。一些塔被炸毁，一些已经倒塌，但大多数保留到了今天。德绍的俾斯麦塔被彻底改头换面，俾斯麦的头像和名字被换成了席勒的。哈尔伯施塔特的俾斯麦塔仍然保持原貌，在特殊的场合，塔顶会点燃巨大的火焰，周边几千米范围内的人都能看到，这种行为颇具如尼文、矮人、瓦格纳和异教徒的色彩。当然，点火仪式早就停止了。如今，只有涂鸦者才是这座塔的忠实拥趸。虽然这座塔现在已经无人理会，但在20世纪上半叶，它是当地的标志性建筑，当时所有哈尔伯施塔特人在特殊场合一定会带着他们兴奋的孩子去那里——就毫无意义的象征物这点而言，哈尔伯施塔特的俾斯麦塔是很难被超越的。

阴郁的象征物在明镜山随处可见，其中最特别的是一座隐蔽的苏联公墓。类似的公墓遍布原本属于民主德国的地区，当苏联解体时，德国政府承诺将保护并维护这些墓地，这是双方讨论的一个重要主题。它们看起来都一样（除了维也纳和柏林的墓地有大型纪念碑），一排排的小墓碑上各有一颗红星。一些公墓位于显眼的地方，例如，艾斯莱本的苏联公墓远远就能望见。还有一些公墓的位置是经过深思熟虑后的具有象征意义的选择，如位于魏玛公爵公园的美丽墓地——随着时间的推移，它的意义变得更加丰富。

哈尔伯施塔特的公墓尤其令人悲伤，因为它如此隐蔽。在美国人将这座城市移交给苏联人后，这里发生了三十年战争以后从未有过的暴力事件，这是它经历的最后一场灾难，此后一直在缓慢恢复——整个欧洲都是这样。

孟德尔雕像

本书也可以在施瓦本格明德结束，这是一座美丽而略显沉闷的小城，是美国一个导弹团的驻地，也是创作了《华盛顿横渡特拉华河》的画家埃玛纽埃尔·洛伊策（Emanuel Leutze）的出生地。

这座小城后面的山上有一座非常奇怪的建筑，那里曾住着一名隐士。他死后，17世纪的人在他隐居的山洞旁的悬崖边建了一座小教堂。教堂部分采用反宗教改革时期的标准设计，部分依托于周边的岩石。这是一个沉闷的地方，弥漫着迷信的气息，只有猫、甲虫和一些非常有攻击性的红尾鸲才让它有了些许生气。不过，这座小教堂意外地与著名建筑师高迪的风格非常相似。在通往小教堂的路上，有几幅令人震撼的真人大小的苦路像[①]，这些生动展示民间信仰的画对现代世界构成了一种令人不安的挑战。在这里，人们绝对不会想起施瓦本格明德。如果你抬头看山，你一定觉得山上还有

---

① 描述耶稣受难和死亡的画。——译者注

尾　声

其他山洞，那里也许住着被施了魔法的沉睡者。与哈尔伯施塔特不同，施瓦本格明德受战争的影响甚微，经过几年的重建，它与原联邦德国的其他地区一样，又繁荣了起来。

我在城中的一座小公园闲逛，寻找令人惊讶的纪念品。像往常一样，我得到了回报，这次是格雷戈尔·孟德尔（Gregor Mendel）的青铜雕像。我对孟德尔知之甚少，只知道他是摩拉维亚的修士和现代遗传学之父。我不明白为什么他的雕像会出现在远离摩拉维亚的施瓦本格明德。原来，雕像是由摩拉维亚出身的德国人所立，他们是在第二次世界大战结束后被逐出捷克斯洛伐克的 300 万德国人中的一部分。驱逐德国人部分是出于报复，部分是为了确保不会再次出现"苏台德问题"。像其他未遭到破坏的城市一样，施瓦本格明德也挤满了被驱逐者，其中大部分来自布尔诺（当时称"布吕恩"）。孟德尔于 1884 年去世（雅那切克在他的葬礼上演奏了风琴），他的研究成果为一门科学奠定了基础，而这门科学使纳粹可笑的种族观念看起来荒谬无比。

但是，从他生活的世界到导致他的雕像被立在一座小城的一连串事件之间，还有很长的距离。当年被驱逐出布尔诺的难民现在已经垂垂老矣，"摩拉维亚的德国人"似乎已经是一个历史名词。但弗洛伊德出生在摩拉维亚，马勒在那里度过了童年，它并不是世界上一个无足轻重的小地方。"铁幕"切断了被驱逐者（他们来自从爱沙尼亚到南斯拉夫的广大地区）与欧洲中部的联系。不仅如此，驱逐本身就是一种创伤和耻辱，没有人知道到底有多少人死于这个过程中（至少 50 万，可能更多）。令希特勒耿耿于怀的"不公正"

的边界问题，和所谓的作为少数族裔的被压迫的德国人回归祖国的问题，通过驱逐一劳永逸地解决了，但代价是巨大的。

驱逐行动背后有一种种族主义的逻辑（纳粹可能会表示赞同），但考虑到之前的情况，人们很难对驱逐提出抗议。不过，这显然是另一个标志着欧洲衰落的举动，是始于19世纪，止于犹太人大屠杀的民族主义思想的体现。当德国妄图成为整个欧洲的殖民宗主国的计划被挫败后，他们不得不吞下苦果，这与法国人被驱逐出阿尔及利亚或比利时人被驱逐出刚果没有什么不同。其结果是，欧洲人出现了一系列无聊的、缺乏创造性的民族国家，但至少它们不再相互冲突——巴尔干地区是一个例外。

我不太清楚为什么我觉得孟德尔的雕像如此令人不安，毕竟那里还有许多其他被驱逐者的纪念碑。也许是因为他的清白，也许是因为他来自错综复杂的哈布斯堡世界，而这个世界被后来的一连串事件埋没了。现代中欧是不是与1914年之前的那个荣耀的犹太教、天主教、新教/德意志、斯拉夫世界断裂了？正如今天的历史学家认为大饥荒和黑死病之前的欧洲文明在许多方面与它憔悴的后继者不同一样，未来的人们是否会认为我们的世界只是一个伟大文明自我毁灭后的余烬？

慕尼黑宫廷啤酒馆

慕尼黑的宫廷啤酒馆是对德国人的基本考验之一，它能迅速淘

尾　声

汰那些无法忍受这种特殊文明模式的人。对于那些想在放松、惬意的意式小餐馆用餐，或在英式传统酒吧安安静静喝淡啤酒的外国人来说，宫廷啤酒馆的集体感和粗俗程度不亚于人间地狱。酒馆经营者巧妙地利用传统服装、性感身材和德国传统乐队，使数百名以男性为主的客人陷入歇斯底里的狂欢之中。到了晚上，喧闹的说话声升级为清晰而持续的嘶吼声，伴随着啤酒杯和托盘掉落的碰撞声，以及顾客从座位上倒下时旁边人迸发的笑声和尖叫声。

我可能永远无法适应慕尼黑。一些地方被纳粹主义永远毁掉了，慕尼黑就是其中之一。如果纳粹德国得以幸存，那么这座城市将成为现代的伯利恒，与巴伐利亚州另外两个所谓的纳粹"圣地"纽伦堡和贝希特斯加登并驾齐驱。纳粹党全国总部褐宫、安置1923年啤酒馆政变参与者携带的"血旗"的地方、那场政变开始的贝格勃劳凯勒啤酒馆、埋葬着政变死者的"荣誉圣殿"，以及希特勒在慕尼黑停留或发表演讲的各个地方，都将成为所谓"圣地"。其中，宫廷啤酒馆将占据重要地位——1920年，希特勒在那里提出了纳粹学说的基本原则，而且它一直是希特勒及其随从在慕尼黑最喜欢去的地方（该啤酒馆的网站对这些只字未提）。

慕尼黑的大部分纳粹建筑都被摧毁了。褐宫毁于盟军的轰炸中，贝格勃劳凯勒啤酒馆在1939年被勇敢的格奥尔格·埃尔泽（Georg Elser）用炸弹炸毁（他的目标可能是希特勒），"荣誉圣殿"被讨厌它的美国军事行政人员下令摧毁（如今，废墟上长满了野草，看起来非常漂亮）。宫廷啤酒馆也一度被摧毁，但与其他建筑不同的是，它被重建了，用来提醒人们要警惕产生希特勒的文化。

我在那里待了一晚上，得到了满意的回报。歇斯底里的情绪越来越浓，外国商人排成康加舞队，摇摆着经过德国传统乐队，同时兴奋地大笑不止。看着洗手间前排起的长龙，我觉得是时候离开了。就在这时，奇妙的事情发生了。一个日本商人或游客给了乐队一笔小费，这样他就可以醉醺醺地"指挥"他们演奏一首曲子。这样的事经常发生。就在几分钟前，一个面色红润、情绪激动的澳大利亚人"指挥"乐队演奏了《瓦尔森·马蒂尔德》（澳大利亚民谣）。但那个日本人很出色，他要求乐队演奏肖斯塔科维奇的《第二圆舞曲》。这首曲子因为斯坦利·库布里克的最后一部电影《大开眼戒》[改编自施尼茨勒的小说《梦幻故事》（Dream Story）]而出名。听着这首奇妙而古怪的舞曲，我的心中泛起了一丝不和谐感。我一直很喜欢施尼茨勒，我在工作中曾以库布里克的电影为借口，重新出版了施尼茨勒的一些作品。这些书的销量不佳，部分是受这部电影口碑的拖累。但后来，我终于意识到真正令人震惊的是什么。在这里，在纳粹思想的发源地之一，一支传统的巴伐利亚乐队正在演奏一首由苏联作曲家创作的受美国爵士乐影响的舞曲，这首曲子因为一名犹太裔美国导演拍摄的影片而出名，影片改编自一部奥地利犹太作家的小说，影片的主演是一个著名的科学教信徒和一名美丽的澳大利亚女性。我没有资格说这首乐曲抹掉了过去，但我非常高兴地想象，第二次世界大战前经常光顾贝格勃劳凯勒啤酒馆的客人们听到这首曲子时，会多么愤怒。我突然明白了德国人为了让人们忘记过去，为了弥补曾经犯下的错误和罪行，在经济、文化和思想方面付出了多么大的努力来重新定义德国人的身份认同。在21世纪

尾　声

初的混乱环境中，你也能感觉到人们每天都采取行动以建设一个新世界。得益于他们的努力，慕尼黑不再仅仅是纳粹主义的发源地，而成了一座更加丰富多彩的城市。但后来当乐队开始演奏《洛蒙德湖》（苏格兰民谣）时，我又点了一杯啤酒——这显然是一个错误的决定。

参考文献

本部分旨在介绍我在完成本书的过程中参考的全部书籍资料，包括一部分小说和故事集，其中有一些我在正文中有所提及，另一部分则融于全书行文之中。然而，书中所涉及的大量宣传册、迷你旅游指南和其他论文则未一一列出。其中一部分文献（如约翰·艾略特·加德纳关于音乐家许茨的论著等）具有至关重要的作用。

优秀的网站资源也是本书的参考资料来源之一——德国的每一座城镇和城堡都配有介绍网站，其中一些只是空洞的泛泛之谈，另一些则十分具有参考价值。本书中提到的几乎所有照片都来自相应的网站。或许其中最有价值的网站当数马克·哈特莱（Mark Hatlie）的 www.sites-of-memory.de，但其他专业性网站也同样提供了很大帮助，如 www.bismarcktuerme.de 或 www.almanachdegotha.org。网站 www.wikipedia.org 则协助我方便浏览各个贵族家庭的谱系，这些网站还配备了有趣的人物肖像插图，与可怕的老式印刷家谱相比，这是一项惊人的技术进步。在查阅文献的过程中，另一个重要发现是托马斯·霍克曼（Thomas Höckmann）的神圣罗马帝国系列电子地图《德国 1789》，这为了解那些令人眼花缭乱的微小领土问题增添了轻松和愉悦之感（www.hoeckmann.de）。不论是细致搜索那些符腾堡公爵的领地分布细节（这些复杂地理条件的限制确实会令人发疯），还是探寻诸如埃尔旺根公国的历史资料，都能够令人感到方便快捷。

最重要的文献来源还包括戈登·麦克拉克伦（Gordon McLachlan）的各个版本的《德国旅游概览手册》（*Rough Guide to Germany*，最新版为 2004 年在伦敦出版的第六版），其出众的文字水准甚至可以与杰出的文学作品相媲美。我从未见过麦克拉克伦本人，但对他充满敬意，每一次再版的大量细节变动都体现了他的专注与心血（但不知出于何种原因，第六版中删去了贝恩堡的相关介绍）。很多时候，他的热情近乎疯狂——即便一座小镇的唯一亮点是一处略显古怪的喷泉，似乎也值得人们逗留两三天。但这本书仍然充满智慧，包罗万象，并且能够引起读者的强烈兴趣。假如缺少它的帮助，本书便无法顺利完成。

我在此列出的出版物的出版地点和日期是我碰巧拥有的版本的。本着实事求是和前后一致的精神，所有德文书籍也包含在其中——纯粹是因为书中的精美图片为我提供了很大的帮助。

参考文献

Uli Arnold et al., *Grünes Gewölbe Dresden* (Leipzig, 1986)
Ronald G. Asch, *The Thirty Years War: The Holy Roman Empire and Europe, 1618–48* (Basingstoke, 1997)
David Attenborough et al., *Amazing Rare Things: The Art of Natural History in the Age of Discovery* (London, 2007)

Erich Bachmann et al., *The Würzburg Residence and Court Gardens* (Munich, 1992)
Richard Barber, *The Penguin Guide to Medieval Europe* (Harmondsworth, 1984)
Robert Bartlett, *The Making of Europe: Conquest, Colonization and Cultural Change, 950–1350* (Princeton, 1993)
C .A. Bayley, *The Birth of the Modern World, 1780–1914* (Oxford, 2004)
Hans Belting, *The Germans and Their Art: A Troublesome Relationship* (New Haven and London, 1998)
John Berger, *Dürer* (Cologne, 1994)
Thomas Bernhard, *Concrete*, trans. David McLintock (London, 1989)
Thomas Bernhard, *Old Masters: A Comedy*, trans. Ewald Osers (London, 1989)
Thomas Bernhard, *Yes*, trans. Ewald Osers (Chicago, 1992)
David Blackbourn, *The Conquest of Nature: Water, Landscape and the Making of Modern Germany* (New York, 2006)
David Blackbourn, *History of Germany 1780–1918: The Long Nineteenth Century*, 2nd edition (Oxford, 2003)
T. M. W. Blanning, *The Culture of Power and the Power of Culture: Old Regime Europe 1660–1789* (Oxford, 2002)
T. M. W. Blanning, *Joseph II* (Harlow, 1994)
Tim [T. M. W.] Blanning, *The Pursuit of Glory: Europe 1648–1815* (London, 2007)

T. M. W. Blanning, *Reform and Revolution in Mainz, 1743–1803* (Cambridge, 1974)
Richard Bonney, *The European Dynastic States 1494–1660* (Oxford, 1991)
Douglas Botting, *In the Ruins of the Reich* (London, 1985)
Brian Boyd, *Vladimir Nabokov: The Russian Years* (Princeton, 1990)
Sir Thomas Browne, *Selected Writings*, ed. Sir Geoffrey Keynes (Chicago, 1968)
W. H. Bruford, *Germany in the Eighteenth Century: The Social Background of the Literary Revival* (Cambridge, 1959)

Elias Canetti, *Crowds and Power*, trans. Carol Stewart (London, 1962)
Eric Christiansen, *The Northern Crusades: The Baltic and the Catholic Frontier, 1100–1525* (Basingstoke, 1980)
Christopher Clark, *Iron Kingdom: The Rise and Downfall of Prussia, 1600–1947* (London, 2006)
Christopher Clark, *Wilhelm II* (Harlow, 2000)
Kenneth John Conant, *Carolingian and Romanesque Architecture, 800–1200* (Harmondsworth, 1959)
Kevin Cramer, *The Thirty Years' War and German Memory in the Nineteenth Century* (Lincoln and London, 2007)
Edward Crankshaw, *Bismarck* (London, 1981)
Matthew Craske, *Art in Europe 1700–1830* (Oxford, 1997)
Charles D. Cuttler, *Northern Painting: From Pucelle to Bruegel* (New York, 1968)

Sybille Ebert-Schifferer, *Hessisches Landesmuseum Darmstadt* (Fondation Paribas, 1996)
Mark Edmundson, *The Death of Sigmund Freud: Fascism, Psychoanalysis and the Rise of Fundamentalism* (London, 2007)

Erich Egg, *Hofkirche in Innsbruck. Das Grabmal Kaiser Maximilians I* (Innsbruck, 1993)
Joseph von Eichendorff, *Life of a Good-for-Nothing*, trans. J. G. Nichols (London, 2002)
Einhard and Notker the Stammerer, *Two Lives of Charlemagne*, trans. Lewis Thorpe (Harmondsworth, 1969)
Amos Elon, *The Pity of It All: A History of Jews in Germany, 1743–1933* (New York, 2002)
R. J. W. Evans, *Austria, Hungary and the Habsburgs: Central Europe c. 1683–1867* (Oxford, 2006)
Richard J. Evans, *The Coming of the Third Reich* (London, 2003)

Niall Ferguson, *The Pity of War, 1914–1918* (London, 1998)
Theodor Fontane, *Before the Storm: A Novel of the Winter of 1812–13*, trans. R. J. Hollingdale (Oxford, 1985)
Theodor Fontane, *Two Novellas: The Woman Taken in Adultery* and *The Poggenpuhl Family*, trans. Gabriele Annan (Chicago, 1989)
George Macdonald Fraser, *Royal Flash. From* The Flashman Papers, *1842–43 and 1847–48* (London, 1970)
David Freedberg, *The Eye of the Lynx: Galileo, His Friends, and the Beginnings of Modern Natural History* (Chicago, 2002)
Robert I. Frost, *The Northern Wars 1558–1721* (Harlow, 2000)
Horst Fuhrmann, *Germany in the High Middle Ages, c. 1050–1200* (Cambridge, 1986)

Peter Gay, *Weimar Culture: The Outsider as Insider* (New York, 1968)
Johann Wolfgang von Goethe, *The Flight to Italy*, trans. T. J. Reed (Oxford, 1999)
Johann Wolfgang von Goethe, *The Man of Fifty*, trans. Andrew Piper (London, 2004)

Johann Wolfgang von Goethe et al., *Romantic Fairy Tales*, trans. Carol Tully (Harmondsworth, 2000)
Günter Grass, *Cat and Mouse*, trans. Ralph Manheim (London, 1963)
Günter Grass, *Crabwalk*, trans. Krishna Winston (New York, 2002)
Günter Grass, *The Tin Drum*, trans. Ralph Manheim (London, 1962)
Jacob and Wilhelm Grimm, *Selected Tales*, trans. Joyce Crick (Oxford, 2005)
Johann Grimmelshausen, *Simplicissimus*, trans. Mike Mitchell (Sawtry, 1999)

Johann Peter Hebel, *The Treasure Chest*, trans. John Hibberd (London, 1994)
Heinrich Heine, *The Harz Journey and Selected Prose*, trans. Ritchie Robertson (Harmondsworth, 1993)
Heinrich Heine, *Selected Verse*, trans. Peter Branscombe (Harmondsworth, 1968)
Hermann Hesse, *Narziss and Goldmund*, trans. Geoffrey Dunlop (London, 1959)
E. T. A. Hoffmann, *The Golden Pot and Other Tales*, trans. Ritchie Robertson (Oxford, 1992)
E. T. A. Hoffmann, *Tales of Hoffmann*, trans. R. J. Hollingdale (Harmondsworth, 1982)

Charles Ingrao, *The Habsburg Monarchy 1618–1815*, 2nd edition (Cambridge, 2000)

Jan Jelínek, *Kutná Hora* (Prague, 1990)
Ernst Jünger, *Storm of Steel*, trans. Michael Hofmann (London, 2003)

Anton Kaes, *M* (London, 2000)
Ian Kershaw, *Hitler 1889–1933: Hubris* (Harmondsworth, 1998)

Rüdiger Klessmann et al., *Adam Elsheimer 1578–1610* (Edinburgh, 2006)

Michael Levey, *Giambattista Tiepolo: His Life and Art* (New Haven and London, 1986)

Dominic Lieven, *Russia Against Napoleon: The Battle for Europe, 1807 to 1814* (London, 2009)

Vejas Gabriel Liulevicius, *War Land on the Eastern Front: Culture, National Identity and German Occupation in World War I* (Cambridge, 2000)

Diarmaid MacCulloch, *Reformation: Europe's House Divided, 1490–1700* (London, 2003)

David McKay, *The Great Elector* (Harlow, 2001)

Claudio Magris, *Danube: A Journey Through the Landscape, History and Culture of Central Europe* (New York, 1989)

John Man, *Zwinger Palace, Dresden* (London, 1990)

Heinrich Mann, *Man of Straw*, no translator given (Harmondsworth, 1984)

Thomas Mann, *Buddenbrooks*, trans. H. T. Lowe-Porter (Harmondsworth, 1957)

Thomas Mann, *Death in Venice and Other Stories*, trans. David Luke (New York, 1988)

Thomas Mann, *Royal Highness*, trans. A. Cecil Curtis, rev. Constance McNab (Harmondsworth, 1975)

Peter Marshall, *The Magic Circle of Rudolf II: Alchemy and Astrology in Renaissance Prague* (New York, 2006)

Eduard Mörike, *Mozart's Journey to Prague*, trans. David Luke (London, 1997)

Thomas J. Müller-Bahlke, *Die Wunderkammer: Die Kunst- und Naturalienkammer der Franckeschen Stiftungen zu Halle (Saale)* (Halle, 1998)

Robert Musil, *The Man without Qualities*, 3 vols., trans. Eithne Wilkins and Ernst Kaiser (London, 1954)
Robert Musil, *The Posthumous Papers of a Living Author*, trans. Peter Wortsman (Hygiene, 1987)

Vladimir Nabokov, *The Gift*, trans. Michael Scammell in collaboration with the author (New York, 1963)
Vladimir Nabokov, *King, Queen, Knave*, trans. Dmitri Nabokov in collaboration with the author (New York, 1968)
Vladimir Nabokov, *Laughter in the Dark* (New York, 1938)

Thomas Pynchon, *Gravity's Rainbow* (New York, 1973)

Erich Maria Remarque, *All Quiet on the Western Front*, trans. Brian Murdoch (London, 1994)
Timothy Reuter, *Germany in the Early Middle Ages, 800–1056* (Harlow, 1991)
Gregor von Rezzori, *The Snows of Yesterday: Portraits for an Autobiography*, trans. H. F. Broch de Rothermann (New York, 1989)
Robert J. Richards, *The Tragic Sense of Life: Ernst Haeckel and the Struggle over Evolutionary Thought* (Chicago, 2008)
Alex Ross, *The Rest is Noise: Listening to the Twentieth Century* (New York, 2007)
Joseph Roth, *The Emperor's Tomb*, trans. John Hoare (London, 1984)
Joseph Roth, *Flight without End*, trans. David Le Vay (London, 1977)
Joseph Roth, *The Silent Prophet*, trans. David Le Vay (London, 1979)
Joseph Roth, *Three Novellas: Fallmerayer the Stationmaster, The Bust of the Emperor and The Legend of the Holy Drinker*, trans. John Hoare and Michael Hofmann (Woodstock, 2003)

Simon Schama, *Landscape and Memory* (London, 1995)

W. G. Sebald, *Vertigo*, trans. Michael Hulse (London, 1999)
James J. Sheehan, *German History 1770–1866* (Oxford, 1989)
Brendan Simms, *The Struggle for Mastery in Germany, 1779–1850* (Basingstoke, 1998)
Brendan Simms, *Three Victories and a Defeat: The Rise and Fall of the First British Empire, 1714–1783* (London, 2007)
Jeffrey Chipps Smith, *The Northern Renaissance* (London, 2004)
David Stevenson, *1914–1918: The History of the First World War* (London, 2004)
Adalbert Stifter, *Brigitta and Other Tales*, trans. Helen Watanabe-O'Kelly (London, 1994)
Adalbert Stifter, *Rock Crystal: A Christmas Tale*, trans. Elizabeth Mayer and Marianne Moore (London, 1999)
Helmut Stoecker, ed., *German Imperialism in Africa*, trans. Bernd Zöllner (London, 1986)
Richard Stokes (ed. and trans.), *The Book of Lieder* (London, 2005)
Norman Stone, *The Eastern Front, 1914–1917* (London, 1975)
Norman Stone, *World War One: A Short History* (London, 2007)
Hew Strachan, *The First World War, vol. 1: To Arms* (Oxford, 2001)
Michael Sußmann, *Der Dom zu Magdeburg* (Passau, 2002)
Antal Szerb, *Oliver VII*, trans. Len Rix (London, 2007)

Tacitus, *The Agricola* and *The Germania*, trans. H. Mattingly, revised S. A. Handford (Harmondsworth, 1970)
John Tincey, *Blenheim 1704* (Botley, 2004)
Adam Tooze, *The Wages of Destruction: The Making and Breaking of the Nazi Economy* (London, 2006)
Christopher Tyerman, *God's War: A New History of the Crusades* (London, 2006)

David Rains Wallace, *Neptune's Ark: From Icthyosaurus to Orcas* (Berkeley and Los Angeles, 2007)
Geoffrey Wawro, *The Austro-Prussian War: Austria's War with Prussia and Italy in 1866* (Cambridge, 1996)
Geoffrey Wawro, *The Franco-Prussian War: The German Conquest of France in 1870–1871* (Cambridge, 2003)
C. V. Wedgwood, *The Thirty Years War* (New York, 2005)
Peter H. Wilson, *Europe's Tragedy: A History of the Thirty Years War* (London, 2009)
Peter H. Wilson, *The Holy Roman Empire 1495–1806* (Basingstoke, 1999)
Peter H. Wilson, *War, State and Society in Württemberg, 1677–1793* (Cambridge, 1995)

Stefan Zweig, *The Invisible Collection* and *Buchmendel*, trans. Eden and Cedar Paul (London, 1998)

致谢

我一生中大部分时间都在编辑历史著作，我因此有了与历史学家进行长时间交谈的梦幻般的机会，他们出于对出版方的礼貌，既要回答我有时莫名其妙的关于德国的问题，又至少要简单思考我的一些明显不正确的想法。我要感谢蒂姆·布兰宁（Tim Blanning）、理查德·J. 埃文斯（Richard J. Evans）、尼尔·弗格森（Niall Ferguson）、理查德·奥弗里（Richard Overy）、马克·罗斯曼（Mark Roseman）、戴维·史蒂文森（David Stevenson）、亚当·图兹（Adam Tooze）、亚历克斯·沃森（Alex Watson）和彼得·威尔逊（Peter Wilson）。他们不对本书负任何责任，但我要感谢他们与我的对话，至少对我来说，这些谈话非常有趣。亚当·图兹会特别欣赏我对他的开创性著作《毁灭的代价》(*The Wages of Destruction*)的核心思想的误解,然后将其错误地用到其他情境中。阿洛伊斯·马德斯帕切尔(Alois Maderspacher)慷慨地分享了他尚未发表的关于殖民地德语的研究,约翰·罗默(John Romer)和贝丝·罗默(Beth Romer)帮助我解决了在埃及的普鲁士人的问题。我要感谢我的朋友保罗·巴格利(Paul Baggaley)、尼古拉斯·布莱克(Nicholas Blake)、马尔科姆·布尔(Malcolm Bull)、萨拉·查尔方特(Sarah Chalfant)、克里斯托弗·克拉克(Christopher Clark)、乔纳森·加拉西(Jonathan Galassi)、伊恩·克肖(Ian Kershaw)、安德鲁·基德(Andrew Kidd)、巴里·兰福德(Barry Langford)、切奇莉亚·麦凯(Cecilia Mackay)、亚当·菲利普斯(Adam Phillips)、西格丽德·鲁施迈尔(Sigrid Ruschmeier)、诺曼·斯通(Norman Stone)、卡萝尔·汤金森(Carole Tonkinson)和安德鲁·怀利(Andrew Wylie),他们阅读了文本,并提出了宝贵建议。我要感谢我的同事艾丽斯·道森(Alice Dawson)、海伦·弗雷泽(Helen Fraser)、斯蒂芬·麦格拉思(Stefan McGrath)和斯图尔特·普罗菲特(Stuart Proffitt)的帮助和善意。我要感谢彭妮·埃德加(Penny Edgar)、戴维·埃德加(David Edgar)、吉姆·琼斯(Jim Jones)和桑迪·琼斯(Sandy Jones)、斯蒂芬·波里尔(Steph Poirier)和尼科·波里尔(Nico Poirier)、克里斯托弗·温德尔(Christopher Winder)和莉齐·温德尔(Lizzie Winder),他们是我可爱的亲戚,给了我非常大的帮助。我还要感谢无数德国小城的旅馆老板和卖香肠的摊贩,感谢他们的耐心。当我利

致　谢

用空闲时间在莱茵河畔漫步或写作这本书时，巴纳比（Barnaby）、费利克斯（Felix）和玛莎（Martha）渐渐长大。他们的热情和对生活的态度使我能够写完这本书。克里斯蒂娜·琼斯（Christine Jones）做到了同时支持和挖苦我。其他人都可以选择把这本书扔到一边，她却不得不花几年时间听我絮絮叨叨地讲述德意志人征服乌克马克或施瓦茨堡-鲁多尔施塔特（德意志邦国）宫廷价值观的变化。面对这样无休止的噩梦，她从未失去理智，从不抱怨，也从没换过锁。我相信一定有一个实用、贴切、精练的德语表达方式可以形容我对她的感激之情，但像往常一样，我不知道它是什么。

美国塞奎姆市、英国伦敦市旺兹沃思区

2006 年 9 月

Germania: A Personal History of German Ancient and Modern
Copyright © 2010, Simon Winder
Simplified Chinese edition © 2025 by China Renmin University Press
All Rights Reserved.

图书在版编目（CIP）数据

日耳曼尼亚：德意志的千年之旅/（英）西蒙·温德尔（Simon Winder）著；方宇译. --北京：中国人民大学出版社，2025.5. -- ISBN 978-7-300-33404-2

Ⅰ. K516

中国国家版本馆CIP数据核字第2024UC9138号

审图号：GS（2024）3050号

日耳曼尼亚
德意志的千年之旅
[英] 西蒙·温德尔（Simon Winder） 著
方　宇　译
Riermanniya

出版发行	中国人民大学出版社		
社　　址	北京中关村大街31号	邮政编码	100080
电　　话	010-62511242（总编室）	010-62511770（质管部）	
	010-82501766（邮购部）	010-62514148（门市部）	
	010-62515195（发行公司）	010-62515275（盗版举报）	
网　　址	http://www.crup.com.cn		
经　　销	新华书店		
印　　刷	北京瑞禾彩色印刷有限公司		
开　　本	890 mm×1240 mm　1/32	版　次	2025年5月第1版
印　　张	16.625 插页4	印　次	2025年5月第1次印刷
字　　数	344 000	定　价	168.00元

版权所有　　侵权必究　　印装差错　　负责调换